D1666616

Dieter Wuttke · Dazwischen

SAECVLA SPIRITALIA

Herausgegeben von Dieter Wuttke

Band 30

1996

VERLAG VALENTIN KOERNER · BADEN – BADEN

DIETER WUTTKE

DAZWISCHEN

Kulturwissenschaft auf Warburgs Spuren

Band II

1996

VERLAG VALENTIN KOERNER · BADEN – BADEN

Die Deutsche Bibliothek - CIP-Einheitsaufnahme

Wuttke, Dieter:
Dazwischen : Kulturwissenschaft auf Warburgs Spuren / Dieter
Wuttke. – Baden-Baden : Koerner.
ISBN 3-87320-429-0
Band 2 (1996)
(Saecula spiritalia ; Bd. 30)
NE : GT

Gedruckt auf alterungsbeständigem Papier gemäß DIN 6738.

Einbandgestaltung von Klaus D. Christof, Kitzingen, unter Verwendung einer
Zeichnung von Alexander Roob, Laumersheim, aus *CS Bildroman I-II*, Pfalz-
gallerie Kaiserslautern 1991.
Gestaltung des Reihensignets durch Jürgen Schultze, Göttingen, nach dem
Verlegerzeichen des Christoph Plantin, Antwerpen.
Gedruckt mit Unterstützung von Pegasus Limited for the Promotion of Neo-
Latin Studies.
Die Beigabe der Farbtafeln wurde durch eine Spende des Universitätsbundes
Bamberg e.V. ermöglicht.
Redaktionsassistenz: Petra Schöner, M.A., Bamberg.
Satz: Oliver Schmidthals, Berlin, proART, Leipzig.
Druck und Verarbeitung: Tagblatt-Druckerei KG A. Wollenweber, Haßfurt.

Inhaltsverzeichnis

Zweiter Band

II.   ... auf deren Schultern wir stehen

III.   Anhang

VI

Renaissance–Humanismus und Naturwissenschaft in Deutschland

(1985/1988/1990)

„Sey, wenn Neues du sagst, so bestimt als möglich; doch sey auch
Völlig gewiß, man seh's schief und erkläre dich falsch.
Denn du begehst ja nun einmal den schreklichen Fehler der Neuheit,
Und kein Leisten ist noch, dem man sie passe, gemacht."

Klopstock

Für Albrecht Schöne zum 65. Geburtstag am 17. Juli 1990

Über Geschichte reden ist ein schwieriges Geschäft. Es ist vor allem deshalb so schwierig, weil die Ordnungsbegriffe, die wir zur Beschreibung benötigen, es wegen der Struktur unseres Denkens an sich haben, zu Wesenheiten zu werden, deren Bedeutungsgehalt klischeehaft erstarrt. Da unser Gegenwartsbewußtsein elementar, also unausweichlich von unserem Vergangenheitsbewußtsein konditioniert wird, liegt es auf der Hand, daß falsche Vergangenheitsvorstellungen ein falsches Selbstbewußtsein der Gegenwart erzeugen. Um Zukunft zu öffnen, sind wir daher als die geschichtlichen Wesen schlechthin gehalten, nicht nur das Leben selbst, sondern auch unsere Ordnungsbegriffe davon in Bewegung zu halten. Wichtige, unser Modernitätsbewußtsein bestimmende Ordnungsbegriffe sind »Renaissance« und »Humanismus«. Tausendfach gedruckte Äußerungen haben sie für uns festgelegt, so daß wir ihre Bedeutungen spontan mit den Vorstellungen ‚Wiederbelebung der Antike‘ und ‚auf antiken Texten beruhende sprachlich-literarische Bildung‘ verbinden. Wir verbinden sie ferner spontan mit den Bedeutungsinhalten ‚Verweltlichung‘, ‚Streben zu den Quellen‘, ‚am Alten autoritätsgläubig hängen‘, ‚Kritik zulassen allenfalls als philologische zur Herstellung des maßstäblich empfundenen Klassischen‘, ‚Spaltung der Wissenschaftskultur in einen naturwissenschaftlichen und einen geisteswissenschaftlichen Bereich‘.[1]

---

1 Aus einer uferlosen Fülle von Beispielen greife ich zur Verdeutlichung dessen, was es aus meiner Sicht in Frage zu stellen gilt, lediglich hier heraus: 1. „The conventional notion that the beginning of modern times was ushered in by the ‚revival of antiquity‘ contains an evident paradox. How was it that the Renaissance humanists, who had

In den folgenden Darlegungen unternehme ich den Versuch, geläufige Vorstellungen von »Renaissance« und »Humanismus« und von deren Bezug zu Mathematik und Naturwissenschafen in eine neue Bewegung zu bringen. Im Hinblick gerade auf diese Ordnungsbegriffe erscheint mir eine neue Diskussion besonders dringlich zu sein. Dabei soll das quellennahe, beweisende Sprechen den Vorrang vor abgehobener, allgemeiner, behauptender Rede haben.

Ende Februar 1496 erschien in Köln als Universitätslehrbuch für den Unterricht der Artisten der Laurentius-Burse ein umfangreiches Kompendium der Naturphilosophie, sprich Naturwissenschaft, in Auszügen. Als Autor nennt es Gerardus de Harderwijk, einen Theologen der Laurentius-Burse. Im Gedicht an den Leser bezeichnet dieser sein Werk als neu und verkündet, man werde sagen, mit dem Werk sei der große Aristoteles wiedererstanden. In der Schlußschrift hebt er hervor, das Kompendium stimme mit den Schriften des Albertus Magnus überein und es sei erarbeitet worden für alle diejenigen, die den Text des Aristoteles zu verstehen wünschten. Für viele Studenten der Artes Liberales zurückliegender Zeiten sei dieses Werk ein Desiderat gewesen. Diese Angaben machen uns ver-

---

deliberately tried to imitate and restore the culture of the distant past, could make so decisive a step into the future? The answer, I suppose, is that they did so inadvertently and despite themselves." (Joseph M. Levine: The Battle of the Books and the Shield of Achilles. In: Eighteenth Century Life 9, 1984, S. 33-61, hier S. 33). 2. „Man kann verkürzend zusammenfassen: Während der ältere Humanismus zur Meisterschaft der Sprache in ihrem besten Stil erziehen wollte, hat der Neuhumanismus das Ziel, die Gesamtheit der antiken Kultur als Anstoß zur schöpferischen Tätigkeit zu vermitteln." (Peter Wülfing: Altertumswissenschaft und Philologie. In: Gymnasium 92, 1985, S. 12-29, hier S. 15 f.). 3. „⟨...⟩ wer die Reden ⟨Vicos⟩ heute liest, könnte leicht meinen, er habe Texte eines Humanisten der Renaissance vor sich, wären da nicht die Verweise auf Naturwissenschaften und die Skepsis gegenüber antiquarischen und philologischen Traditionen." (Peter Burke: Vico. Berlin 1987, S. 25. Vgl. S. 90 Anfang von Absatz 3.) 4. „Ein Faktum jedenfalls scheint deutlich zu werden: der Glaube an die Vorbildlichkeit der Antike machte es dem Künstler, ebenso wie dem Literaten für erstaunlich lange Zeit schwer, sich den ungewohnten Schilderungen der unmittelbaren Zeugen, der Reisenden in die ‚Neue Welt', mit Unbefangenheit und Objektivität zu nähern". (Tilman Falk: Frühe Rezeption der Neuen Welt in der graphischen Kunst. In: Humanismus und Neue Welt. Hrsg. von Wolfgang Reinhard. Weinheim 1987, S. 37-64, hier S. 64 mit Hinweis auf Götz Pochat: Der Exotismus während des Mittelalters und der Renaissance. Stockholm 1970, S. 151: „Der Humanismus selbst trug nicht unmittelbar zur Erweiterung des geographischen Weltbildes bei, da man lieber der Autorität der Alten als den neuen Stimmen Gehör schenkte." – Zum umfassenden Problem der Geschichtlichkeit und seiner Einbeziehung in die geisteswissenschaftliche Arbeit vgl. Wuttke: Von der Geschichtlichkeit der Literatur (1984). [Abdruck in diesem Band S. 279 ff.]

ständlich, daß der Autor sein Werk nicht nur *Epitomata* (= Auszüge), sondern auch *Reparationes* (= Erneuerungen) nennt. Das an den dafür in Frage kommenden Buchteilen, nämlich Titelbereich und Schlußschrift, verwendete Vokabular verrät also Renaissance-Bewußtsein des Autors. Als gewollter Ausdruck von Modernität ist auch zu werten, daß das Werk im Titelbereich mit einem Gedicht an den Leser beginnt und am Schluß nicht mit dem zum lateinischen Kontext passenden Wort „finis" schließt, sondern mit dem griechischen „Telos". Wenn auch nicht in humanistischer Antiqua gedruckt, wenn auch z.B. mit dem im Schluß begegnenden Wort „retro temporibus" (= in zurückliegenden Zeiten) noch dem lebendigen Mittelalter-Latein, um nicht zu sagen Küchenlatein, verhaftet, zeigt das Kompendium durch die angeführten Eigentümlichkeiten eine gewisse humanistische Stilisierung.[2] Auf den ersten Blick erstaunt es einen kaum, daß gerade in Köln eine Wiederbelebung von Aristoteles und Albertus Magnus betrieben wurde, auf den zweiten Blick könnten sich jedoch wenigstens alle diejenigen unserer Zeitgenossen wundern, die immer noch einseitig Renaissance und Humanismus mit strikter Trennung vom Mittelalter identifizieren und mit der ausschließlichen Wiederbelebung von Platon und Pythagoras.[3] Denn was sich hier im Heiligen Köln zeigt und

---

2 Gerardus de Harderwijk: In epitomata totius naturalis philosophie que trito sermone reparationes appellantur Albertocentonas continentia. in bursa Laurentiana florentissimi Agrippinensis gymnasii castigatissime edita epigramma ad lectorem. Coloniae: Henricus Quentell 29. Februar 1496 (Exemplar SB Bamberg: Inc.typ. H.IV. 8). Vgl. Ernst Voulliéme: Der Buchdruck Kölns bis zum Ende des fünfzehnten Jahrhunderts. Nachwort von Severin Corsten. Bonn 1903. Reprint Düsseldorf 1978, Nr. 441; Die Matrikel der Universität Köln. Bearbeitet von Hermann Keussen. Bd. 1: 1389-1475. Bonn 1928. Hier S. 771 zu 1468 über G. Harderwijk. Für gern gewährten Rat habe ich Severin Corsten, Köln, zu danken. Zu *Telos als explicit* siehe Wuttke in: Das Verhältnis der Humanisten zum Buch (1977).

3 Charles B. Schmitt: Towards a Reassessment of Renaissance Aristotelism. In: History of Science 11 (1973) S. 159-193. Ders.: Philosophy and Science in Sixteenth-Century Italian Universities. In: The Renaissance. Essays in Interpretation. London-New York 1982, S. 297-336 (hier besonders S. 317 ff. zum Aristotelismus des 16. Jahrhunderts und zu den Schwierigkeiten, die sich für die angemessene Erkenntnis vergangener Wissenschaft aus der modernen Fächertrennung ergeben); Wuttke: Humanismus als integrative Kraft (1985). [Abdruck in diesem Band S. 389 ff.] Zur Einbeziehung mittelalterlicher Denker passim und S. 13 mit Anm. 29 zur Albertus-Magnus-Rezeption. Die von mir gemeinte, Antike, Mittelalter und Renaissance verbindende Kraft des Humanismus kommt auch eindrucksvoll in Christofero Landinos Camaldolensischen Gesprächen zum Ausdruck. Eugen Wolf hat als Vorwort zu seiner Übersetzung (Jena 1927) eine vorzügliche, von Humanismus-Klischees freie Charakteristik des Werkes verfaßt.

so in Gefahr steht, als einfallslose Fortdauer von Scholastik angesehen zu werden, ist durchaus verallgemeinerungsfähig. Aber nicht dies Problemfeld, sondern eine weitere Beobachtung an diesem Werk möchte ich der Aufmerksamkeit empfehlen.

Die Erneuerungen des zweiten Buches der Physik sind der Frage gewidmet, aus welcher Ursache („causa") Naturwunder („monstra in natura") entstehen. Vier Ursachen werden genannt, darunter diejenige: Wunder entstehen aus Überfluß an Materie. Dazu werden drei vergangene Beobachtungen zusammengestellt aus Augustinus, Albertus Magnus und Nicolaus de Lyra, und eine aus der Gegenwart, und diese wird sogar ganz besonders hervorgehoben. Es wird nämlich hingewiesen auf die siamesischen Zwillinge, die am 10. September 1495 in der Nähe von Worms geboren wurden. König Maximilian I. und andere Teilnehmer des gerade in Worms tagenden Reichstages fanden dies Wunder so aufregend, daß sie es persönlich besichtigten. Unser Autor fährt fort, ein gewisser Mann habe an den Kanzler des Königs in dieser Sache eine Versspielerei gerichtet. Es werden dann vier Distichen zitiert, die das Aussehen des Wunders schildern.[4] Bei dem Kanzler handelt es sich um Conrad Stürzel, bei dem „quidam" um den Doktor beider Rechte, damaligen Professor der Universität Basel, späteren Kanzler der Reichsstadt Straßburg, um den Verfasser des *Narrenschiffs*, also um den berühmten Humanisten Sebastian Brant. Brants Gedicht über die Wormser Zwillinge ist in verschiedenen Drucken erhalten; es schildert nicht nur den Befund, sondern gibt auch eine reichspolitische Ausdeutung des Wunders.[5]

---

4 Epitomata seu reparationes totius philosophiae naturalis Aristotelis (wie Anm. 2), fol. eiiij^r – ev^r. Die Darstellung des Wunders erfolgt fol. ev^r:
   „Et notissime hac tempestate. Anno Mcccc.xcv. Quarto ydus septembris presidente regno romano illustrissimo archiduce austrie Maximiliano et cum principibus totius alemanie et fere totius nationis christiane in wormatia causas reipublicae vtiliter tractante natum est simile monstrum de quo quidam ad cancellarium eiusdem his ludit versibus.
      Nam prope vangionum vicina. bicorporis ortus
         Est puer. hic vno vertice fronte patet
      Cuius membra quidem distincta et plena seorsum
         Officium peragunt singula queque suum.
      Sed qua parte solet frons esse adiuncta cerebro
         Innexum capiti hic heret vtrumque caput
      Atque ita bina licet sint corpora. sed tamen vnum
         Coniunctumque caput corpora bina gerunt."
   Hier und bei den anderen Zitaten folge ich in Orthographie und Zeichensetzung den Vorlagen.
5 Wuttke: Wunderdeutung und Politik. Zu den Auslegungen der sogenannten Worm-

Diese Beobachtung im Kölner Naturwissenschafts-Kompendium veranlaßt mich, einige Fragen zu stellen und Feststellungen zu machen: Wie paßt es zu unserem heutigen Begriff von Naturwissenschaft, wenn ein Theologe ein Kompendium der Naturwissenschaft verfaßt und wenn dieser Beobachtungsbeispiele gleichzeitig aus dem Kirchenvater Augustinus, dem Theologen und Naturwissenschaftler Albertus Magnus, dem franziskanischen Theologen und Bibelkommentator Nicolaus de Lyra und dem Humanisten und Juristen Sebastian Brant nimmt? Wie verhält sich dazu unsere auf Trennung ausgehende Begrifflichkeit? Hier Theologie, hier Naturwissenschaft, hier Geisteswissenschaft, hier auf einen Teil geisteswissenschaftlicher Fächer festgelegter Humanismus? Wir stellen nicht ohne Verwunderung fest, daß ein an der Wiederbelebung der Naturwissenschaftler Aristoteles und Albertus Magnus interessierter Theologe und Naturwissenschaftler während des traditionszugewandten Geschäftes für die Gegenwart offen ist und so eine bis in die Gegenwart, bis in die allerjüngste sogar, reichende Beobachtungskette herstellt. Und er übernimmt diesen jüngsten Befund aus dem Bericht eines Humanisten, dessen Deutung er offenbar nicht besonders schätzt, so daß er von Versspielerei redet, eines Humanisten, der nach einer weitverbreiteten Meinung der modernen Forschung des 19./20. Jahrhunderts in puncto Begriffsinhalt von Humanist höchstens ein Verhältnis zur Naturwissenschaft haben darf, und zwar ein kritisches oder die Naturwissenschaften am Rande seiner Interessen duldendes oder eine Verbindung aus Kritik und Duldung, der aber als solcher nicht zentral und wesensmäßig Naturwissenschaftler sein kann.

Bei dem Humanisten Sebastian Brant wollen wir noch etwas verweilen. Wegen seiner Neigung zu moralischer Lehre hat er den Stempel ‚konservativ‘ erhalten, wegen seines deutsch gedichteten *Narrenschiffs*, in dem er überwiegend ex negativo lehrt, hat man ihn zum Anwalt der Verzweiflung des ausgehenden Mittelalters gemacht,[6] zum Nörgler und Miesepeter, der selbst so epochemachenden Entdeckungen wie Buchdruck und Amerika weiter nichts als Verweigerung und Memento mori abzugewinnen wußte, aber seine lateinischen Schriften hat man selten oder nie gelesen und selbst das *Narrenschiff* nicht mit der interpretatorischen Sorgfalt, welche die Philologie an sich nahelegt. Charles Schmidt, Verfasser einer verdienstvollen,

ser Zwillinge des Jahres 1495 (1977). Harderwijk zitiert die Verse 77-84 des Brant-Gedichtes, vgl. Wunderdeutung S. 242 f. Dies Zeugnis zeitgenössischer Rezeption war mir bisher entgangen.

6 Wuttke: Deutsche Germanistik und Renaissanceforschung (1968). [Abdruck in diesem Band S. 163 ff.] Ders.: [Artikel] Brant, Sebastian (1982).

1879 erschienenen elsässischen Literaturgeschichte, gehört zu den wenigen Lesern der lateinischen Schriften Brants. Doch zweien seiner Gedichte konnte er sich nur mit größter Abscheu widmen; Schmidt schreibt dazu: „Er hat seine Fähigkeit in unverzeihbarer Weise mißbraucht, indem er eine damals herrschende Epidemie beschrieb [gemeint ist die von Schmidt nicht genannte Syphilis] und die Krankheit, an der die Frau des Straßburgischen Senators Ludwig Sturm litt. Die Einzelheiten, die er preisgibt, sind so abscheulich, daß diese allein genügen, ihm den Titel Dichter im höheren Sinne des Wortes zu verweigern."[7] Zugegebenermaßen kann es einem bei der Lektüre des zweiten Gedichtes wirklich schlecht werden, aber es ist im Hinblick auf die Fragestellung dieses Beitrages das mit Abstand interessanteste im gesamten Oeuvre Brants.[8]

Das Gedicht kann auf den Zeitraum zwischen dem 1. März und dem 15. April 1496 datiert werden. Worum geht es? Die Straßburgerin leidet seit etwa acht Jahren an einer Blut- und Wurmkrankheit. Diese äußert sich darin, daß sie regelmäßig große Mengen Blutes verliert, in dem sich Würmer in erheblicher Zahl befinden. Begleitet ist dieser Blutverlust von schrecklichen und schmerzhaften Blähungen. Wird sie an den Beinvenen nicht ungewöhnlich häufig zur Ader gelassen, quillt Blut aus den Venen. Trotz der Krankheit hat die Frau eine gesunde Hautfarbe und trotz der Krankheit sieht sie sich nicht veranlaßt, ungewöhnliche Mengen von Speisen und Trank zu sich zu nehmen, im Gegenteil, es wird betont, sie lebe besonders mäßig, sei keineswegs dem Rausch und der Schlemmerei ergeben. Brant hat die Frau offensichtlich besucht, genauso wie es der Leibarzt Maximilians I., Georgius Oliverus, tat. Brant kümmert sich um die Lebensweise der Frau mit dem Ergebnis, daß keine Auffälligkeiten festzustellen sind. Auch Sünde als Krankheitsursache scheidet aus. Brant sucht bei den Ärzten der Vergangenheit und Gegenwart, ob diese Krankheit von einem beschrieben wird. Das Ergebnis ist negativ. Seine Nachforschungen

---

7 Charles Schmidt: Histoire Littéraire de L'Alsace à la fin du XVᵉ et au commencement du XVIᵉ siècle. Bd. 1. Paris 1879, S. 263: „Il a abusé de sa facilité d'une manière impardonnable en décrivant une épidémie qui régnait alors, ainsi qu'un mal dont souffrait la femme du sénateur strasbourgeois Louis Sturm. Les détails qu'il donne sont si dégoutants, qu'ils suffisent à eux seuls pour lui refuser le titre de poète dans le sens élevé du mot."

8 Sebastian Brant: Varia Carmina. Basel: Iohannes Bergmann de Olpe 1498 (GW 5068; Exemplar StuUB Köln), fol. liᵛ-liiᵛ:
„Ad accuratissimum medicinarum doctorem Georgium oluierii ⟨!⟩: Serenissimi domini nostri regis Romanorum physicum: de admiranda quadam vermium et sanguinis scaturigine nobilis cuiusdam matronę domine Anne de Endingen / vxoris validi Ludouici Sturm Argentinensis elegiaca percunctatio Sebastiani Brant."

ergeben auch, daß mit so hohem regelmäßigem Blutverlust an sich kein Mensch am Leben bleiben kann.

Brant reagiert auf diesen Befund nun folgendermaßen: Er verfaßt eine poetische Erkundigung in Distichen, die er an den genannten Arzt richtet. Die Darstellung des Sachverhaltes begleitet er mit Fragen, die den für uns so interessanten Teil des Gedichtes ausmachen. Er fragt

a) nach der natürlichen Ursache und einem Beweisgang, diese befriedigend zu erklären;

b) woher die vielen Würmer und die ungewöhnliche Menge des Blutes kämen, und warum der Abgang nicht nur durch den Stuhl, sondern auch durch Erbrechen erfolge;

c) wieso die Frau trotz mäßiger Nahrungsaufnahme am Leben bleiben könne.

Damit erweist sich das Gedicht als eine quaestio medicinalis. Brants Zutat dazu ist lediglich, daß er bekennt, er sehe vorerst keinen andern Weg als den, die Krankheit als ein Wunder anzusehen. Ganz im Gegensatz aber zu allen andern Wunderberichten, die es aus seiner Feder in großer Zahl gibt,[9] fehlt hier jeder Versuch einer Ausdeutung in eine bestimmte Richtung. Von einer Antwort des Oliverus ist bis heute nichts bekannt. Es ist auch zu bezweifeln, daß er eine Erklärung hätte bieten und daß er andere, ‚wissenschaftlichere‘ Fragen als Brant hätte stellen können. Unsere Zuteilung des Gedichtes zur Gattung quaestio medicinalis[10] wird durch den zeitgenössischen Leser desjenigen Exemplars der gesammelten Gedichte Brants bestätigt, das heute die Stadt- und Universitätsbibliothek Köln aufbewahrt. Hier gibt es am Ende den handschriftlichen Zusatz „Τελος questionis phisici de muliere paciente fluxum sangvinis". Das wissenschaftsgeschichtlich Relevante an Brants Gedicht ist, daß er das Fragen im Sinne des Aristoteles und Albertus Magnus auf einen Fall der allerjüngsten Gegenwart anwendet und daß dieses Fragen als offenes stehen bleibt. Brant stellt sich damit aus meiner Sicht in die vorderste Reihe medizinisch-naturwissenschaftlichen Fragens seiner Zeit. Der Humanist *ist* hier Naturwissenschaftler; *er* stellt die Fragen; *er* sucht den Gedankenaustausch

---

9 Wuttke: Sebastian Brants Verhältnis zu Wunderdeutung und Astrologie (1974) [Abdruck in diesem Band S. 195 ff.]; ders.: wie Anm. 5; ders.: Sebastian Brant und Maximilian I. Eine Studie zu Brants Donnerstein-Flugblatt des Jahres 1492 (1976) [Abdruck in diesem Band S. 213 ff.]; ders: Sebastian Brants Sintflutprognose für Februar 1524 (1984).

10 Brian Lawn: The Salernitan Questions. An Introduction to the History of Medieval and Renaissance Problem Literature. Oxford 1963; ders.: The Prose Salernitan Questions edited from a Bodleian Manuscript. London 1979.

mit dem Experten; *er* hält den Fall literarisch in der neuen, an klassischen Vorbildern geschulten Sprache fest; *er* schöpft dabei aus dem Leben der Gegenwart, und fragt dann erst die Literatur, was sie dazu sagt, und da sie dazu nichts sagt, hält er durch die literarische Fixierung den Fall offen für künftige Befragung, sprich Forschung. Diese Befragung geschah durchaus, und zwar durch den brandenburgischen Arzt Leonard Thurneisser, der sich 1576 in einem Buch über Krankheitsursachen damit beschäftigte.[11] Das Gedicht ist also ein Dokument aus der Geschichte des Entstehens einer auf Beobachtung gegenwärtiger Begebnisse und Erfahrungen aufbauenden Naturwissenschaft, die Schritt für Schritt und mit zunehmender Beschleunigung das Schatzhaus überlieferten Wissens im Kontakt mit den alten Autoritäten ergänzt.

Wir sind heute geneigt, solche Fälle, vor allem die zahlreichen Berichte von Wundergeburten und von atmosphärischen Wundererscheinungen in das Kuriositätenkabinett der Geschichte des Aberglaubens abzudrängen. Diese Fälle gehören aber – schon Francis Bacon wies darauf hin[12] – in die Wissenschaftsgeschichte; denn sie waren samt und sonders ernsthafte Herausforderungen der traditionsverhafteten Schulnaturwissenschaft. Sie besonders haben das Fragen angeregt. Von Brant gibt es zu zwanzig Ereignissen, die zwischen 1480 und 1521 eintraten, 32 Beschreibungen und Deutungen. Zu fünfzehn Ereignissen findet man literarische Zeugnisse in seinen *Varia Carmina*, seinen Gesammelten Gedichten von 1498, die damit die größte Folge bzw. Beobachtungsreihe entsprechender Vorkommnisse der Gegenwart in einem in Deutschland gedruckten Buch der Zeit um 1500 bieten. Die Zeichenbeschreibung und -deutung war, auch wenn sie theologische, ethische und politische Dimensionen hatte, im Sinne der Zeit Naturwissenschaft, und gerade bei Brant ist das Ringen um Rationalität in diesem Bereich spürbar. Der erste von ihm behandelte größere Fall, der Donnerstein von Ensisheim, der erste beglaubigte Me-

---

11   Leonhart Thurneisser: Βεβαίωσις ’αγωνίσμοῦ ⟨!⟩. Das ist Confirmatio Concertationis / oder ein Bestettigung daß Jenigen so Streittig / Håderig / oder Zenckisch ist / ⟨...⟩. Berlin 1576 (Exemplar Herzog August Bibliothek Wolfenbüttcl), fol. 49ʳ-55ʳ. Thurneisser überliefert an der Stelle auch Brants sonst nicht belegte deutsche Fassung des Gedichtes.

12   Im *Novum Organon* (London 1620, ii 29) verlangt Bacon, eine spezielle Naturgeschichte anzulegen von allen glaubhaft überlieferten Wundern und Vorzeichen, bedeutenden Geburten, kurz von allem Neuen, Seltenen und Ungewöhnlichen in der Natur. Vgl. Katherine Park / Lorraine J. Daston: Unnatural conceptions. The study of monsters in France and England. In: Past and Present 92, August 1981, S. 20-54, hier S. 20.

teorit der neueren Geschichte, der am 10. November 1492 bei Ensisheim im Elsaß niederging, von dem Fragmente sich bis heute in den Naturkundemuseen der Welt und in Ensisheim erhalten haben, dieser Beobachtungsfall hat die Naturwissenschaftler 300 Jahre lang in Unruhe gehalten, bis um 1800 – und noch gegen die Meinung Goethes – die Gewißheit sich festigte, es müsse sich um Gestein von einem anderen Stern handeln. Der Humanist Sebastian Brant war also u.a. auch ein Naturwissenschaftler; keine Frage, daß er in den Annalen der Wissenschaftsgeschichte als ein solcher bis heute nicht verzeichnet ist.[13]

Wir wechseln den Schauplatz und das Personal. Bei Johannes Regiomontanus gibt es auch aus heutiger Sicht keine Frage, daß er Mathematiker und Naturwissenschaftler war. 1471 zog er nach Nürnberg, weil es nach seinem eigenen Wort im Hinblick auf die Handelswege das Zentrum Europas sei.[14] In der eigenen Druckerei ließ er dort ca. 1472 das aus der ersten Hälfte des ersten nachchristlichen Jahrhunderts stammende fragmentarische Lehrgedicht der Astrologie, die *Astronomica* des Marcus Manilius erscheinen. Das Werk ist das älteste erhaltene umfassende Lehrbuch der Astrologie der Antike. Regiomontan läßt es in einer Antiqua-Type drucken, deren humanistischer Charakter der Type der in Nürnberg 1501 und 1502 gedruckten Celtis-Werke in nichts nachsteht.[15] Aber darf uns in diesem Zusammenhang überhaupt die Charakteristik ‚humanistisch' einfallen? Es geht doch um ein naturwissenschaftliches Werk. Humanistisch, so haben wir gelernt, hat mit Grammatik, Rhetorik, Poesie, Geschichte und Moralphilosophie zu tun. Also wer eine Grammatik, eine Rhetorik und Poetik, wer Horaz, Livius und Seneca herausgibt, kommentiert und in diesem Rahmen Neues schafft, ist ein Humanist. Folglich kann die Bemühung um den Naturwissenschaftler Manilius, ihn in kritisch gereinigtem Text nach langer Vergessenheit der Mitwelt vorzustellen als ein Renaissancevorgang begriffen werden: Wiederbelebung der Antike ja, aber keine humanistische. Humanismus kann nur als Voraussetzung akzeptiert werden, insofern Regiomontan in klassischer Grammatik, Rheto-

---

13 Vgl. Wuttke, wie Anm. 9.

14 Zu der Regiomontan-Äußerung vgl. Rudolf Hirsch über dessen Kalendarium in der Festschrift für Lessing J. Rosenwald, Washington D.C. 1991, Anm. 2; von Stromer (wie Anm. 22). Zur politisch-geistigen Rolle des Mittelpunkt-Bewußtseins in Nürnberg vgl. Wuttke: Humanismus als integrative Kraft (wie Anm. 3) und ders.: Nürnberg als Symbol deutscher Kultur und Geschichte (1988). [Abdruck in diesem Band S. 539 ff.]

15 M. Manilii Astronomicon. Ed. Johannes Regiomontanus. Nurembergae: Johannes Regiomontanus [1472] (Exemplar SB Bamberg: Inc.typ. N. II. 18 Beibd. 7).

rik-Stilistik und Verslehre geschult sein mußte, um die Aufgabe zu erfüllen. Der Gegenstand der Bemühung ist nicht humanistisch.

Die Manilius-Ausgabe schließt mit einem Gedicht an den Leser, drei Distichen, mit Sicherheit von Regiomontan selbst verfaßt. der Wortlaut ist folgender:[16]

> Man verlacht mit Recht den törichten Haufen der Halbwisser,
>   die sich gewöhnlich den Titel Seher anmaßen.
> Hört, wer durch römische Dichtung die schwerlich täuschenden
>   Winke der Gestirne kennen lernen will,
> der folge dem bedeutenden Manilius, der im Zeitalter des Göttlichen
>   Augustus gelebt hat. Freundlicher Leser leb' wohl!

Das Epigramm, dem die Kürze und Prägnanz klassischer römischer Dichtung eignet, zeigt, daß Regiomontan nicht nur mit der Wahl seiner Drucktype vornliegt, sondern daß er die zeitgenössische geistige Situation durchschaut, die maßgebliche Diskussion kennt und daß es ihn verlangt, einen eigenen Beitrag dazu zu leisten. Die Situation ist die der Wiederbelebung antiker Literatur, um dem Leben der Gegenwart neue fruchtbare Energien zuzuführen mit dem Hauptziel, eine neue Stufe der Veredelung des Menschen zu erreichen, die seiner Würde als eines Ebenbildes Gottes angemessen ist. In dieser Situation entbrennt notwendigerweise eine Dis-

---

16   Ridetur merito sciolorum insana caterua
        Vulgo qui uatum nomina surripiunt.
     Heus quicumque uelis latia perdiscere musa
        Sydereos nutus fallere difficiles.
     Manilium sectare grauem: qui tempore diui
        Floruit Augusti. Lector amice uale.
     Faksimile bei Ernst Zinner: Leben und Wirken des Johannes Müller von Königsberg genannt Regiomontanus. München 1938, Taf. 28, Abb. 50.– Petrus Gassendus: Tychonis Brahei ⟨...⟩ vita. Accessit Nicolai Copernici, Georgii Peurbachii, et Joannis Regiomontani ⟨...⟩ vita. Hagae-Comitum 1655, S. 357 (Exemplar SB Bamberg: Bg.q.5.), überliefert die Nachricht, den Bürgern Nürnbergs sei es so vorgekommen, als bringe Regiomontan die Musen mit sich, d.h. die Vollendung der Wissenschaft („Caeterùm, cum illius fama eò usque jam percrebuisset, non minuit eam sane ipsius praesentia, sed ita adauxit, ut visus fuerit civibus Musas secum adducere, hoc est omnem ingenuae litteraturae consummationem"). Da Gassendus keinerlei Distanz zu dieser Nachricht erkennen läßt, ist die Stelle zugleich wichtig für dessen Humanismus-Verständnis. Im Kontakt mit Gassendus hat bereits Max Herrmann: Die Reception des Humanismus in Nürnberg. Berlin 1898, S. 41, Regiomontan als den ersten großen, in Nürnberg wirkenden Humanisten gewürdigt.– Das Nürnberg-Lob der Gassendus und Herrmann stimmt mit dem Ulrichs von Hutten überein; vgl. Huttens berühmte, an Willibald Pirckheimer gerichtete *Epistola vitae suae rationem exponens* vom November 1518, abgedruckt in Willibald Pirckheimers Briefwechsel Bd. III. Hrsg. von Wuttke (1989) S. 400-425.

kussion um das richtige Wissen und um die richtigen Wissensvermittler: Es ist also die Frage, ob Poesie und, wenn ja, welche dazugehören soll. Regiomontan sagt: Vorsicht vor den Halbwissern, die sich besonders gern als Seher ausgeben. Sie weisen nicht unbedingt den Weg in die Erneuerung der Grundlagen des geistigen Lebens. Aber darum soll Poesie nicht abgelehnt sein, nicht das Programm der Wiedererweckung der Musen: Er spricht von der römischen Dichtung als „latia musa". Doch sollte Dichtung Beachtung finden, die eine Sache gründlich lehrt. Er bricht daher, indem er Manilius für die Gegenwart entdeckt, eine Lanze für Lehrdichtung. Mit anderen weiß er, daß Astrologie große Attraktivität besitzt und daß es darum darauf ankommt, der Bildungselite ein umfassendes Lehrgebäude zugänglich zu machen, das die Verbindung von Mikrokosmos und Makrokosmos differenziert in einem großen Weltgedicht nachweist, das sich kleinlicher astrologischer Tageswählerei enthält und stattdessen „den ‚zuversichtlichen' Pantheismus der Stoiker" aufzeigt, „der zwischen allen Dingen einen sinnvollen Zusammenhang herzustellen bestrebt war" (W. Hübner).[17] Regiomontan erweitert daher konsequent die zeitgenössische Programmatik um den antiken Lehrdichter Manilius, indem er sich sicher ist, daß sein Werk der Wiederbelebung klassischer Sprachkultur – auch der poetischen – dient und gleichzeitig vom Gehalt her dem zentralen Anliegen ethischer Erneuerung,[18] das vom Bemühen um zuverlässiges Sachwissen gelenkt ist. Was hindert uns nun eigentlich noch außer der Humanismusideologie eines Teils der modernen Forschung, dies als eine humanistische Tat des Regiomontan anzusehen?

Ein anderer Teil moderner Forschung erkennt durchaus an: Wer einen antiken naturwissenschaftlichen Text herausgibt und/oder Naturwissen-

---

17 Wolfgang Hübner: Manilius als Astrologe und Dichter. In: Aufstieg und Niedergang der Römischen Welt. Hrsg. von Hildegard Temporini und Wolfgang Haase. II. Principat. 32. Bd. (1. Teilbd.). Hrsg. von Wolfgang Haase: Berlin-New York 1984, S. 126-320, hier S. 235; ders.: Die Rezeption des astrologischen Lehrgedichts des Manilius in der italienischen Renaissance. In: Humanismus und Naturwissenschaften. Hrsg. von Rudolf Schmitz und Fritz Krafft. Boppard 1980, S. 39-67. Den humanistischen Sinn der Manilius-Rezeption erfaßt man gut durch Rudolf Rieks: Homo, humanus, humanitas. Zur Humanität der lateinischen Literatur des ersten nachchristlichen Jahrhunderts. München 1967, S. 40-50.

18 Horst Fuhrmann: Die Sorge um den rechten Text. In: Geschichte heute. Positionen, Tendenzen, Probleme. Hrsg. von Gerhard Schulz. Göttingen 1973, S. 9-23, hier S. 17. Wuttke: Vorwort zu: Ethik im Humanismus (1979); ders.: Dürer und Celtis. Von der Bedeutung des Jahres 1500 für den deutschen Humanismus (1980); ders.: Humanismus als integrative Kraft (wie Anm. 3). [Abdrucke in diesem Band S. 309 ff., S. 313 ff. und S. 389 ff.]

schaft literarisch auf der Grundlage alter Texte betreibt, ist ein Humanist. Schließlich bekennten sich die Humanisten zur sapientia bzw. philosophia und diese erfordere seit alters entsprechend der ihr mitgegebenen Definition das Verlangen nach enzyklopädischem Wissen und damit auch nach mathematisch-naturwissenschaftlichem. Aber der Humanist betrachte das literarisch gewonnene Wissen bereits als ausreichendes Grundlagenwissen für eigene literarische Produktionen, als Humanist gehe er den Weg in die auf eigenen, neuen Berechnungen und/oder Erfahrungen beruhende Forschung nicht.[19] Das trifft, wie gezeigt, nicht für Sebastian Brant zu; es trifft nicht zu für Conradus Celtis, über den gleich noch gesprochen werden soll. Und Regiomontan hatte, was hier nicht bewiesen

---

19 Vgl. z.B. Charles Trinkaus: Humanism and Science. Humanist Critiques of Natural Philosophy. In: Ders.: The Scope of Renaissance Humanism. Ann Arbor 1983, S. 140-168, hier S. 141. Vgl. demgegenüber Sarah St. Gravelle: Humanist Attitudes to Convention and Innovation. In: The Journal of Medieval and Renaissance Studies 11 (1981) S. 193-209. Gravelle beschränkt Humanismus, wie gewohnt, auf den sprachlich-rhetorischen Bereich, arbeitet aber für diesen Bereich jene Haltung heraus, die ich am naturwissenschaftlichen Humanismus hervorhebe: „They accepted and approved innovation.⟨...⟩Therefore they accepted freedom in invention. The revival of antiquity was meant to profit the contemporary world, not to inhibit it. The models of antiquity were to be renovated, adapted, and certainly superseded if no longer relevant. The moderns were not constrained by inferiority to follow ancient authority" (S. 209). Interessant auch Wilfried Barner: Über Poggios and Bebels Fazetien. In: Sinnlichkeit in Bild und Klang. Festschrift für Paul Hoffmann zum 70. Geburtstag. Stuttgart 1987, S. 101-137. B. sagt mit Recht, daß Poggio mit seinen Fazetien „dem humanistischen Ehrgeiz ein neues Terrain" erobere (S. 135), sieht aber noch nicht, daß Neues zu erobern ein Kennzeichen des Renaissance-Humanismus ist. – Regiomontan charakterisiert sein Erneuerungsethos und die Widerstände bei Zeitgenossen in der in Anm. 21 zitierten Verteidigungsschrift. – Am 10. Juni 1989 fand unter der Leitung von Prof. Dr. Klaus Döring und Privatdozent Dr. Georg Wöhrle an der Universität Bamberg das erste Symposion des *Arbeitskreises Antike Naturwissenschaft und ihre Rezeption* (AKAN) statt. In Bezug auf mein Thema waren hier die Referate von Brigitte Hoppe, München, *Rezeption und Wandlung der antiken Forschungsgrundsätze in der frühneuzeitlichen Biologie* und Anne Bäumer, Mainz, *Aristotelische Zoologie aristotelischer als bei Aristoteles: Edward Wotton ‚De differentiis animalium' (1552)* besonders aufschlußreich, indem sie die Fruchtbarkeit meines Bewegungsanstoßes belegten. Die Referate erscheinen 1990 in einem von den Veranstaltern herausgegebenen Sammelband u.d.T. *Vorträge des ersten Symposions* ⟨...⟩ (usw., wie oben) in der Reihe *Gratia. Bamberger Schriften zur Renaissanceforschung* als Heft 22. Vgl. auch Klaus Bergdolt: Das *Paradies der Alberti.* Die Rezeption von Naturwissenschaften und Medizin in einem frühhumanistischen Zirkel. (Vortragsresümee.) In: Nachrichtenblatt der Deutschen Gesellschaft für Geschichte der Medizin, Naturwissenschaft und Technik 39 (1989) S. 62 f.

werden muß, nichts Eiligeres zu tun als eben dies: zu eigenen, neuen Berechnungen und Beobachtungen vorzustoßen.

Ist Regiomontan nun ein Humanist, der zum Naturwissenschaftler wurde oder ein Naturwissenschaftler mit humanistischen Neigungen? Oder ist er ganz schlicht ein Humanist, der die Wahl getroffen hat, sich vorwiegend mit Mathematik und Astronomie zu beschäftigen, weil das sein Beitrag zur Erneuerung der Wissenschaften und damit des Menschen sein sollte?[20] Paul Lawrence Rose weist mit Recht darauf hin, daß Regiomontan der Meinung war, die Reform müsse bei den Wissenschaften beginnen, deren Prinzipien die sichersten seien.[21] Dahinter steht die Meinung, ob wir sie nun naiv finden oder nicht, von den Fehlern der Überlieferung gereinigte Mathematik schaffe das richtige Fundament für alles weitere Wissen, also auch für das Wissen vom rechten Handeln des Menschen.

Wenn wir nach dieser Erörterung auf das erhaltene Nürnbergische Verlagsprogramm Regiomontans blicken, wundern wir uns kaum mehr, daß in der Menge mathematischer und naturwissenschaftlicher Werke auch eine bildliche Überblickstafel zur Rhetorik Ciceros vermerkt ist.[22] Außer-

---

20 Für die weitere begriffliche Klärung wichtig Helmuth Grössing: [Artikel] Humanistische Naturwissenschaft. In: Archiv der Geschichte der Naturwissenschaften 8/9 (1983) S. 397-399. Anders als Grössing sehe ich das Vordringen zu eigener Beobachtung und Erfahrung als einen Vorgang an, der sich seit der 2. Hälfte des 15. Jahrhunderts bereits zunehmend beschleunigt. Er darf daher ebenfalls zu den Kennzeichen humanistischer Naturwissenschaft gerechnet werden. Vgl. Wuttke: Humanismus in den deutschsprachigen Ländern und Entdeckungsgeschichte 1493-1534 (1992). [Abdruck in diesem Band S. 483 ff.]

21 Paul Lawrence Rose: Universal Harmony in Regiomontanus and Copernicus. In: Avant, avec, après Copernic. Paris 1975, S. 153-158, hier S. 154. Vgl. die Verteidigungsschrift Regiomontans lateinisch und deutsch bei Helmuth Grössing: Humanistische Naturwissenschaft. Zur Geschichte der Wiener mathematischen Schulen des 15. und 16. Jahrhunderts. Baden-Baden 1983, S. 222-229. In seinem Buch *The Italian Renaissance of Mathematics*, Genève 1975, zeigt Rose, daß in Italien spätestens seit der Mitte des 15. Jahrhunderts die Mathematik in den Kreis der Studia humanitatis einbezogen wurde. Vgl. auch Gregor Müller: Mensch und Bildung im italienischen Renaissance-Humanismus. Vittorino da Feltre und die humanistischen Erziehungsdenker. Baden-Baden 1984. Die Überlegungen des Marsilio Ficino zielen 1484 auf sämtliche artes liberales, vgl. Clemens Zintzen: Grundlagen und Eigenarten des Florentiner Humanismus. Mainz 1990, S. 40. Zintzens Meinung, das Zeitalter der Naturwissenschaft sei noch nicht angebrochen gewesen (S. 39), steht dazu und zu anderen Beobachtungen in direktem Widerspruch.

22 Faksimile z.B. auf Taf. 26 bei Zinner (wie Anm. 16). Die neuesten Besprechungen der Verlagsanzeige stammen von Hirsch (wie Anm. 14) und von Wolfgang von Stromer: Hec opera fient in oppido Nuremberga Germanie ductu Ioannis de Monteregio. Regiomontan und Nürnberg 1471-1475. In: Regiomontanus-Studien. Hrsg. von Gün-

dem hat er in Nürnberg 1474 in zwei Auflagen das seit dem 15. Jahrhundert wieder stark beachtete Werk des Kirchenvaters Basilius Magnus (um 330 bis 379) *Welche alten Bücher gelesen werden sollten* herausgebracht, das den ethischen Erneuerungsgedanken völlig in den Vordergrund treten läßt.[23] Wer von der engen Definition der studia humanitatis herkommt und sie unwandelbar mit Grammatik, Rhetorik, Poesie, Geschichte und Moralphilosophie verbunden sein läßt, wundert sich, wie geschehen, natürlich sehr und muß Zuflucht zu der Hilfskonstruktion nehmen, Regiomontan sei in diesem Punkt wohl geschäftlicher Überlegungen wegen von seinem sonst ausschließlich naturwissenschaftlichen Programm abgewichen.[24]

Bleiben wir noch einen Augenblick in Nürnberg. Regiomontan ist längst weggezogen, ja inzwischen verstorben, als am 18. April 1487 auf der Burg der fränkische Winzersohn Conradus Celtis von Kaiser Friedrich III. als erster Deutscher den Poetenlorbeer aufs Haupt gelegt bekommt.[25] 1486 hatte dieser seit dem 19. Jahrhundert mit dem Ehrentitel „der deutsche Erzhumanist" ausgezeichnete Dichter in seiner *Ars versificandi*, seiner Anleitung zum Dichten, das Amt des Dichters so definiert: „Amt des Dichters ist es, in Prosa- und Verstext, den Redefiguren und Anmut auszeichnen, Sitten, Handlungen, Kriegstaten, Örtlichkeiten, Völker, Bereiche der Erde, Flüsse, Sternläufe, Eigenheiten der Dinge sowie Affekte des Geistes und der Seele mit übertragenen Bildern nachzuschaffen und die Abbilder der Dinge mit ausgewählten Wörtern und stimmigem wie angemessenem Wortmaß auszudrücken". Dies poetische Programm einer in Wortwahl und Rhythmik sprachlich anspruchsvollen Nachschaffung alles Wirklichen hält die Tore weit auf für eine sprachlich ebenfalls anspruchs-

ther Hamann. Wien 1980, S. 267-289, Faksimile Taf. XXIX. Regiomontan nimmt auf seine Verlagsanzeige selbst Bezug in der in Anm. 21 zitierten Verteidigungsschrift.

23 Luzi Schucan: Das Nachleben von Basilius Magnus *ad adolescentes*. Ein Beitrag zur Geschichte des christlichen Humanismus. Genève 1973. Zu Regiomontan S. 141 f.

24 Schucan (wie Anm. 23) S. 142.

25 Alle Belege zum Folgenden bei Wuttke: Humanismus als integrative Kraft (wie Anm. 3). Ich übernehme von dort auch z.T. die Formulierungen. Vgl. auch Larry Silver: Forest primeval. Albrecht Altdorfer and the German Wilderness Landscape. In: Simiolus 13 (1983) S. 5-43, hier S. 27 f.; Wuttke: Conradus Celtis Protucius (1459-1508). Ein Lebensbild aus dem Zeitalter der deutschen Renaissance (1987) [erweiterte Neubearbeitung siehe Auswahlbibliographie unter 1993]; und ders.: Celtis, Conrad(us). In: Walther Killy [Hrsg.]: Literatur Lexikon (1989). In der Reise- und Erfahrungsfreude dem Celtis vergleichbar ist Bohuslaus Lobkowicz von Hassenstein. Siehe Bohuslai Hassensteinii a Lobkowicz Epistulae. Ed. Jan Martínek et Dana Martínková. Tom. II: Epistulae ad Familiares. Lipsiae 1980.

volle, thematisch in keiner Weise eingegrenzte Literatur wissensvermittelnder Art. Es ist aufschlußreich zu sehen, welche Fähigkeiten man außer der, daß er als ein neuer Orpheus die Dichter nördlich und südlich der Alpen vollkommen übertreffe, wenige Monate später aus Anlaß der Dichterkrönung an Celtis hervorhebt: Von fernen, exotischen Weltgegenden zu singen und von den Gestirnen, die seiner Geburt leuchteten. Auf einen Begriff gebracht: Man feiert ihn als einen Lehrdichter, dessen Feld die Kosmographie ist. Welt- und Himmelsbeschreibung wird auch künftig von ihm erwartet. Paßt diese historisch beglaubigte Erwartung eigentlich zu der Erwartung, die wir heute haben, wenn wir uns jemanden und speziell Celtis als humanistischen Dichter vorstellen? Mit einem Gast der Dichterkrönung schloß er spontan Freundschaft: Es war der Arzt, Geograph, Weltreisende und Büchersammler Dr. Hieronymus Münzer. In einem Epigramm, das damals entstand, hielt Celtis fest, was er seinerseits an Münzer so sehr bewunderte: die Kenntnisse in der Himmels- und Weltkunde und in der Medizin. Ihm, der, gelehrt, liebevoll die Gelehrten aufnehme, widmete er seine Jugendgedichte. Sechs Jahre später, 1493, kam in Nürnberg auf Latein und auf Deutsch nicht nur die berühmte Weltchronik des Hartmann Schedel heraus, sondern es wurde gleichzeitig zwischen dem Hauptgeldgeber für das Projekt, Sebald Schreyer, und keinem anderen als Conradus Celtis ein Vertrag über eine von Celtis zu erstellende, völlig neu zu bearbeitende zweite Auflage abgeschlossen. Es heißt da, Celtis solle das Werk „in ainen anndern form prynngen mit sampt ainer Newen Europa vnd anderm darczu gehorig". Celtis hat diesen Vertrag nie erfüllt, aber in dem Themenbereich hat er intensiv weitergearbeitet: Die Geographie, speziell die Kulturgeographie Deutschlands blieb eines seiner Hauptarbeitsgebiete. In der ersten und einzigen zu seinen Lebzeiten gedruckten Repräsentativausgabe seiner Arbeiten von 1502 erschienen nicht weniger als drei einschlägige Werke von ihm, die den bei weitem größten Raum in dem Band einnehmen: 1. sein poetischer Reisebericht über seine Reisen in den vier Himmelsgegenden Deutschlands verbunden mit einer Schilderung von vier Stadien der Liebe, die den vier Lebensaltern eigen sind, 2. seine poetische allgemeine Beschreibung Deutschlands und 3. in Prosa seine Beschreibung Nürnbergs. Dies waren Vorarbeiten und Nebenprodukte zu einem umfassenden Werk über Deutschland, das Celtis unter dem Titel *Germania Illustrata*, in Vers und Prosa abgefaßt, 1502 als in Kürze fertig meldet, 1507 unter seine Hauptwerke einreihen läßt, von dem sich der Nachwelt jedoch nichts erhalten zu haben scheint. Es war sein ausdrückliches Ziel, mit diesen Bemühungen die Lücken zu schließen, die sämtliche vorausgegangenen

Kosmographen im Hinblick auf Deutschland gelassen hatten. Celtis bekannte sich zum Prinzip der eigenen Anschauung, Beobachtung und Erfahrung und dazu schien ihm das Reisen unentbehrlich, schließlich hatten ja schon Moses, Platon und Pythagoras ihre Weisheit wesentlich auf Reisen gewonnen.

Was Celtis nicht ausgeführt oder unvollendet liegen gelassen hatte, wurde unmittelbar nach ihm aufgegriffen. Man denke nur an die *Brevis Germanie descriptio* von 1512 des Johannes Cochlaeus[26] und an Johann Schöners *Luculentissima quaedam terrae totius descriptio* von 1515,[27] beide in Nürnberg erschienen. Celtis hatte laut Vertrag von 1493 eine *Newe Europa* machen sollen: Schöner verkündet in seinem Buchtitel gleichsam die Einlösung dieses Vorhabens, indem er als weiterer Inhalt seines Buches eine „Noua – et quam ante fuit verior – Europae nostrae formatio" ankündigt. Natürlich besteht ein Unterschied im Anspruchsniveau der Gestaltung zwischen Celtis und Schöner – deshalb wurde Celtis auch nicht fertig –, aber Schöner erkennt und bekennt dies und will sein Werk bewußt als Hilfsmittel verstanden wissen. Es kann kein Zweifel bestehen, daß Celtis, der auch Globen und die Tabula Peutingeriana besessen hat, u.a. ein Kosmograph gewesen ist, wie seine eigene Zeit ihn auch sah, und daß er als solcher in die Wissenschaftsgeschichte der Geographie gehört. Wenn es weiter sinnvoll sein soll, ihn als Humanisten zu bezeichnen, dann war er auch als Kosmograph Humanist und als solcher Naturwissenschaftler.

Wir haben es bei dem Problemkreis, mit dem wir uns hier beschäftigen, nicht nur mit der Frage zu tun, was bedeutet Naturwissenschaft im Sinne des 15./16. Jahrhunderts, und was Humanismus, sondern sogar auch mit der, was bedeutet Renaissance. Wir werden sehen, daß auch dieser moderne Begriff nicht ausreicht, um genau zu bezeichnen, was sich wirklich abgespielt hat. Wiedergeburt der Antike, zuerst der römischen, dann der griechischen, dann der hebräischen, das sehen wir und meinen wir damit.

---

26 Johannes Cochlaeus: Brevis Germanie Descriptio (1512). Hrsg., übersetzt und kommentiert von Karl Langosch. Darmstadt 1960. Franz Machilek: Johannes Cochlaeus. In: Fränkische Lebensbilder 8 (1978) S. 51-69.

27 Johannes Schöner: Luculentissima quaedam terrae totius descriptio: cum multis vtilissimis Cosmographiae iniciis. Nouaque et quam ante fuit verior Europe nostrae formatio. Praeterea, Fluuiorum : montium : prouinciarum : Vrbium : et gentium quamplurimorum vetustissima nomina recentioribus admixta vocabulis. Multa etiam quae diligens lector noua vsuique futura inueniet. Noribergae: Johannes Stuchs 1515 (Exemplar SB Bamberg: ad Inc.typ. M.V. 1/2). Auf die bisher wenig gewürdigte Schrift machte aufmerksam Franz Machilek: Kartographie, Welt- und Landesbeschreibung in Nürnberg um 1500. In: Landesbeschreibungen Mitteleuropas vom 15. bis 17. Jahrhundert. Hrsg. von Hans-Bernd Harder. Köln-Wien 1983, S. 1-12, hier S. 6.

Aber durch die Klassiker angeregt, ist man gegen Ausgang des 15. Jahrhunderts bereits auf dem Wege zu den noch weiter zurückliegenden Ursprüngen menschlicher Weisheit, die man bei den Chaldäern und Ägyptern sieht. Gleichzeitig ist man dabei, nicht nur die Kirchenväter, sondern auch das Mittelalter neu zu entdecken. So ist es, trotz des Verdiktes von Enea Silvio von 1443,[28] um 1500 durchaus keine Marotte des Heiligen Köln, wenn, wie eingangs erwähnt, Albertus Magnus neu entdeckt wird. Und Aristoteles wurde lange nicht so verachtet, wie uns die Schulbücher weismachen wollen, auch wenn Luther ihn haßte und, hätte er gekonnt, ihn wohl auf dem Scheiterhaufen verbrannt hätte. Es besteht eine weitverbreitete Meinung, kritische Leistungen der Renaissance nur in dem Bereich zu sehen, den man gewöhnlich für im engeren Sinne humanistisch ansieht; also in der Textkritik – und man denkt hier vorrangig an Valla und Erasmus und die Entlarvung von Fälschungen sowie die Herstellung des besten, weil autornahesten Textes. Vor neuen Beobachtungen aber und neuen Erkenntnissen sei die Renaissance weitgehend aus Ehrfurcht vor den antiken Autoritäten zurückgeschreckt. Ich habe diese Auffassung vorhin schon im Zusammenhang mit Celtis als Kosmographen infrage stellen wollen, als ich sein Drängen auf Beobachtung und auf Ausfüllung von Lücken hervorhob. In der Tat ging es ihm und anderen führenden Zeitgenossen und ging es einem Künstler wie Dürer über die Wiederbelebung hinaus zugleich um jenes Mehr auf allen Gebieten, das der Begriff Renaissance nicht mehr abdeckt. Es ging um Fortführung, Weiterentwicklung, aber auch um Überrundung, Überbietung.[29] Und ich möchte die Formulierung wagen, es waren unter den Gelehrten, den Künstlern und unter den gelehrten Geistlichen und Poltikern die Humanisten, die dies allererst wollten. Dies ist das eigentliche Merkmal der Renaissance-Humanisten: Sie wollen sprachlich anspruchsvoll geschult mit dem Medium Sprache und/oder Musik und/oder bildende Kunst und/oder mit geräteschaffender Fertigkeit im Rückgriff auf altes, vorrangig antikes Wissen und alte Weisheit im Bewußtsein der Würde und Verpflichtung des Menschen als Ebenbild Gottes antimaterialistisch kritisch neues Wissen, auch Gerät, neues Bewußtsein und neue Weisheit schaffen und/oder verbreiten, die den Menschen ethisch reifer machen und Gott

---

28 Brief vom 5. Dezember 1443 an Herzog Sigismund von Österreich. Abdruck mit Übersetzung bei: Enea Silvio Piccolomini. Papst Pius II. Hrsg. von Berthe Widmer. Basel-Stuttgart 1960, S. 280-289, hier S. 287.

29 Wuttke: Dürer und Celtis (wie Anm. 18). Ders.: Humanismus als integrative Kraft (wie Anm. 3). Zintzen (wie Anm. 21) S. 36 f.

näher bringen. Friedrich Ohly sieht wie ich das Defizit des Renaissance-begriffes und schlägt vor, in diesem Falle die Typologie als eine geschicht-lich wirksame Kraft zu erkennen.[30]

Ich sollte den Gedankengang nicht ohne einige Konkretisierungen aus dem Bereich mathematisch-naturwissenschaftlicher Fachliteratur verlassen. 1492 gab Johannes Lucilius Santritter aus Heilbronn in Venedig die berühmten Alphonsinischen Tafeln heraus.[31] Anstelle einer Einleitung, auch eines Gedichtes an den Leser, beginnt der Druck mit einem „Ermunterungs"-Brief des berühmten Olmützer Humanisten Augustinus Moravus an Santritter, den dieser mit einem entsprechenden Schreiben beantwortet. Augustinus Moravus darf man mit Sicherheit zu den Humanisten rechnen, die sich in die übliche Definition des Humanisten einfügen. Um so überraschter muß man sein, wenn man gewahr wird, wie er die kulturelle Situation der eigenen Zeit bewertet: Er äußert das Glück, in einer Zeit leben zu dürfen, in der nach dem Niedergang beinahe alle Wissenschaften – er nennt sie „optimae disciplinae" – wiedererwachten und fast bessere Frucht als früher gäben. Er meint, die Alten müßten sich eigentlich im Grabe freuen, könnten sie dies bemerken.[32] Da der Vorgang in allen Wissenschaften – „in omni disciplinarum genere" – mit unglaublicher Schnelligkeit vonstatten gegangen sei, sei es kein Wunder, da alle sich auf die eine Sache konzentrierten, daß einige sogar die Bahnen der anderen verließen und, wie man sage, auf eigene Faust an bisher Unbekanntes und Unversuchtes („incognita et intentata") herangingen. Dies hatten Georg Peurbach und Johannes Regiomontanus getan, deutsche Männer, die in der lateinischen und fast ebenso in der griechischen Sprache gebildet seien.[33] Der Humanist würdigt also die eigene Zeit als eine

---

30 Friedrich Ohly: Typologie als Denkform der Geschichtsbetrachtung. In: Natur, Religion, Sprache, Universität. Universitätsvorträge 1982/83. Münster 1983, S. 68-102.

31 Tabule Astronomice Alfonsi Regis. Ed. Johannes Lucilius Santritter. Venetiis: Johann Hamann 31. Oktober 1492 (GW 1258, Exemplar SB Bamberg: 2 an Inc.Typ. H. III. 12).

32 Motivlich vergleichbar ist das Deutschland-Lob des Aeneas Silvius. Aeneas Silvius: Germania. Hrsg. von Adolf Schmidt. Köln-Graz 1962, II 28, S. 65 f.

33 Tabule Astronomice fol. A2^{r-v}:
    „Augustinus Morauus Olomucensis Johanni Lucilio Santritter Heilbronnensi S.P.D. Quum temporum nostrorum conditionem mecum ipse reputo ⟨...⟩ eamque ex priscorum illorum imagine diligentius expendo atque pertracto gloriari sepe non mediocriter soleo: id me pottisimum etatis incidisse: in quo post defectos pene optimarum disciplinarum fructus: is demum studiorum ardor succreuerit: vt quae longa vetustatis negligentia deperierant: iam redeant iterum: ac rediuiuo quodam spiritu in meliorem propemodum frugem excitentur atque repullulent. ⟨...⟩ Uerum enimuero:

Renaissance aller Wissenschaften und hebt hervor, daß zwei Astronomen in ihrem Feld alles bisher dagewesene Wissen übertroffen hätten. Der Antwortbrief des Santritter liegt auf derselben Linie, er hebt die Renaissance der Studien aller schönen Wissenschaften hervor – „omnium bonarum artium studia" – und meint, man werde in allen Wissenschaften in Kürze mit jenem göttlichen Zeitalter der Römer in Wetteifer treten können.[34] Als besondere Leistungen deutscher Erfindungskraft hebt er noch die Bombarda und die Druckkunst hervor. Diese Sehweise setzt sich direkt fort in der 1514 in Wien veranstalteten Sammel-Ausgabe von Peurbachs *Tabulae Eclypsium* und Regiomontans *Tabula Primi Mobilis*, wo Andreas Stiborius in seinen Vorreden zu beiden Teilen die Kraft des menschlichen Geistes anspricht, in Unbekanntes vorzudringen und von anderen Beiträgern – u.a. von dem Humanisten Joachim Vadian – die Astronomie als die dem Geistwesen Mensch besonders angemessene Wissenschaft gewürdigt wird, weil sie zur Betrachtung der himmlischen Ursprünge seines Geistes führe.[35]

---

quo magis illa tempora luctuosa fuere: quibus omnis studiorum honos conciderat: eo plus his nostris gratulandum ⟨...⟩ existimo: quibus preclara ingenia ad pristinum iterum calorem reuiuiscunt: Quin etiam si vllus apud inferos sensus inuenitur: gaudere etiam manes ipsos existimem: quod eorum labores: exercitia: vigilie: vna cum eis iam fere sepulte in lucem denuo prodeant: ac multiphariam disperse in vnum veluti corpus congregentur iterum atque subsidant. Id cum in omni disciplinarum genere incredibili imprimis celeritate confectum sit: vtpote vbi ad communem causam in vnum fere omnes conspirarunt: preter ceteros tamen Georgius Peurbachius et Johannes ille de Regio monte: viri germani: latineque ac grece lingue iuxta eruditi: Sideralis sibi negocij partem eo usque tutati sunt: vt cum ceteri non nisi alias pertractata disquirerent: hi sibi et incognita et intentata prius: proprio vt aiunt Marte desumunt ⟨...⟩." Vgl. den Brief des Augustinus Moravus an Bohuslaus Lobkowicz von Hassenstein, den die in Anm. 25 genannte Edition als Nr. 42 abdruckt.

34   Tabule Astromice fol. A3[r-v]:
     „Johannes Lucilius Santritter Germanus de Fonte salutis vulgo dictus Heilbronnensis Augusto Morauo Olomucensi S.P.D.
      Exultarem non minori gaudio quam tu Augustine suauissime: quod ea nos tempora incidimus: quibus omnium bonarum artium studia non dico reuiuiscunt aut florent: sed dulcissimos etiam fructus iam ediderunt: adeo vt in plerisque multis breui cum diuino illo Romanorum seculo certaturi simus: nisi sciolorum ne dicam blateronum quorundam ac lucifugarum sermones me mouerent ⟨...⟩."

35   Tabulae Eclypsium Magistri Georgij Peurbachij. Tabula Primi mobilis Joannis de Monte regio. ⟨...⟩ Coelum Tabella Fati. Ed. Andreas Stiborius. Viennae: Johannes Winterburg 1514 (Exemplar SB Bamberg: L.gr.f.45/4). Hier z.B. fol. aa1[v]:
     „Joachimi Vadiani De Sancto Gallo ⟨...⟩ in laudem operis epigramma.
         Qui fragili censes morituram in corpore mentem:
             Huc ades ⟨et⟩: uerum carm⟨ine⟩ disce breui.

Johannes Schöner entschuldigt sich in seiner bereits oben genannten *Luculentissima quaedam terrae totius descriptio*, daß er dem Ptolemaios nicht völlig gefolgt sei, sondern es gewagt habe, „noua scribere".[36] Überhaupt ist das Wort neu, „novus", das Leitwort seiner Intentionen. Von allen Städten hebt er begreiflicherweise Nürnberg am meisten hervor, das mit Männern, die in allen Wissenschaften gebildet seien, wie mit Edelsteinen geschmückt sei. Ihr berühmtester sei Willibald Pirckheimer „in omni ferme scibilium genere clarus ⟨...⟩ ac omnium insuper studiosorum patronus ⟨...⟩."[37] Wie im vorgenannten Werk die Tafeln der Peurbach und Regiomontan so wird hier Schöners Globus humanistisch gepriesen,[38] so daß

Anne uides? quantas pernix discurrat in artes?
 Quamque per occultas euolet orbis opes?
Non satis est terras, et quae terrestria, nosse:
 Non satis aequoreas aereasque uices.
Altius in sacros rapitur progressa recessus:
 Et uicina deis sydera tractat humi.
Dumque tenebroso membrorum carcere clausa est
 Maxima coelestis signa uigoris habet.
Quis neget aetherea nostras ab origine mentes?
 Quis non diuinas, astrigerasque putet?
⟨...⟩"

Fol. aa 10r:
„Praefatio Magistri Andreae Stiborij Boij in tabulas Eclypsium M. Georgij Peurbachij ⟨...⟩. Mirandum certe est / homines in tam penetralia summi dei arcana descendere potuisse: ut haec miranda uentura iam certe cognoscere / et tam longe praeuidere ualerent. Sed de hoc nemo miretur: cum ad hoc creatus sit homo: ut ex contemplatione magnalium dei deum creatorem magnificet et benedicet ⟨...⟩."
Fol. AA3v:
„Andreae Stiborij Boij In tabulam primi mobilis Praefatio. ⟨...⟩ Nondum est scientia primi mobilis exhausta. non sunt omnes circuli axes et poli satis contemplati. semper aliquid nouae inuentioni patet ⟨...⟩." – Vers 2 von fol.aa1v lautet im Original: „Huc ades: uerum carmen disce breui."

36 Schöner (wie Anm. 27) fol. Aiir-v:
„Et quamquam plerosque fore non dubitem: qui hoc opusculum improbaturi: mihique insolentiae crimen objectabunt: quod Ptholemaeum omnino non insequutus noua scribere ausim. Sed hi veniam dabunt: dum in finem operis deuenerint. Non enim Ptholemaei solum: sed et aliorum virorum clarissimorum opiniones conduxi ⟨...⟩. Ideo tabulam nouam Europae iuxta obseruationes superiorum ac itinerum peragrationes: diligenti adiunxi examine. Huic etiam descriptioni nouas regiones ad quattuor plagas mundi adieci: quae Ptholemaeo nostro incognita permansere. Hac vero nostra tempestate: tam obseruationibus superiorum: quam etiam peragrationibus ac nauigationibus continuis inuentas accipimus."

37 Fol. Gr-v. Vgl. das Lob, das Pirckheimer gewidmet wird, in dem in Anm. 16 genannten Brief Huttens.

wir sehen, wie in dieser Zeit selbst Tabellen und Instrumente eine humanistische Dimension erhalten, etwas, was sich ja auch in der Tradition medizinischer Anschauungsmodelle noch mindestens bis zum ausgehenden 18. Jahrhundert zeigt.

Conradus Celtis hatte lebenslang die Vereinigung der Musen mit den Wissenschaften propagiert und dabei die Genugtuung erleben dürfen, daß Maximilian seinem Bestreben 1501 in der Begründung des Wiener *Collegium poetarum et mathematicorum* die erwünschte Institutionalisierung gewährte. Die Auswirkungen dieses Programms konnten wir in den eben behandelten Drucken von 1514/15 studieren, aber z.B. auch in des Johannes Stabius Ausgabe *Messahalah: De scientia motus orbis* von 1504, des Stabius, der als Mathematiker und Astronom wie Celtis poeta laureatus war.[39] Auf eine nähere Analyse sei hier jedoch verzichtet. Stattdessen wollen wir mit einem kurzen Erkundungsgang abschließen, der uns durch einige sogenannte humanistische Programmschriften führt und nach deren Bewertung der Wissenschaften fragt. Enea Silvio schreibt am 5. Dezember 1443 einen langen Brief über sog. humanistische Fürstenerziehung an Herzog Sigismund von Österreich. Darin ist nicht eine Wissenschaft aus dem ‚Programm‘ ausgeschlossen, also keineswegs etwa die Naturwissenschaften. Und am Schluß empfiehlt Enea dem Fürsten ausdrücklich, die lebendige Lebenserfahrung zu suchen. Er sagt: „Denn ich weiß, daß es von Nutzen ist, was die Menschen aus Büchern gelernt haben, in der Ausübung zu erproben."[40] 1476 hält Rudolf Agricola vor dem Herzog von Ferrara, Hercules Estense, eine Rede zum Lobe der Philosophie und der übrigen Wissenschaften. In dies Lob ist das gesamte Quadrivium ohne jeden Abstrich einbezogen in einer Weise, die den späteren Conradus Celtis als getreuen Schüler Agricolas erkennen läßt.[41] Und die Bemühun-

---

38 Fol. Lvi[r].

39 Nürnberg: Johannes Weissenburger 1504 (Exemplar SB Bamberg: Inc.typ. H.V. 13/1).

40 Wie Anm. 28, S. 288/9.

41 Humanismus und Renaissance in den deutschen Städten und an den Universitäten. Hrsg. von Hans Rupprich. Leipzig 1935, S. 164-183. Zu Mathematik und Naturwissenschaften S. 175-177. S. 178 legt Agricola gegenüber denen, die Naturforschung abwerten, im Sinne Regiomontans dar, daß es sich hierbei um Grundlagenwissen handelt, das für den Aufbau einer sittlichen Welt notwendig ist. Unterstützung meiner Auffassung finde ich – abgesehen von Grössing (wie Anm. 20 u. 21) – bei Eckard Keßler: Humanismus und Naturwissenschaft bei Rudolf Agricola. In: L'humanisme allemand (1480-1540). München-Paris 1979, S. 141-157. Kessler weist zu Recht auf Petrarca hin und nennt dessen Wort „experientia rerum magistra" einen humanistischen Grundsatz (S. 147 oben). Zu Petrarca ist jetzt wichtig das aufregende Buch von Wilhelm Pötters: Chi era Laura? Strutture linguistiche e matematiche nel *Canzoniere*

gen um das Gesamt der Wissenschaften werden von Agricola „studia humanitatis" genannt.[42] Nicht anders ist es in der Rede, die Johannes Reuchlin 1477 zum Lobe der Philosophie hält.[43] Ganz im Sinne der bisher Genannten hat Celtis immer wieder den Sachinhalt der Bildung in der Berücksichtigung aller Wissenschaften gesehen und hat sich für persönliche Erfahrung mit Nachdruck ausgesprochen. Ich übergehe die Übereinstimmung, die es mit Willibald Pirckheimer und Ulrich von Hutten gibt und hebe nur noch Philipp Melanchthon, den protestantischen Praeceptor Germaniae, hervor. Zwischen 1517 und 1549 hat er verschiedene Reden, sog. Deklamationen, gehalten, in denen er die Berücksichtigung aller Wissenschaften propagiert. Sie sind für ihn – nach altem, aus der Antike stammenden Herkommen – in dem Begriff „philosophia" zusammengefaßt, und diese „philosophia" nennt er auch „humanae disciplinae", „scientia optimarum artium", „honestae artes", „optimae disciplinae", und er erörtert mehrfach, warum es für einen jeden Theologen unumgänglich ist, gerade auch mit der Mathematik und der Himmelskunde sich zu befassen, wobei er letztere „illas pulcherrimas artes de motibus siderum" nennt.[44] Hören wir die Begründung, die er am Schluß seiner Rede über Aristoteles gibt: „Gott will, daß die Natur angeschaut wird, in die er bestimmte Spuren eingedrückt hat, um erkannt zu werden: Er hat die Wissenschaften gegeben, nicht nur, damit sie Lebenshilfen sind, sondern viel

---

di Francesco Petrarca. Bologna 1987.

42   A.a.O. S. 165.

43   Johann Reuchlins Briefwechsel. Hrsg. von Ludwig Geiger. Hildesheim 1962, S. 340-343.

44   Melanchthons Werke. III. Band: Humanistische Schriften. Hrsg. von Richard Nürnberger. Gütersloh 1969, S. 39, 66, 67, 92 und 94. Über den Zusammenhang von Theologie bzw. Glauben, Kirche und Wissen handelt er besonders eindringlich in der Rede über die Philosophie von 1536, vgl. z.B. S. 91:
„Cum igitur tantum habeat mali inerudita theologia, facile iudicari potest, ecclesiae opus esse multis magnis artibus. Nam ad iudicandum et ad recte et dilucide explicandas res intricatas et obscuras, non satis est nosse haec vulgaria praecepta grammatices et dialectices, sed opus est multiplici doctrina; multa enim assumenda sunt ex physicis, multa ex philosophia morali conferenda sunt ad doctrinam christianam." Wilhelm Maurer: Melanchthon und die Naturwissenschaft seiner Zeit. In: Archiv für Kulturgeschichte 44 (1962) S. 199-226, macht seine Ausführungen unter Ausschluß der ‚humanistischen' Schriften. Der Aufweis des inneren Zusammenhangs aller Äußerungen Melanchthons wäre daher noch zu leisten. Hilfreich ist dabei Wilhelm Maurer: Der junge Melanchthon zwischen Humanismus und Reformation. 2 Bde. Göttingen 1967/69; vgl. jetzt auch Manfred Büttner: Philipp Melanchthon. In: Wandlungen im geographischen Denken von Aristoteles bis Kant. Hrsg. von Manfred Büttner. Paderborn usw. 1979, S. 93-110.

eher, damit sie uns an den Schöpfer jener Ordnung gemahnen, die in den Zahlen zu erblicken ist, der Himmelsbewegung, den Gestalten, sowie jener ewigen und unveränderlichen Schranke, die im Geiste des Menschen verankert ist, und z.B. Gut und Böse trennt. Wahr ist nämlich jener wunderbare Ausspruch Platons, daß Gottes willkommener Ruhm in den Wissenschaften ausgestreut liegt."[45]

Damit könnte möglicherweise deutlich geworden sein, daß ich mit der Themenstellung dieses Beitrages, der Beobachtungen zum *Verhältnis* von Renaissance-Humanismus und Naturwissenschaft zusammenträgt, ein Irrlicht angezündet habe und daß ich mich dafür entschuldigen muß. Im deutschen humanistischen Lager gibt es im 15./16. Jahrhundert keine Trennung von Humanismus und Naturwissenschaft. Hätte es im 16. Jahrhundert eine VCH-Verlagsgesellschaft in Weinheim gegeben, wie es sie so vielfältig tätig heute gibt, hätte diese nicht die Notwendigkeit gespürt, um Humanistisches zu publizieren, eine Verlagsabteilung *acta humaniora* zu gründen. *Alle* ihre dem Neuen gegenüber aufgeschlossenen und ganz selbstverständlich vom Ethos der Verantwortung gegenüber Gott und der Würde des Menschen getragenen Verlagshandlungen wären als acta humanitatis verstanden worden. Anders ausgedrückt: Eine Inschrift, wie die am Portal der Bamberger Akademie aus dem Jahre 1613, PIETATI BONISQ⟨VE⟩ LITTERIS, bringt[46], auf die knappste Formel gebracht, zum Aus-

---

45 Die Rede stammt vom Jahre 1544, a.a.O. S. 133 f.:
„Vult Deus aspici naturam, in quam impressit vestigia quaedam ut agnoscatur: dedit artes, non solum ut vitae sint adminicula, sed multo magis, ut nos admoneant de ordinis huius auctore, qui in numeris, in motu caelesti, in figuris, et in illo aeterno ac immutabili saepto in mente hominis condito, videlicet in descrimine honestorum et turpium conspicitur: vera est enim illa dulcissima Platonis vox, gratam Dei famam in artibus sparsam esse."

46 Siehe Elisabeth Roth: Collegium - Akademie - Universität. Vier Jahrhunderte Bauen für Bambergs Hochschule. In: Historischer Verein Bamberg. 112. Bericht, 1976, S. 327-361, hier S. 335. – Vgl. auch Pietati Bonisque Litteris. Universitas Bambergensis. Werden und Fortwirken der Universitätsstiftung zu Bamberg. Mit Beiträgen von Othmar Heggelbacher und Rudolf Rieks. Bamberg 1987. Die als Titel der Publikation dienende Inschrift wird allerdings in den Beiträgen nicht näher behandelt. Heggelbacher übersetzte sie für einen anderen Zusammenhang interessanterweise so: „Der geschöpflichen Ehrfurcht und der menschlichen Kultur." – Die Kontinuität der von mir ansatzweise beschriebenen humanistischen Mentalität wird im 18. Jahrhundert z.B. sichtbar bei Buffon und de Bonald (s. W. Lepenies: Gefährliche Wahlverwandtschaften. Stuttgart 1989, hier S. 63 und S. 73 f.) sowie bei Fr. A. Wolf: Darstellung der Altertumswissenschaft nach Begriff, Umfang, Zweck und Wert. Nachwort von J. Irmscher. Weinheim 1986. Trotz der im 19./20. Jahrhundert immer verwickelter werdenden Bewußtseinslage, an deren Erzeugung die historische Forschung ihren Anteil

druck, was der Humanismus des 15. und 16. Jahrhunderts programmatisch und praktisch erarbeitete, und zeugt von der bruchlosen Kontinuität. In ihr stand auch Goethe, wenn er mit seiner Farbenlehre eben nicht eine zerteilender moderner Rationalität gehorchende Farbenwissenschaft, sondern in langem Ringen eine integrative Farbentheologie entwarf, wofür Albrecht Schönes überzeugende Interpretation erstmals die Augen geöffnet hat.[47] Sic tempora mutata sunt!

hat, besteht diese Kontinuität natürlich unablässig weiter, man muß nur in die Schriften großer Mathematiker und Naturwissenschaftler schauen oder die programmatischen Reden des gegenwärtigen Präsidenten der DFG, Hubert Markl, wahrnehmen oder z.B. die Lebenswerke von Männern wie Aby M. Warburg, Erwin Panofsky und Sir Ernst H. Gombrich studieren. Vgl. Anm. 16 und 47.

47 Albrecht Schöne: Goethes Farbentheologie. München 1987. Vgl. Carl J. Burckhardts Brief vom 17. April 1957 an den Göttinger Romanisten Jürgen von Stackelberg: „Humanismus ist eigentlich der Zustand, in welchem der Mensch die Verantwortung voll erkennt, die ihm dadurch auferlegt ist, daß er nach dem Ebenbilde Gottes oder der Götter geschaffen wurde; wo immer er dieser Verantwortung dient, bleiben ihm die großen Proportionen und die großen Rhythmen der antiken Welt ein sicherer Besitz." (C.J.B.: Briefe 1908-1974. Hrsg. vom Kuratorium Carl J. Burckhardt. Besorgt von Ingrid Metzger-Buddenberg. Frankfurt/M. 1986, S. 30-303, hier S. 302.) – Meine vorstehenden Ausführungen sind die berichtete und erweiterte Fassung eines Vortrages, den ich zuerst 1984 auf dem Johannes-von-Gmunden-Symposion der Österreichischen Akademie der Wissenschaften in Wien und 1985 in Wolfenbüttel beim 6. Internationalen Kongreß für Neulatein sowie schließlich im Juli 1987 vor Lateinlehrern bei einer Tagung der Akademie für Lehrerfortbildung Dillingen in Gars am Inn und zum Geburtstag des Conradus Celtis am 1. Februar 1988 an der Universität Erlangen auf Einladung von Prof. Dr. Berndt Hamm, Lehrstuhl für Neuere Kirchengeschichte, gehalten habe. Die lebhaften und anregenden Diskussionen mit den Zuhörern sind mir in dankbarer Erinnerung. – Für fachlichen Rat danke ich Prof. Dr. Wolfgang Hübner, Münster, und Dr. Jan Martínek, Prag, sowie für die zustimmende Mitteilung ergänzenden, in diesem Aufsatz noch nicht verwendeten Materials Prof. Dr. Stephan Füssel, Mainz, und Prof. Dr. Bernhard D. Haage, Mannheim.

rowohlts deutsche enzyklopädie

Das Wissen
des 20. Jahrhunderts
im Taschenbuch
mit
enzyklopädischem
Stichwort

★

Herausgeber
Prof. Ernesto Grassi
Universität München

Sachgebiet
PÄDAGOGIK

Abb. 91: Anonym: Reihentitel aus „rowohlts deutsche enzyklopädie."

[Nachtrag: Zu dem oben S. 471 f. besprochenen Gesichtspunkt ‚Überbietung der Antike' als einem typischen Renaissance-Merkmal, das Humanisten ausformulierten, die keine Grenze zwischen Geistes- und Naturwissenschaften kannten, sollen hier noch zwei signifikante Beispiele aus dem weiteren Verlauf des 16. Jahrhunderts hinzugefügt werden:

1.) Helius Eobanus Hessus hat dem Werk: Problemata XXIX. Saphaeae Nobilis Instrumenti Astronomici, Ab Ioanne de Monteregio Mathematicorum omnium facile principe conscripta. [Nürnberg: Petreius] 1534 (Exemplar: BSB München), das folgende Epigramm an den Leser mitgegeben, das auf dem Titelblatt steht und Johannes Regiomontanus als den größten Mathematiker aller Zeiten preist:

> „Garrula stelliferum mirari desinat orbem
>   Fama Syracusium composuisse senem,
> Coelestes ferula traxisse Promethea flammas,
>   Atlanta aethereos sustunuisse globos.
> Omnia perpetuae uicit miracula famae
>   Teutonicis natum finibus ingenium,
> Nomen Ioanni Mons regius indidit aptum,
>   Quem Regem merito tota Mathesis habet.
> Contuleris ueterum tot nomina clara uirorum
>   Lex quibus astrorum cognita tota fuit,
> Sydera ut auricomo caedunt reliqua omnia Soli,
>   Sic caedent illi nomina tanta uiro.
> Doctior astrorum nemo fuit, illius extant
>   Scripta, quibus Latijs addita Graeca dedit.
> Quem si forte probas (ut debes talia) lector,
>   Quae damus, ex tali flumine sumpta, lege."

(Vgl. Ernst Zinner: Leben und Wirken des Johannes Müller von Königsberg genannt Regiomontanus. München 1938, S. 259 Nr. 173.)

2.) Die zweite Auflage des Werkes, das die neue Lehre des Kopernikus zuerst verbreitete, nämlich Georgius Ioachimus Rheticus: De Libris Revolutionum Eruditissimi Viri, Et Mathematici ⟨...⟩ Nicolai Copernici ⟨...⟩, Narratio Prima. Basileae 1541 (Exemplar: HAB Wolfenbüttel), trägt auf dem Titelblatt das folgende Epigramm an den Leser, das der Konstanzer Arzt Georgius Vogelinus gedichtet hat:

> „Antiquis ignota Viris, mirandaque nostri
>   Temporis ingenijs iste Libellus habet.
> Nam ratione noua stellarum quaeritur ordo.
>   Terraque iam currit, credita stare prius.
> Artibus inuentis celebris sit docta Vetustas,
>   Ne modo laus studijs desit honorque nouis.
> Non hoc iudicium metuunt limamque periti
>   Ingenij, solus liuor obesse potest.
> At ualeat liuor, paucis etiam ista probentur,
>   Sufficiet, doctis si placuere Viris."

480

(Vgl. K. Zeller: Des Georg Rheticus Erster Bericht über die sechs Bücher des Kopernikus. München-Berlin 1943, S. 26.)

Eckhard Keßlers im Laufe der Jahre publizierte Äußerungen sind nicht ohne weiteres auf einen Nenner zu bringen, vgl. Die pädagogische Bedeutung des Humanismus. In: Eugenio Garin: Geschichte und Dokumente der abendländischen Pädagogik. Bd. II: Humanismus. Quellenauswahl für die deutsche Ausgabe: Eckhard Keßler. Reinbek b. Hamburg 1966, S. 298-300; Humanismus und Naturwissenschaft. Zur Legitimation neuzeitlicher Wissenschaft durch den Humanismus. In: Zeitschrift für philosophische Forschung 33 (1979) S. 23-40; Einleitung. In: Vom Vorrang der Jurisprudenz oder der Medizin. Hrsg. von Peter Michael Schenkel. München 1990. Besonders aufschlußreich ist die Diskrepanz zwischen dem einem Renaissancedruck entnommenen graphischen Titelblatt der Reihe *rowohlts deutsche enzyklopädie* (Abb. 91) und dem oben genannten enzyklopädischen Stichwort Keßlers. – Vom „humanistischen Appell" der Farbenlehre Goethes spricht jetzt auch Felix Höpfner: Wissenschaft wider die Zeit. Goethes Farbenlehre aus rezeptionsgeschichtlicher Sicht. Mit einer Bibliographie zur Farbenlehre. Heidelberg 1991, und Günther Böhme: Goethe. Naturwissenschaft - Humanismus - Bildung. Frankfurt/M. u.a. 1991, schlägt ausdrücklich vor, Goethes Naturlehre „humanistische Naturwissenschaft" zu nennen (S. 76). – Zur Kontinuität der von mir angesprochenen Gedankengänge vgl. den bahnbrechenden Aufsatz von Bernhard Dietrich Haage: Wissenschafts- und bildungstheoretische Reminiszenzen nordfranzösischer Schulen bei Gottfried von Straßburg und Wolfram von Eschenbach. In: Würzburger medizinische Mitteilungen 8 (1990) S. 91-135, sowie das wichtige Buch von Erich Trunz: Weltbild und Dichtung im deutschen Barock. München 1992. Ohne daß er auf die Vorgeschichte eingeht, ist zum 17. Jahrhundert interessant: Bruno Rieder: Contemplatio coeli stellati. Sternenhimmelbetrachtung in der geistlichen Lyrik des 17. Jahrhunderts. Interpretationen zur neulateinischen Jesuitenlyrik, zu Andreas Gryphius und zu Catharina Regina von Greiffenberg. Bern u.a. 1991. Stillschweigende Zustimmung erfahren neuerdings Grössings und meine Beobachtungen zum integrativen Humanismus von Franz Josef Worstbrock: Hartmann Schedels 'Index Librorum'. Wissenschaftssystem und Humanismus um 1500. In: Studien zum 15. Jahrhundert. Festschrift für Erich Meuthen. Bd. 2. Hrsg. von Johannes Helmrath und Heribert Müller in Zusammenarbeit mit Helmut Wolff. München 1994, S. 697-715. Dem sonst so erfreulich skrupulös arbeitenden Forscher sind sämtliche seit 1982 vorgelegten Beiträge entgangen, in denen das Problem der studia humanitatis neu angegangen wird.]

Humanismus in den deutschsprachigen Ländern und Entdeckungsgeschichte 1493-1534

(1989/1991/1992)

Perge convexo fugitiva caelo
Astra mirari, geminum cubile
Solis inquirens alioque gentes
Orbe sepultas.
(Conradus Celtis: Ode I, 11, 53-56,
zuerst publiziert im September 1492.)

Quaenam igitur fugiendi ratio? Si contrahas et astringas, vt dixi, curiosi-
tatem, potissimum autem, si mentem verteris ad ea, quae magis prosunt
iuuantque. Curiose require, quae sunt in coelo, quae in terra, quae in aere,
quae in mari. Vtrum paruarum rerum contemplatione delectaris an
magnarum? Si magnarum, circa solem curiosus esto, vbi occidat et vnde
exoriatur.⟨...⟩ At magna contemnis? Curiosus igitur esto circa minora ⟨...⟩.
(Plutarch: De curiositate, ins Lateinische übersetzt von Erasmus
von Rotterdam. Erstdruck 1526.)

Für William S. Heckscher

I.

Kolumbus wird oft vorgeworfen, daß er in zehn Jahren nicht erkannte, was er eigentlich gefunden hatte. Welcher ist der Erkennt-
nisstand in der Frage der Rezeption der Entdeckungen bei den
deutschen Humanisten nach 150 Jahren Humanismusforschung?

In meinen früheren Forschungen habe ich mich noch nie mit dem Thema
Humanismus und Entdeckungsgeschichte beschäftigt, weil ich meinte, die
deutschen Humanisten hätten zwar die Erfindung der Bombarda und vor
allem die des Buchdrucks positiv gewürdigt, die Entdeckung beider ‚Indien' aber nur zurückhaltend beachtet.[1] Kaum hatte ich mit den biblio-

---

1 Meine Ausführungen geben den vollen, mit Anmerkungen versehenen Wortlaut des
 Textes wieder, den ich mit situationsbedingten Kürzungen auf dem 37. Deutschen
 Historikertag am 13. Oktober 1988 in Bamberg, auf dem VIII. Internationalen Ger-

graphischen Vorarbeiten und der Quellenlektüre begonnen, als ich bemerkte, daß ich unbewußt von jenem Vorurteil geleitet gewesen war, das das allgemeine historische Bewußtsein bestimmt, die Humanisten der Renaissance seien viel zu sehr im philologisch-literarischem Sinne mit den antiken Schriftstellern beschäftigt gewesen und mit deren Wiederbelebung und hätten die Inhalte der antiken Schriften als unantastbare Autorität verehrt, als daß sie für den an sich aufregenden und das Weltbild revolutionierenden Vorgang der Entdeckung unbekannter Länder und Völker hätten aufgeschlossen sein können.[2]

---

manistenkongreß am 28. August 1990 in Tokyo, am 12. April 1991 bei der Jahrestagung der Willibald-Pirckheimer-Gesellschaft in Nürnberg, am 9. April 1992 zur Eröffnung der Ausstellung *America. Das frühe Bild der Neuen Welt* in der Bayerischen Staatsbibliothek München und am 15. Dezember 1992 zur Eröffnung der Ausstellung *Die Wiedergeburt der Antike und die Auffindung Americas – 2000 Jahre Wegbereitung einer Entdeckung* in der Staats- und Universitätsbibliothek Hamburg vorgetragen habe. Eine englische, von Derick Dreher übersetzte Fassung habe ich am 3. November 1990 in Amherst/Mass. bei der von Nicola Courtright und Joel Upton geleiteten Konferenz „Reframing the Renaissance" zu Gehör gebracht.

2 Vgl. Humanismus und Neue Welt. Hrsg. von Wolfgang Reinhard. Weinheim 1987. (= Kommission für Humanismusforschung. Mitteilung XV.) und dazu die Anzeige von August Buck in: Wolfenbütteler Renaissance Mitteilungen 13 (1989) S. 9-11. Buck: „Nachdem die Humanisten im allgemeinen zunächst von den Entdeckungen kaum Notiz genommen hatten, erhielten diese um die Mitte des 16. Jahrhunderts einen Stellenwert im epochalen Selbstverständnis, insofern sie in der beginnenden ‚Querelle des Anciens et des Modernes' als Argument für die Überlegenheit der Moderne gegenüber der Antike angeführt wurden ⟨...⟩" (S. 9). Ferner: Mythen der Neuen Welt. Zur Entdeckungsgeschichte Lateinamerikas. Hrsg. von Karl-Heinz Kohl. Berlin 1982, S. 22-23 und vor allem S. 288 linke Spalte; Hannes Kästner: Der Arzt und die Kosmographie. Beobachtungen über Aufnahme und Vermittlung neuer geographischer Kenntnisse in der deutschen Frührenaissance und der Reformationszeit. In: Literatur und Laienbildung im Spätmittelalter und in der Reformationszeit. Hrsg. von Ludger Grenzmann und Karl Stackmann. Stuttgart 1984, S. 504-531, S. 532-533 Diskussionsbericht von Joachim Behr; Kästners Aufsatz ist grundlegend geprägt von dem Klischee der „Bindung der zeitgenössischen Humanisten an die antiken Autoritäten" (S. 519) und der Annahme, es habe unter ihnen so etwas wie eine Furcht gegenüber Wissen gegeben, das das herkömmliche Weltbild umstürzte (S. 507 unten); Fraucke Gewecke: Wie die neue Welt in die alte kam. Stuttgart 1986, S. 136-137; Sebastian Münster. Katalog zur Ausstellung aus Anlaß des 500. Geburtstages am 20. Januar 1988. Ingelheim am Rhein 1988, S. 15-16 (Beitrag von Walter Seib). Gegenüber den im Vorhergehenden zitierten Studien haben mich die folgenden in meiner Sicht bestärkt: Michel Mollat: Humanisme et grandes découverts (XVᵉ-XVIᵉ siècles). In: Francia 3 (1975) S. 221-235; Percy Adams: The Discovery of America and European Renaissance Literature. In: Comparative Literature Studies 13 (1976) S. 100-115; Harold Jantz: Images of America in the German Renaissance. In: First Images of America. The Impact of the New World on the Old. Ed. by Fredi Chiapelli. Ber-

Abb. 92: Jürgen Weber: Das Narrenschiff. Bronze 1984-87.

Den Prozeß meiner Selbstaufklärung hat ein Erlebnis wesentlich gefördert, das ich im Oktober 1987 in Nürnbergs Innenstadt hatte. Damals sah
ich zuerst das große bronzene *Narrenschiff*, das Jürgen Weber gestaltet hat
(Abb. 92). Die Stadt Nürnberg hat es inzwischen mit Hilfe von Spenden
zum Glück angekauft. Mit Verblüffung sah ich, wie dies *Narrenschiff* mit

keley-Los Angeles-London 1976, S. 91-106; R. Hooykaas: Humanism and the Voyages
of Discovery in 16th Century Portuguese Science and Letters. Amsterdam-Oxford-
New York 1979 (= Mededelingen der koninklijke nederlandse akademie van weten-
shappen, afd. letterkunde. Nieuwe reeks deel 42, no. 4.)

485

seiner Besatzung und mit seinen Inschriften viele Vorübergehende fesselte.[3] Sie verstanden spontan, daß der Künstler hier ein Mahnmal gegen
hemmungslosen Wissenschafts- und Technikfortschritt geschaffen hatte,
gegen einen sich selbst genügenden Fortschritt, einen Fortschritts-Mate-
rialismus, der die Frage nach der Verantwortung für die Menschen, ja für
die ganze Erde nicht mit der notwendigen Intensität in seinen Denkhori-
zont hineinholen will. Wie, sagte ich mir, dies alte *Narrenschiff* des Sebastian Brant, zuerst 1494 in Basel erschienen, kann eine solche, das
gegenwärtige Nachdenken befruchtende Potenz freisetzen? Es gilt doch
in Literaturwissenschaftler-Kreisen als Symbol hoffnungslos reaktionärer
Verweigerung, als der quasi letzte, zum Glück vergeblich gebliebene Versuch, das vom Untergang bedrohte Mittelalter durch Lasterschelte gegenüber der hereinbrechenden Neuzeit zu retten.[4]

Gleichwohl fragte ich mich: Könnte es am Ende hilfreich sein, sich dem
dumpfen Gruppenzwang der Fachwissenschaft zu entziehen, und sich auf
die Seite der modernen Rezipienten, also des Künstlers und der vielen
angerührten Passanten, zu stellen, könnte es am Ende hilfreich sein, dies
moderne Rezeptionsphänomen als Ansporn zu einem neuen Blick auf das
alte *Narrenschiff*, ja auf den ganzen Problemkreis Humanismus und Entdeckungsgeschichte aufzufassen?

Bei der Beurteilung meiner Ausführungen bitte ich zu berücksichtigen,
daß ich kein Erforscher der Expansionsgeschichte bin und mich mit dem
Thema nur mit erheblichen Unterbrechungen beschäftigen konnte sowie
insgesamt nicht länger, als des Kolumbus erste Reise dauerte. Ich konnte
daher die uferlose Forschungsliteratur nur ausschnittweise zur Kenntnis
nehmen, mußte mich auf den Humanismus in den deutschsprachigen Län-

---

3 Seinem zwischen 1984 und 87 entstandenen Werk hat Jürgen Weber drei Inschriften
   beigegeben. Die Hauptinschrift lautet: GEWALT + TECHNIK UND RESIGNATION –
   ZERSTÖREN DAS LEBEN DER TOD LACHT HOHN.

4 Mein bereits 1968 vorgetragener Einspruch ist bisher fruchtlos geblieben, vgl. Wuttke:
   Deutsche Germanistik und Renaissanceforschung (1968) [Abdruck in diesem Band
   S. 163 ff.] und demgegenüber z.B. Dieter Kartschoke: Narrendichtung. In: Einführung
   in die deutsche Literatur des 12. bis 16. Jahrhunderts. Bd. 3: Bürgertum und Fürsten-
   staat – 15./16. Jahrhundert. Opladen 1981, S. 139-164, hier S. 144. Kartschoke bezieht
   das seine Erörterung zum *Narrenschiff* Brants zusammenfassende Zitat von Barbara
   Könneker, die den Trend der Brant-Deutung seit 1964 bestimmt: „Vielem von dem,
   was er als Narrheit verurteilte, gehörte die Zukunft". – In seiner im übrigen überzeugenden Interpretation von Pieter Bruegels *Landschaft mit Ikarussturz* (Frankfurt/M.
   1990) nimmt Beat Wyss eine vermittelnde Haltung ein. Er läßt die Humanisten den
   „wissenschaftlich-technischen Fortschritt" „teils mit launigem Konservatismus ver-
   dammen" (Brant wird ausdrücklich zitiert), „teils tätig selber mitbefördern" (S. 45).

dern beschränken und innerhalb dieser geographischen Region auf Quellen aus dem Zeitraum zwischen 1493 und 1534. Die obere zeitliche Grenze 1534 ist ganz willkürlich gesetzt, weitere Quellen konnte ich in der kurzen Zeit einfach nicht bewältigen, zumal sie ja mühsam aufgesucht werden müssen. Zwar fand ich durchaus mehr Quellen in der Staatsbibliothek Bamberg, und das ist bereits ein interessanter, sprechender Befund, als in den Bibliotheken Nürnbergs. Doch konnte ich die quellenbezogene tour d'horizon zu einiger Befriedigung erst in den reichen Beständen der British Library in London abschließen. Vielleicht war auch Zahlenmagie im Spiel, insofern ich meinte, daß ein Untersuchungszeitraum von 40 Jahren bereits signifikante Richtungen erkennen lassen müßte. In 58 Schriften von ca. 40 Autoren und im Werk zweier bildender Künstler, die als Humanisten gelten müssen, bin ich fündig geworden. Enthalten sind in der Summe auch Schriften von ausländischen Autoren, sofern sie in dem genannten Zeitraum im Deutschen Reich gedruckt worden sind und die ausländischen Humanisten guten Kontakt zu deutschen unterhielten wie Baptista Mantuanus, Gianfrancesco Pico della Mirandola, Erasmus von Rotterdam und Thomas Morus.

Ziel meiner Untersuchungen ist es nicht, neue faktische Wahrheiten über die Entdeckungsreisen zu eruieren oder die schon so oft besprochenen Berichte der Entdecker erneut zu besprechen. Die mich leitende Frage ist vielmehr die: Wie haben die deutschen Humanisten und die im deutschen Sprachgebiet schnell rezipierten ausländischen Humanisten auf die Entdeckungsberichte reagiert? Welche über die Berichte hinausgehenden Erfahrungsmöglichkeiten standen ihnen zur Verfügung? Mein Ziel ist es, eine vorläufige Typologie der Reaktionen zu erarbeiten. Dabei war auf Empfehlungs- und Widmungsschreiben bzw. entsprechende Gedichte sowie auf Nachworte und auf Adressen an den Leser besonders zu achten, ferner auch auf die Aufmachung und Typographie der Drucke.

Nach meinen Beobachtungen gibt es nicht nur eine im historischen Bewußtsein aufzuwertende Geschichte humanistischer Reaktionen auf die Entdeckungen, sondern auch eine wohl noch nicht in allen Facetten erfaßte Geschichte der gelehrt-intellektuellen, ‚philosophischen‘, dabei auch literarischen Vorbereitung, die als bewegungsstiftendes, beschleunigendes Element, insbesondere seit dem 15. Jahrhundert, beschrieben werden muß.

Damit meine ich ausdrücklich nicht ‚Realien‘ wie die Fortschritte in der Mathematik durch den Humanisten Regiomontanus oder solche im Instrumentenbau oder in der Kartographie. Diese Dinge sind oft besprochen worden und werden 1992 Gegenstand einer Nürnberger Ausstellung sein.

Ich gehe nun zunächst auf die von mir so genannte ‚philosophische‘ Vorbereitung der Entdeckungen ein. Dann möchte ich auf einen aufregenden Parallelvorgang zur Entdeckung außereuropäischer Länder hinweisen, bei dem ausdrücklich die Humanisten die Führung übernehmen. Danach komme ich endlich zum eigentlichen Hauptteil, eben der Besprechung der humanistischen Reaktionen auf die überseeischen Entdeckungen.

II.
Das Rangverhältnis von Tugend und Wissen und die ‚philosophische‘ Vorbereitung der Entdeckungen

Dante hat in seiner *Göttlichen Komödie* den großen Seefahrer Odysseus in die Hölle versetzt. Dies wird überwiegend als Verurteilung des Strebens nach neuem Wissen und nach Entdeckung angesehen. Und mit Hans Blumenberg wird begründend angefügt, Odysseus und seine Gefährten hätten sich der Sünde der curiositas schuldig gemacht.[5] In Petrarca sieht man den ersten modernen Menschen, weil er entweder tatsächlich oder in gekonnter Fiktion den Mont Ventoux bestieg, in seiner Entdeckerfreude dem Odysseus Dantes gleich.[6] Doch gleichzeitig gilt er als zutiefst bedauernswürdig, weil er die Entdeckung um der Entdeckung willen, den Naturgenuß um seiner selbst willen, nicht ausgehalten hat. Sein Gewissen läßt ihn im Kontakt mit den *Bekenntnissen* des Augustinus den Weg in die

---

5 Hans Blumenberg: Der Prozeß der theoretischen Neugierde. Erweiterte und überarbeitete Neuausgabe von *Die Legitimität der Neuzeit*, dritter Teil. Frankfurt/M. 1973, S. 122-164. Blumenbergs einflußreiches Buch ist schon in seinem Ausgangspunkt problematisch, insofern es die Einstellung des Augustinus gegenüber der Wissenschaft einseitig darstellt. B. übersieht nämlich, daß Augustinus in der Schrift *De doctrina Christiana* (CCL 32,50) ausdrücklich die Schulung des Bibelexegeten in den mathematischen Disziplinen verlangt. Vgl. unten Anm. 8, 25, 71, 74 und weitere Blumenberg-Kritik z.B. bei Berndt Hamm: Promissio, Pactum, Ordinatio. Freiheit und Selbstbindung Gottes in der scholastischen Gnadenlehre. Tübingen 1977, S. 479 und 488 f., sowie bei Otto Gerhard Oexle: Deutungsschemata der sozialen Wirklichkeit im frühen und hohen Mittelalter. In: Mentalitäten im Mittelalter. Hrsg. von František Graus. Sigmaringen 1987, S. 65-117, hier S. 114 mit Anm. 266 und schließlich bei Arno Borst: Computus. Zeit und Zahl in der Geschichte Europas. Berlin 1990, S. 75 mit Anm. 156. [Vgl. S. 537 den Nachtrag.]
6 Francesco Petrarca: Le familiari. Edizione critica per cura di Vittorio Rossi. Vol. I. Firenze 1933, hier IV, 1. Zum Verständnis dieses berühmten Briefes grundlegend: Giuseppe Billanovich: Petrarca e il Ventoso. In: Italia medioevale e umanistica 9 (1966) S. 389-401.

äußere Erfahrung als Abkehr von dem Weg in die innere Erfahrung, von der Selbsterkenntnis, und daher als sündhaft erleben.[7]

Wenn ich versuche, beide Stellen neu zu lesen, komme ich zu einer etwas anderen Deutung:[8] Sie sind nach meiner Meinung eine Reaktion darauf, daß nicht nur der Mensch der Antike, sondern der Mensch der Gegenwart Dantes und Petrarcas die Möglichkeit kennt und ausübt, in äußerster Anspannung seiner praktischen, technischen und theoretischen Fähigkeiten, zu neuen Erfahrungen und Entdeckungen vorzudringen. Eben dies Tun wird positiv ausformuliert, und es wird nicht gesagt, dies dürfe der Mensch auf keinen Fall. Aber warum befindet sich dann der Odysseus Dantes in der Hölle und warum sieht gerade in dem Augenblick Petrarcas Auge nach innen, in dem vorher nicht geschaute Naturpracht außen vor ihm liegt? Weil es beiden Autoren darum geht, eine Grenze sichtbar zu machen, eine Lehre zu vermitteln: Diese Lehre lautet nicht: Erfahrung, nein. Sie lautet vielmehr, Erfahrung, ja, aber nur bis zu der Grenze, an der der Mensch äußerlich und vor allem innerlich nicht in Gefahr kommt.

Odysseus spricht bei Dante die Lehre mit aller Deutlichkeit aus: „Ihr sollt nach Tugend und nach Wissen streben". Das meint kein unverbundenes Nebeneinander von Tugend und Wissen, sondern eine funktionale Beziehung. Das Streben nach Beidem gehört zum Menschen, aber es gibt eine Rangfolge der Werte. Der Wert Tugend steht über dem Wert Wissen. Das Tugendstreben läßt das Wissensstreben dort begrenzen, wo der Mensch äußerlich und/oder innerlich in Gefahr kommt. Odysseus hat sein und seiner Männer Wissensstreben nicht durch Besonnenheit gezügelt, darum gingen alle unter und darum muß er in der Hölle büßen.

Petrarca wollte ein Exempel schreiben darüber, daß die Selbsterkenntnis vor aller anderen Erkenntnis steht. Daß die andere Erkenntnis möglich ist, war ihm so selbstverständlich wie nur etwas, dessen bin ich sicher.

---

7 Vgl. Blumenberg wie Anm. 5 und z.B. Joachim Ritter: Landschaft. Zur Funktion des Ästhetischen in der modernen Gesellschaft. Münster 1963. Abdruck in J.R.: Subjektivität. Frankfurt/M. 1974, S. 141-163, 172-190. Ritter mißachtet wie fast alle Interpreten den vollen Wortlaut des Brieftitels, der als Gegenstand bezeichnet „de curis propriis".

8 Sehr anregend für ein solches Vorhaben ist Titus Heydenreich: Tadel und Lob der Seefahrt. Das Nachleben eines antiken Themas in der romanischen Literatur. Heidelberg 1970. Bezug auf den Odysseus Dantes findet man hier S. 72-76. H.s Buch bietet wichtige Beobachtungen, die einer historisch angemessenen Beurteilung des Wissensverlangens im Mittelalter Hilfe bieten. – Meine an Dante und Petrarca entwickelte Auffassung bestätigt Boccaccio zu Beginn von Buch XIV seiner *Genealogia deorum*.

Wollen wir postmodernen Historiker eigentlich fortfahren, die Antworten Dantes und Petrarcas auf die Frage des Verhältnisses von Tugend und Wissen als ‚mittelalterlich' und damit als hoffnungslos antiquiert abzuqualifizieren? Dann gute Nacht, Postmoderne! Ist die Frage nach dem Verhältnis von Tugend und Wissen nicht immer relevant gewesen, höchstens zeitweilig verdrängt, und ist sie nicht heute drängender denn je, wo der Wissensfortschritt rasend vorangeht, niemand ihn aufhalten will, aber doch mit neuem Nachdruck vom ‚Prinzip Verantwortung', von der Notwendigkeit einer Wissenschaftsethik gesprochen und längst wieder die Frage gestellt wird, ob wir alles wissen dürfen, was wir wissen können?[9]

Ich vermag keinen Bruch zwischen diesen berühmten Äußerungen Dantes und Petrarcas und der Aufwertung von Wissenschaft, insbesondere auch der Naturwissenschaft, im Zuge der Aristoteles-Rezeption seit dem dreizehnten Jahrhundert zu sehen. Es ist mindestens seit den Forschungen von Anneliese Maier bekannt, daß die Aristoteles-Rezeption bei aller Aristoteles-Anerkennung nicht die Züge einer Denkmal-Vergötterung trug, sondern die eines eigenständigen Umgangs, der Kritik sehr wohl einschloß.[10] Diese Rezeption hat, wie wir an Albertus Magnus sehen, den Weg in die naturkundliche experientia freigemacht. Die Nominalisten der Scholastik haben diesen Weg verbreitert, auch das ist bekannt genug.

Es ist daher nicht verwunderlich, daß dies gegen Ende des vierzehnten Jahrhunderts institutionelle Folgen erstmals sichtbar werden läßt und inneruniversitär den Vorgang zeigt, den ich Aufwertung der Artes Liberales nenne gegenüber den ‚höheren' Fakultäten Medizin, Jurisprudenz und Theologie.[11] Aufwertung der Artes heißt Aufwertung des sprachlich ori-

---

9 Hans Jonas: Das Prinzip Verantwortung. Versuch einer Ethik für die technologische Zivilisation. Frankfurt/M. 1979. Reimar Lüst: Dürfen wir alles, was wir können? Köln 1982. Wolfgang Wild: Dürfen wir heute noch neugierig sein? In: Wissenschaft im Dienste des Lebens. Bamberg 1987, S. 17-30. Konrad Adam: Wie modern ist Riesenhuber. Über das gewandelte Verhältnis von Technik und Moral. In: Frankfurter Allgemeine Zeitung Nr. 292, Samstag, 15. Dezember 1990. Beilage Bilder und Zeiten. Jürgen Mittelstraß: Leonardo-Welt. Über Wissenschaft, Forschung und Verantwortung. Frankfurt/M. 1992.

10 Anneliese Maier: Ausgehendes Mittelalter. Gesammelte Aufsätze zur Geistesgeschichte des 14. Jahrhunderts. Bd. 1. Roma 1964, hier besonders S. 425-457: ‚Ergebnisse' der spätscholastischen Naturphilosophie. Vgl. neuerdings besonders Kurt Flasch: Das philosophische Denken im Mittelalter. Stuttgart 1986.

11 Der Prozeß der Aufwertung der artes liberales bedarf noch der eingehenden Beschreibung. Einzelne, meine Sicht bestätigende Hinweise findet man bei Rosemarie Füllner: Natur und Antike. Untersuchungen zu Dichtung, Religion und Bildungsprogramm des Conrad Celtis. Diss. masch. Göttingen 1956. S. 177; Helmuth Grössing: Regiomontan und Italien. Zum Problem der Wissenschaftsauffassung des Humanismus.

entierten Triviums und des mathematisch-naturkundlichen Quadriviums. Damit beginnt die Vorgeschichte jenes Prozesses, der in der zweiten Hälfte des achtzehnten Jahrhunderts kulminiert, danach zum praktischen Auseinanderbrechen der geistes- und naturwissenschaftlichen Fächer führt und in der Mitte des zwanzigsten Jahrhunderts zu deren institutioneller Trennung.

Um 1400 kann die Artes-Fakultät in Paris eine so starke Stellung ausbauen, daß sie bis zu neunzig Prozent der Studierenden auf sich zieht.[12] Die Universität Wien ist zu diesem Zeitpunkt auf dem Wege, die von der modernen Forschung so genannte Erste Mathematische Schule aufzubauen.[13] In der Wiener Universität entstanden die *Versus de materia, fine et ordine scientiarum omnium*, die gleichzeitig um 1400 in deutsche Prosa übersetzt wurden. In ihnen heißt es selbstbewußt, wie ich meine, zu den Artes:[14] „⟨...⟩ dy siben freyn chunst machent scharff das gemüt vnd der-leuchtend dy augen des gemucz vnd habent das recht, das sew vor den andern chunsten dy ersten schullen sein ⟨...⟩". Auch wenn ich mir im Klaren bin, daß der zweite Halbsatz auf den propädeutischen Charakter der Artes abhebt, glaube ich aus der Formulierung „vnd habent das recht, das sew vor den andern chunsten dy ersten schullen sein" die genannte Aufwertungstendenz heraushören zu können, insbesondere aus der Wendung „vnd habent das recht".

Die von mir als Aufwertung der Artes Liberales bezeichnete Tendenz setzt sich in den Bestrebungen der Humanisten unmittelbar fort.[15] Enea

---

In: Regiomontanus-Studien. Hrsg. von Günther Hamann. Wien 1980, S. 223-241; Notker Hammerstein: Zur Geschichte und Bedeutung der Universitäten im Hl. Römischen Reich Deutscher Nation. In: Historische Zeitschrift 241 (1985) S. 287-328; Alexander Murray: Reason and Society in the Middle Ages. Oxford 1985; Charles B. Schmitt: [Rez.] G.F. Vescovini, Arti e filosofia nel secolo XIV, Firenze 1983. In: Bibliothèque d'Humanisme et Renaissance 47 (1985) S. 475 f. Vgl. Anm. 13-16.

12 Murray (wie Anm. 11) S. 287 ff.

13 Helmuth Grössing: Humanistische Naturwissenschaft. Zur Geschichte der Wiener mathematischen Schulen des 15. und 16. Jahrhunderts. Baden-Baden 1983; ders.: Österreichische und süddeutsche Humanisten als Geographen und Kartographen. In: Anzeiger des Germanischen Nationalmuseums 1991, S. 71-76.

14 Rainer Rudolf: Die ‚Versus de materia, fine et ordine scientiarum omnium' und ihre deutsche Prosaübersetzung. In: Fachprosaforschung. Acht Vorträge zur mittelalterlichen Artesliteratur. Hrsg. von Gundolf Keil und Peter Assion. Berlin 1974, S. 70-87, hier S. 81.

15 Vgl. Wuttke: Humanismus als integrative Kraft (1985) S. 25-33, und ders.: Renaissance-Humanismus und Naturwissenschaft in Deutschland (1990) S. 252 mit Nachweisen zu den im folgenden zitierten Quellen von Enea Silvio, Aulus Gellius, Rudolf Agricola, Johannes Reuchlin. [Abdrucke in diesem Band S. 389 ff. und S. 455 ff.]

Silvio Piccolomini, der spätere Papst Pius II., dessen Bedeutung für die Geschichte des Frühhumanismus in den deutschsprachigen Ländern längst erkannt ist, verfaßte 1443 seinen berühmten Brief über humanistische Fürstenerziehung, den er als Sekretär Kaiser Friedrichs III. an den jungen Herzog Sigismund von Österreich richtete. Entgegen einer weitverbreiteten Vorstellung vom Humanismus empfiehlt Enea Silvio u.a. hier das Studium sämtlicher Artes und fern eines fortschrittshemmenden Autoritätskultes gegenüber der Antike die unablässige Überprüfung des bildungsmäßig Gelernten an der Erfahrung bzw. die Erprobung des Gelernten in der Praxis. Er formuliert dies keineswegs sozusagen aus freien Stücken, sondern hat durchaus die Rückenstärkung eines antiken Schriftstellers hinter sich, der mit seinen Formulierungen zur Verbindung von Theorie bzw. Buchwissen und Praxis im Konzept einer Definition von Philosophie in der Folgezeit eine immer vernehmlichere Stimme bekommen sollte.

Aus Enea Silvios Formulierungen ist zu merken, daß er das achte Kapitel des dreizehnten Buches der *Attischen Nächte* des Aulus Gellius kennt. Hier gibt Gellius die Sapientia-Definition des römischen Tragödien-Dichters Afranius wieder und bekennt sich positiv zu ihr. Diese Definition lautet: „Sapientia ist die Tochter von Erfahrung und Erinnerung". Damit kommt neben die andere, seit der Antike bekannte Definiton von sapientia bzw. philosophia, sie sei die Kenntnis der göttlichen und menschlichen Dinge und von deren Ursachen, eine ergänzende Definition ins Bewußtsein, und es zeigt sich, daß wichtige deutsche Humanisten der Folgezeit beide Definitionen verbinden. Gellius erläutert seine positive Einstellung zu dieser Definition so: Damit werde gesagt, wer als sapiens gelten wolle, dürfe sich nicht nur im Buchwissen sowie in der Rhetorik und Dialektik auskennen, sondern müsse sich mit den Dingen selbst eingelassen haben sowie Wissen und Rat aus überstandenen Gefährdungen nehmen.

1477 hat der Humanist Rudolf Agricola eine Lebensbeschreibung Petrarcas verfaßt, die Petrarca seine philosophische Größe aus dessen planvoller Reisetätigkeit gewinnen läßt. Gleich am Anfang scheint die Aulus-Gellius-Stelle durch, an der Agricola sagt, Petrarca habe unter der Führung der peregrinatio als hervorragender Lehrerin der Tüchtigkeit alles, was wert

---

Eckhard Keßler: Die Pädagogik der italienischen Humanisten im Kontext des späten Mittelalters. In: Lebenslehren und Weltentwürfe im Übergang vom Mittelalter zur Neuzeit. Hrsg. von Hartmut Boockmann, Bernd Moeller und Karl Stackmann. Göttingen 1989, S. 160-180, hier S. 172 f. wird dem Bildungsprogramm des Enea Silvio meines Erachtens nicht gerecht.

zu erinnern, angenehm zu wissen und großartig zu tun sei, aus Erfahrung
selbst bestätigen wollen. Im selben Jahr 1477 hat Johannes Reuchlin in
einer zu Basel gehaltenen Baccalaureatsrede die erfolgreichen Absolven-
ten, gleichsam um sie für ihre Mühen im Dienste der Artes zu trösten, zu
denen natürlich auch die peregrinatio academica nach Basel zu rechnen
war, darauf hingewiesen, welche Reisen Platon, Apollonius und Philostra-
tus auf sich genommen hatten, um den Gipfel der sapientia und philosophia zu erklimmen. Ähnlich hatte sich Agricola bereits in der ein Jahr
vorher gehaltenen Rede zum Lobe der Philosophie und der übrigen Wissenschaften geäußert.

Wir beginnen jetzt zu ahnen, daß der Anlaß, der so zahlreiche Humanisten des fünfzehnten Jahrhunderts zu sogenannten ‚Wanderhumani-
sten' machte, einen philosophischen Hintergrund hatte. Seit im
neunzehnten Jahrhundert das Stempelwort ‚Wanderhumanist' für dies
Phänomen geprägt worden war, sollte damit abschätzig ein moralisches
Defizit dieser Humanisten angesprochen werden: Reisen nicht als Tugend, sondern als Laster. So ist bis zum heutigen Tage unerkannt, daß
kein anderer Reisewunsch diese Humanisten zur Bildungsreise und peregrinatio academica führte, als der aus altem Wissen philosophisch legiti-
mierte Wunsch, den eigenen Erfahrungsraum zu erweitern, kein wesentlich anderer Reisewunsch, als er seit demselben neunzehnten Jahrhundert
Kolumbus und den anderen Entdeckern fraglos zugebilligt worden ist,
die, wenn auch im Dienste von Macht- und Handelsinteressen, keineswegs
ausschließlich diesen Interessen folgten.

III.
Die Entdeckung Europas –
ein Parallelvorgang zur Entdeckung der neuen Welt

Ich möchte auf folgende, höchst erstaunliche Interessen- und Ereignispa-
rallelität hinweisen: Der bedeutendste Schüler des Rudolf Agricola ist der
deutsche ‚Erzhumanist' Conradus Celtis gewesen. Nach dem Vorgange
Petrarcas und Enea Silvios wurde er als erster Deutscher 1487 auf der
Nürnberger Kaiserburg von Kaiser Friedrich III. zum Poeten gekrönt. Wie
kein zweiter hat Celtis in seinem zwischen 1486 und 1502 entstandenen
Ouevre und in seinen Briefen peregrinatio und experientia als Führer zur
wahren philosophia and sapientia propagiert und zu zeigen versucht, wie
Gefahr und Irrtum die Wahrheit fördernde Faktoren sind, wenn die rechte
philosophische Grundeinstellung gegeben ist. Bei der Ausformulierung

dieses Programms bediente er sich mit wörtlichem Zitat des Aulus Gellius. Institutionell ist ihm der bis dahin größte Erfolg auf dem langen Wege der Aufwertung der Artistenfakultät, und zwar zu Wien mit Hilfe König Maximilians, gelungen. Er konnte das collegium poetarum et mathematicorum 1501/02 begründen, quasi als eine Art fünfte Fakultät, in der – modern gesprochen – Geistes- und Naturwissenschaften eine neuartige, innige Verbindung eingehen sollten.

Celtis war seit 1487 mit dem nürnbergischen Humanisten, Arzt und Geographen Hieronymus Münzer befreundet. Münzer sah in dem gerade ausgezeichneten achtundzwanzigjährigen Poeten vor allem eine große kosmographische Begabung. Im September 1492 publizierte Celtis eine Ode, in der er ahnungsvoll zur Erforschung des fernen Ostens und Westens aufrief und derjenigen Völker, die in einem anderen Weltkreis verborgen leben (I, 11, 53-56): Seit genau vier Wochen segelte Kolumbus damals auf hoher See gen Westen. Und während Münzer 1493 kurz nach Erscheinen der auch von ihm mit Beiträgen unterstützten *Weltchronik* Hartmann Schedels seinen bekannten Brief an König Johann II. von Portugal schrieb, Johann solle auf dem Westwege den Fernen Osten entdecken lassen, veranlaßten er und die Nürnberger Freunde um Schedel und Sebald Schreyer Conradus Celtis, reisend das Land zu entdecken und zu beschreiben, das vor der Tür lag, nämlich Deutschland sowie weite Teile Nord- und Osteuropas, und auf dieser Grundlage eine Neuauflage der Schedelschen *Weltchronik* und eine umfassende *Germania Illustrata* vorzubereiten.[16]

Aus dem Ende seiner Vorrede zu den 1502 publizierten *Amores* wird ganz klar, daß Celtis eine äußerst bewußte Wahl für die Richtung seiner Interessen getroffen hatte. Den „überseeischen Ländern" u.a. galt sein Forschungsinteresse ausdrücklich nicht, wenn er auch, wie eben zitiert, zu deren Entdeckung aufgefordert hatte.[17] Da die antiken Geographen Deutschland und andere Teile des übrigen Nordeuropa nicht gekannt und

---

16 Wuttke: Humanismus als integrative Kraft (wie Anm. 15) und ders.: Celtis, Conradus. In: Literatur-Lexikon. Bd. 2 (1989). – Zu Münzers Brief an König Johann II. siehe Grauert in Anm. 19.

17 Conradus Celtis Protucius: Quattuor libri amorum secundum quattuor latera Germaniae – Germania generalis. Ed. Felcitas Pindter. Lipsiae 1934, S. 6 ff.: „Sunt qui se Gallias, Hispanias et utramque Sarmatiam et Pannoniam, transmarinas etiam terras lustrasse et vidisse gloriantur. Ego non minori gloria hominem Germanum philosophiae studiosum dignum existimo, qui patriae suae linguae fines et terminos gentiumque in ea diversos ritus, leges, linguas, religiones, habitum denique et affectiones corporumque varia lineamenta et figuras viderit et observaverit."

daher nicht beschrieben hatten, waren diese Regionen eigentlich so unbekannt wie die Neue Welt. Auch Münzer stellte sich in den Dienst dieser
Sache, indem er Berichte über seine ausgedehnten Reisen verfaßte.[18]

Zum selben Zeitpunkt also, als Europa sich anschickte, neue, unbekannte, vorher höchstens geahnte Außenwelten zu entdecken, beginnt es mit
nicht geringerer Energie, seine Innenwelt zu entdecken und überschreitet
in vollem Bewußtsein der Defizite des antiken Weltbildes auch nach innen die Grenzen des traditionellen Wissens. Mir liegt daran, die beiden
Vorgänge als komplementär vor Augen zu stellen. Daß dies berechtigt zu
sein scheint, zeigt die Person Münzers besonders schön: Münzer ist be-
legbar nach beiden Richtungen hin tätig. Für die Folgezeit ließe sich leicht
zeigen, wie die Interessen für die eigene und die fremde Welt häufig bei
ein- und demselben Gelehrten parallel gehen. Doch will ich diesen Gesichtspunkt im folgenden außer acht lassen und mich allein der Typologie
der humanistischen Reaktionen auf die Entdeckungen außereuropäischer
Länder zuwenden.

IV.
Typologie der Reaktionen der deutschen Humanisten

1. *Die Entdeckungen werden gelobt und als wichtige Ergänzung antiken Wissens
   charakterisiert*

Ich weiß nicht, ob es noch irgendein anderes deutsches Werk der Zeit gibt,
in dem so deutlich darauf hingewiesen wird, daß seit einigen Jahrzehnten
ein sich beschleunigender Prozeß der Entdeckung neuer Länder auf dem
Seewege in Gang gekommen ist, wie in dem Abschnitt über Portugal in
der am 12. Juli 1493 in Nürnberg erschienenen Schedelschen *Weltchronik*.[19] Der Abschnitt läßt die Entwicklung mit Heinrich dem Seefahrer
beginnen, hebt dann insbesondere den Beitrag Martin Behaims hervor
und nennt ihn stolz einen Deutschen und Nürnberger.[20] Wie kein anderer

---

18 E.P. Goldschmidt: Hieronymus Münzer und seine Bibliothek. London 1938.

19 Adrian Wilson assisted by Joyce Lancaster Wilson: The Making of the Nuremberg
   Chronicle. Introduction by Peter Zahn. Amsterdam ²1978; Hermann Grauert: Die
   Entdeckung eines Verstorbenen zur Geschichte der großen Länderentdeckungen. Ein
   Nachtrag zu Dr. Richard Staubers Monographie über die Schedelsche Bibliothek. In:
   Historisches Jahrbuch 29 (1908) S. 304-333.

20 Die am 23. Dezember 1493 in Nürnberg erschienene deutsche Übersetzung hat ge-
   genüber der lateinischen Vorlage Kürzungen. Dies gilt auch für den Abschnitt über
   Portugal, der auf Latein das Neue und Unerhörte viel stärker zum Ausdruck bringt.
   – Für seine Bewertung der *Nuremberg Chronicle* hat diesen Abschnitt übersehen Win-

Zeitgenosse erfährt Behaim in dem Werk eine nähere Charakterisierung. Er besitze ein vorzügliches geographisches, mit Ausdauer errungenes Wissen von Land und Meer. Die Längen- und Breitengrade des Ptolemäus kenne er im Westen aus langer Seefahrterfahrung aufs Genaueste. So hätten er und Diogo Cão durch ihre Tüchtigkeit einen bis dahin unbekannten Weltkreis entdeckt.

Da ich in meinem Beitrag nicht primär an den Fakten der Entdeckungsgeschichte interessiert bin, brauche ich nicht zu bedauern oder zu kritisieren, daß der Name des Kolumbus bei Schedel nicht genannt wird. Aber wäre es überhaupt möglich gewesen, nachdem Kolumbus erst seit vier Monaten wieder in Europa war? Oder anders gefragt, wäre es für die nationalstolzen Nürnberger überhaupt möglich gewesen, in dieser kurzen Zeit zu wissen und zu entscheiden, ob Kolumbus eigentlich mehr und anderes gefunden hatte, als durch Behaim bereits bekannt war, der ja 1491 und 1492 in seiner Vaterstadt verbrachte? Jedenfalls erweist sich der nürnbergische Humanistenkreis um Schedel, Schreyer und Münzer, der so intensive Beziehungen zu Celtis unterhielt, daß er ihn Ende 1493 mit der Neubearbeitung der *Weltchronik* beauftragte, als der erste, der auf die zeitgenössischen Entdeckungsfahrten äußerst positiv reagierte und sie als eine bedeutende Erweiterung früherer Kenntnisse würdigte.

Damit haben wir bereits die mit Abstand häufigste Reaktion deutscher bzw. in Deutschland publizierter Humanisten in dem Zeitraum 1493 bis 1534 kennengelernt. In 36 der 58 Schriften, in denen ich fündig geworden bin, kommt die Würdigung der Entdeckungen als Großtat zum Ausdruck. Sehr häufig wird dabei betont, daß damit die Antike überboten und insbesondere die Geographie des Ptolemäus wesentlich ergänzt werde. Diese Art Hervorhebung kann mit einem Herrscherlob verbunden sein, etwa Ferdinands, der 1492 Granada eroberte und Restspanien von der Herrschaft der Mauren befreite, oder des deutschen Königs und Kaisers des Hl. Römischen Reiches, Maximilian, oder der spanischen Majestäten.[21]

Das Motiv der Überbietung der Antike erhält einige Male eine betont ‚literarische' Note, so wenn es heißt, was Vergil bereits verkündet habe, daß es jenseits der Säulen des Hercules Länder gebe, das habe sich nun bewahrheitet oder wenn von Magalhães und seinen Seeleuten gesagt wird,

---

fried Frey: Montis auri pollicens. Mittelalterliche Weltanschauung und die Entdeckung Amerikas. In: Germanisch-romanische Monatsschrift N.F. 37 (1987) S. 1-18, hier S. 3 f. und S. 9 zu Martin Behaim.

21 Vgl. z.B. Sebastian Brant (wie Anm. 23) oder Hieronymus Münzer in seiner Rede vor den spanischen Majestäten (s. Goldschmidt wie Anm. 18).

ihr Verdienst sei ungleich höher als das der Argonauten und ihr Schiff verdiene eher als die Argo unter die Sterne versetzt zu werden.[22]

Zu den Autoren solcher Äußerungen gehören Hieronymus Münzer, Johannes Collaurius, Jacob Locher, Johannes Cuspinianus, Matthias Ringmann Philesius, Conrad Peutinger, Baptista Mantuanus, Gianfrancesco Pico della Mirandola, Jobst Ruchamer, Willibald Pirckheimer, Benedictus Chelidonius, Johann Schöner, Maximilianus Transylvanus, Joachim Vadianus, Martin Waldseemüller und auch überraschenderweise Sebastian Brant, der eigentlich mit dem Stigma behaftet ist, den Entdeckungstaten ablehnend gegenübergestanden zu sein. Die bisher von der Forschung übersehene Stelle steht in einem 1494 verfaßten lateinischen Gedicht, in dem der Humanist König Ferdinand zur Vollendung der Reconquista gratuliert. Zu seinem Herrschaftsbereich rechnet er auch die „regna reperta mari", die im Meer gefundenen Reiche, und ruft aus: „O Vaterland, o glückliches Deutschland, wenn das Schicksal oder Gott dir doch ebenbürtige Könige gäbe!"[23]

---

22 Vgl. z.B. Matthias Ringmann in seiner Ausgabe von Vespucci: De ora antarctica (1505) und Maximilianus Transylvanus: De Moluccis insulis, in: Johannes Schöner: De Nuper Sub Castilie ac Portugaliae Regibus (1523) wie Anm. 75, hier fol. Bvii^v.

23 Es handelt sich um das Epigramm *In Baethicum triumphum congratulatio S.⟨ebastiani⟩ Brant*. Es steht auf der Rückseite des Titelblattes der Schrift *In laudem Serenissimi Ferdinandi Hispaniarum regis Bethicae et regni Granatae obsidio victoria et triumphus Et de Insulis in mari Indico nuper inuentis* (Basel: Johann Bergmann von Olpe, 21. April 1494. Hain 15942. Exemplar SB Bamberg), als deren ungenannter Herausgeber Brant wahrscheinlich zu gelten hat. Die für unseren Zusammenhang wichtigen Verse 15-22 lauten (König Ferdinand ist die angeredete Person):

> Ianque tenes quicquid pyrenaeo clauditur arcu
>   Abluit et si quos magnus Iberus agros,
> Quicquid ab extremis disterminat oceanus vel
>   Gadibus; addo etiam regna reperta mari.
> O patria, o foelix Germania, si tibi reges
>   Aut fortuna pares, aut deus ipse daret!
> Credo equidem cunctus nostris sub legibus orbis
>   Iam dudum foret et clymata cuncta soli.

Mit „regna reperta mari" müssen die Entdeckungen des Kolumbus gemeint sein, da das Epigramm die jüngsten Großtaten Ferdinands preist. Vgl. Dietrich Briesemeister: Episch-dramatische Humanistendichtungen zur Eroberung von Granada (1492). In: Texte, Kontexte, Strukturen. Festschrift zum 60. Geburtstag von Karl Alfred Blüher. Hrsg. von Alfonso de Toro. Tübingen 1987, S. 249-263, hier S. 250. Obwohl er das Gedicht zitiert, hat Wolfgang Neuber dennoch die einschlägigen Verse übersehen, die freilich seinem Argumentationsgeflecht weitgehend die Grundlage entziehen: Verdeckte Theologie. Sebastian Brant und die Südamerikaberichte der Frühzeit. In: Lateinamerika Studien 22 (1986) S. 9-29, hier S. 27. Vgl. Ehlert (wie Anm. 61) S. 161 f.

2. „*Novus*" ist das Schlüsselwort

Wichtigstes Leitwort in all diesen Äußerungen und in zahlreichen Buchtiteln oder Überschriften ist „novus", neu. Häufigste Verbindungen sind „novae insulae", neue Inseln, oder „mundus novus", neue Welt. Das Leitwort begegnet auch in der Substantivierung „nova", Neues. Ein bibliotherapeutisch eindrucksvolles Beispiel der Propagierung von „nova", Neuem, enthält jenes Distichon an den Leser, das 1507 der Ausgabe von Waldseemüllers *Cosmographiae Introductio* beigegeben ist (Abb. 102):

> Cum noua delectent fama testante loquaci
>   Que recreare queunt, hic noua lector habes.
> (Wenn Neues gefällt von wortreicher Fama bezeugt,
>   das Erholung zu verschaffen vermag, hier findest du Neues, Leser.)

Es wäre aber falsch zu meinen, erst mit der Tat des Kolumbus entstehe in den Köpfen der Zeit der Neuigkeitshorizont. Längst war man sich bewußt, daß durch Gelehrte wie Regiomontan im Bereich der mathematischen Wissenschaften und daß durch technische Erfindungen wie Buchdruck und Bombarda, ja daß auf fast allen Gebieten, wie bereits 1492 formuliert wird, der Aufbruch in Neuland erfolgt war, der weit über altes Wissen und Können hinausführte.[24]

3. *Das „non plus ultra" der Antike wird zum „plus ultra" als Devise des Hauses Habsburg*

Ab 1516 wählte der spätere Kaiser Karl V. als Herzog von Burgund und designierter spanischer König die Devise „Plus Oultre", die er Ende 1517 auf spanische Initiative latinisiert als „Plus ultra" fortsetzte (Abb. 93). Vor 1516 ist diese Devise unbekannt, es liegt also eine bewußte Wahl Karls vor, die kaum ohne humanistischen Einfluß erfolgt sein dürfte. Die Devise heißt „Darüber hinaus!" oder in zeitgenössischem Deutsch „Noch weiter!" (Abb. 94.) Gemeint ist, über die Säulen des Hercules, also über die der Antike bekannte Welt hinaus. Damit ist die Vorstellung der Überbietung der Antike, des Aufbruchs ins Unbekannte, zur stolz-selbstbewußten Devise des späteren Kaisers des Heiligen Römischen Reiches Deutscher

---

24 Einige weitere Beobachtungen sind zusammengestellt bei Wuttke: Renaissance-Humanismus und Naturwissenschaft (wie Anm. 15).
Man vergleiche die Diskussion um die angemessene Epochenbezeichnung für das 12. Jahrhundert: Peter von Moos: Das 12. Jahrhundert – eine Renaissance oder ein Aufklärungszeitalter? In: Mittellateinisches Jahrbuch 23 (1988 [erschienen 1991]) S. 1-10.

Abb. 93: Devise König Karls I. von Spanien an der Chorschranke der
Kathedrale in Barcelona, 1519.

Nation geworden. Da in „Oultre", „ultra" ein alter Pilger- und Kreuzfah-
rerruf weiterlebt, hat diese Devise durchaus nicht nur eine machtpoliti-
sche, sondern ebenso eine christlich-missionarische Bedeutung.[25]

25 Heydenreich (wie Anm. 8) S. 22, 96-172; Earl Rosenthal: ‚Plus ultra, non plus ultra‘,
   and the Columnar Device of Emperor Charles V. In: Journal of the Warburg and
   Courtauld Institutes 34 (1971) S. 204-228; ders.: The Invention of the Columnar
   Device of Emperor Charles V. at the Court of Burgundy in Flanders in 1516. In: Ebd.
   36 (1973) S. 198-230; Jörg-Geerd Arentzen: Imago Mundi Cartographica. Studien zur

4. *Man ist begierig, Menschen und Dinge von Übersee zu sehen*

Eng verwandt mit der bewundernden Bewertung der Entdeckungen als unerhörte Großtat ist der Ausdruck von Interesse und Freude am Fremden und Exotischen.[26] Als Anregung stehen die Brief-Berichte des Kolumbus und Vespucci dahinter oder tatsächliche erste Begegnungen mit Menschen, Tieren, Pflanzen und Gegenständen aus der Neuen Welt oder mit Seeleuten, die dort gewesen waren. Schon 1494/5 hat Hieronymus Münzer auf seiner Spanien-Reise Indianer und Neger gesehen, wie er in dem Itinerar angibt.[27] 1503 hält sich der humanistische Sekretär Johannes Collaurius zusammen mit dem Humanisten und Kardinal Matthaeus Lang in Antwerpen auf. Sie treffen dort portugiesische Seeleute, deren Berichte über unerhörte Neuigkeiten sie überwältigen:

Abb. 94: Hans Weiditz: König Karl I. von Spanien (späterer Kaiser Karl V.). Einblattholzschnitt 1518.

so Collaurius brieflich an Conradus Celtis. Wärest du doch hier, ruft er dem Erzhumanisten zu, dann hättest du auch jene neue Karte vom Seeweg

---

Bildlichkeit mittelalterlicher Welt- und Ökumenekarten unter besonderer Berücksichtigung des Zusammenwirkens von Text und Bild. München 1984, S. 192-202; Sandra Sider: Transcendent Symbols for the Hapsburgs: Plus Ultra and the Columns of Hercules. In: Emblematica 4 (1989) S. 257-271. Blumenbergs Deutung der Devise (wie Anm. 5) S. 141 ist historisch schlicht falsch.

26 Götz Pochat: Der Exotismus während des Mittelalters und der Renaissance. Voraussetzungen, Entwicklung und Wandel eines bildnerischen Vokabulars. Stockholm 1970. Goldschmidt (wie Anm. 18) S. 73-75.

27 Goldschmidt (wie Anm. 18) S. 75.

Abb. 95: Hans Burgkmair d. Ä.: Indio mit Keule und Schild.
Kolorierte Federzeichnung nach 1519.

zum Südpol gesehen, die Lang abgezeichnet hat. Du sollst das in Kürze gezeigt bekommen. Und: „Alius orbis repertus est priscis ignotus!"[28] Jo-

---

28 Brief vom 4. Mai 1503 an Conradus Celtis, s. Der Briefwechsel des Konrad Celtis. Hrsg. v. Hans Rupprich. München 1934, S. 530 f.: „Applicuimus in hanc patriam, ubi nulla dies praeterlabitur, qua non te milies vocem. Vidisses hic praeter alia multa scitu digna Lusitanos nautas, qui cum stupenda referunt, et admireris priscorum scriptorum omnium inepta, qui asseruerint ea non esse in humana natura, quae tamen illi non reppererunt et viderunt: vidisses hic aliam cartam navigandi ad polum antarcticum et homines, qui tibi retulissent mira et inaudita. Dominus praepositus noster Mathaeus Lang depinxit illam tabulam, quam videbis subito, cum nobiscum futurus sis. Ego non possum ea omnia scribere, quae vidimus et audivimus. Alius

hannes Stamler, Kirchenvorsteher in Kissingen, sieht 1506 zwei junge Eingeborene, die er sich sorgfältig anschaut.[29] Hutten berichtet 1519, er habe ein Gespräch mit Paulus Ricius in Augsburg gehabt, in dem dieser sich auf einen Spanier als Gewährsmann bezogen habe, der in der Neuen Welt gewesen sei.[30] Von den zeitgenössischen bildenden Künstlern rechne ich zwei zu den Humanisten, Hans Burgkmair in Augsburg und Albrecht Dürer in Nürnberg. Burgkmair illustriert 1508 Balthasar Springers Bericht der Indienfahrt von 1505/6 (Abb. 95); bei Dürer finden wir, seit er 1515 die Randzeichnungen zum Gebetbuch Kaiser Maximilians schuf, die Spuren der Auseinandersetzung mit den Neu-Entdeckungen. Berühmt ist ja die Stelle im Tagebuch der niederländischen Reise zum Jahre 1520, in der er seinen Eindruck von den mexikanischen Schätzen wiedergibt, die Cortés für Karl V. mitgebracht hatte und die nun in Brüssel zu besichtigen waren.[31] 1507 schreibt Conrad Peutinger an Sebastian Brant, er müsse ihm unbedingt die Papageien zeigen, die er nun besitze.[32] 1508 hebt Jobst Ruchamer in der Vorrede zu seiner deutschen Übersetzung der italienischen Vespucci-Berichte, die unter dem Titel *Paesi novamente retrovati* erschienen waren, in starkem Maße auf das Leser-Interesse am Fremden, Exotischen ab.[33] 1511/12 sagt Willibald Pirckheimer in einem nicht genau datierten Brief an einen Ungenannten, er habe sich an einem Bericht über „indische" Verhältnisse nicht wenig gefreut. Er sei nämlich ein neugieriger Erforscher dieser Dinge „harum rerum curiosus scrutator".[34] Wir kennen

---

orbis repertus est priscis ignotus! Tantum te hortor, quoniam temporis brevitas non permittit esse ⟨longiorem⟩ epistolam, ut quantocius ad nos acceleres, ubi et fruaris ea oblectatione, ut colloquaris cum his, qui viderunt; quod ut quam citissime facias, cupio mirum in modum."

29 Iohannes Stamler: Dyalogus ⟨...⟩ de diversarum gencium sectis et mundi religionibus. Augsburg 1508, hier fol. aiii^v - aiiii^r im Widmungsbrief an Iacobus Locher Philomusus. Vgl. Dieter Mertens: Jacobus Locher Philomusus als humanistischer Lehrer der Universität Tübingen. Tübingen o.J., S. 23. (= Werkschriften des Universitätsarchivs Tübingen, Reihe 1, Heft 12.)

30 Ulrich von Hutten: De Guaici medicina et morbo gallico liber unus. Mainz 1519, fol. e^v.

31 Tilman Falk: Frühe Rezeption der Neuen Welt in der graphischen Kunst. In: Humanismus und neue Welt. Hrsg. von Wolfgang Reinhard. Weinheim 1987, S. 37-64. Dürer: Schriftlicher Nachlaß. Hrsg. von Hans Rupprich. Bd. 1. Berlin 1956, S. 155. John Rowlands with the assistance of Giulia Bartrum: The Age of Dürer and Holbein. German Drawings 1400-1550. London 1988, Nr. 158.

32 Konrad Peutingers Briefwechsel. Hrsg. von Erich König. München 1923, S. 77 f.

33 Jobst Ruchamer: Newe vnbekannthe landte Und ein newe weldte in kurtz verganger zeythe erfunden. Nürnberg 1508, fol. ai^v.

34 Willibald Pirckheimers Briefwechsel II. Band. In Verbindung mit Arnold Reimann

eine fragmentarische *Descriptio Indiae* Peutingers, in der er eine kurze Charakteristik des Nashorns gibt.[35]

5. *Die Fremderfahrungen lassen den Wunsch nach einer vergleichenden Kulturkunde entstehen*

Es kommt in dieser Zeit zu neuen Ansätzen einer vergleichenden Kulturkunde. Jakob Locher fordert 1507 Johann Stamler auf, den er einen Odysseus und Reisenden zu vielen Völkern nennt, er solle einen Vergleich der christlichen mit den nichtchristlichen Religionen verfassen, um dem Christen etwas an die Hand zu geben, die nichtchristlichen Religionen zu widerlegen. Die Schrift erscheint 1508 als gelehrtes Gespräch: *Dialogus de diversarum gencium sectis et mundi religionibus.* Kaiser Maximilian bespricht 1515 mit Johannes Trithemius die Frage, wie es um die Erlösung der neu gefundenen Völker im Vergleich zu den Christen stehe. Trithemius antwortet, wer glaube und sich taufen lasse, werde erlöst. Erasmus erörtert 1524 in einem Gespräch die Relativität der Bewertung kultureller Phänomene am Beispiel der öffentlichen Nacktheit der entdeckten Insulaner. Was bei ihnen Ausdruck selbstverständlicher Würde sei, errege im europäischen Kulturkreis öffentlichen Anstoß.[36]

Als bedeutendstes Werk dieser Richtung, das die Fremdheitserfahrung unter vergleichendem Aspekt fruchtbar umsetzt und zum Namengeber einer bestimmten literarischen Gattung wird, ist die *Utopia* des Thomas Morus zu nennen, die 1516 erstmals erscheint und auf deutschsprachigem Boden zuerst 1518 in Basel nachgedruckt wird. Angeregt von den Vespucci-Berichten führt Morus das vorbildliche Eigene im Nachdenken über die beste Staatsform als Utopie einer fremden Welt an die Mitwelt heran.[37]

---

hrsg. von Emil Reicke. München 1956, S. 126 f.

35 Heinrich Lutz: Conrad Peutinger. Beiträge zu einer politischen Biographie. Augsburg 1958, S. 55 unten.

36 Johannes Trithemius: Liber octo questionum. Oppenheim 1515, fol. Biij[v]. Über sein sonstiges Interesse an den neuen Entdeckungen vgl. Klaus Arnold: Johannes Trithemius (1462-1516). Würzburg 1971, S. 215 f. Zu Erasmus vgl. Anm. 44.

37 The Complete Works of St. Thomas More. Vol. 4. Ed. by Edward Surtz, S.J., and J.H. Hexter. New Haven-London 1965. Vgl. Thomas Morus 1477/78-1535. Humanist-Staatsmann-Märtyrer. Katalog Hubertus Schulte Herbrüggen, Friedrich-K. Unterweg. München 1987, S. 70. (= Pirckheimer-Jahrbuch 1987.) Zu neuen Horizonten des Utopia-Verständnisses führt die hervorragende Abhandlung von Klaus A. Vogel: Neue Welt Nirgendwo? Geographische und geschichtliche Horizonte der ‚Utopia' des Thomas Morus. In: Denkhorizonte und Handlungsspielräume. Historische Studien für Rudolf Vierhaus zum 70. Geburtstag. Göttingen 1992, S. 9-32.

6. *Die Entdeckungen stärken das christliche Selbstvertrauen, schärfen zuweilen auch das christliche Gewissen*

Außer den eben schon genannten Autoren reflektieren noch weitere über das Verhältnis des Christentums zu den Entdeckungen. 1507 feiert Pico della Mirandola in seinem Hymnus an Christus die Entdeckungen als einen Sieg Christi.[38] Ruchamer würdigt 1508 die unerhörte, gefährliche Reise als ein großes Wunder, das die Christen vollbracht hätten.[39] Baptista Mantuanus liest in seinen 1516 erstmals publizierten *Fasten* aus den Entdeckungen den Auftrag Gottes ab, den wie wilde Tiere lebenden Barbaren das Christentum zu bringen.[40] Bereits 1497 hatte er festgestellt, die biblische Verheißung „es ist ja in alle Lande ausgegangen ihr Schall und in alle Welt ihre Worte" (Römer 10,18) sei offensichtlich noch nicht erfüllt. Und 1516 will er nicht ausschließen, daß es weitere Länder geben könne, die von Christus noch nichts gehört hätten.[41] Sebastianus Bunderlius sieht in einer 1514 in Wien vor Maria, der Erzherzogin von Österreich, gehaltenen Rede „tota Christiana religio quam latissime et aucta et diffusa."[42] Ähnlich äußert sich 1519 Benedictus Chelidonius.[43] Erasmus dagegen zeigt sich 1526 in einem seiner *Colloquia* wenig überzeugt von der Ernsthaftigkeit des Missionierungsgedankens, indem er einen der Gesprächsteilnehmer sehr kritisch bemerken läßt: „Ich habe genau gesehen, daß von dort Beute weggeschleppt worden ist, von der Einführung des Christentums habe ich nichts gehört."[44]

38 Adolf Schill: Gianfrancesco Pico della Mirandola und die Entdeckung Amerikas. Berlin 1929, S. 28 mit Anm. 2.
39 Vgl. Anm. 33.
40 Baptista Mantuanus: Fastorum libri duodecim. Lyon 1516. Ich habe die Ausgabe Straßburg 1518 eingesehen, hier fol. mjjᵛ. [Vgl. S. 537 den Nachtrag.]
41 Schill (wie Anm. 38) S. 20 f. und *Fastorum libri* (wie Anm. 40).
42 Sebastianus Bunderlius: Oratio ⟨...⟩ ad Mariam ⟨...⟩. Wien 1514. Dasselbe in: Orationes Viennae Austriae ad Diuum Maximilianum Caes. Aug. aliosque illustrissimos Principes habitae. Wien 1516, fol. E3ʳ-F2ʳ, hier E5ᵛ-E6ʳ.
43 Markus Reiterer: Die Herkulesentscheidung von Prodikos und ihre frühhumanistische Rezeption in der *Voluptatis cum Virtute disceptatio* des Benedictus Chelidonius. Diss. masch. Wien 1957, S. 29 f., 477.
44 Erasmus: Colloquia familiaria. In: Opera omnia I,3. Ed. L.-E. Halkin, F. Bierlaire, R. Hoven. Amsterdam 1972, S. 504 f. Vgl. S. 315, 380 und 398 und den 1535 zuerst erschienenen *Ecclesiastes*, in dem Erasmus die Ausbeutung der Heiden und die Vernachlässigung ihrer Christianisierung besonders scharf tadelt. Die Stelle ist bequem zugänglich bei Willehad Paul Eckert: Erasmus von Rotterdam. Werk und Wirkung. Bd. 2. Köln 1967, S. 494-498. Den größeren Zusammenhang behandelt John W. O'Malley: The Discovery of America and Reform Thought at the Papal Court in the

7. *Die Humanisten warnen vor dem Materialismus, der die Entdeckungen beglei-*
tet, lehnen also Entdeckungsreisen keineswegs grundsätzlich ab. Sie fordern die
'philosophisch' motivierte Entdeckungsreise und fördern so geradezu den Prozeß
theoretischer Neugierde. Mit solcher Motivation gewonnenes Erfahrungswissen
halten sie gegenüber scholastischer Spekulation ausdrücklich für wünschenswert.
Und in diesem Horizont taucht bereits eine Vorform der Devise „sapere aude!"
auf

Mit dem letzten Zitat sind wir bei dem Materialismus-Vorbehalt der Humanisten angelangt, der, wo er im Zusammenhang mit den Entdeckungen
begegnet, die Humanisten bei den modernen Beurteilern gehörig in
Mißkredit gebracht hat. Nachdem die Historiker einmal die Tat des Kolumbus zum Beginn der Neuzeit gemacht hatten, konnten sie eine ein-
schränkende Bemerkung zu dieser Tat oder eine vermeintliche Ablehnung
nicht akzeptieren. Es war recht folgenreich für die Beurteilung aller Humanisten, daß ausgerechnet der erste deutsche Humanist, der die jüngsten
Entdeckungen der Portugiesen und Spanier zitiert und auf Kolumbus an-
spielt, dies in einem Werk, das über Nacht zum Bestseller werden sollte,
mit einschränkender Reserve tut. Ich spreche von Sebastian Brants *Nar-*
renschiff vom Jahre 1494.[45]

Im 66. Kapitel hebt er allein den materiellen Aspekt hervor, man habe
Goldinseln gefunden und nackte Menschen, die man vorher nicht gekannt habe. Da er im übrigen Kontext des Kapitels, das *von erfarung aller*
land, von der geographischen Erforschung der Erde also handelt, vermeintlich alles Reisen und geographische Forschen ablehnt, ist er zum
Nörgelhumanisten, zum Anwalt der sogenannten Schwermut des Spätmittelalters und zum Christlich-Konservativen abgestempelt worden.[46] Es

---

early Cinquecento. In: Ders.: Rome and the Renaissance. Studies in Culture and
Religion. London 1981, S. 185-200.

45 Sebastian Brant: Das Narrenschiff. Hrsg. von Manfred Lemmer. Tübingen ²1968, S.
165-169. Fr. Aurelius Pompen, O.F.M.:The English Versions of the Ship of Fools. A
Contribution of the History of the early French Renaissance in England. London
1925, S. 222-227. Joachim Knape / Dieter Wuttke: Sebastian Brant-Bibliographie.
Forschungsliteratur von 1800 bis 1985. Tübingen 1990.

46 Vgl. Anm. 4 (B. Könneker). Richtunggebend sind hier bestimmte Arbeiten zum Spät-
mittelalter gewesen, z.B. Rudolf Stadelmann: Vom Geist des ausgehenden Mittelal-
ters. Halle/Saale 1929; Hans Preuß: Die Vorstellungen vom Antichrist im späteren
Mittelalter bei Luther und in der konfessionellen Polemik. Ein Beitrag zur Theologie
Luthers und zur Geschichte der christlichen Frömmigkeit. Leipzig 1906; Will-Erich
Peuckert: Die große Wende. Das apokalyptische Saeculum und Luther. Hamburg
1948. Dazu Wuttke wie Anm. 4. Diese Deutungslinie setzt z.B. bruchlos fort R.W.
Scribner: Popular Culture and Popular Movements in Reformation Germany. Lon-

ist erstaunlich: Kein Beurteiler, auch keiner der Literaturwissenschaftler unter den Beurteilern, hat bisher den literarischen Charakter des Werkes, seine Zugehörigkeit zur Gattung Satire, berücksichtigt. Den Zeitgenossen war dies vollkommen bewußt.

In 112 Kapiteln geißelt Brant alle möglichen größeren und kleineren Laster der Menschen als Narrheiten und schafft so eine Art Super-Beichtspiegel, ein großes Lehrbuch der Narrheit in Einzelbeispielen, das mit seiner prachtvollen Ausstattung und bilderreichen Aufmachung ein Augenschmaus war und auch heute vielfach noch so empfunden wird. Aber dies Lehrbuch der Narrheit sollte natürlich ein Spiegel der Weisheit sein, sollte durch tausendfache satirische Übertreibung die Mitmenschen auf den Weg der Tugend bringen, um gesamtgesellschaftlich einen mittleren Zustand zuträglicher Verhältnisse und Ordnungen befördern zu helfen zum Wohle der christlichen Seele des Einzelnen und der Christenheit als Ganzer. Beurteilt man seine Sachaussage zu den Entdeckungen im Lichte der vielfältigen historischen Forschungen über die Motive, Ziele und Ergebnisse der Expansion, fragt man sich, wieso er eigentlich mit seiner Beurteilung so falsch liegen soll. Die modernen Beurteiler meinen, er habe doch alles Reisen und Entdecken abgelehnt. Aber er hat in seiner Satire auch tausend andere Dinge abgelehnt, wie z.B. den Buchdruck und die Vielheit der Bücher, so daß in konsequenter Fortführung der den Gattungscharakter nicht berücksichtigenden Argumentation nur ein Schluß erlaubt wäre: Brants Lehre ist: Alle Tätigkeit, alles Leben ist wegen Lasterhaftigkeit einzustellen. Aber lehnt er denn einfach nur ab? Nein, er argumentiert und differenziert; dies allerdings übersehen die Beurteiler konsequent.

Der Maßstab seiner Beurteilungen ist eine klar definierte Werteordnung: 1. Gott ist die oberste Autorität. Der Mensch soll ihm nicht ins Handwerk pfuschen wollen. 2. Weisheit, Tugend und Selbsterkenntnis als einziger Weg zu Gott gehen vor das Wissen und die materiellen Lebensbezüge. Somit ist Brants Haltung nicht grundsätzlich anders als die Dantes und Petrarcas. Er sagt es selbst in dem fraglichen Kapitel: Reisen und Entdecken sind gut, wenn sie nicht als Selbstzweck betrieben werden, sondern mit dem Ziel, vertiefte Kenntnisse und insbesondere vertiefte Selbsterkenntnis zu gewinnen. Dadurch will er helfen, daß der mächtig spürbare Forscherdrang der Zeit sich nicht verselbständigt, daß er an die

---

don-Ronceverte 1987, S. 98 ff. Demgegenüber ist differenzierter die Studie von Jan-Dirk Müller: „Erfarung" zwischen Heilssorge, Selbsterkenntnis und Entdeckung des Kosmos. In: Daphnis 15 (1986) S. 307-342.

Frage gebunden bleibt, was dem Menschen als einem Geschöpfe Gottes und einem Geistwesen wirklich zuträglich ist, damit er sich nicht scholastisch in nutzlosen Fragen verzettelt. Diesen mächtigen Forscherdrang spricht der berühmte nürnbergische Kartograph Erhard Etzlaub kurz vor oder um 1500 folgendermaßen an, um die von ihm gefertigte Romweg-Karte zu rechtfertigen: „Nach dem der mensche genaygt ist die landt und seltzame ding zu erfaren hab ich disse karten lassen außgeen."[47] Eben diese selbstverständliche, naturgegebene Neigung bringen einige Humanisten nun auf den Prüfstand.

Ich vermag aber nicht zu sehen, daß Autoren wie Brant mit ihrer Argumentation deshalb den Prozeß der theoretischen Neugierde haben aufhalten oder verlangsamen wollen. Im Gegenteil, sie verlangen ja gerade, ihre Sprache in unsere übersetzt, die vertiefte, umfassende und die nicht geradlinig und flach einer Praxis zugewandte Forschungstätigkeit: im wahren Wortsinne verlangen sie die theoretische, die durch geistiges Anschauen gelenkte Neugierde.[48]

Freilich ist zuzugeben, daß Brant das 66. *Narrenschiff*-Kapitel schließt, indem er in einer letzten Abwägung das Reisen gegenüber dem Am-Ort-Bleiben abwertet. Wessen Sinn auf Ortsveränderung ausgehe – gemeint ist, auf ständige Ortsveränderung –, der könne Gott nicht vollkommen dienen. Lehnt Brant also Pilgerreisen ab? Wohl kaum. Wenn er hier die aristotelische Lehre, daß sedere und quiescere die Voraussetzungen geistiger Arbeit seien, auf christliche Lebensführung überträgt, so folgt er seinem Prinzip, daß das Geistige über dem Materiellen steht, lediglich völlig konsequent. Übertragen auf den geistigen Haushalt des Menschen meint das, daß die Konzentration über der Zerstreuung steht, daß das auf einen höchsten Sinn durchreflektierte Wissen höher steht als das reine Wissen, von dem Brant in eben dem Kapitel durchaus sagt, es sei „gwyß vnd wor", und daß Gott dienen der höchste Wert ist, der nicht in der Rastlosigkeit, sondern nur in der Ruhe verwirklicht werden kann. Deswegen wird auch vom Intellektuellen verlangt, die Einfachheit und Reinheit des Herzens zu erlangen. Als allgemeine, nicht mehr christlich gebundene Lebenslehre ist damit gesagt: Die innere Einkehr und Ruhe sind gegenüber der Bewe-

---

47 Abb. 75 auf S. 120 bei Béatrice Hernad: Die Graphiksammlung des Humanisten Hartmann Schedel. München 1990.

48 Dies ist der Punkt, an dem meine Deutung von der Müllers (wie Anm. 46) sich fundamental unterscheidet. Die Humanisten wollten dem nahe kommen, was Hans-Georg Gadamer am Ende seines Essays *Lob der Theorie* als ideales Ziel für heute formuliert: „menschlich gebildetes Bewußtsein" (Orden Pour le mérite. Reden und Gedenkworte, 16, 1980, S. 67-91, hier S. 90 f.).

gung, der Unruhe, der Rastlosigkeit elementar lebenserhaltende Kräfte. Bedeutende reflektorische, theoretische Geistestätigkeit ist noch nie denkbar gewesen (und auch heute nicht denkbar) ohne Ruhe und Einkehr.

Die Zeitgenossen haben Brant offenbar so verstanden. Nicht nur, daß sie ihn nicht kritisiert haben, sie haben ihn und das *Narrenschiff* hochgeachtet, ob es nun Trithemius, Locher, Hutten oder Erasmus war. Mit Celtis hat er Bücher ausgetauscht; mit Peutinger, der den materiellen Aspekten der Entdeckungsreisen so unmittelbar verbunden war wie kein zweiter deutscher Humanist, war er befreundet.[49]

Daß meine Sicht nicht ganz falsch sein kann, zeigt auch Brants Lebenspraxis. Zuerst als Universitätsjurist sowie als praktizierender Richter in Basel, dann als Kanzler der Freien Reichsstadt Straßburg war er unermüdlich sein Leben lang dem Leben verbunden.[50]

Gereist ist er nicht viel. Wie kein zweiter Humanist der Aetas Maximiliana aber hat er sich für alle außergewöhnlichen Naturerscheinungen interessiert, hat sie deutend bedacht und darüber geschrieben, so daß er die umfangreichste Beobachtungsreihe eines Zeitgenossen hinterlassen hat.[51] Wie schon gesagt, würdigte er 1494 in seinem Gratulationsgedicht für König Ferdinand die Entdeckungen positiv. Dies geschah überdies in dem Basler Druck, der als erster auf deutschem Boden den Kolumbusbrief verbreitete. Er dürfte übrigens für die Zusammenstellung des Druckes neben dem Drucker und Verleger mitverantwortlich gewesen sein.[52]

Noch ein drittes Mal bezieht sich Brant auf die Entdeckungen. Es geschieht in seiner Vorrede zu dem juristischen Werk von Ulrich Tengler mit dem Titel *Der Layen Spiegel*, das 1509 in Augsburg herauskam.[53] Hier sehen wir, in welchem Maße Brant das Faktum der Entdeckungen in sein Bild von der Gegenwart hereingeholt hat. Er benützt das Sprechen über die Entdeckungsfahrten, um einen wertenden Vergleich daraus zu formen, d.h. im Sinne von Ernst Robert Curtius, einen neuen Überbietungs- und Lobtopos zu schaffen, der vorher so kaum möglich gewesen wäre. Er sagt nämlich, viele Gelehrte hätten in seiner Zeit mit Hilfe der edlen Buchdruckerkunst Werke zum gemeinen Nutzen erscheinen lassen und glaub-

---

49 Vgl. Anm. 32 und 83.

50 Wuttke: Brant, Sebastian. In: Lexikon des Mittelalters 2 (1982); Joachim Knape: Dichtung, Recht und Freiheit. Studien zu Leben und Werk Sebastian Brants 1457-1521. Baden-Baden 1992.

51 Wuttke: Renaissance-Humanismus und Naturwissenschaft (wie Anm. 15) S. 235-240.

52 Vgl. Anm. 23. Abdruck des Epigramms auch bei Friedrich Zarncke [Hrsg.]: Sebastian Brants Narrenschiff, Leipzig 1854, S. 184 Nr. 43.

53 Die Stelle ist abgedruckt bei Neuber (wie Anm. 23) S. 16.

ten wegen ihrer Mühen damit höchst Rühmenswertes hervorgebracht zu haben und dies glaubten auch die, die Afrika umfahrend, das arabische, persische und indische Meer durchfurcht und neue Inseln und Länder gefunden hätten; aber deren Mühe sei doch geringer im Vergleich zu der Mühe, die Ulrich Tengler auf sich genommen habe. Er habe sich mit der Kühnheit eines Hercules mitten durch das abgrundtiefe Meer der Rechte gewagt. Es muß jemand die Entdeckungsfahrten erst als groß und unerhört anerkannt haben, bevor er auf den Gedanken kommen kann, das Sprechen davon zu einem Überbietungstopos zu formen. Zu dem Topos gehört, wie wir sehen, auch die Aussage, daß Tengler die gesamte zeitgenössische Gelehrsamkeit übertreffe, womit indirekt die Entdeckungen als eine geistige Tat, also nicht als Ergebnis von reiner Praxis, ja als geistige Großtat anerkannt sind. Das einzige, das Brant mit diesem Überbietungstopos sagen will – es kommt auch in den anderen Vorreden und Beigaben anderer zu dem Buch zum Ausdruck – ist dies: Rechtswissen und Rechtsanwendung betreffen die menschliche Gemeinschaft so elementar und zentral, daß jemand, der in diesem schwierigen Bereich neue Grundlagen schafft, höchstes Lob und höchste Beachtung verdient. Was soll man dagegen sagen?[54] Übrigens war der Vollzug von hoheitlichen Rechtsakten jeweils das erste, was Kolumbus nach den Landungen durchführte.

In anderer Weise verarbeitet Benedictus Chelidonius in einem 1507 Celtis gewidmeten Epigramm das Entdeckungsstreben literarisch: Wo immer Celtis hinstreben werde (z.B. „ad nigros ⟨...⟩ indos"), um Neues zu erfahren, Celtis werde durch seine Bücher doch stets bei Chelidonius und dessen Lehrer der Dichtkunst bleiben.[55]

Auf den ersten Blick könnten die Vorbehalte, die Brant gegenüber vorgebracht werden, Jacob Locher gegenüber tatsächlich angemessen sein. Er übersetzte Brants *Narrenschiff* ins Lateinische. Am 1. März 1497 erschien in Basel die erste Ausgabe. Brants 66. Kapitel ist bei ihm *De geographica regionum inquisitione* überschrieben und gegenüber der Vorlage stark verkürzt.[56] Das Thema Reise spricht er nicht an, daher auch nicht das dialek-

---

54 Neuber (wie Anm. 23) S. 21.

55 Petrus Tritonius: Melopoiae. Augsburg 1507, fol. 1ᵛ.

56 Jacobus Locher: Stultifera Navis. Basel, 1. März 1497. Ich habe die von Sebastian Brant durchgesehene und erweiterte Auflage vom 1. August 1497 benutzt (GW 5061), hier fol. LXXVIʳ⁻ᵛ. Die für meine Argumentation entscheidenden Verse lauten:
Non satis est sapiens, non est ratione politus,
Sed nostra in naui carbasa plena trahat,
Qui latera immensi mundi metitur et orbis
Clim⟨a⟩ta: stat fatua circius inque manu

LXXVI

De geographíca regionū inquiſitione.

Qui cœlum & terram:latū metít & orbem:
Climata deſcríbit:& memorat populos:
Híc fatuū inſtantem craſſa a̕ceruíce repellat.
Nil bonítatıs habent hęc monumenta quídem

Mathematicę ſupſtitio.

Stultíor ılle q̇deʒ q̇ mēſurā vndıq̇ terrę. Metíť: nec ſe nec ſua ſcíre va let. Furor eſt:pſe cto furor egredí mūdū:& tanq̇ın terna eius cunċta iam ſint nota: ıta ſcrutarí extera. Quaſi vero men= ſurā ıllı͡ reı poſſit agere/q̇ ſuı neſci= at:aut hoıes poſ ſint vídere q̇ mū: dusıp̃e nō capıat

Non ſatıs eſt ſapiens:non eſt ratione polítus:
Sed noſtra in nauı carbaſa plena trahat:
Qui latera immenſí mundí metíť/& orbís
Clímıta:ſtat fatua círcinus ınꝗ manu:

Plínıus lı.ıı.
circa prın.

k.ííıí.

Abb. 96: Gnad-her-Meister / Text Jacobus Locher: Mathematicę superstitio. JacobusLocher
Philomusus: Stultifera Navis. Basel: Johann Bergmann von Olpe 1. März 1497, [cap. 66].

Nosse cupit cunctas region⟨e⟩s et loca cuncta
    Humano siquidem cognita non generi.
⟨...⟩
Quid geometer enim tantas in pectore curas
    Concipis? incassum circulus ista terit.
Plinius errauit, quamuis spectabilis auctor,
    Errores varios et Ptolomeus habet.
Inuanum siquidem multorum corda laborant:
    Rebus in incertis quos ita sudor agit.
Antea quę fuerat priscis incognita tellus
    Exposita est oculis et manifesta patet.
Hesperię occiduę rex Ferdinandus in alto
    Aequor⟨e⟩ nunc gentes repperit innumeras.
Vgl. Müller (wie Anm. 46) S. 317 f.

tische Verhältnis zwischen Reise und Ruhe; ebenso fehlt der Materialismus-Vorbehalt. Als Randschlagwort fällt einem neben dem Bild die Formulierung „Mathematicę superstitio", mathematischer Aberglaube, ins Auge (Abb. 96, 97). Im Einleitungsepigramm liest man: „Wer Himmel und Erde und die weite Welt ausmißt, die Erdzonen beschreibt und die Völker in Erinnerung ruft, der vertreibt einen Narren, der vom feisten Nacken nicht abläßt". Letzteres soll heißen: Er vertreibt einen Narren, der im Rücken droht, unsichtbar droht – so auch die Aussage des Holzschnittes – einen Narren, den er nicht los wird. Anders gesagt, der vertreibt Teufel mit Beelzebub. Nur auf den ersten Blick scheint klar, was hier gemeint ist:

FOLIO

26.q.4.c.igiͭ Noſſe cupit cunͨtas regions/& loca cunͨta:
  Humano ſiquidem/cognita non generi:
Eſa.xl.et.48. Nunc orbislati metas:longoſͱ reflexus:
Ecc̄s.iiii. Penſantur:fatuos ſedula cura mouet:
ii.Corin.x.
  Noſcere conanͭ gentes quas ſpeͨtet Eous:
  Quas calor auſtralis:occiduuſͱ tepor.
Abacuc.iii. Stultus hyperboreum menſuram fleͨtit ad axem:
  Et quęrit populoshac regione feros.
  Menſuratͱ vrſam dygitis quandoͱ minorem:
  Quo populostali ſub regione notet.
  Europę atͱ Aſię ſpatium colluſtrat vtruͱ:
  Gręcos/Aeolios/Cappadocas/Cylices:
  Et Libyę gentes rutilo ſub ſole iacentes:
  Atlantem/& Calpen:Herculis atͱ fretum:
  Semotam Thylen:quęrit vel in orbe Brytannos
  Extręmo:& radio Theutona clauſtra notat
  Noſſeͱ vult tumido poſitas in gurgite gentes.
  Et cauſas reflui ſucciduiͱ maris.
Strabo Pręſtita coſmographi luſtrat documenta Strabóis
  Intaͨtum toto nil ſinit orbe quidem.
Ecc̄s.vii. Quid geometer enim tantas in peͨtore curas
  Concipis?incaſſum circulus iſta terit.
Plinius Plinius errauit:quamuis ſpeͨtabilis auͨtor:
  Errores varios & Ptolemeus habet.
Ptolemeus Inuanū ſiquidē multoͱ corda laborant:
Sapien.iii. Rebus in incertis quos ita ſudor agit.
Hiere⸗ii.
Ezech.xiii. Antea quę fuerat priſca incognita tellus:
Eccleſi.34. Expoſita eſt oculis & manifeſta patet.
Ferdinandus Heſperię occiduę rex Ferdinandus:in alto
Hiſpaniarum Aequore nunc gentes repperit innumeras.
rex.

Abb. 97: Jacobus Locher Philomusus: Stultifera Navis, zweite Seite mit Schluß des 66. Kapitels. Rückseite von Abb. 96.

Der Humanist Jacob Locher legt sich also vermeintlich, angeregt durch den Humanisten Sebastian Brant, quer gegenüber geographisch-kosmographisch-mathematischer Forschung. Dies scheinen auch die Verse mit folgenden Feststellungen zu bestätigen: Plinius, obwohl ein beachtlicher Autor, habe (auf diesem Felde) geirrt, Ptolemäus enthalte verschiedenartige Irrtümer, Nutzloses habe die Herzen vieler beunruhigt, die in Ungewissem ihren Schweiß vergossen hätten. Der Kapitelschluß hebt sich davon merkwürdig ab. Locher sagt: „Erde, die vordem den Alten unbekannt war, steht heute offen vor Augen. Auf hohem Meer im Westen hat König Ferdinand jetzt zahllose Völker entdeckt."

König Ferdinand soll also kein Narr sein? Wird der Humanist vor dem Königsthron zum Feigling, der unbedenklich eben erst Autoritäten wie Plinius und Ptolemäus in die Narrenschar eingereiht hatte? Oder erzwingt dieser Schluß eine ganz andere, ja konträre Deutung? Wie, wenn Locher sagen wollte, alle bisherige Welt- und Himmels- (sprich: Weltraum-) forschung war rein spekulativ, ihr Fragen gehörte zum Bereich des nutzlosen Fragens, ihr Wissen-Wollen beruhte auf Buchwissen, auf einem Fragen, dem jeweils nur spekulativ geantwortet werden konnte? Die auf wirklicher *experientia* gegründete Kosmographie kann erst jetzt beginnen. Die Tat König Ferdinands hat dazu das Tor aufgestoßen. Wahrhaftig fehlte ja damals jeder nicht-spekulative Ansatz zu einer realistischen Vermessung von Erde und Weltraum. Die Schwierigkeiten, die Kolumbus überwinden mußte, sein Unternehmen zu starten, hatten damit fundamental zu tun, sein Problem, nicht recht zu wissen, was er eigentlich gefunden hatte, ebenso. So gesehen gehört Lochers Text zu den anderen Quellen, die in den Entdeckungen eine Großtat feiern. Darüber hinaus zeichnet er sich als der erste deutsche Text aus, der das Geschehen als den Beginn einer neuen, auf *experientia* gegründeten Kosmographie begreift, indem er die Kosmographie als Buchwissenschaft auf antikem Fundament an ihr Ende gekommen sieht, deren Fortsetzung nur noch als Narretei gewertet werden könnte. Diese Auffassung paßt nahtlos zu den Äußerungen seines Briefes vom Jahre 1506 an Johannes Stamler, in dem er diesen als einen neuen Odysseus und erfahrenen *peregrinator* und Kenner vieler Länder und Völker bewunderte und von ihm Berichte über die Entdeckungen haben möchte.[57] Wegen anderer Bildungsaufgaben komme er selbst nicht dazu, sich in dem von ihm gewünschte Maße darum zu kümmern. Diese Auffassung paßt auch zu den Äußerungen anderer Humanisten zum Thema, welches Wissen das erstrebenswerte sei.

1498 hielt Geiler von Kaysersberg im Straßburger Münster Predigten über das *Narrenschiff*. Die lateinische Fassung erschien 1510, die deutsche 1520 im Druck. Hierin beginnt die 65. Predigt: „Die lxv. narrenschar ist land narren, landfarer, erfarer der land on vernunfft. sie lauffen alle land vß es sei mit hertzen, mit dem mund oder mit den füssen, das ist auch mit dencken, mit fragen, mit reden, oder mit dem werck."[58] Seine Predigt

---

57 Vgl. Anm. 29. Es handelt sich um Lochers Antwort auf den Widmungsbrief von Stamler, fol. aiiii^{r-v}.

58 Johannes Geiler von Kaysersberg: Nauicula siue speculum fatuorum Prestantissimi sacrarum literarum Doctoris Joannis Geyler Keysersbergij Concionatoris Argentinensis. Straßburg: 30. Januar 1510, fol. [Yviii^r]-Zij^v: Turba LXV. Johannes Pauli: Des hochwirdigen doctor Kaiserspergs narenschiff so er gepredigt hat zu straßburg in der

liest sich wie ein Kommentar zum einschlägigen *Narrenschiff*-Kapitel 66. Bei ihm spielt der Materialismus-Vorbehalt wieder eine offen ausgesprochene, entscheidende Rolle. Die Entdeckungen ordnet er dem Motiv ‚Reisen aus Habsucht‘ zu, und er tadelt die Kaufleute dafür, daß sie entbehrungsreich bis Indien fahren, um merkwürdige Dinge und Kleider mitzubringen. Wie Brant kennt er die verschiedenen Formen des höheren, geistigen Materialismus. Also wer nur herumzieht, um seine innere Leere zu übertönen, oder wer als Pilger oder Mönch nach Jerusalem geht, nur um dort gewesen zu sein, der macht sich dessen schuldig. Ebenso auch der, der Ptolemäus liest, nur um des Wissens willen. Die Werteordnung, nach der Tugend über Wissen geht, formuliert er so: „Alle Lehre und Wissenschaft und alles Tun, sofern es nicht in der Ausführung oder Gesinnung Bezug zum Seelenheil und einem guten Leben hat, ist zu kritisieren.“ Für Geiler ist eindeutig die von geistlicher Einkehr begleitete Pilgerreise – in dieser Hinsicht zu erfahren, was man in den Büchern gelesen hat – die erfüllteste Form der Bewegung und mönchisches „an eim ort bleiben“ die erfüllteste Form der Ruhe. Aber ebenso wie er die Gewinnsucht der Kaufleute tadelt, tadelt er die „vil münch, die die gantze weldt durch laufen.“ Eine Gefahr für den Prozeß der theoretischen Neugierde hat aber von dieser Predigt Geilers kaum ausgehen können, da er wie Brant „die grosten philosophi“, wie Pythagoras oder Platon, ausdrücklich zu den in der rechten Gesinnung Reisenden rechnet.

Alle Renaissance-Humanisten waren in diesem Sinne Anti-Materialisten. Dieser Punkt gehört zum Kern der Definition.[59] Sie wollten die Menschen und die Gesellschaft, soweit es geht, von allen Formen materieller Gefangenheit befreien, um sie emporzubilden. Denn in der ethisch gelenkten Geistigkeit sahen sie das wertvolle Teil des Menschen, das ihm seine Würde unter den irdischen Wesen gibt und ihn mit seinem Schöpfergott verbindet, der ihn nach dem eigenen Bilde geschaffen hat. Diese

---

hohen stifft daselbst Predicant der zeit. 1498. dis geprediget. Vnd vß latein in tütsch bracht/darin vil weißheit ist zu lernen/vnd leert auch die narrenschel hinweck werffen. ist nütz vnd gut alen menschen. Straßburg 1520, fol. CLXXXIII^r-CLXXXV^v: *Von landfarer narren.* Vgl. Müller (wie Anm. 46) S. 319-321.

59 [Meine neue Definition ist in diesem Band auf S. 471 f. abgedruckt.] Vgl. Berndt Hamm: Humanistische Ethik und reichsstädtische Ehrbarkeit in Nürnberg. In: Mitteilungen des Vereins für Geschichte der Stadt Nürnberg 76 (1989) S. 65-147, hier S. 121 Anm. 235; ders.: Hieronymus-Begeisterung und Augustinismus vor der Reformation. Beobachtungen zur Beziehung zwischen Humanismus und Frömmigkeitstheologie am Beispiel Nürnbergs. In: Kenneth Hagen [Hrsg.]: Augustine, the Harvest, and Theologie (1300-1600). Festschrift für Heiko A. Oberman. Leiden 1990, S. 127-235.

antimaterialistische Haltung zeichnet z.B. auch die Utopier des Thomas Morus aus. Oder wir finden sie mit aller Deutlichkeit angesprochen von Johannes Cochläus, der ab 1510 für fünf Jahre in Nürnberg als Rektor der Schule von St. Lorenz wirkte. Zur Verwendung im Unterricht gab er während dieser Zeit einige Schriften heraus, darunter 1512 die *Cosmographia* des Pomponius Mela, über die gleich noch zu reden sein wird, und die *Meteorologia*, also die Lehre des Aristoteles[60] von atmosphärischen Erscheinungen im sublunaren Bereich mit der Paraphrase des französischen Humanisten Faber Stapulensis und mit einem Kommentar von sich selbst, eine Ausgabe, die für uns ebenfalls interessant ist. In dem Kapitel über die Einteilung der Erde erwähnt er das „allerjüngst gefundene neue Land Amerika" und fügt mit der Distanz dessen, der es nicht selbst gesehen und keine zuverlässigen Nachrichten darüber hat, hinzu: „Es soll sogar größer als ganz Europa sein."

Den modernen Leser, den es freut, daß Cochläus in die Ausgabe einer antiken naturwissenschaftlichen Schrift die neuesten Erkenntnisse eingearbeitet hat, verblüfft es zu sehen, wie der Autor die Ausgabe schließen läßt. Er fügt ein *Corollarium Morale: contra Opes / pro Sapientia* an, einen moralischen Zusatz gegen den Reichtum, für die Weisheit. Wie Sebastian Brant hebt er eingangs auf die Selbsterkenntnis ab und sagt: „Der Mensch muß sich selbst erkennen. Nur wenn er sich kennt, überragt er alles Übrige. Doch sinkt er unter das Tier, wenn er sich zu kennen abläßt." Cochläus warnt dann vor Reichtum, sprich vor dem Streben nach den äußeren Gütern dieser Welt. Wahrhaft reich sei nur der Weise, und das Studium der philosophia sei süß und nützlich auf dem Wege der Weisheit. Aufgabe der philosophia sei es, im Hinblick auf die himmlischen und irdischen Dinge die Wahrheit zu finden: „De diuinis humanisque verum invenire." Wir sehen also, wie gerade diese Werteordnung, das Wissen-Wollen keineswegs verhindert, sondern befördert. Ein Aufklärer des achtzehnten Jahrhunderts hätte das „sapere aude!" poetisch nicht eindringlicher der Jugend nahelegen können, als es Cochläus in einer vierstrophigen abschließenden sapphischen Ode „Ad iuuentutem" tut: „Jugend, vertiefe Dich in die Heiligtümer der Natur; denn glücklich, wie Vergil ruft, wer die verborgenen Ursachen in gelehrtem Herzen weiß!" „Dum licet, quae-

---

60 Cosmographia Pomponii Mele, authoris nitidissimi, tribus libris digesta, parvo quodam Compendio Joannis Coclei Norici adaucta, quo geographie principia generaliter comprehenduntur. Brevis quoque Germanie descriptio. Nürnberg 1512. Die *Brevis Germanie descriptio* wurde ediert und übersetzt von Karl Langosch (Darmstadt 1960).– Aristoteles: Meteorologia. Kommentar von Johannes Cochlaeus, Paraphrase von Jacobus Faber Stapulensis. Nürnberg 1512.

so, sape!" „Bitte, widme dich dem Wissen- und Erkenntnisstreben, solange dein Geist frei von allen Sorgen ist,⟨...⟩, keinesfalls aber nach Art der Phrygier": „Ne Phrygum ritu sapias!" Die Phrygier waren nämlich wegen ihrer Trägheit und Dummheit bei den Römern verachtet.[61]

Gianfrancesco Pico della Mirandola spricht den materiellen Aspekt der den Entdeckungen folgenden Handelsreisen in zwei Schriften ohne besondere Kommentierungen sozusagen als gegeben an.[62] Ganz anders die beißende Schärfe des franziskanischen Humanisten Thomas Murner, der die Entdeckungen in seiner 1512 erschienenen *Narrenbeschwörung* motivisch verarbeitet, einer Satire in der Nachfolge von Brants *Narrenschiff*.[63]

---

61 Meteorologia, fol. Mii^{r-v} „noua illa Americi terra admodum nuper inuenta, vel tota Europa maior esse dicitur." Fol. Siii^r-Svi^v *Corollarium Morale: contra Opes, pro Sapientia*, hier Svi^v: „Quid est enim dulcius ocio litterato? His dico litteris, quibus infinitatem rerum atque naturae et in hoc ipso mundo coelum, terras, maria cognoscimus.

    Ad iuuentutem Conclusio Sapphica.

    Ergo Naturae legito Iuuentus
    Sacra. Nam foelix (Maro clamat) ille:
    Nosse qui causas potuit latentes
        Pectore docto.
    Cogita, quam sit tibi nunc studendi
    Floridum tempus vegetique sensus,
    Integrum corpus Geniusque dexter
        Mnemosyneque.
    Dum licet, quaeso, sape: dum solutus
    Omnibus curis animus, nec vlla
    Labe pollutus penetrare possit
        Abdita rerum.
    Ne Phrygum ritu sapias, iuuentae
    Flore transacto, populante sensus
    Corporisque artus senio, dolore
        Conficiente."

    Wie ersichtlich, brauchte ein Humanist also nicht unbedingt auf das „sapere aude" Kants zu warten und brauchte nicht den „Verzicht auf transzendentale Rechtfertigung", um sich dazu zu bekennen. Vgl. Trude Ehlert: Die Aufwertung der theoretischen Neugierde. Johann Hartliebs ,Alexander' zwischen theologischer Legitimation und rationaler Sebstbehauptung. In: Saeculum 38 (1987) S. 179-192, hier S. 192. Das „sape" des Cochlaeus wird in vergleichbarem Zusammenhang 1518 durch Melanchthons „sapere audete" fortgeführt. Vgl. Melanchthons Werke. III. Band: Humanistische Schriften. Hrsg. von Richard Nürnberger. Gütersloh ²1969, S. 42.

62 Schill (wie Anm. 38) S. 48 ff.

63 Thomas Murner: Narrenbeschwörung. Hrsg. von M. Spanier. Berlin-Leipzig 1926, S. 207-210.

Soweit ich sehe, ist man auf Murner in der einschlägigen Forschung bisher noch nicht aufmerksam geworden.

Murner macht im 24. Kapitel seines Werkes „Inseln finden" zur Metapher und benutzt diese als synonym zu rauben. Wahrscheinlich wurde er zu dieser Prägung angeregt durch das 20. Kapitel von Brants *Narrenschiff*, wo dieser diejenigen tadelt, die Güter finden und dann als Eigentum behalten, ohne vorher Anstrengungen unternommen zu haben, das fremde Eigentum dem Besitzer zurückzugeben. In dem Zusammenhang setzt Brant finden und rauben gleich. Murners Ziel ist es, in seinem Kapitel, das er *Die satel narung* überschreibt (er meint damit, sich vom Sattel aus ernähren), das Raubrittertum zu geißeln. In seiner Argumentation geht er von dem zunächst ganz harmlos klingenden Exempel aus, daß König Ferdinand „vil nuwer inseln fandt" mit Spezerei, Silber und Gold. Kaum sind die fünf Verse vorbei, die Murner für das Exempel braucht, wird der Leser oder Hörer gleichsam geschockt. Es heißt da nämlich „Inseln finden ist kein kunst" und „Inseln find ich, wann ich will." Es ist deutlich, daß der Autor hier das Vorwissen seiner Rezipienten von der Unerhörtheit der Entdeckungen auf den Kopf stellt. Er befördert dadurch das Weiterlesen; denn das möchte man nun doch wissen, wie sich diese Aussagen erklären. Die Erläuterung folgt in den folgenden dreizehn Versen, wo von Wegelagerei und Kaperung eines mit wertvollen Gütern beladenen Rheinschiffes die Rede ist. Damit ist klar, „Inseln finden" heißt auf Raub ausgehen, „Inseln finden ist kein kunst" heißt rauben ist keine Wissenschaft, „Inseln find ich, wann ich will" rauben kann ich, wann immer ich will. Und der auf König Ferdinand gemünzte Vers, daß er „vil nüwer inseln fandt", erhält nun den Sinn, daß er auf zahlreiche neue Raubzüge ausging, eine Aussage, die abgeschwächt wird nur dadurch, daß der Autor bis zum Ende des Kapitels auf die Entdeckungen nicht mehr zu sprechen kommt, also nicht in einem Rückverweis als Fazit etwa hervorhebt, daß König Ferdinand sich nicht anders als die apostrophierten Raubritter verhalten habe.

Die Metapher „Inseln finden" für rauben ist nicht in den deutschen Sprachschatz eingegangen, wahrscheinlich weil sie doch eine zu einseitige Auslegung der dahinterstehenden Vorgänge beinhaltet. Anders verhält es sich mit der Prägung „terra incognita", die Pico verdankt werden soll. Sie hat sich als Metapher für jegliches Neuland durchgesetzt.[64]

Bei Murner erreicht die Materialismus-Kritik an den Entdeckungen innerhalb der von mir beobachteten Autoren ihren Höhepunkt. Murner ist

---

64 Schill (wie Anm. 38) S. 52.

der einzige Autor, der die Entdeckungen so ausschließlich in negativer Konnotation anführt, als hätte er ein polizeiliches Verbot erreichen wollen. Doch vergessen wir nicht, seine Äußerung fällt im Rahmen einer Satire... .

8. *Die Humanisten üben fachinterne Kritik: Sie bemängeln das Fehlen exakter geographischer Beschreibungen der Entdeckungen bzw. tadeln die bewußte Geheimhaltungspolitik der Entdecker*

Außer der Kritik an dem mit den Entdeckungen verbundenen materiellen Gewinnstreben ist mir noch dreimal Kritik begegnet, und zwar an der bisherigen Berichterstattung über die neuentdeckten Länder und ihre geographische Lage sowie an der Geheimhaltungspolitik der Entdecker. Es ist sozusagen eine wissenschaftsinterne Kritik, wie sie auch heute zum Alltag der Forschung gehört. Sie führt dazu, Forschungsdesiderate zu formulieren.

Der erste Kritiker dieser Art ist der bereits genannte Johannes Cochläus. In seinem Kommentar zur Schrift über atmosphärische Erscheinungen im sublunaren Bereich des Aristoteles, wir kamen darauf zu sprechen, erfahren wir davon nichts. Er äußert sie vielmehr in seiner im selben Jahr 1512 ebenfalls zu Schulzwecken veranstalteten Ausgabe der *Cosmographia* des Pomponius Mela, der er ein Kompendium über die Grundlagen der Geographie und – seinerseits in Neuland vorstoßend – eine „kurze Beschreibung Deutschlands" beigab.[65] In dem Kompendium nun berichtet er in Kürze über die Westfahrten des Vespucci und sagt dann: „Er behauptet, Afrika habe eine lange Ausdehnung. Jene neue Welt sei davon völlig getrennt und sogar größer als unser Europa. Ob das wahr oder erdichtet ist: zur Kenntnis der Kosmographie und Geschichte trägt dies nichts bis wenig bei. Denn sowohl die Völker wie die Örtlichkeiten jener Welt sind

---

65 Cosmographia Pomponii Mele (wie Anm. 60) fol. Fiᵛ-Fijʳ. Der Abschnitt steht in dem Zusatz des Cochlaeus, der den Titel trägt: *De Quinque Zonis Terre Compendium Jo. Coclei Norici* ⟨...⟩. Hier der volle Wortlaut:
„Zona incognita: De reliqua autem zona (Antipodum inquam) ad nostra vsque tempora nihil compertum est ab antiquis. Verum Americus Veputius iam nostro seculo nouum illum mundum inuenisse fertur Portugalie Castilieque regum nauibus. nedum vltra torridam zonam, verum etiam vltra tropicum capricorni longe progressus. tamen longe extensam asserit Africam: A qua nouus ille mundus penitus sit diuisus vel Europa nostra maior. Id siue verum sit siue effictum: ad Cosmographie Historiarumque cognitionem nihil aut omnino parum confert. Nam et gentes et loca illius terre hactenus sunt et ignota et innominata nobis, nec fiunt ad ea loca nauigationes nisi multis cum periculis. Proinde geographis non sunt cure."

bis jetzt so unbekannt wie unbenannt für uns. Seereisen dorthin finden nur unter großen Gefahren statt, daher brauchen sich die Geographen darum nicht zu kümmern."

Moderne Beurteiler haben ihm diese Sätze übelgenommen und als eine Kritik an den Entdeckungen verstanden.[66] So allerdings darf man sie nicht auffassen. Sie sind eine Kritik an den bisherigen Berichten und im Grunde eine Aufforderung, einen wissenschaftlich geschulten Geographen endlich in die neue Welt mitzunehmen, damit die minutiöse Aufnahme und Beschreibung im Sinne der alten Autoritäten des Faches in Angriff genommen werden kann. Man kann die Worte auch als eine Kritik am Überwiegen wirtschaftlicher Gesichtspunkte bei den Überseefahrten verstehen. Solche Kritik an den Berichten, freilich ohne in der Schlußfolgerung so weit zu gehen wie Cochläus, äußert auch noch Heinrich Glarean in seinem *De geographia liber unus*, das 1528 in erster Auflage erschien.[67] Am Schluß seines Werkes handelt er *De Regionibus Extra Ptolemaeum* und beginnt hier mit der Bemerkung „Quae extra Ptolemaei descriptionem sunt regiones, non ita certis authoribus traditae sunt, nec etiam tanta diligentia ac arte descriptae." Dann wendet er sich Vespucci und Kolumbus zu.

In einem wohl auf Anfang 1514 zu datierenden Brief Willibald Pirckheimers an den Grafen Hermann von Neuenahr muß der Patrizier dem Grafen eingestehen, daß er trotz nachhaltiger Bemühungen dessen Fragen nach der navigatorischen Bewältigung von Indienfahrten nicht beantworten könne. Der Grund: Die Portugiesen halten die Sache einem königlichen Edikt zufolge zu geheim.[68]

---

66 Z.B. Gewecke (wie Anm. 2) S. 136 f. Ihre Behauptung, Cochläus gehöre zu den Humanisten, die den Rang der antiken Autoren nicht antasten wollten, ist in den Quellen nicht zu belegen. Seinen *Zusatz* hat Cochläus ausdrücklich verfaßt, um Pomponius Mela zu ergänzen und in seiner Ausgabe der *Meteorologia* des Aristoteles (wie Anm. 60) kritisiert er den antiken Autor häufig. Andererseits gibt es Zeitgenossen, die antike Autoren von Kritik ausgenommen wissen wollen: Vgl. den Streit zwischen Johannes Camers und Joachimus Vadianus, den Werner Näf darstellt: Vadian und seine Stadt St. Gallen. 2 Bde. St. Gallen 1944 und 1957, hier Bd. 1, S. 173-176, 274-277; Bd. 2, S. 94-97. Und es gibt natürlich Humanisten, deren Wahrnehmungsvermögen dem von Nicht-Humanisten unterlegen war, vgl. Arnold Esch: Staunendes Sehen, gelehrtes Wissen: zwei Beschreibungen römischer Amphitheater aus dem letzten Jahrzehnt des 15. Jahrhunderts. in: Zeitschrift für Kunstgeschichte 50 (1987) S. 385-393. Vergleichbare Mitmenschen sollen ja auch heute nicht ausgestorben sein.

67 Mir lag die Auflage von 1534 vor: Henrici Glareani Helvetii, Poetae Laureati De geographia Liber unus ab ipso authore iam tertio recognitus. Venedig 1534, fol. 44ᵛ-45ᵛ.

68 Willibald Pirckheimers Briefwechsel II. Band (wie Anm. 34), Nr. 293; vgl. Nr. 294.

9. *Die Humanisten fragen kritisch: Sind die geographischen Entdeckungen unserer*
   Zeit gegenüber dem, was die Antike wußte, wirklich neu?

Natürlich interessierte es einige Autoren auch, zu erwägen, als wie neu
man die unerhörten Taten des Kolumbus und Vespucci und der Orient-
fahrer wirklich einschätzen durfte. Dieser Gesichtspunkt spielt ja noch
heute bei der Beurteilung von Entdeckungen eine Rolle. Conrad Peutinger
führt 1506 Quellen an, die Ostindienfahrten bereits für Antike und Mittelalter belegen. Glareanus berichtet 1528, man sage, Amerika sei schon
unter Kaiser Augustus bekannt gewesen und führt als Beleg die Verse
795-798 aus dem sechsten Buch von Vergils *Aeneis* an. Dort ist von der
Ausbreitung des augusteischen Friedensreichs die Rede, das sich auch auf
eine Erde erstrecken werde außerhalb des (gewohnten) Sternenhimmels,
außerhalb der Wege von Jahr und Sonne jenseits des Punktes, wo Atlas,
der Himmelsträger, auf seinen Schultern das Himmelsgewölbe trage, also
jenseits der Meerenge von Gibraltar. Auch Willibald Pirckheimer fragt
sich, ob die neuen, von den Spaniern gefundenen Inseln tatsächlich alle
Zeit unbekannt gewesen seien und meint 1530 in seiner *Germaniae ex variis*
scriptoribus perbrevis explicatio mit Zeugnissen der Antike belegen zu können, daß das nicht der Fall war.[69]

Bei einigen modernen Beurteilern ist die Tendenz spürbar, in solchen
Rückbezügen auf die Tradition eine Unfähigkeit der Humanisten zu sehen, sich von den antiken Autoritäten zu lösen. Tatsächlich liegt dasselbe
kritische Verfahren zugrunde, das auch heute unablässig dazu dient, das
Neue als neu zu klassifizieren: Sein Verhältnis zur Tradition, zur vorausgehenden Forschung muß untersucht werden. Für die Zeit um 1500 war
die Antike noch so nah, daß sie mit ihren wissenschaftlichen und anderen
Leistungen zur unmittelbar relevanten Tradition gehörte.[70]

---

69 Glareanus wie Anm. 67. – Willibaldus Pirckheimer: Germaniae ex variis scriptoribus
   perbrevis explicatio. Augsburg 1530, fol. E2ʳ-E3ʳ. – Vgl. Max Weyrauther: Konrad
   Peutinger und Willibald Pirckheimer in ihren Beziehungen zur Geographie. Eine
   geschichtliche Parallele. München 1907, S. 9, 37, 41. Zu dem Themenkreis gehört
   auch das Epigramm des Johannes Alexander Brassicanus zur Entdeckungsgeschichte
   im Verhältnis zur Antike, das Cod. 10927,4 der Österreichischen Nationalbibliothek
   zu Wien, fol. 13ᵛ-14ʳ, überliefert, das ich noch nicht näher studieren konnte.

70 So erörtert z.B. Erasmus, welches Neue die Ankunft Christi gebracht habe; vgl. Juliusz
   Dománski: „Nova" et „Vetera" bei Erasmus von Rotterdam. Ein Beitrag zur Begriffs-
   und Bewertungsanalyse. In: Antiqui und Moderni. Traditionsbewußtsein und Fort-
   schrittsbewußtsein im späten Mittelalter. Hrsg. von Albert Zimmermann. Berlin-New
   York 1974, S. 515-528. Ich finde es erstaunlich, daß in der neuesten gelehrten Literatur
   über die Entdeckungen ständig Verwunderung darüber zum Ausdruck gebracht wird,
   daß die Entdecker oder die Rezipienten der Entdeckungen sich bei ihrer Wahrneh-

10. *Die Humanisten unterscheiden vana und digna curiositas. Alles Erfahrungs-*
wissen, das Gottes Welt in ihrer Eigenart genauer erkennen lehrt, gehört zur
digna curiositas

Die Frage nach dem für den Menschen zuträglichen Wissen und danach,
ob das Erfahrungswissen der neuen Entdeckungen zum zuträglichen Wissen gehört, sowie die Frage des Verhältnisses von Tugend und Wissen
begleiteten uns vom Beginn unserer Erörterungen, weil die verschiedenen,
an die Quellentexte zu stellenden Deutungsfragen dies unumgänglich
machten. Wir wurden auf die Gefahr aufmerksam gemacht, die der Ent-
deckungsdrang geistig und physisch dem Menschen bringen kann, von
einem Verdikt, sozusagen einem curiositas-Verbot lasen wir nirgendwo
etwas. Auch nicht davon, daß solches Tun mit dem Tun des gerade damals
durch die Lande ziehenden Dr. Faustus verglichen worden wäre. Im Gegenteil, wir fanden überwiegend die Würdigung der Entdeckungen als
unerhörte Großtat, als ein Zeichen der Überwindung und Übertrumpfung
der bewunderten und als Maßstab empfundenen Antike. Und in einem
Zusammenhang, in dem es nicht zu vermuten war, in Jacob Lochers lateinischem *Narrenschiff*, ergab unsere Interpretation, die den von modernen Beurteilern gesetzten Horizont weit hinter sich lassen mußte, die
Aussage: Narren sind, die sich auf dem Felde der Kosmographie weiterhin
der Buchwissenschaft hingeben, die notwendigerweise nur spekulativ sein
kann; mit Kolumbus – so Locher – beginnt für die Kosmographie das
Zeitalter des aus tatsächlicher Expeditionserfahrung gewonnenen Wissens.

Da die vorausgehenden Erörterungen keine Gelegenheit boten, sämtliche das wichtige curiositas-Thema berührenden Stellen der untersuchten
Autoren zu behandeln, sei dies jetzt nachgeholt.

---

mung des Neuen von Vorwissen haben beeinflussen lassen. Vgl. Folker Reichert:
Columbus und Marco Polo – Asien in Amerika. Zur Literaturgeschichte der Entdeckungen. In: Zeitschrift für historische Forschung 15 (1988) S. 1-63, hier S. 61-63.
Den Hauptergebnissen der schönen Studie, a) „Empirie blieb auch weiterhin an Vorwissen und Tradition geknüpft" (S. 61), b) „Die Akzente anders zu setzen, bedurfte
der Zeit, keiner anderen zwar, aber doch längerer Zeit, als einem einzelnen beschieden
war" (S. 63), darf sicherlich zugestimmt werden. Aber Empirie ist immer und auch
heute im Leben und in der Wissenschaft an Vorwissen und Tradition geknüpft (vgl.
Anm. 71), und die modernen Geschichtswissenschaften diskutieren schon mehr als
150 Jahre über Kolumbus und die Entdeckungsgeschichte, ohne daß ein Endergebnis
abzusehen wäre. Kurz gesagt: Vielleicht könnten wir uns entschließen aufzuhören,
Kolumbus verdeckt oder offen unentwegt vorzuwerfen, nicht sofort erkannt zu haben, daß am 12. Oktober 1492 durch seine Tat die Neuzeit begann.

Ab 1505 hat der Bericht des Vespucci von seiner zweiten Reise 1501/2 mit Cabral auf Latein und in verschiedenen deutschen Übersetzungen eine immer neue Auflagen fordernde starke Verbreitung gefunden. Die lateinische Übersetzung hat Frater Jucundus Veronensis angefertigt. Er wollte damit dafür sorgen, daß in Gelehrtenkreisen, die er „Lateiner" nennt, die unerhörten geographischen Entdeckungen zur Kenntnis genommen werden konnten.[71] Ich nehme an, daß diese Stelle im Blick der modernen Beurteiler für die Humanisten nicht günstig war und ist. Wenn schon ein Frater eingreifen muß, um ein so wichtiges Dokument in die Gelehrtensprache zu übertragen und so für seine Bekanntschaft zu sorgen, dann kann es mit dem humanistischen Interesse für die Entdeckungen nicht weit her gewesen sein. Tatsache aber ist, daß zwischen einem Frater, überhaupt zwischen geistlichen Herren und Humanismus keine Trennungslinie verlief.[72] Seine abschließende Bemerkung ist aber nicht nur wegen der Aussage über die Rezeptionssituation für uns interessant, sondern vor allem auch, weil das Thema des rechten Wissens, das curiositas-Thema, angesprochen wird. Hören wir die Stelle im Zusammenhang: „Ex italica in latinam linguam iucundus interpres hanc epistolam vertit vt latini omnes intelligant quam multa miranda indies reperiantur et eorum comprimatur audacia qui caelum et maiestatem eius scrutari et plus sapere quam liceat sapere volunt quando a tanto tempore mundus cepit ignota sit vastitas terrae et quae contineantur in ea." In unserer Sprache: „Aus dem Italienischen hat diesen Brief der Übersetzer Jucundus ins Lateinische übertragen, damit alle Gelehrten verstehen, wie Wunderbares täglich gefunden wird, und deren Vermessenheit abgestellt wird, die den Himmel

---

71 Amerigo Vespucci: Mundus Novus. Ein Bericht Amerigo Vespucci's an Lorenzo de' Medici über seine Reise nach Brasilien in den Jahren 1501/02. Faksimile-Ausgabe. Hrsg. von E. Sarnow und K. Tübenbach. Straßburg 1899. Das Zitat bildet den Schluß der lateinischen Übersetzung des Berichtes fol. 7ʳ. Vgl. Joachim Klowski: Mundus Novus. Einleitung, Text und Kommentar zu Amerigo Vespuccis Schreiben. In: Der Altsprachliche Unterricht 30 (1987) Heft 2, S. 47-64. Klowskis Kommentar zu unserm Zitat, S. 63 f., mißversteht die Aussage, die eindeutig empirische Forschung bejaht, doch Spekulation ablehnt. Das Mißverständnis dürfte auf die Lektüre des modernen Klassikers Blumenberg zurückzuführen sein. Vgl. Anm. 70 und zum größeren Zusammenhang Schmitt (wie Anm. 80) S. 174-181.

72 Paul Oskar Kristeller: The Contribution of Religious Orders to Renaissance Thought und Learning. In: The American Benedictine Review 21 (1970) S. 1-55; zweite Auflage in: Paul Oskar Kristeller: Medieval Aspects of Renaissance Learning. Durham 1974, S. 95-114. Franz Machilek: Klosterhumanismus in Nürnberg um 1500. In: Mitteilungen des Vereins für Geschichte der Stadt Nürnberg 64 (1977) S. 10-45; Wuttke: Humanismus als integrative Kraft (wie Anm. 15); Hamm (wie Anm. 59).

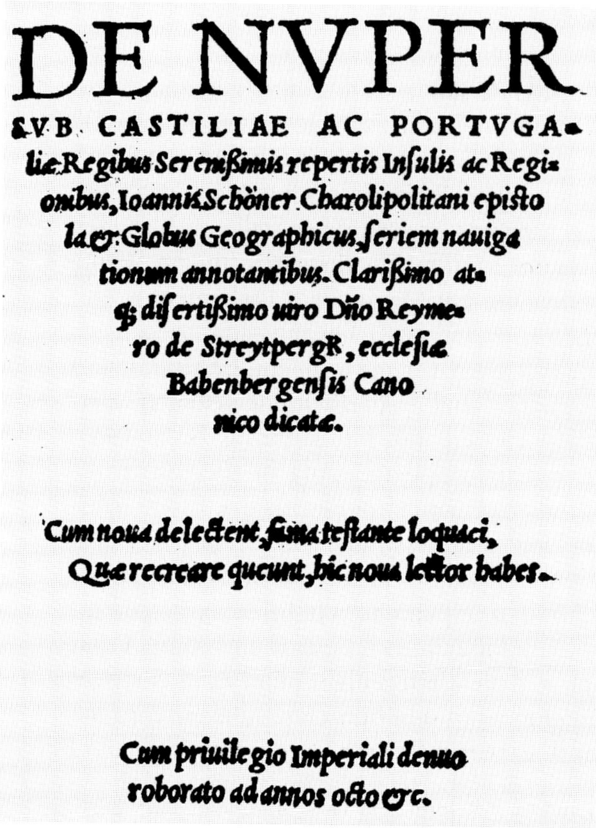

DE NVPER.

SVB CASTILIAE AC PORTVGA-
liæ Regibus Serenißimis repertis Insulis ac Regi-
onibus, Ioannis Schöner Charolipolitani episto
la er. Globus Geographicus, seriem nauiga
tionum annotantibus. Clarißimo at-
que disertißimo viro Dño Reyme-
ro de Streytpergk, ecclesiæ
Babenbergensis Cano
nico dicatæ.

Cum noua delectent, fama testante loquaci,
Quæ recreare queunt, hic noua lector habes.

Cum priuilegio Imperiali denuo
roborato ad annos octo erc.

Abb. 98: Titelseite von Johannes Schöner: De Nuper sub Castiliae ac Portugaliae Regibus Serenißimis repertis Insulis ⟨...⟩. Köln 1523.

und seine majestätische Herrlichkeit durchforschen und mehr wissen wollen als zu wissen erlaubt ist, während seit Erschaffung der Welt deren Weite und was sie alles enthält unbekannt ist." Wir finden hier dieselbe Aussage, die wir schon bei Locher antrafen: Spekulatives Buchwissen, nein, Wissen, aus wirklicher Erfahrung gewonnen, ja. Und wir dürfen hinzusetzen, weil dies Erfahrungswissen viel zuverlässiger von Gottes Herrlichkeit Bericht gibt, als jenes andere.[73]

Wenn wir die Stelle aus der Sicht des Philosophen Hans Blumenberg betrachten, können wir sie, soweit ich sehe, überhaupt nicht verstehen, da von Jucundus zwei curiositates unterschieden werden. Die eine wird als dringend erwünscht, die andere als abwegig klassifiziert. Die erwünschte ist überdies ausgerechnet jene, die auf der Erfahrungsseite steht. Wir können die Stelle aber verstehen, wenn wir mit Anneliese Maier und vor allem mit dem Theologen Heiko A. Oberman erkennen, daß sie in der Tradition des philosophischen Nominalismus steht, der längst eine curiositas gegen eine „vana curiositas" gestellt hatte oder anders gesagt, der Erfahrung, experientia, gegen spekulativen Intellektualismus stellte, bzw. mit Oberman gesagt, der „Erfahrung als das beste Gegengift gegen curiositas" bewertete.[74]

---

73 Vgl. Anm. 56.

74 Heiko Augustinus Oberman: Contra vanam curiositatem. Ein Kapitel der Theologie zwischen Seelenwinkel und Weltall. Zürich 1974; ders.: The Dawn of the Reforma-

Die Variante, neues Entdeckungswissen unter der Prämisse zu verbreiten, daß Neues den Leser freut und erfrischt, hatten wir bereits berührt,
als wir über Martin Waldseemüllers *Cosmographiae Introductio* des Jahres
1507 sprachen. Das Distichon mit dem Beginn „Cum noua delectent ⟨...⟩"
finden wir 1523 wörtlich bei Johann Schöner in seiner Schrift *De Nuper*
⟨...⟩ *repertis Insulis ac Regionibus* wieder (Abb. 98 und 102). In der Widmungsvorrede an den Bamberger Domherrn Reimar von Streytpergk
schmückt Schöner dies Motiv noch etwas aus. Er vertritt die Meinung,
Neues vermöge häufig die Gemüter der Menschen zu besänftigen und
Feinde versöhnlicher zu stimmen.[75]

Nach alter Lehre ist der Mensch wegen seiner aufrechten Haltung und
seines geisthaltigen runden Kopfes, der die Rundheit des Kosmos wider-
spiegelt, zur Betrachtung des Himmels geboren. So hatten es Astronomen
bzw. Astrologen nie schwer, das Erscheinen entsprechender Werke zu
rechtfertigen. Sie sollten dazu dienen, den dem Geistwesen Mensch besonders angemessenen Blick nach oben zu schulen. Angesichts einer Erd-
beschreibung konnte die Meinung aufkommen, sie sei dem Menschen
nicht würdig genug, da sie den Blick nach unten lenkt. In einem Epigramm
an den Leser greift Joachim Camerarius diesen Gedanken 1533 auf und
begründet, ohne die Unterschiede im Wertegefüge einzuebnen, die Notwendigkeit der Erdkunde für jedermann sehr hübsch so: „Wenn du auch
von der himmlischen Luft lebst, so bietet die Erde Dir doch Nahrung und

---

tion. Essays in late Medieval and early Reformation Thought. Edinburgh 1986, S.
179-203, hier besonders S. 186 und S. 192 oben. Vgl. Berndt Hamm: Frömmigkeitstheologie am Anfang des 16. Jahrhunderts. Studien zu Johannes von Paltz und seinem
Umkreis. Tübingen 1982, S. 165 f.

75 Martin Waldseemüller: Cosmographiae Introductio. ⟨...⟩ Insuper quatuor Americi
Vespucij navigationes ⟨...⟩. Saint-Dié: 7. Mai 1507, Titelseite (Abb. 102):

> Cum noua delectent fama testante loquaci,
>> Quae recreare queunt, hic noua, lector, habes!

Faksimile-Ausgabe nach dem Exemplar aus dem Besitz des Humanisten Beatus Rhenanus in Schlettstadt: Die Cosmographiae Introductio des Martin Waldseemüller (Ilacomilus). Hrsg. v. F.R. von Wieser. Straßburg 1907. Vgl. jetzt: America. Das frühe Bild
der Neuen Welt. Ausstellung der Bayerischen Staatsbibliothek München. Hrsg. von
Hans Wolff. München 1992. – Johannes Schöner: De Nuper Sub Castiliae ac Portugaliae Regibus Serenißimis repertis Insulis ac Regionibus, Ioannis Schöner Charipo-
litani epistola et Globus Geographicus, seriem nauigationum annotantibus.
Clarißimo atque disertißimo uiro Domino Reymero de Streytpergk ecclesiae Babenbergensis Canonico dicatae. Köln 1523. Das Distichon Waldseemüllers steht ohne
Autorangabe auf dem Titelblatt, der Widmungsbrief reicht von fol. 3ʳ-5ʳ und beginnt:
„Cum Rerum nouitas animos hominum plerumque conciliari soleat, ac inamicos
reddere mitiores ⟨...⟩". [Vgl. Peter Probst im Nachtrag S. 537.]

Weg." Das Epigramm des wie Schöner in Bamberg ja nicht Unbekannten steht auf dem Titelblatt von Schöners *Opusculum geographicum* (Nürnberg 1533).[76] Schöner nimmt den Gedanken auf in seiner Widmungsvorrede an Kurfürst Johann Friedrich von Sachsen. Die Zuwendung zum Irdischen hätten insbesondere die Herrscher nötig. Wenn die Gestirne auch ein viel göttlicherer und höherer Gegenstand seien, so böten diese (irdischen), gleichsam häuslichen Gegenstände ein Mehr an handgreiflicher Freude.[77]

Eine zusätzliche Bestätigung der Beobachtung Obermans, daß spekulativer Intellektualismus als „vana curiositas" und im Gegensatz dazu experientia als „digna curiositas" angesehen wurden – letztere Begriffsbildung stammt von mir –, läßt sich aus der *Utopia* des Thomas Morus gewinnen. Die vana curiositas wird hier den modernen Dialektikern zugeschrieben, die es unter den Utopiern überhaupt nicht gäbe. Den Lauf der Gestirne aber kennten sie genau und könnten ihn mittels Maschinen, sprich Armillarsphären, nachbilden. Astrologie lehnten sie ab. Aber auf Erfahrung gestützt könnten sie Regen, Wind und Wetterwandel vorhersagen. Vermutungen stellten sie nur im Hinblick auf die Ursachen von Naturerscheinungen auf. In diesem Bereich gäbe es bei ihnen genauso Unterschiede in den Theorien wie bei den Europäern. Mit diesen Sätzen gibt Morus uns von allen untersuchten Autoren den abgerundetsten Einblick humanistischer Haltung gegenüber dem Wissenschaftsfortschritt: Naturwissenschaft ist bei den Utopiern selbstverständlich in allen interessant erscheinenden Feldern zugelassen, und zwar ebenso erfahrungs- wie theoriebezogen. Theoriebezogen ist sie – was sie erfahrungsbezogen ohnehin ist – besonders vernunftgeleitet. Dialektische Subtilität und Spitzfindigkeit werden abgelehnt.[78]

---

76 Johannes Schöner: Opusculum Geographicum Ex Diversorum Libris ac cartis summa cura et diligentia collectum ⟨...⟩. Nürnberg 1533, Titelblatt:
Forte oculis clari spectas qui sidera coeli
   In subiectum etiam lumina flecte solum.
Non est res indigna tua ista cupidine, lector,
   Illa magis pulcra est, haec quoque pulcra tamen.
Quid dubitas? Si de aetheria uitam trahis aura,
   Pabula sed tellus et tibi praebet iter.
Hanc uis, quanta patet, breuibus cognoscere cartis?
   Hoc modicum lustrans perspice, lector, opus!
Nec quae sunt olim, nec quae modo scripta requires,
   Cuncta tibi paruo planta futura libro.
77 Ebd. fol. A 2/2ᵛ: „Quamuis enim illa sint diuiniora multo et altiora, tamen haec quasi domestica quaedam plus habent certe delectationis."
78 Vgl. Anm. 37.

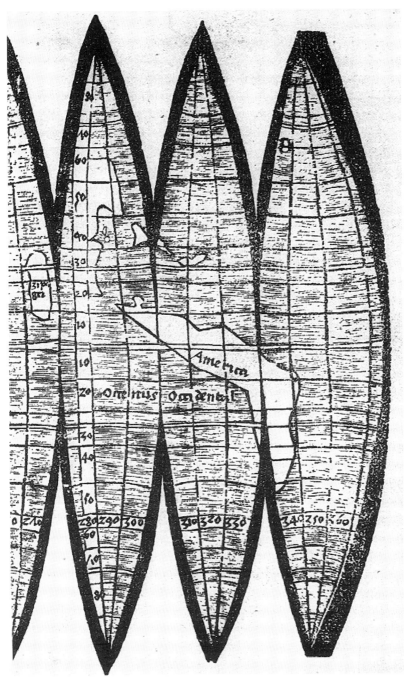

Abb. 99: Martin Waldseemüller: Globussegmente, Ausschnitt. Holzschnitt 1507.

11. *1517, im Jahr von Luthers Thesenanschlag, sorgt der Humanist Willibald Pirckheimer für einen christlichen Tugendspiegel, der Naturkunde, Mathematik und alle weiteren Kulturleistungen des Menschen umfaßt. Pirckheimer kodifiziert damit die ethische Einbindung des mächtigen, ohne weiteres als selbstverständlich anerkannten Forschungs- und Entdeckungsdranges seiner Zeit*

Die Darlegungen über das Verhältnis der Utopier zur naturwissenschaftlichen Forschung sind Teil einer umfassenden Weltanschauung, in der die Geist- und Vernunftzugewandtheit des Menschen und eine dadurch bedingte natürliche Gottesliebe die zentrale Rolle spielen. Während Morus die *Utopia* publizierte, arbeitete sein Freund Willibald Pirckheimer in Nürnberg an einer zeitgemäßen Tugendlehre. Diese Bemühungen führten ihn 1517 dazu, einen Katechismus der fünf wichtigsten Tugenden als Autor oder Übersetzer abzuschließen. Alle anderen Tugenden entsprängen aus diesen. Es sind: Ewiger Glaube, Suche wahrer Weisheit, Gerechtigkeit, Bescheidenheit, Geduld.

Als ich in diesem Katechismus, der zuerst und zuletzt 1606 publiziert worden ist, unlängst zum ersten Male las, traute ich meinen Augen nicht, als ich im Abschnitt *warhafftige weyßheit suchen* ein Konzept der Einbindung von Mathematik und Naturwissenschaft in den Tugendkanon fand, der schönste Fund, der mir aus Anlaß dieser Untersuchung gelang.[79] Die Entdeckungsgeschichte wird zwar nicht erwähnt, als Einzelfall hätte sie in die allgemeine Lehre auch nicht hineingehört. Aber sie läßt sich mühelos einordnen. Unter der Überschrift *Die ander tugendt ist warhafftige weyßheit suchen, die Rechten warheyt zu Erfinden* lesen wir – ich zitiere nur auszugsweise:

---

[79] British Library Ms. Arundel 503, fol. 100 ᵛ-104ᵛ, hier fol. 101ʳ-102ʳ. Willibald Pirckheimer: Theatrum Virtutis et Honoris; Oder Tugend Büchlein: Auß etlichen fürtrefflichen Griechischen vnd Lateinischen Scribenten ins Teutsch gebracht/⟨...⟩. Nürnberg 1606, Teil II, S. 45-51, hier S. 46 f.

⟨...⟩
die Nature Erlernen vnd Erkennen
den lauff der himel vnd sternen wissen
die mugliche ding lernen Niessen
die himlisch wurcklich einfliessent krafft Erkennen
die Verporgen krefftige wirkung des Ertrichs erfarenn
die Nutzlichen ding lernen messen
die kunst der Zall in gebrauch haben
Ein schone lieblickeit in allen dingen haben
die musica des gleichen vil grosmechtiger kunst werden
nit ausgeschlossen
Rechte ordnung in allen Dingen haben
das schwer vnd das leicht zu verNemen
zu wissen allen geprauch aller hantwerck.
⟨...⟩

Und schließlich am Schluß: „got alle Ding heim setzen Vnnd verharen jm gutten pis an daz Endt.“

12. *Den neuen Entdeckungen Namen zu geben, ist als wichtige Vorstufe einer geographischen Beschreibung zu verstehen*

1507 erhielt die Neue Welt durch Humanisten ihren Namen. Der Poet Matthias Ringmann sowie der Geograph und Kartograph Martin Waldseemüller (Ilacomilus) leiteten ihn vom Vornamen des Vespucci, von Amerigo, ab.[80] Vielleicht kam der Anstoß dazu auch allein von Ringmann (Abb. 99, 100-102). Es ist sicherlich nicht zuletzt der Humanist in Kolumbus gewesen, der diesen veranlaßte, in den eigenen Vor- und Nachnamen hineinzuhorchen, um die eigene Bestimmung um so sicherer zu erfahren, und in der Neuen Welt geographisch zu benennen, was ihm möglich war.[81] Die modernen Beurteiler scheinen diesem Phänomen eher mit Unverständnis zu begegnen, einem Unverständnis, das sich in nichts von dem unterscheidet, das man den ersten Entdeckern vorzuwerfen nicht müde wird: Sie seien zu sehr im Eigenen befangen und nicht genug für das Fremde aufgeschlossen gewesen. Es läßt sich dies Unverständnis z.B. bei Todorov greifen, wenn er von einer wahren Benennungswut des Ko-

---

80 Franz Laubenberger: Ringmann oder Waldseemüller? Eine kritische Untersuchung über den Urheber des Namens Amerika. In: Erdkunde 13 (1959) S. 163-179; Eberhard Schmitt [Hrsg.]: Dokumente zur Geschichte der europäischen Expansion. Bd. 2: Die großen Entdeckungen. München 1984, S. 13-17.

81 Heydenreich (wie Anm. 8) S. 157-159; Pauline Moffit Watts: Prophecy and Discovery: On Spiritual Origins of Christopher Columbus's ‚Enterprise of the Indies‘. In: The American Historical Review 90 (1985) S. 73-102.

Abb. 100: Anonym: Insula hyspana. Titelholzschnitt zu: Christophorus Kolumbus: De Insulis nuper in mari Indico repertis. In: Carolus Verardus: In laudem Serenissimi Ferdinandi Hispaniarum Bethicae et regni Granatae obsidio victoria et triumphus. Et de Insulis in mari Indico nuper inuentis. Basel: Johann Bergmann von Olpe 1494.

lumbus spricht.[82] Ich kann den Sachverhalt hier nicht näher verfolgen, möchte aber wenigstens darauf hinweisen, daß noch heute jede Findung und Erfindung aus verständlichen Gründen mit einem Benennungsvorgang elementar verbunden ist.

---

82 Tzvetan Todorov: Die Eroberung Amerikas. Das Problem des Anderen. Frankfurt/M. 1982, S. 36-40. Einige Beobachtungen zur Bedeutung, die die Humanisten der Namengebung zumaßen, habe ich in der folgenden Abhandlung zusammengestellt: Humanist gesucht (1987) S. 69. [Abdruck in diesem Band S. 105 ff., hier S. 126 ff.]

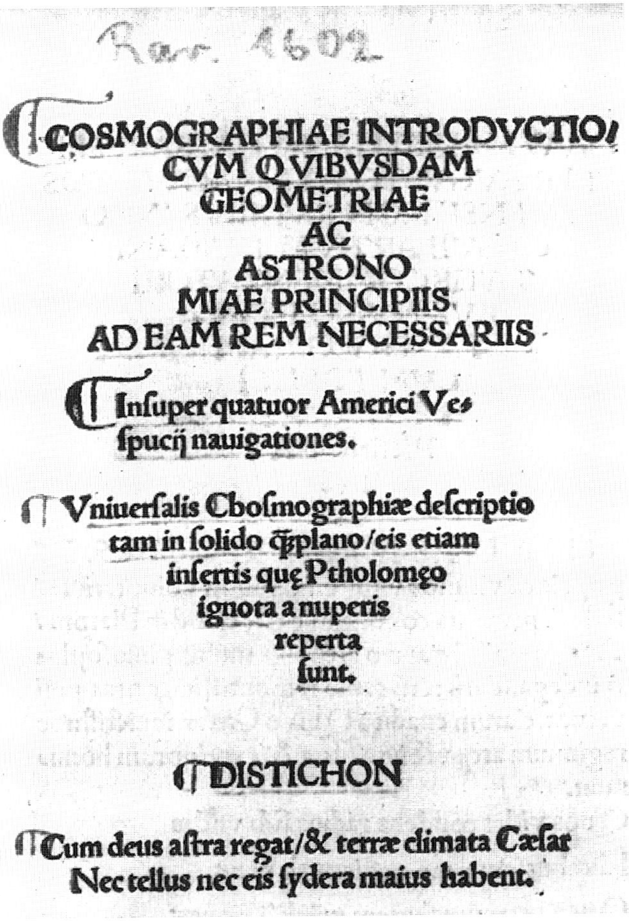

COSMOGRAPHIAE INTRODVCTIO/
CVM QVIBVSDAM
GEOMETRIAE
AC
ASTRONO
MIAE PRINCIPIIS
AD EAM REM NECESSARIIS

Insuper quatuor Americi Ve
spucij nauigationes.

Vniuersalis Chosmographiæ descriptio
tam in solido q̃ plano/eis etiam
insertis quę Ptholomęo
ignota a nuperis
reperta
sunt.

DISTICHON

Cum deus astra regat/& terræ climata Cæsar
Nec tellus nec eis sydera maius habent.

Abb. 101: Martin Waldseemüller: Cosmographiae Introductio ⟨...⟩ Saint-Dié 7. Mai 1507. Titelseite.

13. *Nur e i n Humanist kommt in die Lage, Handelsinteressen aktiv zu beraten: der Augsburger Conrad Peutinger*

Der einzige Humanist, der in die Lage kam, Handelsinteressen offen zu vertreten und politisch-rechtlich abzusichern, auch weil er den richtigen Wohnort hatte, war der Augsburger Conrad Peutinger.[83] Er unterstützte das Handelshaus der Welser, indem er bei der Beschaffung von Schutz-

83 Lutz (wie Anm. 35) S. 54-64. Zum Thema Handelsinteressen vgl. Schmitt (wie Anm. 80) passim. Selbstverständlich hatten auch die Humanisten wie jedermann Interesse an Gewürzen und Heilmitteln aus Übersee. Ich hielt es hier nicht für notwendig, dies Interesse eigens zu belegen. Vgl. Anm. 30.

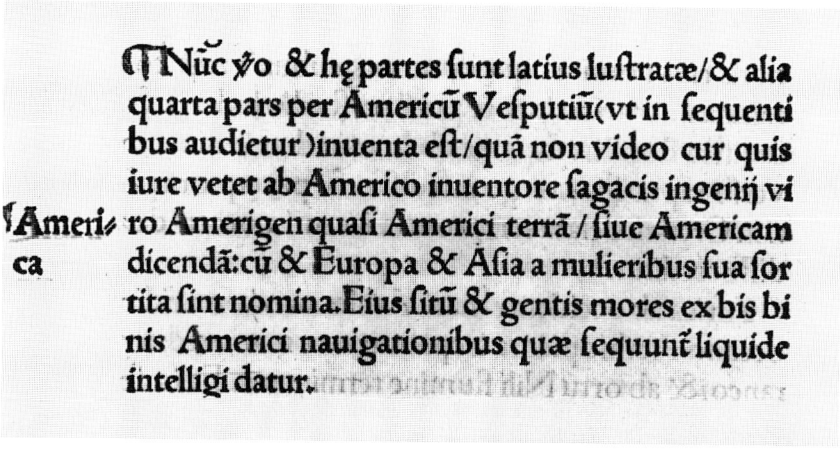

> ¶ Nūc v̇o & hę partes sunt latius lustratæ/& alia
> quarta pars per Americū Vesputiū(vt in sequenti
> bus audietur)inuenta est/quā non video cur quis
> iure vetet ab Americo inuentore sagacis ingenij vi
> Ameri- ro Amerigen quasi Americi terrā / siue Americam
> ca dicendā:cū & Europa & Asia a mulieribus sua sor
> tita sint nomina.Eius situ & gentis mores ex bis bi
> nis Americi nauigationibus quæ sequunt liquide
> intelligi datur.

*Abb. 102: Martin Waldseemüller: Cosmographiae Introductio (wie bei Abb. 101). Textaus-
schnitt mit dem Namensvorschlag „America".*

privilegien behilflich war, und dabei, den Kaiser in das Unternehmen einer Ostindienfahrt als Schutzherrn einzubinden. Diese Fahrt fand zwischen dem 26. März 1505 und dem 15. November 1506 tatsächlich statt. Die Welser beteiligten sich mit drei Schiffen, die am 22. Mai und am 15. November 1506 zurückkamen. Wir wissen, daß Peutinger wie kein zweiter alle erreichbaren Berichte über die Entdeckungsreisen sammelte, und daß er in Lissabon mit Valentin Moravus bzw. Fernández einen literarisch hochgebildeten Handelsagenten als Gewährsmann hatte. In Augsburg befand sich ebenfalls der humanistische Künstler Hans Burgkmair, der Springers Bericht der Indienfahrt 1505/06 illustrierte. Natürlich war er mit Peutinger befreundet. Burgkmair ist so zum ersten bedeutenden Bildkünstler geworden, der Illustrationen über die exotische Fremde nach Augenzeugenberichten fertigen konnte (Abb. 95).

14. *Zwei Humanisten werden durch die Entdeckungsberichte zu eigenen literarischen Werken angeregt*

Zu einem eigenen literarischen Werk wurden Humanisten durch die Entdeckungen zweimal angeregt. Vielleicht ist man berechtigt, ein einschränkendes ‚nur' hinzuzufügen. Wahrscheinlich liegt dieser Mangel daran, daß die Entscheidungsträger wegen der wirtschaftlichen Interessen eine offene Informationspolitik nicht unterstützten, die dem Erfahrungsdrang der Humanisten Genüge getan hätte. Es scheint recht aussagekräftig zu sein, daß als erstes ein literarisches Werk im engeren Sinne publiziert wurde, nämlich 1516 die *Utopia* des Thomas Morus.[84] Und dies ist kein Lehrge-

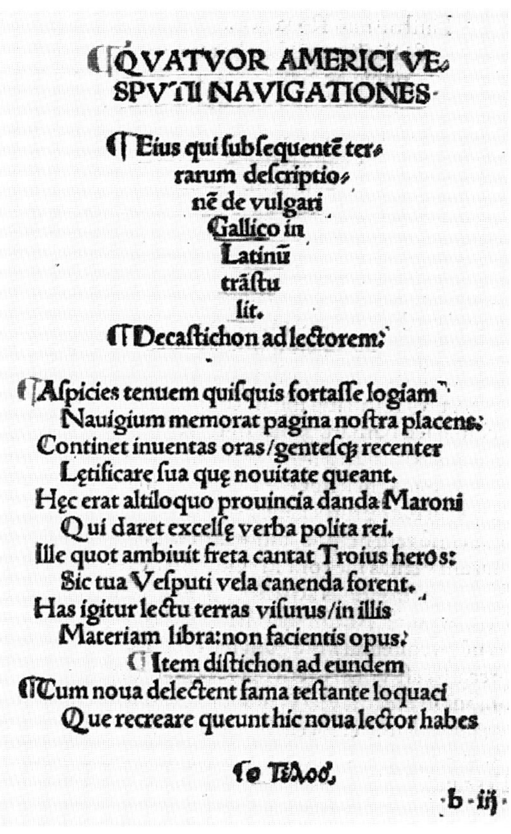

⟨Q̇VATVOR AMERICI VE-
SPVΓII NAVIGATIONES·

⟨ Eius qui fubfequentē ter-
rarum defcriptio-
nē de vulgari
Gallico in
Latinū
trāftu
lit·

⟨Decaftichon ad lectorem·

⟨Afpicies tenuem quifquis fortaffe logiam
Nauigium memorat pagina noftra placens·
Continet inuentas oras/gentefcp recenter
Lętificare fua quę nouitate queant·
Hęc erat altiloquo prouincia danda Maroni
Qui daret excelfę verba polita rei·
Ille quot ambiuit freta cantat Troius heros·
Sic tua Vefputi vela canenda forent·
Has igitur lectu terras vifurus/in illis
Materiam libra:non facientis opus·
⟨ Item diftichon ad eundem
⟨Cum noua delectent fama teftante loquaci
Que recreare queunt hic noua lector habes

ſο Τέλοϲ·
·b·iij·

Abb. 103: Martin Waldseemüller [Hrsg.]:
Quatuor Americi Vesputii Navigationes. Titelseite.
In ders.: Cosmographiae Introductio (wie bei Abb. 101).

dicht, wie man es eigentlich hätte erwarten sollen, sondern eben eine Utopie. Selbst in Portugal dauerte es noch bis in die zweite Hälfte des sechzehnten Jahrhunderts, bis die *Lusiaden* des Camões entstanden (1553-1570), die die Tat des Vasco da Gama verherrlichen.[85] Das zweite Werk ist der 1523 erscheinende Bericht des Maximilianus Transylvanus (*De Moluccis Insulis*), der die Weltumsegelung des Magalhães schildert.[86] Darüberhinaus lassen sich noch zweimal Publikationspläne erschliessen. Peutinger sammelte die Entdeckungsberichte vielleicht zu solchem Zweck. Bei Pirckheimer gibt es ab 1511 Anzeichen dafür, daß er eine Geschichte der Entdeckungen plante.[87]

15. *Sechs Humanisten beteiligen sich an der Edition von Entdeckungsberichten*

Sechsmal sehen wir Humanisten an der Herausgabe von Entdeckungsberichten beteiligt. 1494 gibt es eine Verbindung zwischen Sebastian Brant und der ersten Edition des Kolumbusbriefes auf deutschsprachigem Boden in Basel (Abb. 103); 1505 ediert Matthias Ringmann Vespuccis Bericht über seine zweite Reise in Straßburg; 1507 gibt Martin Waldseemüller die *Quatuor Navigationes* des Vespucci in Saint-Dié in Lothrin-

---

84 Vgl. Anm. 37.
85 Vgl. Albin E. Beau: „Camões, Luís vaz de". In: Kindlers Neues Literatur-Lexikon. Hrsg. v. Walter Jens. München 1989. Bd. 3, S. 541-549.
86 Maximilianus Transylvanus: De Moluccis Insulis. Köln 1523.
87 Zu Peutinger und Pirckheimer vgl. Anm. 32, 34 und 35.

gen heraus (Abb. 100); 1508 erscheint die deutsche Übersetzung Jobst Ruchamers der Vespucci-Berichte in Nürnberg und dort gibt 1523, also im Erscheinungsjahr der Originalausgabe, Johann Schöner den Bericht des Maximilianus Transylvanus (*De Moluccis Insulis*) erneut heraus. Mit Simon Grynaeus beginnen 1532 die Sammelausgaben. Sein *Novus Orbis Regionum Ac Insularum Veteribus Incognitarum*, in Basel erschienen, enthält die Berichte des Kolumbus, Petrus Alonsus, Amerigo Vespucci, Petrus Martyr. Als Gräzist und Theologe meint er, die übrigen Werke Gottes schienen ihm diejenigen zu wenig zu beachteten, die sich um die Neuigkeiten aus der Neuen Welt nicht kümmerten. 1534 kam in Straßburg bereits eine deutsche Übersetzung des Werkes heraus, die Michael Herr besorgte. Er widmet sie allen Ständen, hebt jedoch die Kaufleute besonders hervor.[88]

16. *Die lateinische Übersetzung der Entdeckungsberichte von Petrus Martyr und Hernán Cortés, die 1524 der Drucker Friedrich Peypus in Nürnberg herausbringt, ist ein typisch humanistisches Buch*

Bei den im deutschen Sprachgebiet erschienenen Ausgaben der Berichte des Hernán Cortés und des Petrus Martyr konnte ich humanistischen Einfluß nur einmal sehen. Eine beide vereinigende Ausgabe erschien aus Anlaß des Reichstages bei Friedrich Peypus in Nürnberg 1524, aufwendig gedruckt, die vom Erscheinungsbild her humanistischen Charakter trägt.[89] Die Tat des Cortés gebe der eignen Zeit Überlegenheit über alle vorausgegangenen vor allem, wenn man berücksichtige, mit wie geringen Mitteln er sein Vorhaben bewerkstelligte. Cortés gehöre unter die großen Helden der Weltgeschichte, sagt der Übersetzer Petrus Savorgnanus, Se-

---

88 Brant (wie Anm. 23). – Ringmann (wie Anm. 22). – Waldseemüller (wie Anm. 75). – Jobst Ruchamer: Newe vnbekannthe landte Und ein newe weldte in kurtzverganger zeythe erfunden. Nürnberg 1508. – Grynaeus: Vorarbeiten zu dieser Ausgabe hat Johann Huttich geleistet. – Michael Herr [Übersetzer]: Die New welt, der landschaften vnnd Insuln, so bis hie her allen Altweltbeschrybern vnbekant, Jungst aber von den Portugalesern vnnd Hispaniern jm Nidergenglichen Meer herfunden. Sambt den sitten vnnd gebreuchen der Inwonenden völcker. Auch was Gütter oder Waren man bey jnen funden, vnd jnn vnsere Landt bracht hab. ⟨...⟩ Straßburg 1534. – Schöner als Herausgeber von Transylvanus (wie Anm. 22 uns 75). Vgl. Anm. 86. – Vgl. die äußerst nützliche Bibliographie von John Alden - Dennis C. Landis: European Americana. A Chronological Guide to Works Printed in Europe Relating to the Americas, 1493-1776. Vol. I: 1493-1600. New York 1980.

89 Praeclara Ferdinandi Cortesii de Noua maris Oceani Hyspania Narratio. Nürnberg: Friedrich Peypus 1524. Ohne Ort, Drucker und Jahr folgt die Schrift des Martyr: De rebus et Insulis nouiter Repertis ⟨...⟩.

kretär des Bischofs von Wien. In derselben schönen Aufmachung folgt dieser Schrift die des Petrus Martyr *De rebus et Insulis nouiter Repertis* ⟨...⟩.

17. *Humanisten senden sich Berichte über die Entdeckungen zu*

Zweimal erfahren wir, daß der eine Humanist dem anderen Entdeckungsberichte zur Information schickt. 1506 ist es Johann Stamler, der damit eine Anfrage Jacob Lochers beantwortet; 1508 kündigt Johannes Cuspinianus Stanislaus Thurzo, dem Bischof von Olmütz, in seiner Widmung des von ihm herausgegebenen *Situs orbis* des Dionysius Periegetes an, er werde ihm Entdeckungsberichte senden.[90]

18. *Humanisten verfassen geographische Werke und/oder geben antike Geographen heraus, denen sie Kapitel über die Neuentdeckungen beigeben mit dem Titel „extra Ptolemaeum"*

Die eigentlich wissenschaftliche Auseinandersetzung der Humanisten des deutschen Sprachgebietes mit den Entdeckungen findet in Werken von zweierlei Art statt. Es handelt sich einmal um eigenständige geographische Werke, zum anderen handelt es sich um Kommentare zu antiken Autoren. Die eigenständigen Werke setzen 1507 ein, die Kommentare 1512. 1507 ist ein erstaunlich frühes Datum, wahrscheinlich bewirkt durch die zahlreichen Drucke der Vespucci-Berichte, die zuerst 1504 erscheinen und ab 1505 boomhaft Verbreitung finden. Die erste eigenständige Schrift ist die des Walter Ludd, Sekretär des Herzogs von Lothringen und gleichzeitigen Königs von Sizilien sowie Oberhaupt des Humanistenkreises in Saint-Dié in Lothringen. Sie erscheint bei Johann Grüninger in Straßburg mit dem Titel: *Speculi Orbis* ⟨...⟩ *Declaratio et Canon* ⟨...⟩. In dem schmalen Band, der Gedichtbeigaben des Matthias Ringmann enthält, weist er darauf hin, daß eine von ihm, Ludd und Martin Waldseemüller vorbereitete Ergänzung des Ptolemäus bald erscheinen solle. Im selben Jahr erscheint auch eine deutsche Übersetzung des Luddschen Büchleins.[91]

Die Ergänzung des Ptolemäus läßt nicht lange auf sich warten. Ohne den Namen Ludds erscheint am 25. April 1507 die *Cosmographiae Intro-*

---

90 Stamler (wie Anm. 29). – Johann Cuspinians Briefwechsel. Hrsg. von Hans Ankwicz von Kleehoven. München 1933, S. 10 f.

91 Gualterus Ludd: Speculi Orbis succinctiss.⟨ima⟩ sed neque poenitenda neque inelegans Declaratio et Canon. Renato Siciliae Regi etc. dicatum. Straßburg o. J. [1507]. Deutsche Übersetzung: Erclarnis und usslegung der Figur und Spiegels der Welt. Straßburg 1507.

ductio des Martinus Ilacomilus (= Waldseemüller) mit einer Gedichtbeigabe Ringmanns.[92] Schon der Titel weist darauf hin, das Buch enthalte die Berichte über die vier Reisen des Vespucci sowie eine allgemeine Weltbeschreibung, in die eingefügt sei, was dem Ptolemäus noch unbekannt gewesen sei (Abb. 100,101,102). Es sollte nicht übersehen werden, daß das Buch in humanistischer Drucktype, also in Antiqua, erscheint. Noch im selben Jahr erscheint in Saint-Dié am 29. August die nächste Auflage, eine weitere 1509 in Straßburg. 1509 erscheint ebenfalls in Straßburg beim selben Drucker auf lateinisch und deutsch Waldseemüllers *Globus mundi*. Es ist bekannt genug, daß die Schriften Waldseemüllers Begleitbücher zu einem Globus und zu einer Plankarte waren und daß diese als erste überhaupt den Namen Amerikas tragen (Abb. 99). Ein Exemplar der editio princeps der *Cosmographiae Introductio* aus dem Besitz des Humanisten Beatus Rhenanus hat sich in dessen Schlettstädter Bibliothek erhalten.[93]

Die nächste Schrift dieser Gattung ist Joachim Vadians Brief an Rudolf Agricola, der ab 1515 in immer neuen Auflagen erscheint.[94] In ihm erörtert Vadian geographische Probleme, wie die Frage, ob es Antipoden gibt. Im selben Jahr tritt Johann Schöner mit seiner *Luculentissima quaedam terrae totius descriptio* hervor, 1523 mit seiner Schrift *De Nuper sub Castiliae ac Portugaliae Regibus Sereniβimis repertis Insulis ac Regionibus*[95] Sie enthält eine Ausgabe der Schrift des Transylvanus *De Moluccis Insulis* und war wie Waldseemüllers Schriften Begleitbuch zu einem Globus. Schließlich ließ Schöner 1527 noch die *Appendices in opusculum Globi* und 1533 das *Opusculum Geographicum* erscheinen. Lorenz Fries brachte 1525, mit weiteren Auflagen 1527 und 1530, unter dem Titel *Uslegung der Mercarthen* ebenfalls ein Begleitbuch heraus. Die Auflage von 1527 ist wegen ihrer Holzschnitte besonders interessant.[96] Petrus Apianus' kleine Schrift von 1521 *Declaratio mundi* habe ich noch nicht gesehen, jedenfalls ist sein *Cosmographicus liber studiose correctus ac erroribus vindicatus per Gemmam Phrysium* von 1529 einschlägig. 1530 tritt Pirckheimer mit seiner *Germaniae ex variis scriptoribus perbrevis explicatio* hervor und schließlich Henricus Glareanus 1534 bereits

---

92 Die verschiedenen Ausgaben sind bei Alden-Landis (wie Anm. 88) verzeichnet.
93 Vgl. Anm. 75.
94 Vgl. Alden/Landis (wie Anm. 88).
95 Johannes Schöner: Luculentissima quaedam terrae totius descriptio. Nürnberg 1515; ders.: De Nuper ⟨...⟩ repertis Insulis (wie Anm. 75); ders.: Appendices Ioannis Schoner Charolipolitani in opusculum globi Astriferi. Antwerpen 1527; ders.: Opusculum Geographicum (wie Anm. 76).
96 Alle drei Ausgaben erschienen in Straßburg.

in dritter Auflage mit seiner Schrift *De geographia liber unus*, die zuerst 1527 erschienen war.[97]

„Extra Ptolemaeum" oder „extra Ptolemaei descriptionem" ist das Stichwort von Walter Ludd, unter dem die Entdeckungen vorgestellt werden. Das Stichwort ist dasselbe in den Kommentar-Ausgaben antiker Autoren, die mit Hinweis auf die Entdeckungen, wie gesagt, ab 1512 erscheinen:[98] 1512 die Ausgabe der *Meteorologia* des Aristoteles durch Cochläus, Ausgaben der Kosmographie des Pomponius Mela 1512 und 1518 durch Cochläus und Vadian, und dann die Reihe der Ausgaben der Geographie des Ptolemäus: 1513 Waldseemüller und Ringmann mit Neuauflage 1520; 1514 Johann Werner; 1522 Lorenz Fries mit Neuauflage 1525; 1525 Willibald Pirckheimer. Es ist aufschlußreich zu sehen, daß das Stichwort „extra Ptolemaeum" nicht erst durch die Entdeckungen des Kolumbus und Vespucci sich einstellt. Der Aufmerksamkeit von Uta Lindgren ist der Hinweis zu verdanken, daß es bereits in einem von Hartmann Schedel stammenden handschriftlichen Zusatz zu dem ihm gehörenden Druck des Ulmer Ptolemäus von 1482 begegnet.[99] Die Ergänzung hat Schedel um 1490 geschrieben. Sie betrifft nicht außereuropäische Entdeckungen, sondern den Nord- und Ostseeraum.

---

97 Petrus Apianus: Declaratio et usus typi cosmographici Mappa mundi. [Regensburg 1521]; ders.: Cosmographicus liber. Antwerpen 1529. – Pirckheimer: Germaniae explicatio. Augsburg 1530. – Glareanus (wie Anm. 67).

98 Vgl. Alden/Landis (wie Anm. 88).

99 Uta Lindgren: Die *Geographie* des Claudius Ptolemaeus in München. Beschreibung der gedruckten Exemplare in der Bayerischen Staatsbibliothek. In: Archives internationales d'histoire des sciences 35 (1985) S. 148-239, hier S. 163 f. – Klaus A. Vogel (Göttingen), mit dem ich durch meinen Bamberger Vortrag ins Gespräch kam (vgl. Anm. 1), bereitet eine Dissertation vor, die den von mir berührten Fragenkomplex besonders im Hinblick auf die geographischen Werke des 16. Jahrhunderts und auf die Editionen antiker Geographen in Deutschland ausführlich behandeln wird. Vgl. vorerst Klaus A. Vogel: L'écho des découvertes dans la literature géographique allemande de la première moitie du XVIᵉ siècle. In: La découverte, le Portugal et l'Europe. Actes du Colloque Paris, 26-28 mai 1988. Paris 1990, S. 295-308; ders.: Amerigo Vespucci und die Humanisten in Wien. In: Pirckheimer Jahrbuch 1992, S. 53-104. – Bereits erschienen ist die hervorragende Dissertation von Marília dos Santos Lopes: Afrika. Eine neue Welt in deutschen Schriften des 16. und 17. Jahrhunderts. Stuttgart 1992. (= Beiträge zur Kolonial- und Überseegeschichte hrsg. von Rudolf von Albertini und Eberhard Schmitt. Bd. 53.)

V.
Ausblick auf Forschungsdesiderate und Schlußzusammenfassung

Hiermit seien die Erörterungen des Themas abgeschlossen. Sie sind notwendig fragmentarisch. Weitere Schriften wären zu mustern und zusätzliche Aspekte zu verfolgen. So wäre z.B. eine Beschäftigung mit dem Kreis der Beiträger und der Widmungsempfänger wichtig und ebenso die Beobachtung der Rolle gewisser Zentren mit ihrem sozialen und mentalen Geflecht. Auch die übernationale Komponente wäre viel stärker zu berücksichtigen.

Hier und heute muß es genügen, wenn es mir gelungen ist zu zeigen, daß die Humanisten im deutschsprachigen Raum vielfältigen und lebendigen Anteil an der Entdeckungsgeschichte genommen, ja, daß sie sie intellektuell mit vorbereitet haben. Wenn ich mich nicht täusche, ist das Bild des vorwiegend literarisch interessierten und antike Autorität vergötternden sowie Mathematik und Naturwissenschaften ablehnenden oder vernachlässigenden Humanisten falsch. Es ist eine Rück-Projektion von Forschungsvorurteilen, die sich seit dem neunzehnten Jahrhundert aufgebaut haben, auf den Renaissance-Humanismus. Ohne damit antikirchliche oder antireligiöse Ziele zu verfolgen, waren es im fünfzehnten Jahrhundert die Humanisten Enea Silvio, Rudolf Agricola und in engem Kontakt mit dem Nürnberger Kreis der Erzhumanist Conradus Celtis, die Reise und Erfahrung theoretisch und praktisch in vorher nicht gekanntem Maße aufwerteten. Es war der Humanist Jacob Locher, der 1497 die auf antiker Grundlage theoretisierend messende Geographie als Narretei satirisch angriff und indirekt das Zeitalter der auf praktischer Erkundung beruhenden Geographie für eröffnet erklärte. Der Erzhumanist Celtis begann, wie ein zweiter Kolumbus, mit Entdeckungsreisen sozusagen vor der Haustür, um erstmals eine umfassende Landeskunde des deutschen Reiches sowie Nord- und Osteuropas zu erstellen. Damit sollte das riesige Defizit ausgefüllt werden, das Antike und Mittelalter in dieser Hinsicht hinterlassen hatten. Er lehrte in seinem 1502 in Nürnberg erschienenen Hauptwerk, den *Amores*, den Zusammenhang von Welt-, Gotteserkenntnis und Moral und machte diesen Zusammenhang in dem berühmten Lehrbild der Philosophia, einem von Dürer geschaffenen Holzschnitt, augenfällig (Abb. 78). Der Humanist Willibald Pirckheimer schließlich nahm 1517, dem Jahr, in dem Luthers neue religiöse Erfahrungen weltverändernde Macht bekommen sollten, Pirckheimer also nahm die mathematischen Wissenschaften, die Erfahrung, die Kenntnis aller weiteren

Wissenschaften und aller Handwerke in einen von ihm formulierten christlich-humanistischen Tugendspiegel auf. Und zu den Handwerken gehörten nach damaliger Lehre auch der Schiffbau und der (See-)Handel. Pirckheimer kodifizierte somit gleichsam die ethische Einbindung des mächtigen, ohne weiteres als selbstverständlich anerkannten Forschungs- und Entdeckerdranges seiner Zeit, eine Bindung, die spätestens seit dem 19. Jahrhundert in großen Schritten verlorenging, so daß wir heute erneut und mit vorher nicht gekannter Dringlichkeit vor der Aufgabe stehen, Tugend und Wissen, ich drücke es absichtlich so altmodisch aus, in die rechte Balance zu bringen.[100] So gesehen ist Humanismus nicht nur Gegenstand historischen Forschens, sondern Herausforderung der Gegenwart.

Ein Dezennium nach Pirckheimer machte sich der Fürst der Humanisten, Erasmus, zum Sprachrohr Plutarchs. Wie der Motto-Text meines Beitrages zeigt, hatte bereits Plutarch das Streben nach umfassender Himmels- und Weltkenntnis als rechte *curiositas* verstanden. Seine Schrift *De curiositate* propagiert sie als das geeignete Mittel gegen falsche und böse curiositas.

---

100 Mittelstraß: Leonardo-Welt (wie Anm. 9).

[Nachtrag: Zu den *Fasti* des Bapista Mantuanus (S. 504) vgl. Paul Gerhard Schmidt: Transformation und Substitution von Ovids Fasten im 16. und 17. Jahrhundert. In: Acta conventus neo-latini Hafniensis. Proceedings of the Eighth International Congress of Neo-Latin Studies. Ed. by Ann Moss u. a. Binghamton, N. Y, 1994, S. 891-898, hier S. 893. – Zur Blumenberg-Kritik (S. 488 Anm. 5) ist aufschlußreich Stephan Meier-Oeser: Die Präsenz des Vergessens. Zur Rezeption des Nicolaus Cusanus vom 15. bis zum 18. Jahrhundert. Münster 1989. Hier S. 357-370 „'Docta ignorantia' versus 'curiositas'. Die innerneuzeitliche Diskriminierung der theoretischen Neugierde." – Die S. 426 und S. 523 f. berührte Auffassung, der Mensch sei zur Betrachtung des Himmels geboren und das Himmelsstudium sei gegenüber dem Erdstudium deshalb das edlere und erhabenere, hat jetzt mit reichen Belegen seit der Antike der Philosoph Peter Probst untersucht: Kant. Bestirnter Himmel und moralisches Gesetz. Zum geschichtlichen Horizont einer These Immanuel Kants. Würzburg 1994.]

Nürnberg als Symbol deutscher
Kultur und Geschichte

(1987/1988)

Oft schon trug eine Stadt insgesamt eines Schlechten Verschulden,
Der hinterging und betrog und schändliche Dinge erdachte.
(Hesiod: Werke und Tage, Verse 240/1, deutsch von Walter Marg.)

Erinnerung ist gut, weil sie das Maß des Erkennbaren vergrößert.
Aber es ist besonders zu achten darauf, daß sie nie das Furchtbare ausschließt.
(Elias Canetti.)

Das Geheimnis der Versöhnung heißt Erinnerung.
(Bundespräsident Richard von Weizsäcker: Weihnachtsansprache 1984.)

Meinen Kindern Carolin und Henrike

Vorwort

Vom 8. April bis zum 22. Juni 1986 veranstaltete das Metropolitan Museum of Art in New York die Ausstellung *Gothic and Renaissance Art in Nuremberg 1300 - 1550*. Zum Begleitprogramm gehörte ein Symposion mit zehn Vorträgen, das am 2. und 3. Mai stattfand. In diesem Rahmen fiel mir die Aufgabe zu, zu dem folgenden Thema zu sprechen: *Shaping a Symbol and a Vision: Foundations of Nuremberg's Intellectual Life 1350 - 1530*. Noch vor Beginn der New Yorker Ausstellung erhielt ich von der American Goethe Society, Maryland Chapter, sowie von dem Department of German der Johns Hopkins University in Baltimore die Einladung, meinen Vortrag als Hinführung zur Ausstellung auf Deutsch zu halten. Die Veranstaltung fand am 17. März statt unter dem Titel *Gestaltung eines Symbols und einer Vision: Von den Grundlagen des geistigen Lebens in Nürnberg 1350 - 1530*. Im weiteren Verlauf des Jahres 1986 habe ich den Vortrag im Juli und im November wiederholt, und zwar auf Einladung der Universitäten Passau und Regensburg, des Kunstvereins Bamberg, des Germanischen Nationalmuseums Nürnberg sowie des Institute of Germanic Studies der University of London. Dem Metropolitan Museum of Art, New York (Dr.

William D. Wixom, Meredith Johnson, Valerie McKenzie), und dem Germanischen Nationalmuseum, Nürnberg (Prof. Dr. Rainer Kahsnitz), durch deren Initiative der Vortrag entstanden ist, danke ich herzlich, sodann denen, die die weiteren Einladungen aussprachen: Prof. Dr. Egon Verheyen (Baltimore), Prof. Dr. Fritz Peter Knapp (Passau), Prof. Dr. Nikolaus Henkel (Regensburg), Dr. Hans Neubauer (Bamberg), Prof. Dr. Marianne Wynn und Dr. John L. Flood (London).

Verschiedentlich bin ich gefragt worden, ob ich mit der Vorbereitung der Ausstellung und der Abfassung des Katalogs zu tun gehabt hätte. Um keine Mißverständnisse auftreten zu lassen, möchte ich betonen: dies war nicht der Fall. Wenn trotzdem Überschneidungen mit den einführenden Katalog-Texten vermieden werden konnten, der Vortrag also eine Ergänzung und Weiterführung darstellt, dann ist das ein Zufall, dem lediglich eine gewisse Vorahnung zu Hilfe kam. Ein Zufall ist es auch – oder ist es letztlich doch keiner? – daß der Vortrag, sehe ich recht, unbeabsichtigt ein Beitrag zum sogenannten Historikerstreit geworden ist, der seit 1986 in der Bundesrepublik öffentlich für Schlagzeilen sorgt.

Die Bibliographie, die ich beifüge, strebt keine Vollständigkeit an. Ich beabsichtige damit, diejenigen Publikationen hervorzuheben, die mir bei der Ausarbeitung hilfreich waren. Darüber hinaus möchte ich einige Hinweise geben für jene, die einen Einstieg in die eine oder andere der von mir besprochenen Fragen suchen.

Für brieflich oder gesprächsweise gegebene sachliche Hinweise und für Hilfe bei der Beschaffung von Abbildungen gilt mein Dank Prof. Dr. Colin Eisler (New York), Prof. Dr. Dieter Harlfinger (Berlin), Prof. Dr. Rainer Kahsnitz (Nürnberg), Hans Kaiser M.A. (Bamberg), Matthias Mende (Nürnberg), Dr. Karl Heinz Schreyl (Nürnberg), Dr. Günther Schuhmann (Nürnberg), Dr. Kuno Ulshöfer (Nürnberg), Prof. Dr. Egon Verheyen (Baltimore).

Ich habe den Vortrag im Februar 1986 in Princeton verfaßt. Ihm kam daher die Freistellung für Forschung zugute, die ich 1986 als Mitglied des Institute for Advanced Study (Samuel H. Kress Foundation Fellow) dankbar beanspruchen durfte.

Bamberg, den 20. Juli 1987

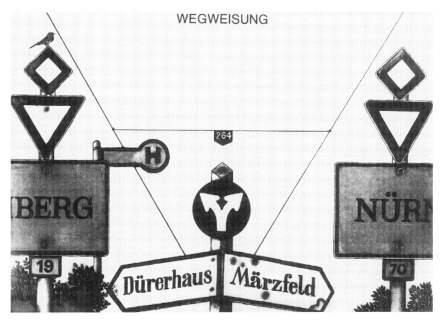

Abb. 104: Michael Mathias Prechtl: Wegweisung.

Im Dezember 1985 fragte ich meine Studenten: „Sagen Sie, was fällt Ihnen ein, wenn Sie den Namen der Stadt Nürnberg hören?" Die Antworten waren folgende: „Ich verbinde damit den Begriff einer großen Stadt; da kann ich etwas erleben und gut einkaufen," entgegnete der eine. Der nächste sagte: „Ich denke spontan an Spielzeug und an Lebkuchen." „Ja, Lebkuchen und Christkindlsmarkt", fuhr ein dritter fort. Ein vierter: „Für mich ist Nürnberg eine schöne, alte Stadt; es hat alte Gassen und Kirchen und hat interessante Museen; ich verbinde damit die Vorstellung eines reichen kulturellen Angebotes." Erst ein fünfter fragte zögernd: „Hat die Stadt nicht im sogenannten Dritten Reich unter der Diktatur Hitlers eine besondere Rolle gespielt?" „In der Tat," antwortete ich, „so war es." Und ich zeigte mein Erstaunen darüber, daß nur zögernd und ganz zuletzt nach diesem Punkt gefragt wurde.

Meine Damen und Herren, ich weiß nicht, was Sie mir antworten würden, wenn ich Sie befragen könnte. Auf jeden Fall sind Sie hierher gekommen, weil Sie die Ausstellung interessiert, weil Sie mit dem Namen Nürnberg die Begriffe von Kunst und Kultur, von Altertum und gar des lieben alten Europa verbinden. Das wäre vollkommen richtig und liegt im Interesse der Veranstalter und auch in meinem Interesse: Ich bin seit meinen Studententagen ein Liebhaber der Kunst und Kultur dieser Stadt.

Abb. 105: Titelseite der rtv-Illustrierten Nr. 12/1985.

Wenn man *mir* die Frage gestellt hätte, die ich meinen Studenten vorlegte, hätte *ich* geantwortet: „Ich verbinde mit dem Namen Nürnberg eines der frühen Erlebnisse meiner Kindheit: Ich sehe es noch leibhaftig vor mir, wie mein Vater 1934 – ich war fünf Jahre alt – in Partei-Uniform mit Tornister auf dem Rücken aus Nürnberg von einem Reichsparteitag zurückkam und mir eine wunderschöne bunte, mit altdeutschen Motiven bemalte Blechdose voller leckerer Nürnberger Lebkuchen mitbrachte. Was es mit der SA und den Nazis auf sich hatte, habe ich erst später begriffen, als ich zehn wurde und der Krieg begann und mir mein Vater erzählte, daß er seit der Reichskristallnacht 1938, also seit der bewußten verbrecherischen Eskalation der Verfolgung der deutschen Bürger jüdischer Abstammung, jede aktive Parteiarbeit niedergelegt hätte. Wenn ich an Nürnberg denke, habe also auch ich spontan eine tiefe Vorstellung von etwas Schönem, Heiterem, das den Menschen dem normalen Alltag entrückt, von Würze und Kindertraum, von Romantik, Altertum, Kunst und Kultur. Alles andere, was die vielfältige Geschichte der Stadt betrifft, muß auch ich erst aus Büchern mühsam lernen und mir vergegenwärtigen.

Das Bild, das ich Ihnen als erstes zeige (Abb. 105), kann daher wahrscheinlich als Symbol für das Grundverhältnis vieler von uns zu Nürnberg genommen werden, sofern uns der Name Nürnberg überhaupt etwas bedeutet, ob wir nun in Deutschland oder im Ausland wohnen. „Kommen Sie nach Nürnberg", sagt die Bildinschrift. Genau steht da: „Ein glückliches Wochenende in Nürnberg." Das Bild ist die Titelseite einer Fernseh- und Radio-Illustrierten vom März 1985. Und auf dem Bild sieht man es: Hier gibt es in romantischen alten Mauern, wie ein neuer Begriff bei uns lautet, ‚Lebensqualität' besonderer, einziger Art. Und auf andere Weise will uns dies auch die Ausstellung und der schöne, wertvolle Katalog sagen: Kommen und schauen Sie die Auswahl von Überresten der Kunst des alten Nürnberg und erleben Sie, wie dieses alte Nürnberg von 1350 bis 1530 innerhalb von einhundertachtzig Jahren zu einem Zentrum der deutschen Kunst geworden ist, in dem die deutsche Kunst europäischen Rang erreicht hat. Damit sind wir im Begriff, wieder auf den Weg uns zu begeben, den um 1800 zuerst die Romantiker gingen, als sie den Zauber des alten Nürnberg wiederentdeckten und damit Dürer als das deutsche Künstler-Genie, das sich vor den bewunderten Italienern wie Raffael nicht mehr verstecken sollte. Auf den Bildern, die ich Ihnen jetzt zeige (Abb. 106 und 107), sehen Sie, wie der Künstler Mathias Christoph Hartmann seinen beiden Söhnen ehrfurchtsvoll die Büste Dürers zeigt und wie die deutschen Künstler sich am Grabe Dürers versammelt haben, um ihn zu

Abb. 106: Mathias Christoph Hartmann: Der Künstler zeigt seinen Söhnen die Büste Dürers.
Gouache, Nürnberg 1828.

seinem dreihundertsten Todestage zu ehren. Beide Bilder stammen aus
dem Jahre 1828. In einem schönen Reiseführer von etwa 1850 – ich habe
das Exemplar meines Urgroßvaters von meinem Vater geschenkt erhalten
– heißt es über Nürnberg: „Mit tausend verschiedenen Anklängen lebt
sein Name im Herzen des deutschen Volkes, – das Kind lächelt selig zu
Weihnachten, wenn ihm die Hoffnung aufgeht, Nürnberger Lebkuchen

und Nürnberger Spielzeug als Christgeschenk zu erhalten; der Greis lächelt in süßen Erinnerungen der alten Zeit und der alten ehrwürdigen städtischen Sitten bei Nürnbergs Namen und der Mann der Gegenwart freut sich, daß doch Nürnberg, wie immer das Musterbild des Gewerbefleißes ⟨...⟩ zuerst unter allen deutschen Städten seinen alten staunenden Mauern den wunderbaren Wagenzug zeigte, der auf eisernen Linien rollt und von einem Elementargeist gezogen wird". Mit dem letzteren ist die erste deutschen Eisenbahn von 1835 gemeint, die von Nürnberg nach Fürth ging.

Warum sagte ich, die Idee der freundlichen, weltoffenen Kulturstadt Nürnberg sei die Idee vieler von uns, warum sagte ich nicht von uns allen? Weil es mit Sicherheit Menschen und deren Kinder und Enkel gibt, vielleicht einige davon hier im Saale, mit Sicherheit viele in den Vereinigten Staaten und viele im Staate Israel, aber nur noch wenige in Deutschland selbst, die mit dem Namen Nürnberg die Begriffe von Rassismus, Nationalismus, vorher nie gesehenen Verbrechens und vorher nie gesehenen Völkermords verbinden. Was für diese deutschen Bürger genauso wie für die anderen einst des Heiligen Römischen Reiches Schatzkästlein und die heimliche Hauptstadt und, mit Luther zu reden, das Auge und das Ohr

Abb. 107: Ludwig Emil Grimm: Feier an Dürers Grab am 6. April 1828. Kupferstich, Nürnberg 1828.

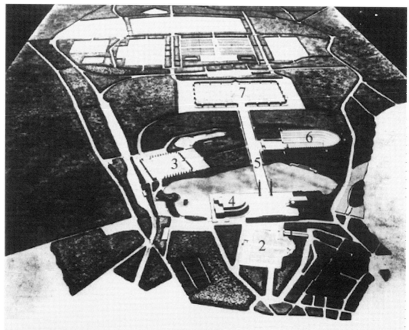

: *Modell der Gesamtanlage (nach dem Planungsstand von 1938)*
1. *Alte Kongreßhalle: für Parteikongresse provisorisch umgebaute ältere Ausstellungshalle*
   (1945 zerstört)
2. *Luitpoldarena: aus einer Parkanlage umgestaltetes Aufmarschforum, vor allem für Totenehrungen und Fahnenweihen*
   von SA und SS
   (1958/59 in Erholungspark zurückverwandelt; Kriegerehrenhalle erhalten)
3. *Zeppelinfeld: von Tribünen umsäumte Anlage für Aufmärsche des Reichsarbeitsdienstes und der Politischen Leiter;*
   Fassungsvermögen: 250–300000 Menschen
   (großenteils erhalten)
4. *Neue Kongreßhalle: für Parteikongresse mit einem Fassungsvermögen von 50000 Teilnehmern nach Vorbild des Kolos-*
   seums in Rom von Ludwig und Franz Ruff entworfen
   (unvollendet)
5. *Große Straße: geplant als 2 km lange, 80 m breite Prachtstraße zur Verbindung und Erschließung der Gesamtanlage*
   (unvollendet)
6. *Deutsches Stadion: als Riesenarena mit einem Fassungsvermögen von über 400000 Zuschauern für NS-Kampfspiele*
   geplant
   (über Baugrube nicht hinausgekommen – heutiger Silbersee)
7. *Märzfeld: geplant als Gelände für Schaumanöver der Wehrmacht, umgeben von Türmen und Tribünen für 160000*
   Zuschauer
   (unvollendet, 1967 gesprengt)

Abb. 108: Modell der Planungen für den Ausbau des Reichsparteitagsgeländes in Nürnberg,
1938.

Deutschlands gewesen war, verwandelte sich für sie in kürzester Zeit zwischen 1919 und 1933 zum Vorhof der Hölle: Nürnberg wurde als die deutscheste aller deutschen Städte für alle Zeiten zur Stadt der Reichsparteitage proklamiert. Hier wurden von Hitler die Nürnberger Gesetze verkündet, die den Anfang des Holocaust bedeuteten. Hier wurde stadtplanerisch jahrelang gearbeitet, um der alten Idee von Nürnberg als

Abb. 109: Reichsparteitag 1936, Aufmarsch von 50.000 Arbeitsdienstmännern.

Mittelpunkt des Reiches, ja Europas, eine perverse Steigerung zu geben: Man war dabei, ein riesiges Reichsparteitagsgelände zu schaffen. Das war die größte Baustelle, die es zwischen 1936 und 39 nicht nur in Deutschland, sondern in der ganzen Welt gegeben hat. Ich zeige Ihnen ein Bild vom Modell der gesamten Anlage und eines vom Reichsparteitag 1936 (Abb. 108 und 109), wo Sie den Aufmarsch von fünfzigtausend Arbeitsdienstmännern sehen. An diesen Bildern können Sie studieren, wie der äußere Anschein trügen kann, wenn man nicht die dahinterliegenden Triebkräfte und Ideen kennt: Welche Bilder von Ordnung und Disziplin! Aber, was für eine Ordnung! Und Hitler ordnete an, daß jeweils zum Reichsparteitag „für alle Zeiten" eine Festaufführung von Richard Wagners Oper *Die Meistersinger von Nürnberg* stattfinden sollte. Wer dies weiß, kann Wagners Wort am Schluß der Meistersinger von der wahren, heiligen deutschen Kunst gegenüber der angeblich verlogenen römisch-westlichen Formkultur nicht mehr so unbefangen hören.

Die nächsten beiden Bilder (Abb. 110 und 111) erinnern Sie an das, was diese Ordnung entließ: Krieg und Vernichtung. Natürlich war es ein symbolischer Akt, daß die US-Truppen am 20. April 1945, am Geburtstag des „Führers", Nürnberg als die Hauptstadt seiner Partei einnehmen wollten und daß sie noch am selben Tage eine Siegesparade abhielten. Daß die

Abb. 110: Der Hauptmarkt in Nürnberg, 1947.

Bombardierungen Nürnbergs zu einer Art Auslöschung seines Namens, zur damnatio memoriae, in Abwandlung alten römischen Rechts führen sollten und daß die sogenannten Kriegsverbrecherprozesse 1945/46 nach Nürnberg verlegt wurden, hängt ebenfalls damit zusammen, daß die Stadt zum Symbol des bösen, des teuflischen Deutschen, geworden war. Es ist kein Zufall, daß Thomas Mann in dem Augenblick, als Nürnberg der Zerstörung entgegenging, seinen alten Plan für einen Roman über *Dr. Faustus* wieder herausholte, um künstlerisch das Problem des Deutschen aufzuarbeiten, und dies im Bilde des alten Nürnbergs tat. Und es ist kein Zufall, daß der berühmte Kunsthistoriker Erwin Panofsky seinen Dürer wie einst der fromme Aeneas die Hausgötter und den alten Vater aus dem brennenden Troja, daß dieser seinen Dürer in die neue Welt rettete und unserem Jahrhundert das beste Dürerbuch schenkte in dem Moment der physischen Vernichtung Nürnbergs (2 Bände, Princeton 1943, [2]1945, [3]1948; Ausgabe in einem Band 1955, deutsch seit 1977).

Wenn ich jetzt spüren dürfte, daß Sie mich innerlich fragen, wie eigentlich meine bisherigen Ausführungen auf mein Thema hinführen, dann wäre ich froh: Sie tun es! Als 1874 in Nürnberg die neue jüdische Synagoge eingeweiht wurde, sagte der Bürgermeister aus dem alten nürnbergischen Geschlecht von Stromer, er sei glücklich, daß damit das alte Unrecht wieder gutgemacht sei, das Nürnberg und sein berühmter Vorfahr Ulrich Stromer den jüdischen Bürgern durch den Abriß der Synagoge und des Ghettos im Jahre 1349 zugefügt habe. Als 1938 diese Synagoge wiederum zerstört wurde, erinnerte jener übelste aller Gauleiter, Julius Streicher, an beide Geschehnisse und rechtfertigte den Akt der Zerstörung ausdrücklich mit dem geschichtlichen Ereignis von 1349 und sagte: „Wir leben in einer großen Zeit. Die Saat, die wir gesät haben, geht auf. Die Würfel sind gefallen."

Mit dem Jahre 1350 beginnt Nürnbergs große Zeit, Nürnbergs goldene Zeit. Darin sind sich die Historiker einig. Aber am Beginn stand die Vertreibung der Nürnberger Juden. Nürnberg hatte mit etwa eintausendfünfhundert bis zweitausend Juden eine der größten jüdischen Gemeinden in Mitteleuropa. Ich zeige Ihnen einen alten Stadtplan Nürnbergs (Abb. 112), in dem das Ghetto eingezeichnet ist. Den Nürnbergern

Abb. 111: Siegesparade der US-Truppen am 20. April 1945 in Nürnberg.

549

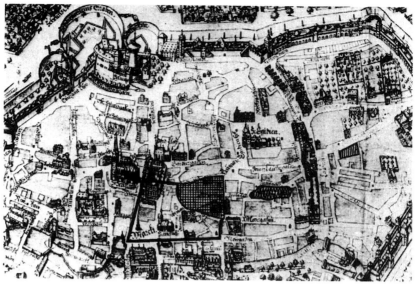

Die Nürnberger Judenghettos des Mittelalters
(vom Verfasser) eingezeichnet in eine Federzeichnung
von Hans Bien um 1621, Stadtarchiv Nürnberg.

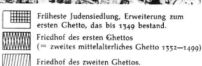

Früheste Judensiedlung, Erweiterung zum
ersten Ghetto, das bis 1349 bestand.

Friedhof des ersten Ghettos
(= zweites mittelalterliches Ghetto 1352—1499)

Friedhof des zweiten Ghettos.

Abb. 112: Arnd Müller: Lageplan des Ghettos von 1349 in Nürnberg.

fehlte in zentraler Lage der Stadt ein großer Marktplatz. Kaiser Karl IV.
erlaubte ihnen daher Ende 1349, einen Teil des Judenviertels niederzule-
gen. Wenn den Juden etwas zustoße, sagte der Kaiser, geschehe es nicht
mit seiner Einwilligung. Niemand hinderte die Bevölkerung daran, zwischen dem 5. und 7. Dezember 1349 über die Juden herzufallen: Wer
fliehen kann, flieht. 562 Menschen werden erschlagen. Damit ist der Weg
frei, das Gelände zu planieren. So entsteht die Fläche des heutigen Haupt-
marktes, und an der Stelle der einstigen jüdischen Synagoge beginnt die
Kunstgeschichte Nürnbergs. Ich zeige Ihnen einen Blick auf den heutigen
Hauptmarkt (Abb. 113), links sehen Sie die Frauenkirche und rechts im
Vordergrund den Schönen Brunnen. Nichts, aber auch gar nichts erinnert
daran, daß hier die Heimat jüdischer Mitbürger war. Man muß es aus der
Geschichte wissen. Ich hielte eine Inschrift für angebracht.

Wir befinden uns 1350 nicht nur in einer aufstrebenden, sondern in
einer ehrgeizig aufstrebenden Stadt. Mit damals ca. fünfzehntausend Ein-
wohnern gehörte sie zu den ganz wenigen sehr großen Städten des Reiches. Und dies blieb so bis zum Ende des uns interessierenden Zeitraumes,

Abb. 113: Hauptmarkt in Nürnberg mit Frauenkirche und Schönem Brunnen, 1967.

also bis 1530. Um 1450 hat die Stadt etwa zwanzigtausend Einwohner. Wenn die Quellen stimmen, hätte sich diese Zahl innerhalb von fünfzig Jahren noch einmal verdoppelt: vierzigtausend Einwohner soll die Stadt in der Dürerzeit gehabt haben. Köln, Augsburg und Nürnberg waren die größten Städte Deutschlands. Aber allein Nürnberg lag in der Mitte. Das ist etwas, was wir uns heute kaum mehr vorstellen können: Nürnberg als Mitte. Sie ist für uns heute eine Stadt dicht an der Grenze, und zwar an der Grenze zum östlichen Machtbereich, die wir Eisernen Vorhang nennen. Das hat die Möglichkeiten der Stadt und unser Bewußtsein von ihr so entscheidend verändert wie nichts anderes in den vergangenen siebenhundertfünfzig Jahren. Vor siebenhundertfünfzig Jahren nämlich, unter Kaiser Friedrich II., begann durch kaiserliche Gunst der Aufstieg der Stadt. Das gute Verhältnis zum König und Kaiser hielt sich bis zum Tode Maximilians I., also bis 1519, und ist daher ein charakteristisches Merkmal der Stadtgeschichte unseres Zeitraumes. Um 1360 hatte Nürnberg bereits eintausendzweihundert Meister, die in fünfzig Berufen tätig waren. In der Metallverarbeitung genoß es Weltruf. Auch das Textil- und das Ledergewerbe waren sehr stark. Nürnberger Wolltuche waren berühmt. Ab 1504 besaß die Stadt das größte Territorium einer deutschen Reichsstadt und war wirtschaftlich so stark, daß sich nur noch das stärkste Kurfürstentum mit ihr vergleichen konnte. Die Stadt lag also nicht nur in der Mitte, sie war auch wegen der in ihr konzentrierten intellektuellen, wirtschaftlichen, handwerklichen und kulturellen Kraft dazu prädestiniert, Mitte zu sein.

Um Bedeutung sichtbar zu machen, brauchen wir Menschen Symbole. Das ist heute überall noch genauso auf der Welt wie damals im alten Nürnberg. Wir schaffen sie uns selbst, denken Sie z.B. an die höchsten Wolkenkratzer in New York City, oder wir machen etwas Vorhandenes zum Symbol, das gar nicht so gedacht war, denken Sie an die Mauer quer durch Berlin (Abb. 114). Sie war als einfache Trennung gemeint, wurde aber sofort zum Symbol für die Sehnsucht des Menschen nach Freiheit (Abb. 115). Die geographische Mittellage zwischen Nord und Süd, Ost und West, fanden die Nürnberger vor und haben sie mit Zähigkeit, Klugheit und Weisheit ausgebaut und haben diesen Ausbau systematisch mit symbolstiftenden Handlungen begleitet. Die Schaffung des großen Platzes an Stelle des Ghettos, heute Hauptmarkt und Obstmarkt, war der erste Akt. Mit den wirtschaftlichen Interessen, einen großen Markt für den Warenumschlag zu erhalten, verknüpfte sich das Interesse, der Stadt der Mitte einen unübersehbaren Mittelpunkt zu geben. Der nächste, die Stadt als Mitte heraushebende Akt folgte schon sechs Jahre später: Karl IV. be-

stimmte 1356 in der Gol-
denen Bulle, die er in
Nürnberg erließ, mit der
er dem Reich ein neues
Grundgesetz gab, daß je-
der neugewählte deut-
sche König seinen ersten
Reichstag in Nürnberg
abhalten sollte. Der
nächste Akt: 1424 unter
Kaiser Sigismund be-
kommt Nürnberg die
Reichskleinodien und
die Reichsheiligtümer
zur Aufbewahrung; 1425
erfolgt die Heiligspre-
chung St. Sebalds, des
Stadtpatrons von Nürn-
berg. Als 1452 zur Kaiser-

Symbol der Teilung Deutschlands

und Europas ist die Berliner Mauer, mit deren Bau die DDR am 13. August 1961 begann. 74 Menschen kamen seitdem bei dem Versuch ums Leben, sie zu überwinden, mehr als 2000 gelang die Flucht in den Westteil der Stadt (siehe auch Berichte Seite 3 und Seite 8). Photo: SZ-Archiv

Abb. 114: Ausschnitt aus dem Bericht der Süddeutschen Zeitung Nr. 184 vom 13. August 1986 zum 25. Jahrestag des Mauerbaus in Berlin.

Krönung König Friedrichs III. die Reichskleinodien von einer nürnbergischen Delegation nach Rom geschafft wurden, berichtete ein Mitglied:
„Keine Delegation einer andern Reichsstadt wurde so geehrt wie die nürnbergische. Die Stadt Nürnberg hatte den größten Namen."

„Ein Glück für die Völker Europas und der Welt"

ist nach Auf-
fassung der
DDR die am
13. August
1961 in Berlin
errichtete
Mauer. Zum
25. Jahrestag
brachte Ost-
berlin eine
20-Pfennig-
Sonderbrief-
marke heraus,
die vom 5. Au-
gust an ausge-
geben wird.
Die mehrfarbige Marke zeigt als Motiv „Mitglieder der Kampfgruppen der Arbeiterklasse und
der Freien Deutschen Jugend vor dem Brandenburger Tor".

Abb. 115: Die Süddeutsche Zeitung Nr. 186 vom 15. August 1986 berichtet über den Mauerbau aus der Sicht der DDR-Regierung.

553

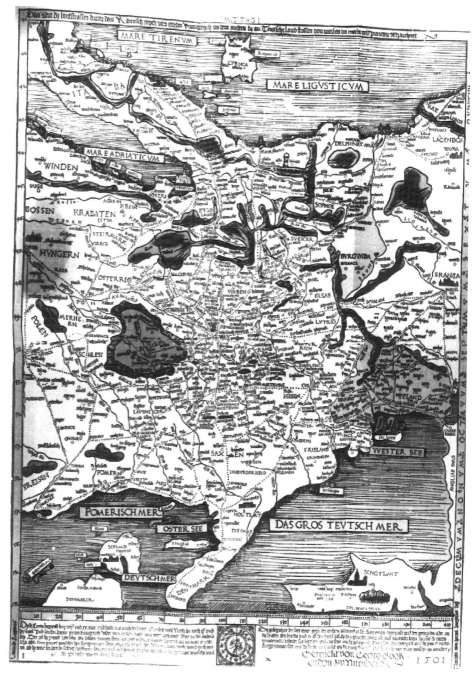

Abb. 116: Erhard Etzlaub: Deutschland- und Europakarte, 1501.

554

Nun der nächste, die kulturelle Hochblüte der Stadt einleitende Akt: 1487 wurde auf der Burg eigenhändig von Kaiser Friedrich III. Conradus Celtis zum Dichter gekrönt. Er war damit der erste Deutsche, dem diese Ehre zuteil wurde. Vorher waren Petrarca und Enea Silvio Piccolomini, der spätere Papst Pius II., in Italien zu Dichtern gekrönt worden. Wie mächtig dies Mittelpunktsbewußtsein war, sehen Sie daran, daß es Folgen für das geographische Weltbild hatte. Ich zeige Ihnen eine der frühesten Deutschlandkarten. Sie stammt von dem berühmten Kartenmacher Erhard Etzlaub (Abb. 116). Er setzt 1501 Nürnberg genau in den Mittelpunkt nicht nur Deutschlands sondern Europas. Zur selben Zeit nennt der in Nürnberg gekrönte Celtis, der inzwischen zum führenden deutschen Humanisten aufgestiegen ist, die Stadt Vorbild und Spiegel für die anderen Städte, Fürsten und Regimenter Deutschlands, sowie sogar Idealbild, Zierde und Schmuck des römischen Reiches. Er feiert es also als ein zweites Rom, als die neue Hauptstadt der Welt. Als von 1521 bis 1523 das ständige Reichsregiment den Sitz in Nürnberg hatte, war die Stadt für wenige Jahre nicht nur ideell, sondern auch praktisch die Hauptstadt.

Wo anders als an jenem, durch Niederlegung des Ghettos neugeschaffenen großen Platz hätten die ersten Denkmäler einer eigenen nürnbergischen Kunst geschaffen werden sollen? Es waren die Frauenkirche und der Schöne Brunnen. Wir werden sehen, in welch hohem Maße man hier symbolsetzend und traditionsstiftend tätig geworden ist.

Die Frauenkirche war eine Stiftung Karls IV. In nur drei Jahren zwischen 1355 und 1358 wurde sie vollendet. Diese Stiftung geschah nicht zufällig. Nürnberg hat neben Prag für Karl den Charakter einer Residenz gehabt. Mehr als fünfzigmal hat er die Stadt im Laufe seiner Regierungszeit besucht. Über die Auszeichnungen, die er als Gesetzgeber der Stadt hat widerfahren lassen, habe ich schon berichtet. Sehen wir uns nun an, welches gedankliche Konzept er mit Hilfe der Architektur zum Ausdruck bringt. In seiner Stiftungsurkunde hebt er drei Gründe für die Errichtung der Frauenkirche hervor: 1. Er möchte sich damit als ein wahrhaft christlicher Herrscher erweisen und Lob und Ehre für sein Kaisertum erringen. Übrigens war er gerade erst 1355 zum Kaiser gekrönt worden. 2. Er stiftet die Kirche zu Ehren der Jungfrau Maria und Christi. 3. Er sieht die Stiftung als eine gute Tat für seiner Vorfahren und sein eigenes Seelenheil an. Zu dem Zweck und um die Kontinuität des abendländischen Kaisertums zu demonstrieren, läßt er die Kirche nach dem Vorbild der Aachener Pfalzkapelle Karls d. Großen gestalten. Auch die Aachener Kapelle ist der Jungfrau Maria und Christus geweiht. Die Verbindung von christlicher

Religiosität und in diese Religiosität eingebundenem Herrschertum, von dieser Religiosität geprägter Herrschaftsweisheit kommt an der Westfassade, die wir auf dem Bilde sehen – sie ist die Fassade, die zum Platz hin liegt –, vollkommen zum Ausdruck (Abb. 113). Im Figurenprogramm der unteren Zone finden wir die Gottesmutter sowie die Heiligen der Stadt, der Diözese – Nürnberg gehörte zur Diözese Bamberg – und die Heiligen Böhmens. In der Mittelzone finden wir an der Umgangsbrüstung den politischen Teil: elf Wappenschilde mit dem Reichsadler, mit den Wappen der sieben Kurfürsten, mit dem Wappen von Rom, der Krönungsstadt des Kaisers, und zu beiden Seiten das Wappen Nürnbergs.[1] Bekrönt wird das ganze durch die obere dritte Zone, gebildet vom Giebel und dem kleinen Glockenturm, deren Figuren alle verloren gegangen sind. Hier sah man die Apostel des Neuen und die Propheten des Alten Testaments. Am Glockenturm thronte Christus als Weltenrichter zwischen Maria und Johannes als dem Fürsprecher der Menschheit. Ein plastisches Abbild des Kaisers gehörte anscheinend nicht zu dem Programm, aber wahrscheinlich war er im Innern der Kirche auf einem Glasbild in einem Fenster abgebildet.

Auf dem nächsten Bild zeige ich Ihnen das sogenannte Männleinlaufen an der Westfassade der Frauenkirche (Abb. 117). Das ist heute die Hauptattraktion für die fremden Besucher des Marktplatzes. Jeden Mittag mit dem Glockenschlag zwölf erscheint hier der Kaiser auf seinem Thron und nimmt die Parade der sieben Kurfürsten ab. Dies populäre Wahrzeichen stammt jedoch nicht aus der Zeit Karls IV. Es wurde 1509 installiert. Doch zeugt es von der Kontinuität der ursprünglichen Ideen.

---

1 Nach einer freundlichen brieflichen Mitteilung von Archivdirektor a.D. Dr. Günther Schuhmann, Nürnberg, sind die elf Wappen an der Brüstung der Ballustrade von Norden nach Süden folgendermaßen zu deuten: Nürnberg, Rom, Kur-Köln, Kur-Trier, Deutsches Reich, Kur-Mainz, Königreich Böhmen, Kur-Pfalz, Kur-Brandenburg, Kur-Sachsen, Nürnberg. Sechs der Wappen sind nur scheinbar identisch, da die ursprünglich vorhandene Farbgebung bei den jetzt zu sehenden Nachbildungen fehlt: Kur-Köln hatte ein silbernes Schild mit schwarzem Kreuz, Kur-Trier ein silbernes Schild mit rotem Kreuz; das Reich hatte ein goldenes Schild mit schwarzem Adler, Kur-Brandenburg ein silbernes Schild mit rotem Adler; das Kgr. Böhmen hatte ein rotes Schild mit gekröntem, doppelschwänzigem silbernen Löwen, Kur-Pfalz ein schwarzes Schild mit rotgekröntem goldenen Löwen. Das zu Beginn und Ende der Reihe begegnende Wappen Nürnbergs ist das sogenannte kleine Wappen, das der Stadt vom Kaiser nach 1348 verliehen worden war. Es besteht aus dem halben schwarzen Reichsadler auf goldenem Grunde und dem halben schräg geteilten Feld in Rot und Silber. Die Originalwappen mit fast völlig verblaßten Farbresten befinden sich in anderer Reihenfolge im Germanischen Nationalmuseum Nürnberg.

Abb. 117: Männleinlaufen an der Westfassade der Frauenkirche in Nürnberg, 1992.

Für Karl hatte das Leben einen doppelten Aspekt. Das normale, alltägliche Leben war für ihn das nichtige, das närrische Leben; das bessere Leben war für ihn das spirituelle Leben des Geistes und der Frömmigkeit. Furcht des Herrn und Weisheit waren für ihn die wahren Normen des Lebens gemäß jenem Bibelwort (Psalm 110,10): „Der Anfang der Weisheit ist die Furcht des Herrn." Politisch war seine höchste Leitlinie, ein Anwalt der Gerechtigkeit für jedermann zu sein. Seine Auffassungen über das Leben und die Moral sind glaubhaft überliefert. Welche inneren Konflikte

557

Abb. 118: Montage von Resten des Schönen Brunnens im Germanischen Nationalmuseum Nürnberg.

sie ihm bereiteten im täglichen Handeln, wissen wir nicht. Das ist kein spezifischer Mangel an Karl IV., sondern typisch für die Selbstaussagen der allermeisten praktisch und geistig zugleich tätigen Menschen des Mittelalters und der Frühen Neuzeit. Ihre programmatischen Aussagen sind stets erstaunlich einsinnig; ihr praktisches Handeln war aber so vielsinnig, wie menschliches Handeln seit je vielsinnig war und auch bleiben wird.

Daß die Botschaft der Frauenkirche nichts Fremdes, nichts Aufgezwungenes für die Nürnberger war, sondern daß sie die Botschaft verstanden und gewollt hatten, beweist die erste, allein von den Stadtvätern verantwortete Bautätigkeit am selben Platze. Ich meine den Schönen Brunnen (Abb. 113). Über den genaueren Zeitpunkt der Planung und des Baues gibt es unterschiedliche Meinungen der Forschung. Sie umfassen den Zeitraum von 1361 bis 1396. Wahrscheinlich hat die Frühdatierung 1361/62 manches für sich, zumal man ohnehin erwägen muß, ob der Plan nicht mit dem Kaiser noch besprochen worden sein könnte. Er starb 1378.

Welch eine reizvolle, aber auch uralte Idee, dem neuen Platz einen Brunnen zu geben! Der neue Platz sollte der Stadt ja zu erhöhter Vitalität verhelfen. Welches Element könnte mehr mit der Qualität, Leben zu spenden, verbunden werden als das Wasser? Aber, wir sehen es schon auf den ersten Blick, hier steht kein einfacher Brunnen vor uns, der sich in der Funktion erschöpft, das lebenspendende Naß aus der Tiefe der Mutter Erde der Kreatur zuzuführen. Das geschmiedete Gitter um den Brunnen herum sieht nur alt aus. Es ist eine neuere Zutat, um das alte und wertvolle Denkmal zu schützen, das von Anfang an ständig in Reparatur war. Keiner der Steine, die wir am Brunnen sehen, und keine der Plastiken ist alt: Was wir heute vor uns haben, entstammt der Restaurierung von 1897 bis 1902. Die wenigen Reste der Plastiken befinden sich z.T. stark verwittert im Germanischen Nationalmuseum (Abb. 118). Früher konnte man also das Brunnenbecken unbehinderter erkennen. Es ist achteckig, und acht Röhren spenden das Wasser. Am Beckenrand kam der Besucher früher in ziemlich engen Kontakt mit den sechzehn Skulpturen, die auf acht Pfeilern sitzen. Heute muß man den Blick durch das Gitter zwängen, um die Figuren überhaupt wahrzunehmen. Das ist eine schwere Beeinträchtigung der ursprünglichen sozialen Funktion des Brunnens. Aber er ist ja heute ohnehin nur noch angestautes Wunderwerk, eben ein Denkmal. In der vordersten Reihe sieht man Personifikationen der Sieben Freien Künste und der Philosophie. Die Sieben Freien Künste oder Wissenschaften, das waren: Grammatik, Dialektik, Rhetorik, Arithmetik, Geometrie, Astronomie und Musik. Sie galten als die Grundwissenschaften. Sie mußte man in jedem Falle studie-

Abb. 119: Der Grammatiker Donatus am Schönen Brunnen, 1985.

Abb. 120: Pythagoras als Repräsentant der Musik am Schönen Brunnen, 1985.

Abb. 121: Sokrates als Repräsentant der Philosophie am Schönen Brunnen, 1985.

Abb. 122: Der hl. Augustinus am Schönen Brunnen, 1985.

ren, auch wenn man eigentlich an Medizin, Jurisprudenz oder Theologie heranwollte. Es war also der Kursus der früheren Allgemeinbildung. Hier einige Schnappschüsse durch das Gitter hindurch: Sie zeigen Ihnen Donatus (Abb. 119), den berühmtesten Grammatiker des Mittelalters, wie er gerade einem kleinen Jungen die Grammatik vorhält, und ferner, mit der Kapuze, Pythagoras (Abb. 120) als Repräsentanten der Musik. Pythagoras hat ja die mathematischen Grundlagen der Harmonielehre vor nunmehr zweieinhalbtausend Jahren entdeckt. Nun zu der Gestalt der Philosophie, die durch den berühmten Sokrates repräsentiert wird (Abb. 121). Philosophie ist heute für uns ein Gebiet, in dem es um schwierige Fragen der Logik, der Ethik oder der Metaphysik geht. Damals wurde Philosophie als der Oberbegriff angesehen für überhaupt alles Wissen. Über ihr stand nur noch die Theologie, die Lehre von den heiligen Dingen, von den göttlichen Offenbarungen. In den Bereich der Theologie gelangen wir, wenn wir auf die acht Skulpturen blicken, die hinter den Wissenschaften und der Philosophie sitzen. Es sind die vier Evangelisten Matthäus, Markus, Lukas und Johannes sowie die vier Kirchenväter Hieronymus, Ambrosius, Augustinus und Gregorius. Hinter dem Donat sitzt der hl. Augustinus (Abb. 122) und hinter Pythagoras der Evangelist Matthäus (Abb. 123). Die Bibel, und zwar das wichtige Neue Testament, und die Kirche sind hiermit also repräsentiert. Der achteckige gotische Turm über dem Brunnen, der wie eine Fontäne aufschießt, ist neunzehn Meter hoch. Er ist vierteilig in der Höhe gegliedert. Figuren ha-

560

ben nur die beiden unteren Segmente, also die Teile, die das Auge noch bequem erreicht. Unten sehen wir die sieben Kurfürsten und die sogenannten Neun Helden. Die Neun Helden waren ein seit eben diesem vierzehnten Jahrhundert beliebter Zyklus, den man in drei mal drei gliederte: drei antike, drei jüdische und drei christliche Helden. Wir kommen jetzt also in den Bereich derer, die auf der Grundlage des Wissens von den weltlichen und göttlichen Dingen führend zu handeln haben. Die Neun Helden haben sich bereits bewährt und stehen hier als Vorbilder. Ich zeige Ihnen den König David mit der Harfe (Abb. 124) und den verwitterten Kopf des Königs Artus (Abb. 125), der auch in der Ausstellung zu sehen ist. Die sieben Kurfürsten sollen ebenfalls Vorbilder sein; sie haben den Fortbestand des Hl. Römischen Reiches Deutscher Nation zu sichern, indem sie eine gute Königswahl treffen und unabhängig davon dem Ganzen dienen. Ihre und aller Regenten oberste Tugend muß die Gerechtigkeit sein. Sie wird von den über ihnen stehenden acht Propheten (Abb. 126) und Patriarchen des Alten Testaments repräsentiert. Gerechtigkeit, das meinte etwas Doppeltes: Gerechtigkeit gegenüber Gott und den Menschen. D.h. politisch gesprochen: Die Regenten haben dafür zu sorgen, daß die Menschen Gott dienen und gehorchen und seine Gebote achten und daß die Menschen untereinander Gerechtigkeit halten. Sicherlich trugen die Figuren der Propheten und Patriarchen ursprünglich Inschriften, wie es von anderen Zyklen dieser Art bezeugt ist. Es ist nicht ausgeschlossen, daß einer dann die Inschrift trug (Psalm

Abb. 123: Der Evangelist Matthäus am Schönen Brunnen, 1985.

Abb. 124: König David am Schönen Brunnen, 1985.

561

Abb. 125: Kopf des Königs Artus vom Schönen Brunnen, aufbewahrt im Germanischen Nationalmuseum Nürnberg.

Abb. 126: Zone der Propheten am Schönen Brunnen mit Moses zwischen Joel und Hosea, 1985.

110,10): „Der Anfang der Weisheit ist die Furcht des Herrn." Oder diese (Luk. 12, 31): „Suchet zuerst das Reich Gottes und seine Gerechtigkeit." Bei den Propheten des Kölner Rathauses, sie liegen zeitlich vor dem Schönen Brunnen und werden sicher in Nürnberg bekannt gewesen sein, sind diese Inschriften belegt.

Was bedeutet dies Programm für den Bürger, der hier vorübergeht, der kommt, seinen Durst zu stillen oder Wasser zu holen für Küche und Stall? Es bedeutet: das Wasser, das dich hier erquickt und dein körperliches Leben erhält, hat noch einen tieferen Sinn. Durch die Spiritualität der Brunnenarchitektur wird es für dich zugleich zum Wasser der Weisheit, zur Nahrung des spirituellen Lebens. Das Programm sagt ganz klar: Du mußt dich auf den Weg der Bildung begeben, um an das heranzukommen, was das Wesen von Philosophie und Theologie, von weltlichen und göttlichen Dingen ausmacht. Nicht anders haben es später die Humanisten und danach Luther und die Reformatoren gesehen. Es ist kein Zufall, daß Nürnberg unmittelbar nach dem Übertritt zur Reformation ein Gymnasium gründete. Das Programm des Brunnens sagt, nur solche Regenten bieten eine Gewähr dafür, möglichst viel an Gerechtigkeit zu verwirklichen, die diesen Weg gegangen sind und gehen und die die besten Beispiele vorbildlichen Handelns stets vor Augen haben. Der Brunnen präsentiert sich also als ein Lebensquell in der ganzen Fülle der Bedeutung. Manch einem wird auch die heilsgeschichtliche Bedeutung des Wassers und des achteckigen Beckens gegenwärtig gewesen sein. Die Zahl acht ist die Zahl der Taufe, und die Taufe ist der Nachvollzug von Christi Tod und Auferstehung, so wie es Römer 6,3-5 heißt: „Wißt ihr nicht, daß alle, die wir auf Christus Jesus getauft sind, in seinen Tod getauft sind? Wir sind also mit ihm begraben durch die Taufe in den Tod, damit – wie Christus durch die Herrlichkeit des Vaters von den Toten auferweckt worden ist – auch wir in einem neuen Leben wandeln." Jetzt begreifen wir auch, warum wir dieselben Elemente architektonischer Gestaltung nicht nur an Brunnen, sondern auch an Grabmälern und an Baptisterien finden. Wie die Taufe so verweist für den Christen auch der kreatürliche Tod auf ein höheres, auf das eigentliche Leben.

Indem der Schöne Brunnen an Tod und mehr noch an Leben erinnert, an Wissenschaft und Weisheit, Universalgeschichte in Gestalt der Neun Helden, Gegenwartsgeschichte in Gestalt der sieben Kurfürsten, an die Teilhabe des Christen an Gottes Erlösungswerk durch die Taufe, an die Rettung durch Gerechtigkeit, steht er dort wie das labende Paradies, ein Denkmal der Heils- und Weltgeschichte. Die Wege für einen paradiesischen Zustand auf Erden zu ebnen, war das erklärte Ziel, das Karl IV. mit seiner Goldenen Bulle verfolgte. Daran mitzuarbeiten war also der Wille der nürnbergischen Stadtväter: Das ist die Botschaft des Brunnens. Aber die Stadtväter gaben der Stadt, die bereits Karl einmal die vornehmste und am besten gelegene Stadt des Reiches nennt, damit – unausgesprochen – noch mehr: Sie gaben ihr, ältester Überlieferung folgend, einen „mundus" in der ursprünglichen Bedeutung, einen Nabel. Haupt der Welt konnte im Altertum nur die Stadt sein, die einen Weltnabel in sich barg.

Wenn es stimmt, was Hans Rosenplüt 1447 in seinem *Lob der Stadt Nürnberg* gedichtet hat, dann haben die Stadtväter und die Bürger die Lehre des Schönen Brunnens genau befolgt. Rosenplüt ist der erste deutschsprachige Dichter Nürnbergs. Nach Jerusalem, Rom, Trier und Köln ist Nürnberg für ihn die fünftwichtigste Stadt der Christenheit. Er lobt den Wohlstand der Stadt, der auf natürlichen Resourcen, auf starken Mauern und auf dem Geschick der Handwerker und Kaufleute beruhe. Als bedeutende Wahrzeichen hebt er den Schönen Brunnen und die Reichsheiligtümer hervor. Er nennt die Stadt eine Heimat der Sieben Freien Künste und sieht die innere Ordnung garantiert durch eine gut ausgebildete Priesterschaft, eine gehorsame Gemeinde und einen weisen Rat, der durch Gesetze und Ordnungen Zwietracht verhüte. Denn im Garten des Friedens wachse Glück und Heil. Weisheit ist der Leitbegriff seines Lobgedichtes, und er läßt die ganze Bürgerschaft an der Weisheit teilhaben. Sozialgeschichte ist ein wichtiger Bereich der modernen historischen Wissenschaften. Sie ist in den letzten Jahrzehnten besonders stark geworden. Ich habe aber merkwürdigerweise noch keine neuere Abhandlung zur Sozialgeschichte Nürnbergs gelesen, die diese Äußerungen Rosenplüts in ihre Überlegungen einbezöge. Was für ein großer Begriff muß Weisheit für die alten Nürnberger gewesen sein – und nicht nur für sie, sondern für alle Menschen Alteuropas! Ich glaube, wir haben gar kein Sensorium mehr dafür; denn Weisheit – und übrigens auch Tugend – hat für uns ja einen ganz antiquierten Beigeschmack.

Fünfundfünfzig Jahre später, 1502, gibt es in Nürnberg erneut ein öffentliches Bekenntnis zu den Wissenschaften und zur Philosophie. Wir haben Conradus Celtis schon kennengelernt, als wir erwähnten, daß er 1487 in Nürnberg als erster Deutscher zum Dichter gekrönt wurde. Er war

Abb. 127: Albrecht Dürer: Exlibris des Willibald Pirckheimer. Einblattholzschnitt um 1502.

*Abb. 128: Peter Vischer d. Ä. und seine Söhne: Sebaldusgrab in der
St. Sebaldus-Kirche zu Nürnberg. Messingguß 1508-1519.*

Abb. 129: Schnecke am Sebaldusgrab.

seitdem mit Nürnberg und mit vielen führenden Kräften der Stadt befreundet und ganz besonders mit Hieronymus Münzer, Albrecht Dürer, Sebald Schreyer, Hartmann Schedel, mit Willibald und Charitas Pirckheimer. Er war seitdem der wichtigste Anwalt der neuen humanistischen Bildung im Heiligen Römischen Reiche Deutscher Nation. Er ließ 1502 in Nürnberg sein Hauptwerk, eine respräsentative Auswahl aus seinem bisherigen Oeuvre, erscheinen. Hierin publizierte er das geheimnisvolle, ein ganzes Programm verkündende Bild, das ich Ihnen jetzt zeige (Abb. 78). Es ist ein Holzschnitt, den kein geringerer als Dürer ihm angefertigt hat. Da sehen Sie die Philosophie auf einem Thron sitzen. Sie ist als Königin dargestellt, als oberste Herrscherin im Reiche des Geistes. Auf der Schärpe, die vorn ihr Gewand ziert, lesen Sie griechische Buchstaben. Das sind die Anfangsbuchstaben der Sieben Freien Künste. Mit den lateinischen Worten, die unter dem Bild stehen, definiert die Philosophie sich selbst. Sie sagt: „Ich umfasse alles Wissen von der Welt und von Gott." Hier wird also die alte Rangfolge von Philosophie und darüber Theologie aufgehoben, versöhnt. Sie stellte sich oft ja als Gegensatz dar. Celtis will damit sagen, es gibt nur ein Wissen und eine Weisheit, alles hängt mit allem zusammen; daher braucht man nur einen Oberbegriff. Aber die innere Ordnung kehrt er deshalb nicht um. Er bleibt in der Kontinuität des antiken und des christlichen Denkens. Seine Philosophie belehrt nämlich den Beschauer mit der griechischen Inschrift in den Thronwangen so: „Vor allem ehre Gott – Gib allem Gerechtigkeit!" Erinnern Sie sich an das Programm des Schönen Brunnens? Übrigens war „Weisheit sei dabei!" das Motto seines Lebens. Er ließ es in alle Werke seiner Bibliothek hineinschreiben. Ich zeige Ihnen ein Beispiel (Abb. 86). Es ist das früheste datierte Buch aus seinem Besitz, das wir kennen, eine Handschrift der Geographie des Ptolemaios, die 1482 für Celtis geschrieben wurde. Ich fand sie in der Bodleian Library in Oxford. Und seines Freundes Willibald Pirckheimer Motto war: „Der Anfang der Weisheit ist die Furcht des Herrn." Auch er setzte es in alle seine Bücher, und zwar mit Hilfe des

566

Exlibris, das ich Ihnen zeige (Abb. 127). Dürer hat den Holzschnitt ge-schnitzt.

Celtis war es auch, der die Idee des Schönen Brunnens, die Idee des neuen Paradieses, die er das Goldene Zeitalter nannte, in die Formenspra-che der neuen Zeit übersetzte. Der Künstler Hans Burgkmair in Augsburg half ihm dabei. Es sollte das letzte von Celtis geschaffene Werk sein (Abb. 88). Es erschien 1507; Celtis starb 1508. Sie sehen auf dem Bild, wie der Reichsadler seine Schwingen ausbreitet und das gesamte Schöpfungswerk in sich vereinigt. Der Adler wird hier Adler Jupiters, also Adler Gottes, genannt. Das soll sagen: Gott und das von Gottes Gnaden eingesetzte Reich erhalten die Welt. Links auf dem Flügel ist das Schöpfungswerk Gottes, das sogenannte Sechstagewerk, dargestellt, rechts sehen Sie das Schöpfungswerk des Menschen, die Handwerke, wozu auch der Handel gerechnet wurde. Gott, links ganz unten das Medaillon, ruht hier am sieb-ten Tage keineswegs, was er eigentlich sollte. Was tut er? Er verweist uns auf die Lehre, die dem Adler auf den Leib geschrieben ist. Hier sehen wir unten das Urteil des Paris dargestellt. Diese Geschichte wurde damals al-legorisch verstanden und sagte dies zum Betrachter: Du mußt Dich ent-scheiden zwischen einem Leben materiellen Genusses, einem Leben des Handelns und einem spirituellen Leben. Wer sich für das spirituelle Leben entscheidet, gelangt zu den Sieben Freien Künsten und zur Philosophie, d.h. zur Bildung. Dann wird er des Wassers der Weisheit teilhaftig, das der Musenquell wie ein Paradiesesstrom in die vier Weltgegenden inspi-rierend verteilt. Dies Wasser der Weisheit leitet sich von Kaiser Maximi-lian her, der als ein neuer Apoll dargestellt ist, als derjenige, in dem weltliche und geistliche Macht zusammmengefunden haben, der also Gottes Stellvertreter auf Erden ist. Heils- und Weltgeschichte sind hier also erneut zusammengefügt und das Bild einer großen Ordnung und Harmonie entworfen, in dem das spirituelle Leben so eindeutig den Vor-rang erhält. Dies Bild wurde damals in Nürnberg so verstanden wie in Wien, wo Celtis lebte. Im neuen Medium des Buchdruckes vervielfältigt, hatte es den Vorteil gegenüber dem Schönen Brunnen, quasi überall zur Verfügung zu stehen und den nach Weisheit dürstenden Menschen eine Perspektive zu geben.

1508 war es soweit: Man hatte in Nürnberg genügend Geld gesammelt, um dem Stadtpatron, dem geliebten hl. Sebaldus ein neues Grab zu ma-chen (Abb. 128). Es sollte seiner Bedeutung für die Stadt und der Bedeu-tung der Stadt als kultureller und wirtschaftlicher Mittelpunkt des Reiches gerecht werden. Peter Vischer d. Ältere hatte den Auftrag schon vor 20

Abb. 130: Leuchter am Sebaldusgrab.

Abb. 131: Memento mori am Sebaldusgrab.

Abb. 132: Allegorie der Gerechtigkeit am Sebaldusgrab.

Abb. 133: Samson am Sebaldusgrab.

568

Abb. 134: Theseus am Sebaldusgrab.

Abb. 135: Der Apostel Johannes am Sebaldusgrab.

Abb. 136: David in der Prophetenzone am Sebaldusgrab.

Abb. 137: Himmlisches Jerusalem am Sebaldusgrab, bekrönt vom Christusknaben.

569

Abb. 138: Putto im Spiel mit einem Lamm am Sebaldusgrab.

Jahren erhalten. Nun ging er mit seinen Söhnen ans Werk und vollendete es nach elf Jahren, also 1519. Es wurde in der Tat die hervorragendste Metallplastik der deutschen Renaissance. Schnekken, sie bedeuten das sinnliche Leben, dienen ihm als Füße (Abb. 129).[2] Vier Delphine an den Ecken erinnern an das Wasser und die vier Paradiesesströme. Wenn auf den Leuchtern die Kerzen brennen (Abb. 130), umfließt das Grab das Licht Gottes und somit das Licht der Erleuchtung und der Weisheit. Im Sockelbereich finden wir Personifikationen der Kräfte, die das höhere geistige Leben gefährden. Auch das Antlitz des Todes blickt uns hier entgegen (Abb. 131). Aber schon in dieser Zone sind die Gegenkräfte hervorgehoben: Die vier Kardinaltugenden Gerechtigkeit, Klugheit, Tapferkeit und Mäßigung. Ich zeige Ihnen die Gerechtigkeit (Abb. 132). Und wir sehen antike und biblische Helden, die den Kampf gegen das Böse vorbildlich bestanden haben, Samson (Abb. 133) und z.B. Theseus (Abb. 134). Wir finden den hl. Sebaldus (Abb. 3) und ihm gegenüber den tüchtigen Handwerksmann Peter Vischer d. Älteren (Abb. 4) quasi unter die Heiligen aufgenommen. Das ist eine einzigartige Huldigung an das Nürnberger Handwerk. Reliefs erzählen von den Wundertaten des Stadtpatrons, wir sehen den sicher verwahrten silbernen Sarg und als Wächter ringsherum die Folge der zwölf Apostel

---

2 Hiermit weiche ich von der üblich gewordenen Deutung der Schnecken des Sebaldusgrabes als Symbol der Weisheit ab. Mich veranlassen dazu meine Beobachtungen zum Einfluß des Conradus Celtis auf die Geistesgeschichte Nürnbergs ab 1487 und insbesondere auf die bildenden Künstler ab 1500. Bei Celtis (Epigramm III, 97, ed. Karl Hartfelder, 1881) ist die Schnecke Symbol der Sinnlichkeit. Das wichtigste Anliegen seines 1502 in Nürnberg erschienenen Hauptwerkes „Vier Bücher über die Liebe" war es, die Sinnlichkeit als eine naturgesetzlich gegebene Grundbedingung menschlichen Daseins sehen zu lehren, die über Läuterungsstufen mit der reinen Spiritualität der Liebe Gottes verbunden ist.

(Abb. 135). Darüber am Baldachin die Folge von zwölf Propheten (Abb. 136), die alttestamentlichen Wächter der Gerech- tigkeit, am Sebaldusgrab oben angebracht wie am Schönen Brunnen. Der Baldachin selbst stellt die Himmelsstadt dar (Abb. 137), das himmlische Jerusalem, das neue Paradies, das von dem Christusknaben bekrönt wird mit der Weltkugel in der Hand. Überall am Grab tummeln sich oder musizieren Putten, von unschuldiger Kindervitalität untermalter Ausdruck himmlischer, paradiesischer Freude und Harmonie (Abb. 138). Es ist ein großartiges Denkmal der Spiritualität, das, obwohl ein Grabmal, recht christlich vor allem vom Leben, vom höheren Leben spricht. Mit dem Schönen Brunnen, dem Philosophia-Holzschnitt und dem allegorischen Reichsadler des Celtis ist ihm gemeinsam, daß es den Aufstieg vom sinnlichen zum spirituellen Leben augenfällig macht.

Abb. 139: Albrecht Dürer: Porträt des Willibald Pirckheimer. Kupferstich 1524.

„Man lebt durch den Geist, alles andere wird des Todes sein." Das war der andere Wahlspruch des Patriziers Willibald Pirckheimer. Ich zeige Ihnen den Kupferstich Dürers vom Jahre 1524 mit der Inschrift in Latein (Abb. 139). In der Ausstellung werden zwei Tintenfässer gezeigt, die Peter Vischer d. J. anfertigte. Beider Inschrift lautet: „Denke über das Leben nach, nicht über den Tod." Die eine weibliche Gestalt, die einen Helm trägt – sie ist eine Allegorie von Rede, Wahrheit und Weisheit –, zeigt auf ihren Kopf (Abb. 7), die andere in den Himmel (Abb. 8). Es ist also klar, beide Male wird der Schreibende, der das Gerät benutzt, an das spirituelle Leben erinnert.

Müssen wir uns noch wundern, daß in einer Stadt, in der die materielle Kraft so sichtbar war, andererseits aber an der Überwindung des Materi-

Abb. 140: Lorenz Hess: Nürnberger Rathaussaal. Ölgemälde 1626.

Abb. 141: Albrecht Dürer nach Anweisungen von Willibald Pirckheimer: Triumphwagen, Ausschnitt. Holzschnitt 1524.

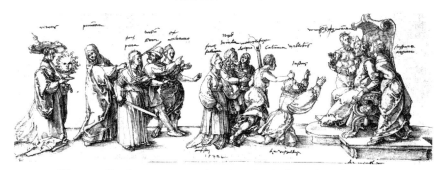

Abb. 142: Albrecht Dürer: Die Verleumdung des Apelles. Federzeichnung 1522.

573

ellen als Gemeinschaftsleistung öffentlich ebenso sichtbar gearbeitet wurde, daß in solch einer Stadt Luthers reformatorische Botschaft leidenschaftlich diskutiert wurde und sehr viele Anhänger fand? Und daß die Gemeinschaft und die Ordnung trotz aller Leidenschaft und trotz der Beunruhigung durch den Bauernkrieg fest blieb?

Inmitten der zeitgeschichtlich bedingten Auseinandersetzungen schickte sich die Stadt zwischen 1520 und 1523 an, eine neue Gemeinschaftsleistung zu vollbringen, um an der Idee ihrer geistigen Identität weiterzuarbeiten. Ich spreche von der Ausgestaltung des großen Rathaussaales, mit der kein geringerer als Albrecht Dürer betraut wurde. Wäre dies Werk, das ständig vom Verfall bedroht war, nicht durch die Bomben des Zweiten Weltkrieges endgültig zerstört worden, wir würden es unter die großen Werke des Meisters einordnen und es als ein Werk bedeutender Raumgestaltung der deutschen Renaissance würdigen. Ich zeige Ihnen eine Darstellung des Saales vom Jahre 1624, die ganz gut den Gesamteindruck wiedergibt, wie er auch nach der Vollendung um 1525 gewesen sein muß (Abb. 140). Rechts an der Wand sehen Sie die Umrisse des großen Triumphwagens Kaiser Maximilians I., dessen ikonographisches Programm Willibald Pirckheimer entworfen und dem Kaiser ausführlich erklärt hatte. Wir können das Programm zum Glück an den erhaltenen Holzschnitten Dürers studieren (Abb. 141). „Was die Sonne, d.h. Gott, im Himmel, das bedeutet der Kaiser auf Erden" steht über dem Wagen mit dem Kaiser. Damit ist ganz klar, daß die Nürnberger dem Programm des Reichsadlers des Celtis folgen: Die nächst Gott wichtigste Instanz für die Menschen ist der Kaiser. Der Papst ist wie bei Celtis abgeschafft, ein wichtiges Moment politischer Übereinstimmung mit Luther. Der Kaiser ist umgeben von den Personifikationen des Ruhmes, der Großherzigkeit, der Würde, der Ehre und der Tugenden. Die vier Kardinaltugenden – denken Sie an das Sebaldusgrab – Gerechtigkeit, Mäßigung, Tapferkeit und Klugheit sind auf Säulen besonders hervorgehoben, weil aus ihnen alle weiteren Tugenden hervorgehen. Pirckheimer erläutert, er habe den Wagen nicht mit Gold und Edelstein geziert, die stünden auch den bösen Menschen zur Verfügung, sondern nur mit Tugenden. Auf dem Schild, das vor dem Kaiser hängt, steht: „In der Hand Gottes ruht das Herz des Königs." Und von den Tugenden heißt es, daß sie allein das Leben des Menschen nach seinem Tode zierten. Über sie führe der Weg ins spirituelle Leben. Es sei ein philosophisches und moralisches Bild, bekennt der Erfinder.

Abb. 143: Hans von Kulmbach: Jüngstes Gericht. Federzeichnung.

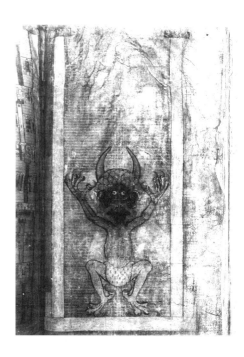

Abb. 144: Die Stadt als Himmlisches Jerusalem.
Kolorierte Federzeichnung, Böhmen um 1220.

Abb. 145: Die Stadt als Hölle. Kolorierte Feder-
zeichnung, Böhmen 1220.

Auch in dieser Darstellung des Herrschers treffen sich also Welt- und Heilsgeschichte. Auf derselben Wand befand sich die von Dürer gestaltete *Verleumdung des Apelles*, die als Allegorie der Gerechtigkeit figuriert (Abb. 142). Auch ein Bild des Jüngsten Gerichts gehörte wahrscheinlich zum Programm der Ausstattung des Saales (Abb. 143). Ich zeige eine Zeichnung des Dürer-Schülers Hans von Kulmbach, die vielleicht als Entwurf angesehen werden darf. Als der Saal Anfang des 17. Jahrhunderts eine Renovierung brauchte, hat man im Grundsätzlichen nichts am gedanklichen Programm geändert. Das heißt, die von mir behandelte Kontinuität endet keineswegs mit dem Jahre 1530. Sie hält sich auch nicht an die traditionellen Epochengrenzen: Mittelalter, Spätes Mittelalter, Renaissance, Barock. Nach dieser Epocheneinteilung gehört die bedeutendste Phase der Geschichte Nürnbergs in das Spätmittelalter, ist die Ausbildung seiner ungeheuren handwerklichen, intellektuellen und materiellen Potenz das Phänomen einer Spätzeit! Wir sollten aufhören, uns diese Brille, die kurzsichtig macht, auf die Nase setzen zu lassen.

Die Ausstellung hat den Zeitraum 1530/50 als Endpunkt gesetzt. Für mein Thema hätte dieser Zeitpunkt nicht günstiger gewählt sein können.

Hans Sachs verfaßte am 20. Februar 1530 ein Lobgedicht auf Nürnberg. Die Stadt ist für ihn ein blühender Rosengarten, den Gott für sich selber bewahrt habe. Er sieht das Wohlergehen der Stadt beruhen auf Reichtum, territorialer Macht, Wahrhaftigkeit, Wahrheit, Gerechtigkeit und Weisheit. Weisheit ist wie bei Hans Rosenplüt wieder das Leitwort, eine Tatsache, die unsere Sozialhistoriker auch diesmal nur zu gern übersehen. Daran haben, so sagt Sachs, die geistlichen wie die weltlichen Regenten der Stadt den größten Anteil.

Wenn es wahrscheinlich ist, daß das unablässige Ringen um Weisheit die Stadt in den schwierigen Jahren 1524/25 vor innerer Zerrissenheit bewahrte, dann kann es auch wahrscheinlich sein, daß es deshalb 1498/99 bei der zweiten großen Judenvertreibung – anders als 1349 – keinen Totschlag mehr gab.

Die Geschichte ist eine mächtige Kraft im Leben der Menschen und der Völker. Ich pflege zu sagen: Erinnern und Vergessen sind genauso mächtig im Menschen wie der Fortpflanzungs- und der Nahrungstrieb. Wir haben die Stärke des Mittelpunktbewußtseins als ‚materielle‘ Idee – wenn der Ausdruck möglich ist – und die Stärke und erstaunliche Kontinuität des Strebens nach Weisheit als ‚ideelle‘ Idee in Nürnberg zwischen 1350 und 1530 erkennen gelernt. Weisheit ist nach alter Überlieferung der Weg der Mitte, des Ausgleichs. Sie ist also ein äußerst passender Partner des Mittelpunktbewußtseins, damit dieses sich nicht allein materiell auslebt. Wie sich die intellektuellen Energien in der Fülle der historischen Erscheinungen ausgelebt haben, davon werden Ihnen die anderen Vorträge und die Ausstellung selbst gewiß viele Eindrücke vermitteln. Mir kam es auf das Grundlegende allein an und auf den Nachweis der großen Kontinuität, die unsere Einteilung in Mittelalter hier und ab 1500 Frühe Neuzeit dort als wenig überzeugend erweist. Beides wollte ich zeigen an Denkmälern, die in Nürnberg eine bedeutende soziale Rolle gespielt haben.

Das Nürnberg von 1530 galt als ein neues Paradies. Das Gedicht des Hans Sachs hält den Eindruck fest. Vierhundert Jahre später fing Nürnbergs Name an, synonym mit einem neuen Babylon oder mit der Hölle selbst zu werden. Schon bei Homer und Hesiod und in der Bibel können wir studieren, wie vom Anfang des Orients und Europas an die Stadt ein Symbol des Guten und des Bösen war. Ich zeige Ihnen zwei Abbildungen aus der größten Handschrift des Mittelalters. Sie wurde Anfang des 13. Jahrhunderts angelegt, und zwar in Böhmen. Heute befindet sie sich in Stockholm in der Königlichen Bibliothek. Hier sehen Sie das Himmlische

Jerusalem als himmlisches Manhattan, wie jemand gesagt hat (Abb. 144). Und Sie sehen die Stadt als Hölle: Ihre Mitte füllt eine Teufelsfratze vollkommen aus (Abb. 145).

Über Möglichkeiten der Erklärung nachzudenken, wenn es eine geben kann, für so unfaßliches Geschehen, wie es in Nürnberg und Deutschland sich ereignet hat, möchte ich Ihnen selbst überlassen. Jedenfalls bin ich davon überzeugt, daß wir die eine Geschichte Nürnbergs, wozu natürlich die großen Leistungen seiner Bürger im 19. und 20. Jahrhundert gehören sowie die Proben von Widerstand gegen die Nazis, nennen wir sie ruhig die gute, nie mehr von der bösen Geschichte getrennt sehen sollten als Mahnung und Beispiel. Vergessene oder verdrängte böse Geschichte ist nicht vergessen. Sie wirkt nur umso heimtückischer fort, wir haben es am Anfang gesehen. Wir brauchen daher das unablässige öffentliche Gespräch darüber, was wir Orwells Gedächtnisloch überantworten dürfen und was nicht. Der Ankläger bei den Nürnberger Prozessen sagte Ende November 1945 und war sich des erneut symbolsetzenden Augenblicks sehr bewußt: „Nürnberg muß zum Symbol ⟨...⟩ des Friedens und des Verständnisses unter ⟨...⟩ den Nationen und Völkern" werden. Daran haben die Nürnberger, daran haben wir Deutschen seit vierzig Jahren gearbeitet. Und die Zahl vierzig ist wiederum ein Symbol: Darum haben wir vergangenes Jahr des Endes des Zweiten Weltkrieges gedacht. Nach dem Alten Testament ist vierzig u.a. die Lebenszeit einer Generation, nach vierzig Jahren droht Vergessen, wenn Erinnerung es nicht aufhält. Vierzig ist übrigens die Summe der Figuren am Schönen Brunnen. Die reichhaltige Ausstellung ist ein Teil der neuesten Bemühungen Nürnbergs um Frieden und Verständigung, und daß ihre Präsentation zuerst in New York erfolgt, ist ein Geschenk der Versöhnung. Doch seien wir nicht zu hoffnungsfroh, ohne harte geistige Anspannung ist die Zukunft nicht zu haben: Die menschliche Natur ist schwach. Trotz aller Schwierigkeiten mit der Weisheit und trotz unseres katastrophalen Versagens im 20. Jahrhundert müssen wir intensiv an einer zeitgemäßen Idee von Weisheit arbeiten, und zwar selbst dann, wenn wir nur materiell überleben wollen.

578

Abb. 146: Michael Mathias Prechtl: Kleine Welt.

Bibliographie

Karl Arndt: Baustelle Reichsparteitagsgelände 1938/39. Göttingen 1973. (= Institut für den wissenschaftlichen Film, Göttingen: Filmdokumente zur Zeitgeschichte G 142/1973.)

Hermann Bauer: Kunst und Utopie. Studien über das Kunst- und Staatsdenken in der Renaissance. Berlin 1965.

Jan Białostocki: Dürer and His Critics 1500-1971. Chapters in the History of Ideas Including a Collection of Texts. Baden-Baden 1986. (= Saecvla Spiritalia Vol. 10.)

Peter Bloch: Nachwirkungen des Alten Bundes in der christlichen Kunst. In: Monumenta Judaica. Köln 1963, S. 735-781.

Günther Bräutigam: Die Nürnberger Frauenkirche. Idee und Herkunft ihrer Architektur. In: Festschrift für Peter Metz. Hrsg. von Ursula Schlegel und Claus Zoege von Manteuffel. Berlin 1965, S. 170-197.

Günther Bräutigam: Nürnberg als Kaiserstadt. In: Kaiser Karl IV. Hrsg. von Ferdinand Seibt. München 1978, S. 339-343.

Heinrich Brockhaus: Deutsche Städtische Kunst und ihr Sinn. Leipzig 1916. (S. 3-37: Nürnberg.)

Günther Busch: Die Stadt. In: G.B.: Hinweis zur Kunst. Hamburg 1977, S. 12-17.

A.W. Döbner: Das Sebaldusgrab in Nürnberg. Ein streng kirchliches, ein specifisch evangelisches wie echt künstlerisches Ganzes. In: Christliches Kunstblatt 1866, S. 145-151, 171-176, 187-191.

Albrecht Dümling / Peter Girth: Entartete Musik. Eine kommentierte Rekonstruktion. Düsseldorf 1988.

Willehad Paul Eckert: Die Juden im Zeitalter Karls IV. In: Kaiser Karl IV. Hrsg. von Ferdinand Seibt. München 1978, S. 123-130.

Rupert Feuchtmüller: Die ,Imitatio' Karls IV. in den Stiftungen der Habsburger. In: Kaiser Karl IV. Hrsg. von Ferdinand Seibt. München 1978, S. 378-386.

Peter Fleischmann: Interdisziplinäre Handwerksgeschichte? In: Zeitschrift für historische Forschung 12 (1985) S. 339-356. (Zum Problem der Periodisierung.)

Robert Fritzsch: Nürnberg unterm Hakenkreuz. Im Dritten Reich 1933-1939. Düsseldorf 1983.

Hermann Froschauer / Renate Geyer: Quellen des Hasses - Aus dem Archiv des „Stürmer" 1933-1945. Nürnberg 1988.

Ernst Gombrich: Bramantes Hoffart am Himmelstor. Die Angst vor den Neuerern geht um – Gedanken zur Denkmalpflege. In: Die Welt. Nr.10, Samstag, 12. Januar 1985. Beilage Geistige Welt, S. 17.

Norbert Götz: Um Neugotik und Nürnberger Stil. Studien zum Problem der künstlerischen Vergangenheitsrezeption im Nürnberg des 19. Jahrhunderts. Nürnberg 1981. (= Nürnberger Forschungen Bd. 23.)

Ludwig Grote: Die romantische Entdeckung Nürnbergs. München 1967.

Walter Haas: Neue Forschungen am Alten Rathaus in Nürnberg. Sonderdruck. Auf Veranlassung des Vereins für Geschichte der Stadt Nürnberg. München o. J. (1982).

William Hammer: The Concept of the New and Second Rome in the Middle Ages. In: Speculum 19 (1944) S. 50 - 62.

Reinhold Hammerstein: Die Musik der Engel. Untersuchungen zur Musikanschauung des Mittelalters. Bern-München 1962.

Helmut Häussler: Der Schöne Brunnen zu Nürnberg. Die Geschichte eines Kunstwerkes. Ausstellung des Stadtarchivs Nürnberg 15. Oktober bis Dezember 1974. Ab Januar 1975 im Germanischen Nationalmuseum. (Faltblatt.)

Gustav von Heeringen: Wanderungen durch Franken. Mit 30 Stahlstichen. Leipzig o. J. (ca. 1850).

Ernst Hellgart: Zum Problem symbolbestimmter und formalästhetischer Zahlenkomposition in der mittelalterlichen Literatur. München 1973.

Hubert Herkommer: Heilsgeschichtliches Programm und Tugendlehre. Ein Beitrag zur Kultur- und Geistesgeschichte der Stadt Nürnberg am Beispiel des Schönen Brunnens und des Tugendbrunnens. In: Mitteilungen des Vereins für Geschichte der Stadt Nürnberg 63 (1976) S. 192-216.

Ulrich Knefelkamp: Die Städte Würzburg, Bamberg und Nürnberg. Vergleichende Studien zu Aufbau und Verlust zentraler Funktionen in Mittelalter und Neuzeit. In: Historischer Verein Bamberg. 120. Bericht (1984) S. 205-224.

Cyrill von Korvin-Krasinski OSB: Die kosmische Urbs als Kult- und Zeitmitte. In: Perennitas. Hrsg. von Hugo Rahner SJ und Emmanuel von Severus OSB. Münster 1963, S. 471 - 497.

Richard Krautheimer: Iconography of Mediaeval Architecture. In: Journal of the Warburg and Courtauld Institutes 5 (1954) S. 1-33. (Zum ikonographischen Zusammenhang zwischen Baptisterien und Mausoleen.)

Hartmut Kugler: Die Vorstellung der Stadt in der Literatur des deutschen Mittelalters. Zürich-München 1986.

Lexikon der christlichen Ikonographie. Hrsg. von Engelbert Kirschbaum SJ und Wolfgang Braunfels. 8 Bde. Rom-Freiburg-Basel-Wien 1968 -1976.

Franz Machilek: Privatfrömmigkeit und Staatsfrömmigkeit. In: Kaiser Karl IV. Hrsg. von Ferdinand Seibt. München 1978, S. 87-101.

Hans Moezer: Die „Judensau". Ein antisemitisches Spottbild des Mittelalters. In: Fränkische Heimat 19 (1940) H. 1, S. 18-20. (Dabei von anderer Spezialliteratur übersehenes Beispiel vom Ostchor der Sebalduskirche zu Nürnberg.)

Johann Joseph Morper: Bamberg die Mitte Deutschlands. Zur Reichssymbolik der Tattermannsäule. Bamberg 1957.

Arndt Müller: Geschichte der Juden in Nürnberg 1146-1945. Nürnberg 1968.

Werner Müller: Die heilige Stadt. Roma quadrata, himmlisches Jerusalem und die Mythe vom Weltnabel. Stuttgart 1961.

Carl Nordenfalk: Djävulens bild i Kungliga bibliotekets Codex Gigas. In: Ut Humanismen som salt och styrka. Bilder och betraktelser tillägnade Harry Täry. Stockholm 1987, S. 425- 431.

Nürnberg – Geschichte einer europäischen Stadt. Hrsg. von Gerhard Pfeiffer. München 1971.

Geschichte Nürnbergs in Bilddokumenten. Hrsg. von Gerhard Pfeiffer unter Mitwirkung von Wilhelm Schwemmer. München 1970.

Der Luftkrieg in Nürnberg. Quellen des Stadtarchivs zum 2. Januar 1945. Ausstellungskatalog. Bearbeitet von Irene Handfest. Hrsg. vom Stadtarchiv Nürnberg. Nürnberg 1985.

Nürnberg – Kaiser und Reich. [Katalog.] Ausstellung des Staatsarchivs Nürnberg. Idee und Gestaltung Günther Schuhmann. Nürnberg 1985.

Nürnberg zur Zeit Ludwigs I. von Bayern. Zeichnungen von Georg Christoph Wilder (1794-1855) aus dem Besitz der Stadt Nürnberg. [Katalog.] Hrsg. von den Stadtgeschichtlichen Museen Nürnberg. Nürnberg 1986.

Gothic and Renaissance Art in Nuremberg 1300-1550. The Metropolitan Museum of Art, New York, Germanisches Nationalmuseum, Nuremberg. [Catalog.] Munich-New York 1986.

Nürnberg 1300 – 1550. Kunst der Gotik und der Renaissance. Germanisches Nationalmuseum, Nürnberg, The Metropolitan Museum of Art, New York. [Katalog.] München 1986.

Nürnberg-Exkursion 30. August – 3. September 1964. Berichte – Protokolle – Referate. Hrsg. von Dieter Wuttke. Germanistisches Seminar Bonn 1964. (Als Typoskript vervielfältigt. Hierin der erste Entwurf von H. Herkommers wichtiger Abhandlung.)

Das alte Nürnberger Rathaus. Baugeschichte und Ausstattung des großen Saales und der Ratsstube. Bd. I. Bearbeitet von Matthias Mende. Hrsg. von der Stadt Nürnberg, Stadtgeschichtliche Museen. [Katalog.] Nürnberg 1979.

Nürnberg Today. A Magazine for the Citizens and Friends of Nürnberg. Special English Edition. Nürnberg: City of Nürnberg, Press and Information Department 1986.

Ornamenta Ecclesiae. Kunst und Künstler der Romanik. [Katalog.] Hrsg. von Anton Legner. 2 Bde. Köln 1985. (Zum Codex Gigas der Königlichen Bibliothek Stockholm.)

Gerhard Pfeiffer (Hrsg.): siehe unter Nürnberg.

Fidel Rädle: Karl IV. als lateinischer Autor. In: Kaiser Karl IV. Hrsg. von Ferdinand Seibt. München 1978, S. 253-259.

Photina Rech: Inbild des Kosmos. Eine Symbolik der Schöpfung. Bd. II. Salzburg-Freilassing 1966. (S. 303-394: Wasser.)

Dieter Rossmeisl: „Ganz Deutschland wird zum Führer halten ...“ Zur politischen Erziehung in den Schulen des Dritten Reiches. Mit einem Vorwort von Hermann Glaser. Frankfurt/M. 1985. (Hier S. 181 f. zum Anti-Intellektualismus der Nazis.)

Elisabeth Roth: „Gott und der lieb Herr S. Sebolt“. Nürnbergs Stadtpatron in Legende und Chronik. In: Mitteilungen des Vereins für Geschichte der Stadt Nürnberg 67 (1980) S. 37-59.

Reinhart Schneider: Kaiser und Reich im höfischen Programm. In: Kaiser Karl IV. Hrsg. Ferdinand Seibt. München 1978, S. 305-308.

Fritz Schnelbögl: Die fränkischen Reichsstädte. In: Zeitschrift für bayerische Landesgeschichte 31 (1968) S. 421- 474.

Karl Heinz Schreyl: Dürers Pirckheimer-Exlibris. In: Dürer im Exlibris. Frederikshavn 1986, S. 17-23, 29-32.

Hans Schwerte: Faust und das Faustische. Ein Kapitel deutscher Ideologie. Stuttgart 1962.

Jeffrey Chipps Smith [Editor]: New Perspectives of the Art of Renaissance Nuremberg. Five Essays. Austin, Texas 1985.

Heinz Stafski: Die mittelalterlichen Bildwerke. I. Nürnberg 1965. (= Kataloge des Germanischen Nationalmuseums I.) (S. 82-107: Schöner Brunnen.)

Dolf Sternberger: Die Stadt als Urbild. Frankfurt/M. 1985.

Gerald Strauss: Nuremberg in the Sixteenth Century. City, Politics and Life Between the Middle Ages and Modern Times. Bloomington, Indiana 1976.

Michael Toch: „Umb gemeyns nutz und notturfft willen“. Obrigkeitliches und jurisdiktionelles Denken bei der Austreibung der Nürnberger Juden 1498/99. In: Zeitschrift für historische Forschung 11 (1984) S. 1-21.

Eduard Trier: Die Propheten des Kölner Rathauses. In: Wallraf-Richartz-Jahrbuch 15 (1953) S. 79-102 und 19 (1957) S. 193-224.

Peter Vischer: Das Sebaldusgrab zu Nürnberg. 44 Bildtafeln. Mit einem Geleitwort von Herbert Küas. Leipzig: Insel-Verlag o. J.

„Vorwärts, vorwärts sollst du schauen ...“. Geschichte, Politik und Kunst unter Ludwig I. Katalog zur Ausstellung. Hrsg. von Johannes Erichsen und Michael

Henker unter Mitarbeit von Evamaria Brockhoff. München 1986. (= Veröffentlichungen zur Bayerischen Geschichte und Kultur Nr. 8/1986.) (S. 303-307: Zur Restaurierung des Schönen Brunnens, S. 306 Nr. 478 zum 1586 errichteten Brunnengitter.)

Richard von Weizsäcker: 40. Jahrestag der Beendigung des Zweiten Weltkrieges. Ansprache. In: Presse- und Informationsamt der Bundesregierung. Bulletin Nr. 52, Bonn, den 9. Mai 1985, S. 441- 446. Wiederabdruck unter dem Titel „Der 8. Mai 1945 – 40 Jahre danach". In: R.v.W.: Von Deutschland aus. Reden des Bundespräsidenten. München 1987, S. 9-35. (= dtv Nr. 10639.)

Adrian Wilson assisted by Joyce Lancaster Wilson: The Making of the Nuremberg Chronicle. Introduction by Peter Zahn. Amsterdam 1976.

Wuttke: Die Histori Herculis (1964) S. 292-323: Kultur- und Geistesgeschichtliches zum Wirken der Vischer.

Wuttke: Portrait des Willibald Pirckheimer. Albrecht Dürer, 1524. In: Caritas Pirckheimer (1982) S. 57-58.

Wuttke: Humanismus in Nürnberg um 1500 (1985).

Robert L. Wyss: Die neun Helden. Eine ikonographische Studie. In: Zeitschrift für schweizerische Archäologie und Kunstgeschichte 17 (1957) S. 73-106.

[Nachtrag: Der Vortrag wurde besprochen von Winfried Schleyer in: Fränkischer Tag, Samstag, 5. Dezember 1987, Beilage: Fränkischer Sonntag, S. 2; Dietz-Rüdiger Moser in: Literatur in Bayern Nr. 10, Dezember 1987, S. 39; Kuno Ulshöfer in: Mitteilungen des Vereins für Geschichte der Stadt Nürnberg 75 (1988) S. 242 f.; Helmuth Grössing in: Österreichische Gesellschaft für Geschichte der Naturwissenschaften. Mitteilungen 8 (1988) S. 72; Laurence Brugger in: Bibliothèque d'Humanisme et Renaissance 51 (1989) S. 246. – Es war hochinteressant zu bemerken, wie nach der deutschen Wiedervereinigung Ende 1990 das alte Mittelpunktbewußtsein sofort wieder auflebte und als realpolitischer Faktor virulent wurde. – Zur Judenfeindschaft Richard Wagners vgl. Julius H. Schoeps: Erst Diffamierung, dann Ausgrenzung, schließlich Vernichtung. In: Frankfurter Allgemeine Zeitung Nr. 149 von Donnerstag, 1. Juli 1993, S. 8. – Zur Schnecke als erotischem Symbol vgl.: Die Erotica und Priapea aus den Sammlungen Goethes. Hrsg. und erläutert von Gerhard Femmel und Christoph Michel. Frankfurt/M. 1990, S. 196-200 mit Abb. 18b. – Auf Seite 576 habe ich wie auch an anderen Stellen von *Dazwischen* (s. Register) den Epochennamen Spätmittelalter in Frage gestellt. Wie aktuell solch stetes Argumentieren von der geschichtlichen Überlieferung her ist, zeigt der lange Forschungsbericht von Erich Meuthen: Gab es ein spätes Mittelalter? In: Spätzeit. Studien zu den Problemen eines historischen Epochenbegriffes. Hrsg. von Johannes Kunisch. Berlin 1990, S. 91-135. Meine Argumente bieten offensichtlich bisher ungenutztes Material, das künftigen Erörterungen dienen könnte.]

Komplexe Grenzen

Bilder aus der Theorie dynamischer Systeme
Einführung in eine Ausstellung
(1985)

*Die Ausstellung wurde von der Raiffeisenbank Bamberg unter dem Direktorat
von Karl Franz veranstaltet und am 7. März 1985 eröffnet.*

Meine sehr verehrten Damen und Herren,

Sie alle haben oft genug Kunstausstellungen besucht, haben insbesondere
in diesem gastlichen Haus der Raiffeisenbank Bamberg an Vernissagen
teilgenommen: Bilder sehen wir auch heute, wir können sie übrigens auch
kaufen, es gibt sogar einen äußerst hübschen, mit herrlichen Farbbildern
ausgestatteten Katalog, den wir ebenfalls kaufen können. Dies hat unsere
jetzige Ausstellung mit all den anderen, uns bekannten gemein, darüber
hinaus aber nichts, wirklich gar nichts. Wieso nicht, darüber wird uns der
Einführungsvortrag von Dr. Dietmar Saupe, der vom Forschungsschwer-
punkt *Dynamische Systeme* an der Universität Bremen zu uns gekommen
ist, ausführlich belehren.[1] Um sich auf die heutige Ausstellung einzustim-
men, wäre es also das beste, wenn Sie ab sofort alles vergäßen, was Sie an
die gewohnten Kunstausstellungen erinnert.

Stellen Sie sich vor, aus Anlaß dieser Ausstellung hätte die Raiffeisenbank über ihren Eingang die Inschrift gesetzt: „Wer nichts von Mathematik versteht, bleibt draußen!" Dann hätten Sie alle – so hoffe ich – eintreten
dürfen, mit Sicherheit hätte ich jedoch draußen bleiben müssen. Bei einer
Reihe von potentiellen Besuchern aber hätte diese Inschrift doch wohl
arge Verwunderung, wenn nicht gar Empörung hervorgerufen.

Nun hat die Bank, was ja auch gar nicht in ihrem und nicht in meinem
Sinne gewesen wäre, eine solche Inschrift nicht angebracht und ein solches
Verbot nicht ausgesprochen. Doch wäre es berechtigt gewesen; denn es
geht bei der Ausstellung weder in erster noch in zweiter Linie um das, was

---

1 Die Adresse der Forschungsgruppe *Komplexe Dynamik* lautet: Institut für Dynamische
   Systeme, Universität Bremen, Bibliotheksstraße, 28359 Bremen.

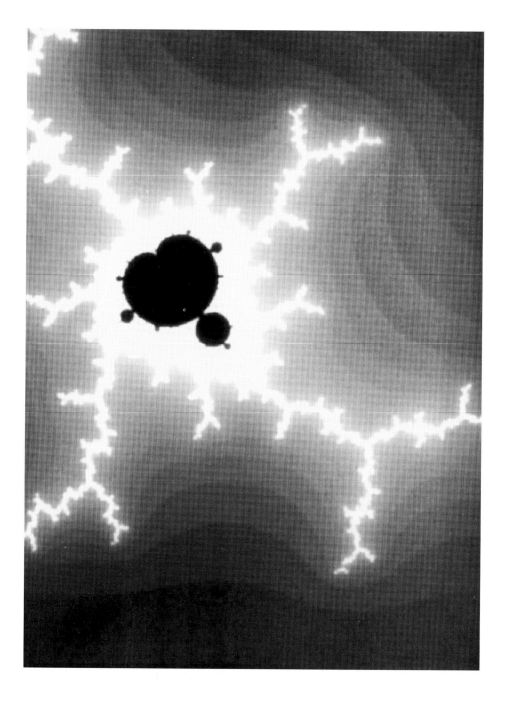

Abb. 147: H. Jürgens, H.-O. Peitgen, D. Saupe: Apfelmännchen. Vgl. Farbtafel IV.

wir landläufig unter bildender Kunst verstehen. Es geht um Mathematik, um den neuen Zweig der durch Computer möglich gewordenen Experimentellen Mathematik und, was wir an den Wänden als Bilder sehen, ist die Visualisierung von Problemen dieses Faches. Dieses Fach ist so neu, daß Ihnen selbst die meisten Mathematiker sagen, sie hätten davon nichts gehört; es wäre also zwecklos, wollte man in Konversationslexika Auskunft darüber suchen.

Vor ungefähr 2400 Jahren hat es einmal jemand gewagt und hat – so wird erzählt – über die von ihm geleitete Institution eine ähnliche Inschrift wie die eben zitierte gesetzt. Kein geringerer als der große Philosoph Platon ist es gewesen, der über den Eingang seiner Akademie das Wort setzen ließ:

„Kein Geometrieunkundiger trete ein!"

Platon soll auch gesagt haben, wie Plutarch berichtet:

„Gott betreibt stets Geometrie".

Ich erinnere an die berühmte, legendäre Inschrift der platonischen Akademie und an den Ausspruch Platons, weil wir uns damit im Ursprungsbereich derjenigen Denktradition befinden, die uns noch heute prägt, fesselt und vorantreibt. Und wir müssen ja wohl zugeben, Platon hatte einfach recht, wenn er annahm, daß die Mathematik die zentrale Wissenschaft ist, wenn es um die Erforschung des Bauplanes der Natur geht. Dies Denken erhielt eine neue Intensivierung im Zeitalter der sogenannten Renaissance, also im 15. und 16. Jahrhundert, durch Denker, Mathematiker und Naturwissenschaftler wie Nikolaus Cusanus, Johannes Regiomontanus (aus Königsberg in Franken!), Nikolaus Kopernikus, Johannes Kepler – von ihm stammt das Wort „ubi materia, ibi geometria" –, und es war Kopernikus, der seinem epochemachenden Werk über die Himmelsbewegungen die legendäre Inschrift der platonischen Akademie als Motto voransetzte (Abb. 50). Bamberg war mit seinen Theologen um 1500 ein Zentrum astronomisch- und geographisch-mathematischer Studien, und die Symbiose von Theologie, Mathematik und Naturwissenschaft hielt bis um 1800, wie Sie unschwer an dem zum Glück noch heute in die Theologische Fakultät eingegliederten Naturkundekabinett erkennen können, und war für die damaligen Jahrhunderte viel typischer, ich will es einmal provozierend so formulieren, als der Fall Galilei.

So alt wie Platon ist auch die Vorstellung, daß nicht nur das Geheimnis des Bauplanes der Schöpfung in Mathematik besteht, sondern auch das

Geheimnis der höchsten Hervorbringung, deren der Mensch fähig ist, das Geheimnis der Kunst. Dem liegt die Idee zugrunde, Gott müsse aus Chaos so ähnlich alles Geschaffene geschaffen haben, wie der Mensch Kunst, Kunstschönes hervorbringt. Das Ziel der Kunst ist im Laufe der Jahrtausende auch immer wieder so gesehen worden: Sie soll als bildende, literarische und musikalische Kunst die in der Schöpfung liegende Harmonie nachbilden und damit den Menschen zum Einschwingen in die große Harmonie bringen. Diese Idee erfuhr ebenfalls in der Renaissance eine neue Wirkkraft, als bildende Künstler die Zentralperspektive entdeckten und damit für ihre vorher als Handwerk gewertete Kunst den Rang der Wissenschaft erreichten. Wenn Goethe sehen lehrt, daß Natur und Kunst als ein sinnvolles Ganzes zu verstehen seien, dem ein vorgegebener Bauplan zugrunde liegt, dann formuliert er die altgeahnte Wahrheit neu. Auf den Schultern Goethes stehen z.B. Kandinsky und Klee und begründen die moderne abstrakte Kunst ... [2]

Die Ausstellung, die wir heute eröffnen können, habe ich gesehen, als sie im Sommer 1984 im Max-Planck-Institut für Biophysikalische Chemie in Göttingen gezeigt wurde, dessen Direktor der Nobelpreisträger Manfred Eigen ist. Mein Freund Jürgen Wolfrum, Direktor des Instituts für Physikalische Chemie der Universität Heidelberg, hat mich darauf aufmerksam gemacht. Was mich an der Ausstellung spontan ansprach, kommt eigentlich in dem Titel zum Ausdruck, den der Katalog trug, als sie 1984 zuerst in Bremen gezeigt wurde: *Harmonie in Chaos und Kosmos.*[3] Harmonie im Kosmos, ja, aber im Chaos? Unsere Vorstellung geht doch seit Jahrtausenden dahin, uns das Chaos als Extrem der Disharmonie vorzustellen. Wir wundern uns, wie der fränkische Humanist Conradus Celtis (Ode I, 11, 33) es einmal ausdrückte, daß dem „wirren Chaos ⟨...⟩ in Schönheit Formen entspringen" können. Daß aber Chaos und Kosmos einen

---

2 Über historische Hintergründe informieren z.B. Friedrich Ohly: Deus geometra. Skizzen zur Geschichte einer Vorstellung von Gott. In: Tradition als historische Kraft. Hrsg. von Norbert Kamp u. Joachim Wollasch. Berlin-New York 1982, S. 1-42; Paul Stöcklein: Wege zum späten Goethe. Darmstadt 1984 (besonders S. 280-296 und S. 331-361); Wuttke: Von der Geschichtlichkeit der Literatur (1984); Wuttke: Humanismus als integrative Kraft (1985) [Abdrucke in diesem Bande S. 279 ff. und S. 389 ff., S. 285 zur Inschrift der platonischen Akademie und ihrer Rezeption]; Paul Hindemith: Die Harmonie der Welt. Oper in fünf Aufzügen. 1956/57. Mainz: B. Schott's Söhne 1957. Man beachte ferner die tiefer dringenden Beiträge zum Bach-Jahr 1985.

3 Der Katalog *Harmonie in Chaos und Kosmos.* Bremen 1984, ist vergriffen; der Katalog *Morphologie komplexer Grenzen. Bilder aus der Theorie dynamischer Systeme.* Bremen 1984, kann zum Preis von DM 15,- während der Ausstellung erworben werden.

inneren Zusammenhang haben, gleichsam auf einen Nenner sollen gebracht werden können, das erscheint uns unerhört.

Mich bewegt desgleichen, wie Ausstellung und Katalog belegen, daß die mathematischen Theoretiker dynamischer Systeme ihre Ergebnisse in Bilder umsetzen lassen, um durch die Anschauung besser zu begreifen, was sie eigentlich gefunden haben und um sich zu neuen Überlegungen inspirieren zu lassen. So heben sie die Grenze zwischen Natur und Kunst auf und geben den alten Ahnungen begründet neue Nahrung, aber auch die Grenze zwischen Natur- und Geisteswissenschaften heben sie auf, indem sie eine gemeinsame Grundstruktur des Erkennens im wörtlichen Sinne sichtbar machen.

Ich weiß, daß das, was mich an der Ausstellung interessiert, für die Forscher nur ein Nebenergebnis ist. Die Theorie dynamischer Systeme ist anwendungsorientiert gegenwärtig hochaktuell für den Fortschritt in der Erfassung von Verbrennungsprozessen (z.B. Projekt Tecflam der Universitäten Heidelberg/Karlsruhe/Stuttgart), von Strömungsvorgängen in Wasser und Luft, von Magnetismen, von Herzrhythmusstörungen, von Denkprozessen (Kognitionsforschung, z.B. Prof. Dr. Dietrich Dörner, Bamberg) usw.

Wenn wir uns den Bildern der Ausstellung zuwenden, wenden wir uns den Grenzen des heute Wißbaren zu. Daß wir dies auch hier in Bamberg erleben dürfen, dafür danken wir der Bremer Wissenschaftler-Gruppe herzlich und insbesondere Herrn Dr. Saupe, der den weiten Weg auf sich genommen hat, um unsere Neugier zu unterrichten. Es war schwierig, noch einen Termin zu finden; denn die Bremer und ihre Ausstellung sind äußerst gefragt. Vom Sommer an wird eine von ihnen arrangierte neue Ausstellung mit Unterstützung des Goethe-Instituts durch die halbe Welt reisen. Dazu wird es auch einen neuen, im Umfang erweiterten Katalog geben, der Anfang Mai erscheint.

Meine Damen und Herren, es ist mir eine Freude und Ehre zugleich, Sie hier in der Raiffeisenbank begrüßen zu dürfen. Die Raiffeisenbank verdient unseren aufrichtigen Dank. Sie ermöglicht durch ihre Hilfestellung für ein Interesse, das mit Wirtschaft und materiellem Nutzen nichts zu tun hat, in einem tieferen Sinne Universität, nämlich Universität als Eintreten für das Universale, in unserem Falle für fächerübergreifende Zusammenhänge ungewöhnlicher Art. Mit Wehmut erinnere ich daran, daß für die Universität Bamberg einst eine Mathematische Fakultät geplant war. Mit Sorge registriere ich, daß in einer Stadt wie Bamberg die Einbürgerung einer geisteswissenschaftlichen Universität politisch überwiegend unter dem Gesichtspunkt materieller Verwertbarkeit gesehen

wird. Doch freuen wir uns jetzt an der aus Mathematik geborenen Schönheit und lassen uns von Dr. Saupe erklären, wie sie zustande kommt.[4]

---

4 Über die Arbeit der Bremer Forschungsgruppe berichtete im Mai 1984 die Zeitschrift
   Geo und im Oktober das Mikrocomputer Magazin *Chip*. Das Heft *Chip*, März 1985,
   berichtet auf den Seiten 108-114 über Computer-Bilder, die *Chip*-Leser nach den
   Anregungen von Dr. Dietmar Saupe hergestellt haben.

   [Nachtrag: Nach der Bamberger Ausstellung erschien der von H.-O. Peitgen und P.H.
   Richter herausgegebene Katalog *Schönheit im Chaos. Bilder aus der Theorie Komplexer
   Systeme*. Bremen 1985, der die oben erwähnte neue Ausstellung auf ihrer Weltreise
   begleitete. Seit 1985 ist die Chaosforschung ein in den verschiedenen Medien bespro-
   chener und gezeigter Gegenstand geworden. Immer neue Einführungen in Buchform
   erscheinen im In- und Ausland. Kaum eine Publikation aber besitzt so zahlreiche
   hervorragende Abbildungen wie der Katalog *Schönheit im Chaos*. – Mit Befriedigung
   darf registriert werden, daß der neue Rektor der Universität Bamberg, Prof. Dr. Alfred
   Hierold, bei Amtsübernahme im April 1992 den alten Plan der Errichtung einer Mathematischen Fakultät in den Entwicklungsplan wieder aufgenommen hat.]

„Trägbild Hoersal"

Einführung in eine Performance
(1989)

Aus Anlaß des zehnjährigen Bestehens und der zehnjährigen interdisziplinären Arbeit des Lehrstuhls für Deutsche Philologie des Mittelalters und der Frühen Neuzeit wurde zu einem Vortrag des Instituts für Untersuchungen von Grenzzuständen ästhetischer Systeme (INFuG) eingeladen.

Thema: „Trägbild Hoersal"–
Ausgewählte Probleme künstlerischer Forschung und Lehre.
Zeit und Ort: 20. Juli 1989 um 18.15 Uhr,
Hörsaal 122 der Fakultät Sprach- und Literaturwissenschaften der Universität Bamberg.

Das Institut für Untersuchungen von Grenzzuständen ästhetischer Systeme (IN-FuG) wurde 1981 in Bamberg gegründet.[1] Seine Arbeit wird seither vor allem von den drei Künstlern Friedolin Kleuderlein, Bernhard Kümmelmann und Hubert Sowa getragen. Ausgehend von bildnerischen Fragestellungen (Zeichnung, Malerei, Fotografie, Plastik) entwickeln die Künstler des Instituts entgrenzte Formen künstlerischer Praxis, die – jenseits der traditionellen „Ausstellung" – in sogenannten „Vorführungen" gipfeln. Anhand von bildhaften Modellen (z.B. Berggipfel, Tal, Membrane, Sprachrohr usw.) wird in Texten, Installationen, Gesängen und Handlungen immer deutlicher eine „Hier-Jetzt"-Situation hergestellt, die mit der herkömmlichen Vorstellung von einem „Bild" nicht mehr zu vereinbaren ist.
Die für die Universität Bamberg auf Initiative des Lehrstuhls für Deutsche Philologie des Mittelalters und der Frühen Neuzeit geplante Vorführung nimmt unter anderem auf zwei Fragestellungen Bezug, die auch in der Philologie geläufig sind: die Probleme der Bildbedeutung und des Sprachklanges. Das Vortragsereignis wird – abseits vom wissenschaftlichen Brauch – ein Schrägbild der Bedeutsamkeit erzeugen.

---

1 [Die Instituts-Adresse lautet: Dr. Hubert Sowa, Wildensorger Straße 7, D 96049 Bamberg. Über das Institut und seine Mitglieder informiert: Kunstforum international Bd. 116, November/Dezember 1991, S. 282-287.]

Abb. 148: Werner Kohn: Detail aus der Performance „Trägbild Hoersal" vom 20. VII. 1989 in der Universität Bamberg.

592

Meine sehr verehrten Damen und Herren, liebe Freunde
und Freundinnen,

die diaphane Präzision der kommenden Stunde machte es notwendig, daß
ich mein einleitendes Wort schriftlich fixierte. Das Motto für die Veranstaltung entnehme ich Salvador Dalí. Er hat 1980 gesagt: „Man muß systematisch Verwirrung stiften – das setzt Kreativität frei. Alles, was
widersprüchlich ist, schafft Leben."
  Meine Damen und Herren, die Philologie entstand vor ca. 2300 Jahren
bei den Griechen. Der große Altphilologe Rudolf Pfeiffer hat sie daher
ewig dauernde Philologie genannt. Er hat damit das einst auf die Philosophie gemünzte Wort von der ewigen Philosophie auf die Philologie übertragen. Das war sicher berechtigt. Gegenüber der ewigdauernden Philologie müßte es nun aber sonderbar und gar lächerlich erscheinen, wollte
man das gerade zehnjährige Bestehen eines philologischen Lehrstuhls tatsächlich feiern. Nein, das tun wir nicht, und darum gibt es heute abend
für uns auch keine Blumen und keine Festmusik und keine Glück-
wunschreden. Aber Sie, meine Damen und Herren, liebe Freunde und
Freundinnen, die Sie so zahlreich und zum Teil sogar von auswärts gekommen sind, begrüße ich herzlich. Insbesondere begrüße ich das Institut
für Untersuchungen von Grenzzuständen ästhetischer Systeme, hier vertreten durch Friedolin Kleuderlein, Bernhard Kümmelmann und Hubert
Sowa.
  Die Erinnerung an das zehnjährige interdisziplinäre Wirken meines
philologischen Lehrstuhls soll also nicht Anlaß zum Feiern bieten – so
schön und lebenserhaltend das Feiern auch ist. Sie soll vielmehr Anlaß
bieten, den bedeutenden in und um Bamberg wirkenden Wort-, Ton- und
Bildkünstlern einmal ausdrücklich Dank zu sagen für die buchstäblich
Leben erhaltende Kraft, die von ihnen ausgeht. Die Stunde soll ferner
dazu dienen, in unserer interdisziplinären Arbeit sichtbar einen neuen
Akzent zu setzen.
  Als die Philologie vor 2300 Jahren entstand, kannte sie keine Grenzen
zwischen sich und der Kunst. Beide waren vielmehr aufeinander bezogen.
Der heutige Abend soll bekräftigen, daß dies im Grunde immer gültig war
und gerade heute wieder gültig werden sollte. Ohne den lebendigen Kontakt mit der Kunst der Gegenwart können wir unser wissenschaftliches
Geschäft nicht erfolgreich betreiben und die Kunst der Vergangenheit
nicht angemessen verstehen. Ohne die Kenntnis der Kunst der Vergan-

genheit können wir aber auch die gegenwärtige Kunst nicht verstehen. So ist das Gehen an Grenzen und über Grenzen unsere eigentliche Berufspflicht. Die Arbeit des Instituts für Untersuchungen von Grenzzuständen ästhetischer Systeme bildet gegenwärtig hier in Bamberg eine über gewohnte Horizonte hinausführende Bereicherung des öffnenden und offenhaltenden Gestaltens und Denkens.

Ich danke Ihnen herzlich, meine Damen und Herren, daß Sie sich mit uns heute Abend der Herausforderung stellen wollen. Dem Institut danke ich herzlich dafür, daß es bereit war, der Einladung zu folgen. Es ist vielleicht das erste Mal, daß zum heutigen Anlaß der Hörsaal, dieser uns allen so vertraute Vermittlungsraum von Lehre, zum Gegenstand gestalterischen Denkens und denkender Gestaltung gemacht wird.

Ich bitte das Institut jetzt, mit der Arbeit zu beginnen und uns gestaltdenkend zu besinnen sowie womöglich schrägdeutend zu erschönen.

[Dem, der den schmalen Grat beschreitet, zeigt sich im
Schrägen des Bildes das Wahrste.[2]]

---

2 [Kunstforum (wie Anm. 1) S. 285. Vgl. Hubert Sowa (INFuG): B-Kunst. Der Kongreß „Bilderhöhle und Schrägandacht" in Schloß Pommersfelden. In: Meta 4. Hrsg. von Ute Meta Bauer für Künstlerhaus Stuttgart. Stuttgart 1993, S. 158-163.]

Über die Schwierigkeiten, 1994 Hans Sachs zu feiern

Zur Einführung in eine Ausstellung

(Erstdruck)

Meine sehr verehrten Damen und Herren,

ich freue mich, am heutigen 21. Mai, dem Geburtstag Albrecht Dürers, zur Eröffnung der Ausstellung *Hans Sachs im Dürerhaus* zu Ihnen sprechen zu können, und ich danke Matthias Mende für die Einladung. Mein Thema *Über die Schwierigkeiten, 1994 Hans Sachs zu feiern*, zu dem ich einige Gedanken vortragen möchte, ist eine Vorgabe von ihm. Ich habe es spontan umso lieber akzeptiert, als mir selbst kein anderes Thema eingefallen wäre, hätte er mir die Wahl frei gestellt. Ich benutze die Gelegenheit, mich einmal öffentlich für die nunmehr seit über zwanzig Jahren ohne Umschweife und ohne Zicken gewährten Hilfestellungen der Stadtgeschichtlichen Museen für die Anliegen meines Lehrstuhles herzlich zu bedanken. Man hat hier offenbar nicht nur Hans Sachs gesammelt und gelesen, sondern von seinen einfachen Tugenden auch immer etwas in die Tat umsetzen wollen.

Womit wir schon beim Thema wären, nicht dem der Ausstellung, aber beim Thema Hans Sachs: Über Hans Sachs reden heißt nämlich, in erster Linie über Tugend und Laster reden. Und damit sind wir unversehens bereits bei der Hauptschwierigkeit, wenn es gilt, Hans Sachs zu seinem 500. Geburtstage zu feiern.

Doch lassen Sie uns zunächst noch innehalten. Es hilft vielleicht dem Verständnis, wenn ich dies Problem in größere Zusammenhänge einbette und andere Fragen danebenstelle. Wir werden dies Hauptproblem keinesfalls aus dem Auge verlieren.

„Wenn einer Deutschland kennen
Und Deutschland lieben soll,
Wird man ihm Nürnberg nennen,
Der edlen Künste voll.
Dich nimmer noch veraltet
Du treue, fleiß'ge Stadt,
Wo Dürers Kraft gewaltet
Und Sachs gesungen hat."

In diesen Versen, die Max von Schenkendorf 1814 gedichtet hat,[1] haben wir jene Dreiheit beieinander, die neben dem *Nibelungenlied*, der Faustgestalt und Luther sowie dem Bamberger Reiter und den Naumburger Stifterfiguren im Laufe des 19. Jahrhunderts zu *dem* deutschen Nationalsymbol schlechthin werden sollte, nämlich die Dreiheit: Nürnberg, Dürer, Sachs. Da Nürnberg im Wettlauf um den Titel „deutscheste aller deutschen Städte" z.B. gegenüber Bamberg den Sieg davontrug, verfestigte sich seine Rolle als zentrales Symbol. Die Vorstellung davon hielt sich positiv besetzt in den Köpfen des In- und Auslandes bis zum Zweiten Weltkrieg oder auch noch bis zu dessen Ende und bestätigte sich nach dessen Ende dadurch, daß Nürnberg weltweit zum Symbol des bösen, satanischen Deutschen geworden war.[2] Für mich gehörte der Symbolcharakter Nürnbergs noch zu den aus der Kindheit mitgenommenen Mythen, weniger deshalb, weil mein Urgroßvater in den 1870igern die Gaststätte *Goldener Elephant* am Wöhrder Tor besessen, als eher deshalb, weil mein Vater an einem der Nürnberger Reichsparteitage teilgenommen hatte. Wenn ich *heute* etwa im Zusammenhang mit einem Faust- oder einem Sachs-Seminar literarisch und historisch aufgeschlossene Studenten nach deutschen Nationalsymbolen frage, dann werde ich schon im Ansatz nicht verstanden, sehe mich also zu einem längeren Lehrervortrag genötigt. Ich nehme an,

---

1 Max von Schenkendorf's sämmtliche Gedichte. Erste vollständige Ausgabe. Berlin 1837, S. 255. Es ist die Strophe 16 des Gedichts „Die deutschen Städte. An Smidt, Senator, und Gildemeister, Bürger in Bremen. 1814." Mindestens seit der zweiten Hälfte des 19. Jahrhunderts wird die Strophe im Nürnberg-Lob und in der Nürnberg-Reklame gern zitiert.

2 Dies wird z.B. bestätigt durch die Rezension, die Erwin Panofskys zweibändiges Dürer-Werk, das zuerst 1943 und ergänzt in zweiter Auflage 1945 in Princeton erschienen war, am 9. Februar 1946 in *The Times Literary Supplement* erhielt. Es wurde der englischsprachigen Welt unter der Überschrift „The Good Nuremberger" vorgestellt. Die Rezension schließt mit dem Hinweis, daß Dürers Name die schlüssige Antwort auf die in der damaligen Zeit so oft gestellte Frage sei: „Can any good thing come out of Nuremberg?"

die Erfahrung mit jungen Nürnbergern wäre nicht grundsätzlich anders. Die dahinter liegende Umorientierung, für die es Zwischenstufen gibt, muß bedacht werden bei der kulturpolitischen Beurteilung der Frage, wieviel und welche Erinnerung einem als Symbol nicht mehr fraglos anerkannten Hans Sachs nun zum 500. Geburtstag zukommen soll oder nicht. Eine Schwierigkeit, 1994 Sachs zu feiern, resultiert also aus der rapide nachlassenden Symbolkraft des Hans Sachs. Als es darum ging, in Nürnberg das Sachs-Jahr 1994 zu planen, spielte dieser Prozeß sicher auch eine Rolle. Meine Phantasie reicht nicht aus, um mir vorstellen zu können, was man denn diesmal an Stelle von *Spiel mit Hans Sachs*, wie 1976 zum 400. Todestage geschehen, zur Aktualisierung und zur Tourismuswerbung hätte ausdenken sollen. Die Stadt Nürnberg hat jedenfalls zwischen 1977 und 1984 mit dem von Jürgen Weber geschaffenen Hans-Sachs-Brunnen einen bedeutenden Beitrag erbracht, den Namen ihres großen Sohnes im aktuellen Gespräch zu halten. Wenn diesmal die Ausstellung der Stadtgeschichtlichen Museen zur bildlichen Sachs-Rezeption, deren Exponate zu einem erheblichen Teil mit den Mitteln der Stadt Nürnberg gesammelt worden sind, und wenn im Herbst eine wissenschaftliche Tagung der Pirckheimer-Gesellschaft im Mittelpunkt steht, dann scheint mir das vollkommen angemessen zu sein. Sachs ist schon so oft und vielfältig, ja eigentlich immer nur vereinnahmt worden, was zu zeigen ein wichtiges Anliegen der heute eröffneten Ausstellung ist, daß innehalten, nachdenken, verarbeiten, überlegen ein angemessenes Motto *dieses* Sachs-Jahres 1994 sein könnte. Der *ganze* Sachs, um den es nach all den Vereinnahmungen endlich gehen müßte, kann, glaube ich, überhaupt nicht spielerisch entdeckt, sondern höchstens zu Tode amüsiert werden, und so könnte es doch diesmal mit den ja vorhandenen spielerischen Elementen dieses engagiert verfolgten Ausstellungskonzeptes sein Bewenden haben.

Der *ganze* Sachs soll das nächste Stichwort sein. Ich meine, es ergibt sich organisch aus dem Ausstellungsprojekt von Matthias Mende, das vor allem den Sachs-Porträts vom 16. bis zum 20. Jahrhundert gewidmet ist. Wenn ich nach der Rezeption frage und sei es auch überwiegend nach der Bild (nicht Wort) gewordenen Rezeption, dann treibt diese Frage die andere nach dem ,wirklichen', oder historischen ,eigentlichen' Bild hervor. Daß ein Zusammenhang zwischen den Bildern bestehen kann, man also aus der Beobachtung der Sachs-Rezeption für die Beobachtung des ,wirklichen' Sachs etwas lernen kann, möchte ich zu zeigen versuchen.

Der Schluß der vorhin vorgetragenen Schenkendorf-Strophe lautet

> „Du treue, fleiß'ge Stadt,
> Wo Dürers Kraft gewaltet
> Und Sachs gesungen hat."

Dies Rezeptionsbild der in Nürnberg vereinigten Dürer und Sachs wurde 1976 eine dichterische „Kleinmünze" genannt. Nun gut, aber damit wurde unbewußt eine doppelte Blockade geschaffen. Schenkendorfs dichterischer Ton entspricht ja dem des Sachs. Wenn wir ihn abwerten, fällt auch ein Schatten auf Sachs. Da nützt der Hinweis nichts, Sachs dürfe man nicht an den ästhetischen Ansprüchen einer neueren Zeit messen. Man tut es eben doch und dann befinden sich Sachs und Schenkendorf im selben untergehenden Boot. Entscheidender aber ist, daß die ästhetische Abwertung dieses Rezeptionszeugnisses den Inhalt übersehen läßt. Dürer und Sachs in Parallele gesetzt, das ist eine Aussage, die zu Überlegungen und das übliche Sachsbild zu korrigieren Anlaß geben könnte, nein sollte. *Hans Sachs im Dürerhaus*, der Titel unserer Ausstellung, könnte sich vielleicht als der vollkommen richtige hermeneutische Schlüssel entpuppen.

Es geht bei Dürer und Sachs um Handwerker, die bereits von der eigenen Zeit als große Künstler verehrt wurden. Wenn sie schrieben, benutzten beide die deutsche Sprache, aber das als kultureller Motor empfundene Wissen der Antike wurde von beiden trotzdem in hohem Maße in das eigene Werk geholt. Dürer, obwohl er nie studiert hat, einen Humanisten zu nennen, zögern wir besonders seit den Forschungen der letzten zwanzig Jahre nicht mehr,[3] aber Sachs? Sagt er nicht selbst in der *Summa all meiner Gedicht* von 1567 er sei ein „ungelehrter Mann" gewesen, „Der weder Latein noch Griechisch kann"? Ja, er tut es. Aber, selbst wenn wir nur diese eine Aussage hätten, müßten wir angesichts seines Gesamtoeuvres und spätestens durch die Untersuchungen des berühmten Romanisten Ernst Robert Curtius wach gemacht doch erkennen, daß Sachs mit der Selbstbezichtigung, ungelehrt gewesen zu sein, in einen Topos affektierter Bescheidenheit geschlüpft ist. Mit anderen Worten: Wahr ist das Gegenteil. Diese Wahrheit steht in einem anderen Spruchgedicht, das Sachs ein Jahr später, also 1568, verfaßt hat und das, obwohl autobiographisch motiviert, den Titel trägt *Die Werk Gottes sind alle gut, wer sie im Geist erkennen tut.* Hier sagt er eindeutig, daß er die Sieben Freien Künste sowie Griechisch und

---

3 Vgl. Peter-Klaus Schuster: Melencholia I. Dürers Denkbild. 2 Bde. Berlin 1991; Jan Białostocki: Dürer und die Humanisten. Rede anläßlich der Verleihung des Reuchlin-Preises 1983 in Pforzheim. Pforzheim o.J. [1983].

Latein gelernt habe. Rede- und Landvermessungspraxis hebt er ebenso hervor wie die Fähigkeit, Horoskope stellen zu können, und ein Interesse für Naturkunde sowie ein ganz besonderes für Gesangeskunst, Beherrschung eines Saiteninstruments und für das Dichten. Diese Aussagen sind nicht unbekannt geblieben, aber sie werden stets verkürzt zitiert, und es wird ihnen nicht die Bedeutung beigemessen, die ihnen gebührt. Sachs hat sich in anderen Gedichten darüber hinaus recht humanistisch als von den Musen begnadet und auserwählt dargestellt und als einer, den der furor poeticus antreibt. Und was hat das mit der bildlichen Sachs-Rezeption zu tun?

Das Holzschnitt-Porträt, das die Ausstellung ganz am Anfang zeigt, Entwurf und Ausführung gehören nach Mende in den Umkreis von Lukas Cranach d. Ä., ist das früheste Sachs-Bildnis und damit das erste Rezeptionszeugnis seiner Art. Es zeigt den Dichter 51jährig im Jahre 1545. Gern wurde und wird ein Gegensatz gesehen zwischen dem Bild, das man sich vom Dichter machte oder macht und seiner vornehmen, patrizierhaften und die typische Erscheinung eines Gelehrten bietenden Darstellung. Ein Jahr nach dem textlosen Erstdruck erschien das Porträt in Nürnberg von lateinischem und deutschem Text begleitet (Abb. 149). Der lateinische Verstext reiht den Dichter eindeutig für diejenigen, die das verstehen konnten, unter die führenden Humanisten: Er erhebt ihn über die antiken Dichter Ovid und Vergil und bezeichnet damit den Anspruchsrahmen, in den sich Sachs zweifellos gestellt wissen wollte. Ich halte es für nicht denkbar, daß das Blatt gegen den Willen des Dichters hätte erscheinen können. Gerade im Zusammenhang der Überlieferung von Sachs-Porträts bleibt dieser Anspruchsrahmen noch bis in das 17. Jahrhundert gegenwärtig (Abb. 150), um dann zusammenzubrechen. Warum? Weil ein grundlegender Wandel der ästhetischen Wertung zwischen dem 16. und 18. Jahrhundert stattfand: Konnte sich ein Dichter im 16. Jahrhundert noch in hohem Maße von den Inhalten und Zwecken her definieren, die er verbreitete und verfolgte, war er im 18. Jahrhundert nur noch legitimiert, wenn Inhalt und Form sich in Balance befanden, bis Schiller formulieren konnte, die Form müsse den Inhalt verzehren. Also eine formbetonte Ästhetik, die trotz aller Auf- und Umbrüche des 20. Jahrhunderts uns immer noch näher steht, als die bis in das 16., ja bis ins 18. Jahrhundert hinein gültige, hindert uns, in Hans Sachs den Humanisten zu sehen, als der er gewertet werden wollte. Uns hindert aber auch die seit dem 19. Jahrhundert verbreitete und in unseren Köpfen befindliche Humanismus-Ideologie. Danach hat die Beschäftigung mit der Mathematik und den

Des Hanns Sachsen bildnuß.

LEONARDVS KETNERVS LECTORI.

Qualia vel Naso romana voce, Marocḥ
Carmina disparibus cōpoluere modis.
Talia composuit maiori laude Ioannes
Carmina, germana voce legenda tamen.
Iam pia de summo cōscribens carmina Christo,
Iam rerumḥ vices, tempora, fata, canens.

Plurima, quæ cecinit, monumēta leguntur vbiqḥ,
Sed quia nota vigent, nil recitasse iuuat.
Fœlix, quæ talem peperit sibi foemina natum,
Cuius ob ingenium patria floret humus.
Qui patriam multis virtutibus ornat & auget,
Quem colit æterno nomine posteritas.

Quod si Musarū didicisset sacra, vel Artes,
Iam tua laus maior, Noricaberga, foret.
Tanti igitur vultus hos noueris esse Portæ,
Quos ubi ceu viuos picta Tabella refert.

M. D. XLVI.

1 5 4 5 : HANS . SACHSN . ALTER . 5 I . IAR.

Johann Betz.

Jst Abconterfactur/
zaigt Hanns Sachsen von Nürnberg an/
Schůmachern/der vil schön gedicht/
Vñ weiß Sprüch/hat zůgericht/
Nach art der ½ blen Poeterey/
Jn Deudscher sprach/lustig vnd frey/

Auch durch Maister gesang mit fleiß/
Juff gaystlich vnd weltliche weiß/
Wölche dann gůt mittel sind/
Dardurch gnaint Man vnd seine kind/
M gr Schufft vnd Weißheit auch erfarn/
Togenlich darnach zugebarn/

Got zu ehr/vnd dem nechsten zum/
Damit man Tug ½ erhelt im ½ hun/
Wölchs alles ist ½migsam bewißt/
Darumb bleybt sein Lob auffs gewißlist.
Jn 1 5 4 6. Jar/
Gedruckt durch Hanns Guldenmundt.

Abb. 149: Umkreis von Lukas Cranach d. Ä: Hans Sachs. Einblattdruck von 1546 mit Texten von Leonhard Ketner und Johann Betz

600

Abb. 150: Hans Sachs. Kupferstich aus: J.J. Boissard: Bibliotheca Chalcographica Pars N. Frankfurt/M. 1650.

Naturwissenschaften keine humanistische Dimension und im Falle des Sachs entscheidender die Beschäftigung mit den modernen Sprachen auch nicht. Gerade Sie hier in Nürnberg wissen aber, daß die Nürnberg-Beschreibung des Celtis, daß die Schedelsche Weltchronik sofort ins Deutsche übersetzt worden sind, daß ins Deutsche zu übersetzen zum Unterrichtsprogramm der Lateinschule seit dem ausgehenden 15. Jahrhundert gehörte, daß Pirckheimer nicht nur aus einer antiken Sprache in die andere, sondern unmittelbar ins Deutsche übersetzt hat, daß also das Deutsche hier in Nürnberg, aber auch anderswo, längst humanistisch nobilitiert war.[4]

Mit der einseitigen Auffassung von Humanismus als einem Phänomen sich abschließender lateinisch-griechischer Elite-Kultur hat es auch zu tun, wenn man, wie erst vor kurzem aus Anlaß des Sachs-Jahres wieder geschehen, einen unüberbrückbaren Klassengegensatz zwischen Sachs und ‚denen da oben‘ postuliert.[5] Dabei wird das grundsätzlich auch in sozialer Hinsicht integrative Streben des Renaissance-Humanismus übersehen, zu dessen Grundannahmen es ja gehörte, den Menschen allein nach seiner Tüchtigkeit und Fähigkeit zu bewerten. Man hat hier in Nürnberg das literatursoziologisch und sozialgeschichtlich hochinteressante Beispiel des Pangratz Bernhaubt gen. Schwenter. Sein Vater Jacob war Kürschner und als Meistersinger mit Hans Folz befreundet. Der Sohn bewahrte das Interesse für Meistersang, für den Dichter Folz und deutsche Chronistik. Er konnte zur Lateinschule gehen und anschließend im Gegensatz zu Hans Sachs sogar die Artes bis zum Baccalaureats-Examen studieren, um danach humanistischer Berater der Vischer-Werkstatt zu werden und schließlich bis zum höheren Stadtangestellten aufzusteigen, nämlich zum Hausmeister des Rathauses.[6] Wenn er weder die Bedeutung eines Pirck-

---

4 Joachim Knape: Das Deutsch der Humanisten. In: Sprachgeschichte. Hrsg. von Werner Besch u.a. Bd. 2. Berlin-New York 1985, Sp. 1408-1415; Dieter Wuttke: Der Humanist Willibald Pirckheimer – Namengeber für ein mathematisch-naturwissenschaftliches und neusprachliches Gymnasium? Nürnberg 1994 (= Festschrift zum fünfundzwanzigjährigen Bestehen des Pirckheimer-Gymnasiums Nürnberg 1968-1993).
5 Niklas Holzberg: Grobe und gelehrte Leute. In. Literatur in Bayern Nr. 35, März 1994, S. 16-23. In dem Aufsatz geht es um eine oberflächliche vergleichende Betrachtung von Hans Sachs und Willibald Pirckheimer, die in einem Stil präsentischer Anbiederung geschrieben ist.
6 Dieter Wuttke: Bernhaubt, Pangratz. In: Literatur Lexikon. Hrsg. von Walter Killy. Bd. 1. München 1988, S. 466 f.

heimer und die eines Sachs erlangte, lag es allein an mangelnder Begabung, keinesfalls aber an seiner Position zwischen Handwerkerstand und Patriziat. Hans Sachs war mit dem 1530 verstorbenen Pirckheimer offenbar nicht bekannt geworden. Sie waren aber verbunden in dem Wertekanon, für den sie beide lebenslang eintraten. Und wie Dürer mit dem Patrizier Pirckheimer war Sachs, was nicht übersehen werden sollte, mit dem Patrizier Niklas Praun befreundet.[7] Er nennt ihn ausdrücklich seinen Gevatter und Freund und bringt postum eine Podagra-Schrift von ihm heraus. Praun und Sachs haben des Pirckheimer *Lob der Podagra* gekannt und wie Pirckheimer die Krankheit, also die Gicht, als eine von Gott gesandte Prüfung gedeutet. Sie biete die Chance, die Körperlichkeit zu überwinden, um sich dem wahren Leben, das nur im Geiste stattfinde, zu widmen. Pirckheimers Motto war „Man lebt durch den Geist, alles andere ist sterblich".

Die moderne Auseinandersetzung mit dem ganzen Sachs sieht sich nicht nur bedingt durch partielles Wahrnehmungsvermögen und historische Klischees, sondern auch äußerer Umstände wegen größeren Schwierigkeiten ausgesetzt, hinter denen freilich jedenfalls z.T. doch wieder ideologische Gründe stecken: a) Sachs hat bekanntlich mehr als 6000 Werke geschaffen. Das ist allein schon eine gewaltige Last für Interpreten. Es gibt zwar eine umfangreiche neuere Ausgabe in 26 Bänden, aber keine *sämtliche* noch erhaltenen Werke umfassende Ausgabe, die zudem aufschließende Register böte. b) Wie wichtig das Zusammensehen von Bild und Text bei Sachs sein kann, habe ich vorhin an dem Beispiel des Sachs-Porträts erläutert. Zahlreiche Erstdrucke der Werke des Sachs sind in Begleitung von Bildern erschienen. Es gibt *keine* historisch-kritische Ausgabe, die dem Rechnung trüge. Der Katalog *Die Welt des Hans Sachs*, den die Stadtgeschichtlichen Museen 1976 vorlegten, ist ein wichtiges Hilfsmittel, dies Manko auszugleichen. Teilweise trägt Sachs selbst dafür die Schuld, da er in die von ihm in Gang gesetzten Gesamtausgabe zu Lebzeiten die Bilder der Erstdrucke wohl aus Kostengründen nicht integrierte und die Texte entsprechend umdichtete. Die Hauptschuld trägt aber jene im 19. Jahrhundert beginnende Fächeraufspaltung, als deren Konsequenz die Texte der Philologie und die Bilder der Kunstgeschichtswissenschaft zugeschlagen wurden. Zwar gibt es im Bereich der Geschichts-

---

7 Franz Machilek: Krankheit, Alter und Tod in der Dichtung des Hans Sachs. In: Hans Sachs und die Meistersinger in ihrer Zeit. [Katalog.] Nürnberg 1981, S. 39-45, hier passim zur Freundschaft mit Niklas Praun.

Die eytel vergenklich Freudt vnd wollust diser welt.

Abb. 151: Bildautor Erhard Schön / Textdichter Hans Sachs: Die eytel vergenklich Freudt vnd wollust diser welt. Einblattdruck 1534.

wissenschaften seit der Jahrhundertwende den Aufbruch in eine Fächergrenzen überschreitende Kulturwissenschaft – der in Auseinandersetzung
mit Jacob Burckhardt entwickelte Ansatz Aby M. Warburgs erscheint mir
als der fruchtbarste und am ehesten in die Zukunft führende –, aber er
konnte sich bisher nur partiell durchsetzen. Welche Konsequenzen die
Bild-Text-Trennung haben kann, läßt sich auf Sachs bezogen an einem
Beitrag zum Katalog *Hans Sachs und die Meistersinger* von 1981 aufschlußreich zeigen. Darin wird als Nr. 76 das Bild und Text bietende
Flugblatt *Die eytel vergenklich Freudt vnd wollust diser welt* ohne jeden Text-
bezug besprochen (Abb. 151). Das Bild wird, aus seinem Funktionszusam-
menhang gelöst, allein beachtet. Dabei wird ihm der den Gehalt
umkehrende Titel, nämlich *Die Freuden der Welt*, zugeteilt.

Verglichen mit den anderen, vorhin aufgezählten einstigen oder noch
bestehenden Symbolgestalten der Deutschen hat das moderne Bewußtsein anscheinend allein mit Hans Sachs eine ihn singulär betreffende in
der Rezeptions-Situation liegende Schwierigkeit. Solche Symbole kommen immer durch Vereinseitigung zustande und bleiben so auch am Leben. Außer im Falle des Sachs sind aber vereinseitigende und vereinnahmende Rezeption und das Werk selbst oder die Bemühung um die
Person als ganze in einem ständigen, potentiell korrigierenden Dialog. Die
Werke Dürers werden seit dem 19. Jahrhundert durch zahllose Korpus-
Werke und Gesamtdarstellungen sowie durch die Präsentation in den Museen und in Spezial-Ausstellungen gegenwärtig gehalten. Von Goethes
Werken erscheinen beständig neue Gesamtausgaben und Auswahlausga-
ben; es erscheinen immer neue Biographien; seine Dramen, allen voran
der Faust, werden beständig aufgeführt; viele seiner Werke werden immer
wieder neu gelesen. Ganz anders im Falle des Sachs. Sofern er heute überhaupt noch gekannt wird, wird er nur durch Rezeptionszeugnisse gekannt
etwa durch Goethes *Erklärung eines alten Holzschnittes, vorstellend Hans Sach-
sens poetische Sendung* oder durch Goethes Rezeption des Knittelverses oder
durch den Spruch

> „Hans Sachs war ein Schuh-
> Macher und Poet dazu"

oder durch das Bild vom deutschen Meister, der angeblich gute Geister
bannt, das Richard Wagner in den *Meistersingern von Nürnberg* vermittelt.
Oder durch die gewitzten Adaptationen Michael Matthias Prechtls oder
durch den Brunnen Jürgen Webers. Der einzige Werkkomplex, der weltweit bei einem eingeschränkten Publikum weiterwirkt, das meist aus Kin-

dern, Jugendlichen und Studenten besteht, sind einzelne Fastnachtspiele, wie ich aus der Wirkung meiner Sammlung ausgewählter *Fastnachtspiele des 15. und 16. Jahrhunderts* weiß, die zwischen 1973 und 1990 vier Auflagen erlebte. Aber das ist kein Werkkomplex, der irgendeine Einseitigkeit im Umgang mit Sachs beseitigen könnte, im Gegenteil, er fördert sie und gibt kaum Veranlassung, nach dem ganzen Sachs zu fragen. Mit anderen Worten, der vereinnahmende, der vereinseitigende Umgang mit Hans Sachs hat seit langem Geschichte und, wenn ich so sagen darf, Methode. Im Leben darf das ja so sein, aber in der Wissenschaft sollte es so wohl nicht bleiben. Immerhin ist rechtzeitig zum Sachs-Jahr 1994 die gut geschriebene und reich bebilderte handliche Gesamtdarstellung von Eckart Bernstein bei Rowohlt erschienen, die ich Ihnen empfehlen kann. Aber so schnell wird auch sie die beschriebenen Schwierigkeiten nicht beseitigen können. Dazu wurzeln sie zu tief.

Das Dilemma ist dies: Abgesehen von dramaturgisch-spielerischer und sprachlicher Pfiffigkeit in einigen Fastnachtspielen und in der von Wahrhaftigkeit gelenkten Rhetorik seines Eintretens für Luther gibt es an Hans Sachs eigentlich nichts, was den Rezipienten des ausgehenden 20. Jahrhunderts so richtig begeistern oder fesseln könnte. Der Knittelvers wird doch, abgesehen von seiner Anwendung in Goethes Faust, erst richtig schön, wenn Prechtl den Meister bei Fräulein Knittel das Versmaß nehmen läßt (Abb. 152), und die Reime über den Ehestand werden so recht eingängig doch erst, wenn Weber sie in einen sprudelnden Brunnen verwandelt. Alles andere enttäuscht eher, weil Sachs alle unsere Erwartungen täuscht. Suchen wir den Sozialrevolutionär, dann müssen wir resigniert schließlich aufgeben, was sonst soziologisch oder sozialgeschichtlich relevant sein könnte, interessiert uns als postive Nachricht ja nicht, z.B. die Schilderung der öffentlichen Fürsorge, als Nürnberg zwischen 1561 und 63 im Laufe einer verheerenden Seuche ein Drittel seiner Bevölkerung einbüßte.[8] Uns interessiert und das soll es auch, ob Sachs womöglich wegen politischer Äußerungen mit der Obrigkeit in Konflikt kam, wobei wir dann so tun, als wären Obrigkeit und Ordnung eigentlich ganz unwürdige und überflüssige Dinge, oder ob er vielleicht wegen sog. Schweinkrams belangt wurde.[9] Inwieweit aber sein lebenslanges Eintreten für christliche Nächstenliebe, für Versöhnlichkeit, Tugend und Weisheit der städtischen Gemeinschaft gesellschaftspolitisch etwas bedeutet haben

---

8   Machilek (wie Anm. 7).
9   Vgl. z.B. Holzberg (wie Anm. 5).

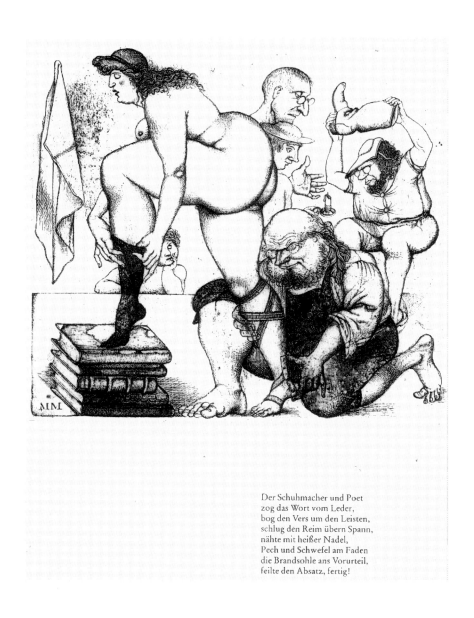

Der Schuhmacher und Poet
zog das Wort vom Leder,
bog den Vers um den Leisten,
schlug den Reim übern Spann,
nähte mit heißer Nadel,
Pech und Schwefel am Faden
die Brandsohle ans Vorurteil,
feilte den Absatz, fertig!

Abb. 152: Michael Mathias Prechtl: Hans Sachs nimmt Frl. Knittel das Versmaß.
Aquarell 1976.

könnte, in der *Summa all meiner Gedicht* erwähnt er seine Konflikte mit der Obrigkeit mit keinem Wort, interessiert uns wieder nicht.[10] Finden wir in seinen Historien vielleicht Schilderungen interessanter historischer Vorgänge, in denen es um historische Wahrheit geht? Nein. Sein Begriff von Historia war ein ganz anderer. Weist die eine oder andere seiner Komödien vielleicht auf Lessing, die eine oder andere seiner Tragödien auf Shakespeare voraus? Nein. Und was macht er mit unserem heroischen Nibelungenstoff? Überall nimmt er uns die Spannung, das Tragische, das Heroische und setzt Episierung und Lehre an die Stelle. Immer wieder wird das Laster bestraft und die Tugend belohnt und die Weisheit als höchstes Ziel vor Augen gestellt. Nirgendwo außerhalb der Fastnachtspiele etwas nur zur Freude, zum Spaß? Doch. Er weist selbst darauf hin, daß er zuweilen das Ziel verfolgte, bibliotherapeuthisch zu wirken, wie wir heute sagen. Aber diese Werke gehen in der Fülle der überwiegend lehrhaften unter, in denen, wie ich zu sagen pflege, die Zwecke die Formen beherrschen.

Mit dem Stichwort Lehrhaftigkeit, das auch Moraldidaxe heißen könnte, mit der Beobachtung nie ermüdenden Tugend- und Weisheitslobs und nie versiegender Lasterschelte sind wir wieder bei dem eingangs genannten Haupthindernis angelangt, das zwischen uns und Sachs liegt.

Aber noch einmal möchte ich die Erwartung zurückdämmen und auf eine andere Schwierigkeit sehr grundsätzlicher Art hinweisen, bevor ich mich dem Problem der Lehrhaftigkeit zuwende. Diese Schwierigkeit liegt in unserer Vorstellung von den historischen Abläufen und in dem, welches Vergangenheitsbild die Nennung von Epochenbezeichnungen ins uns heraufruft. Sage ich Mittelalter, Frühes Mittelalter, Spätes Mittelalter, Neuzeit, Frühe Neuzeit, Moderne, immer werden durch Abstraktion ge-

---

10 Hermann Glaser: Meisterdenker des Humanismus. Die Eroberung der Wirklichkeit: Georgius Agricola und Hans Sachs. In: Süddeutsche Zeitung Nr. 71 vom 26./27. März 1994, Beilage SZ am Wochenende, S. I. Wo es am Schluß des Artikels darum gegangen wäre, Sachs der Gegenwart näher zu bringen, schlüpft Glaser in pauschalierende Worthülsen, er habe „zahlreiche Stoffbereiche griechischer und lateinischer Klassiker sowie ausländischer Schriftsteller" erschlossen und man könne bei ihm „viel Bedeutsames, Erhellendes, Weiterweisendes" entdecken. „Stoffbereiche" haben im 16. Jahrhundert niemanden primär interessiert, aber die durch sie transportierten Inhalte und Gehalte. Vgl. demgegenüber Horst Brunner: Weiter regiert der Geiz gewaltiglich. Hans Sachs war kein harmloser Schuhmacher-Poet: Zum fünfhundertsten Geburtstag des Dichters. In: Frankfurter Allgemeine Zeitung vom 5. November 1994, Nr. 258, Tiefdruckbeilage.

wonnene Bilder evoziert, die in ihrer potentiell gefährlichen Einseitigkeit den Nationalsymbolen in nichts nachstehen. Bei Mittelalter fällt z.B. vielen sofort das Stichwort „Vertikalität" ein, man sieht es doch an den gotischen Domen, das Mittelalter schaut und strebt vor allem nach oben, zu Gott. Bei dieser Sicht bleibt die ungeheure Vielfalt und Lebendigkeit des Mittelalters, ja seine Weltlichkeit einfach ausgeblendet. Bei Früher Neuzeit ist es das Stichwort „Horizontalität" und daneben sind es die Stichwörter Renaissance, Humanismus, Reformation und als Erklärung stellt sich die Formel „Entdeckung der Welt und des Menschen ein". Diese Formel insbesondere nehmen wir nun wie einen Schlüssel, z.B. um uns Hans Sachs aufzuschließen. Da stellen wir schnell fest, daß bei Sachs die Schublade ‚Entdeckung der Welt' im Sinne des Kolumbus leer ist, also, sagen wir uns, ist die Schublade ‚Entdeckung des Menschen' angesichts der vielen Dichtungen um so voller. Wie aber, wenn auch diese Schublade eigentlich leer ist, Sachs also auch in dieser Hinsicht mit seinem Riesenoeuvre quer zu unseren Vor-Annahmen oder außerhalb von ihnen liegt? Am Ende paßt er gar nicht in die Frühe Neuzeit. Oder könnte er Anlaß sein, unseren herkömmlichen Begriff von Früher Neuzeit, der von der Vorstellung des Weges in einen horizontal-weltlichen Individualismus geprägt ist, zu korrigieren? Das Mittelalter war sicher ‚weltlicher', als wir stets meinen und die Frühe Neuzeit ‚geistlicher', als wir stets meinen.[11]

Damit stehen wir nun wieder vor der Frage, wie wir die Lehrhaftigkeit des Sachs verstehen können und sollen. Das Problem ist so groß und vertrackt, und für den, der sich für seine Lösung einsetzt so peinlich, daß die Interpreten gern darüber hingehen, wie man unschwer an allgemein zu Sachs hinführenden Artikeln und so auch an solchen zur Einleitung des Sachs-Jahres 1994 studieren kann.[12] Daß das Problem so groß ist, hat zwei Hauptgründe, der eine ist geistesgeschichtlicher, der andere poetologisch-ästhetischer Natur. Zum geistesgeschichtlichen Grund: Unser modernes Bewußtsein hat kein Verständnis dafür, daß die *Haupt*frage vergangener europäischer Epochen vom Mittelalter bis in das Ende der Frühen Neuzeit, also bis ins 18. Jahrhundert hinein die Frage war, wie bekomme ich einen gnädigen Gott, wie können die irdischen Verhältnisse

---

11 Hermann Glaser: Himmel, Hölle, Berg und Straße. Ortsbestimmungen in der europäischen Kulturlandschaft zur Zeit des Christoph Kolumbus. In: Die Zeit Nr. 16 vom 10. April 1992, S. 45 f. Der Artikel war seit seinem Erscheinen gut geeignet, um Studierenden die Kontinuität von Forschungsklischees zu demonstrieren.

12 Vgl. Anm. 5 und 10.

so eingerichtet werden, daß sie dem Anspruch des allmächtigen Gottes entsprechen? Der Freiheits- und Emanzipationsbegriff jenes Bewußtseins war dem modernen diametral entgegengesetzt. Man sah sich emanzipiert, wenn es einem gelang, sich für den Glauben freizuhalten, wenn es einem gelang, Tugend zu verwirklichen und so Materialität für Spiritualität durchlässig zu machen. Man sah sich ja doppelt, und zwar a) durch die natürliche Körperlichkeit und b) durch Gottes Allmacht bedingt. Haften an Laster bedeutete, der Materialität und Ungnade verfallen zu bleiben, also unfrei zu sein. Die Bemühung um Glauben und Tugend bedeutete, materielle Bedingtheit, also Krankheit, aus den Sternen drohendes Unheil und Sünde zu überwinden. Die Neigung Gottes zur Gnade gegenüber den Sündern durch Tugend und Weisheit zu erhöhen, das also hieß sich frei machen.[13] Das moderne Bewußtsein sieht Emanzipation nur dort, wo die Freiheit zu Selbstverwirklichung und Selbstbestimmung gegeben scheint, wobei transzendente Bindungen keine Rolle mehr spielen müssen. Dieser Emanzipationsbegriff ist geprägt von Rationalismus, Funktionalismus und Materialismus. Das hat z.B. für das Menschenbild, also für die Frage, was der Mensch ist, was er sein sollte, erhebliche Konsequenzen. Carl von Linné bezeichnete unsere Spezies mit homo sapiens und hielt in der Nüchternheit der naturwissenschaftlichen Nomenklatur so am Weisheits- und alten Tugendgebot fest. Ein moderner Biologe hat vor wenigen Tagen in einem Feuilleton-Beitrag den Vorschlag gemacht, den Menschen passender von seinem Forschungstrieb her zu definieren und ihn eher homo curiosus bzw. investigans zu nennen.[14] Hier wird der Mensch funktiona-

---

13 Aus dieser Denktradition kam die Äußerung der englischen Schwester Marie Gabriel, man solle den Zusammenstoß der Fragmente des Shoemaker-Levy-Kometen mit dem Planeten Jupiter zwischen dem 16. und 22. Juli 1994 als ein warnendes Zeichen Gottes betrachten und durch einen untadeligen Lebenswandel Unheil von sich fernhalten. Daß für eine solche Äußerung heute der Verständnisrahmen fehlt mit erheblichen Folgen für unser Verständnis der Vergangenheit, belegt z.B. Ulrich Schnabe: Kosmischer Kometen-Crash. In: Die Zeit Nr. 22 vom 27. Mai 1994, S. 43, hier am Ende. Vgl. demgegenüber Silvia Pfister: Parodien astrologisch-prophetischen Schrifttums 1470-1590. Baden-Baden 1990.

14 Hubert Markl: Unser Standort im Strom. Forschung, Innovation und Wettbewerb. Die ewige Wiederkehr des Neuen. In: Frankfurter Allgemeine Zeitung Nr. 100 vom 30. April 1994, Beilage Bilder und Zeiten. In gewisser Weise entspricht es dem, wenn ein amerikanischer Professor den Vorschlag macht, das anthropozentrische Wort humanity (für Menschheit) durch animality zu ersetzen; siehe J.v.U.: Tierisch versöhnt. In: Frankfurter Allgemeine Zeitung Nr. 51 vom 2. März 1993, S. 29. Was geschieht, wenn der homo sapiens als Postulat aufgegeben wird, haben das 19. und 20. Jahrhundert hinlänglich bewiesen. Vgl. Die Blumen des Bösen. Eine Geschichte der Armut in Wien, Prag, Budapest und Triest in den Jahren 1693 bis 1873. Bd. 2.

listisch reduziert gesehen. Die Umwertung des Emanzipationsbegriffes hatte eine Abwertung von Begriffen wie Ordnung und Tugend und Weisheit zur Folge, was schließlich in die nun schon seit längerem anhaltende Orientierungs- und Wertkrise unserer Gegenwart führte. Die Umwertung im Verein mit dem katastrophalen politischen Mißbrauch aller moralischen Werte im 20. Jahrhundert führte zur Ablehnung des gegenüber Ordnungen und Obrigkeiten affirmativ sich verhaltenden Dichters und Schriftstellers, eine Haltung, die Folgen hat für den Umgang mit Dichtern und Schriftstellern der Vergangenheit wie allein das Beispiel Hans Sachs beweist. Letztlich beschwört diese Erscheinung die Gefahr herauf, daß wie früher Forschungen zur Obszönität, Erotik und Sexualität in der Literatur nun Forschungen zum Verhältnis von Literatur und Moral als von vornherein nicht ganz auf der Höhe der Zeit abgewertet oder tabuisiert werden.

Sie können die Forschungsliteratur zu Sachs durchschauen und werden nach meinen Ausführungen nicht mehr überrascht sein, wenn Sie nur ganz wenige und erst 1976, 1979 und später publizierte Beiträge zu einzelnen Aspekten der Tugendlehre des Sachs finden, jedoch keine einzige Gesamtdarstellung dieser Art. Das bedeutet, daß das wichtigste Anliegen des Sachs bis heute unbearbeitet ist. Sachs setzt im Bereich der Moraldidaxe fort, was die Jahrhunderte vor ihm lehrten, aber seine Lehre erhält im Verein mit all den anderen Stimmen des 16. Jahrhunderts eine neue Intensität, daß ich von einer Ethisierung aller Lebensbereiche des Menschen zu reden pflege und die Formel von der Entdeckung des Menschen nur darauf angewendet verstehen kann. Welchen Umfang, welche Intensität die moralische Aufrüstung damals, d.h. während des Mittelalters und der Frühen Neuzeit also für 1000 Jahre etwa hatte, auch dafür fehlt unserm modernen Bewußtsein eigentlich jedes Vorstellungsvermögen. Wenn ein moderner Philosoph und Kulturpolitiker vor wenigen Tagen verlauten ließ, soviel Moral wie heute habe es weltweit noch nie gegeben, dann muß man ihn fragen, was er eigentlich von der Vergangenheit weiß.[15] Selbst

---

Hrsg. von Nora Fischer-Martin und Gerhard Fischer. Wien 1993; Darwin und Darwinismus. Eine Ausstellung zur Kultur- und Naturgeschichte. Hrsg. von Bodo-Michael Baumunk und Jürgen Rieß. Berlin 1994. Hubert Markels Äußerung relativiert sich freilich vor dem Hintergrung seiner zahlreichen Darlegungen, in denen er die Verantwortung des Wissenschaftlers einfordert. Vgl. Fest (wie Anm. 16) S. 92 und 99.

15 Eckart Lohse: Im Narrenparadies. Sind die Zeiten besonders gut oder besonders schlecht? Eine Tagung der Herbert-Quandt-Stiftung. In: Frankfurter Allgemeine Zeitung Nr. 104 vom 5. Mai 1994, S. 38. Geschichtsblindheit und ein hoher Grad von Begriffsverwirrung kommt auch zum Ausdruck, wenn der bekannte Bazon Brock auf

der Historiker unter den Soziologen, Norbert Elias, hat sich in seinem berühmten Werk über den Prozeß der Zivilisation nur für die Geschichte der Eß- und Tischsitten und der Schamschwellen, für das Urinieren, Furzen und Rülpsen interessiert, wogegen ich nichts habe, den ganzen anderen Bereich aber, in dem nach der Meinung der Vergangenheit die eigentliche Zivilisierung des Menschen stattfand, ausgeblendet bzw. einfach nicht wahrgenommen. Joachim Fest bringt unsere postmoderne Befindlichkeit auf den richtigen Begriff, wenn er schreibt, daß die uns umgebende Lebensform der offenen Gesellschaft eine Welt sei, „in der auch die moralischen Horizonte offen sind, wo alles geht und das heißt zugleich, nichts wirklich wichtig ist; in der die Laune über die Norm triumphiert und eine Generation von Erben mit dem Vermächtnis mühsam erworbener Prinzipien ein fröhlich-verzweifeltes Feuerwerk veranstaltet, dessen Glut die Reichtümer wie die Wahrheiten dahinschmelzen läßt."[16]

Nun und endlich abschließend zu dem poetologisch-ästhetischen Grund: Die sogenannte Lehrdichtung, die bis ins 18. Jahrhundert hinein als eigene Gattung in den Poetiken geführt wurde, geriet unter Verdikt. Das geschah vor allem durch Goethe, der a) Didaktik als eigene Gattung nicht mehr gelten lassen wollte, weil Gattungen von der Form her zu bestimmen seien als Epik, Lyrik, Dramatik und b), was der eigentlich entscheidende Punkt ist, postulierte, daß dichterische Kunst allenfalls indirekt didaktisch sein dürfe, wolle sie Kunst sein. Das führte im Laufe des 19. Jahrhunderts zur Entfernung der zahlenmäßig unermeßlichen lehrhaften Literatur aller Schattierungen aus der Poetik mit dem Ergebnis im 20. Jahrhundert, daß das Phänomen bzw. Problem in keiner Einführung in die Literaturwissenschaft mehr diskutiert wird. Die Folge können Sie bei Kritiker-Papst Marcel Reich-Ranicki studieren, für den lehrhafte Literatur, wozu auch die moderne engagierte Literatur gehört, nur schlechte sein kann. Sie können nachlesen, wie er mit dem bedeutenden Roman *örtlich betäubt* von Günter Grass umgegangen ist, in dem der Schriftsteller die Spannung zwischen direkter Lehrhaftigkeit und Romanpoetik zum Prinzip seiner Kunst erhebt.[17] Doch hat das in diesem Fall offenbar ge-

---

die Frage „Was ist für Sie das größte Unglück?" antwortet: „Daß gerade Tugend Terror schafft." Vgl. Frankfurter Allgemeine Magazin, Heft 740 vom 6. Mai 1994, S. 30.

16 Joachim Fest: Die schwierige Freiheit. Über die offene Flanke der offenen Gesellschaft. Berlin 1993, S. 31. Vgl. Hans Magnus Enzensbergers „Privilegierte Tatbestände". Abdruck in der Frankfurter Allgemeinen Zeitung Nr. 117 vom 21. Mai 1994, S. 25.

17 Marcel Reich-Ranicki: Günter Grass. Aufsätze. Mit Fotografien von Isolde Ohlbaum. Zürich 1992, S. 89-101: „Eine Müdeheldensosse". Vgl. oben S. 251 ff., 277 und Gustav

wordene Kritiker-Versagen bis heute wohl nur den Schriftsteller selbst und mich wirklich aufgeregt. Allein daran können Sie ermessen, in welches Gebiet man sich begibt, wenn man sich mit dem Kern des Hans Sachs beschäftigt, in welche, in jeder Beziehung als abseitig und reaktionär verdächtigte Ecke man sich stellt. Oder anders formuliert: Das Problem, das ich hier anspreche, ist ein unentdeckter Computer-Virus. Er infizierte und infiziert alle Sachs-Programme.

Meine sehr verehrten Damen und Herren, ich bitte Sie, mir meine Worte als eine Art Pfingstpredigt wohlwollend durchgehen zu lassen. Ich denke, Sie werden die Ausstellung jetzt als eine Erholung empfinden. Lieber Herr Mende, Sie hatten sich für heute von mir eine professoral-ernste Rede gewünscht: das war sie.

Seibt: Schließ die Augen. Der Moralist Max Gold. In: Frankfurter Allgemeine Zeitung von Samstag, 31. Dez. 1994, Nr. 304, Beilage Literatur. Seibt bejaht die Frage, ob Gold ein Moralist sei, und kann ihm deshalb uneingeschränkte Anerkennung zollen, weil er „nie ein *fabula docet*" mitteile, vielmehr „alles in sein mimetisches Sprachfluidum" auflöse.

II.

... auf deren Schultern wir stehen

Einstein der Kunstgeschichte

Erwin Panofsky zum hundertsten Geburtstag
(1992)

*Für Gerda Panofsky zur Erinnerung
an den 30. März 1992 in Hamburg*

Reden wir zuerst von seinem Ende. Er verstarb am 14. März 1968 kurz
vor dem 76. Geburtstag im berühmten Princeton, New Jersey. Ein Grab
oder einen Gedenkstein suchen wir dort vergeblich, an dem wir, sei es
zum Todes-, sei es zum Geburtstag, ein Blumengebinde niederlegen, an
dem wir gedenkend verweilen könnten. Sollte dies der Historiker der *Grab-
plastik von Alt-Ägypten bis Bernini* (1964) so gewollt haben? Sicherlich. Pul-
vis et umbra sumus, wir sind Staub und Schatten. An demütiger Einsicht

*Abb. 153: Erwin Panofsky, sitzend rechts, und das Hamburger Kunsthistorische Seminar auf
Exkursion in Westfalen 1932. Hinter „Pan" stehend mit weißer Bluse seine Frau Dora.*

617

in die Hinfälligkeit und Begrenztheit der menschlichen Natur hat ihn wohl keiner seiner Generationsgenossen übertroffen. In der Einsicht nur? Nein, auch im Handeln. Also lehnte er das materiell sichtbare und faßbare Monument ab, da für ihn die Würde des Menschen auf immaterieller Geistigkeit beruhte, sofern diese sich an menschliche Werte bindet und handelnd dafür eintritt.

Abb. 154: *Lukas Cranach d. Ä.: Venus und Amor.*
Öl auf Holz ca. 1518- 1520.

Panofskys bewußt betriebene Rücknahme aus der Welt des Sicht- und Tastbaren brachte eben jene Tätigkeit hervor, die ein Leben lang im Mittelpunkt der Sorge dieses Historikers gestanden hatte: Vergangenes Leben im Geiste zu vergegenwärtigen, um Zukunft für den menschlichen Menschen zu öffnen. So wurde ein schmales Heft der vom Kunstmuseum der Universität Princeton herausgebenen Zeitschrift *Erwin Panofsky in memoriam* sehr angemessen zum eigentlichen Grab- und Erinnerungsmal. Die Beiträge sind Ergebnis einer Gedenkfeier, die Freunde ein Jahr nach seinem Tode veranstalteten. Offenbar wußten die Weggefährten des großen Menschen und Gelehrten, welche Akzente sie setzen sollten, und da die Veranstaltung in Princeton stattfand, vertrauten sie darauf, daß ohne viele Worte das Umfeld den rechten Verständnisrahmen bieten würde. Das war aber offensichtlich nicht der Fall, wie der amerikanische Kunsthistoriker, Kritiker und Romanautor John Canady bezeugt, einer der Teilnehmer. Sein Eindruck war, daß jeder der Teilnehmer ein eigenes Panofsky-Bild gehabt habe, das er in dem von William S. Heckscher vorgetragenen Lebenslauf und den anderen Beiträgen nicht widergespiegelt fand.

Vielleicht hilft der inzwischen eingetretene zeitliche Abstand, um gerechter urteilen und jene verborgene Bedeutung erschließen zu können, die die symbolsetzenden Freunde in den Augenblick gewebt hatten. Nach vierundzwanzig Jahren erscheint die kleine Publikation in der Tat als die angemessenste postume Panofsky-Würdigung, die bisher erschienen ist. Robert A. Koch publizierte das damals vom Princetoner Kunstmuseum erworbene Gemälde *Venus und Amor* von Lukas Cranach d. Ä., das Panofsky nicht mehr hat kennenlernen können. Ein Original als symbolische Grabbeigabe für einen Kunsthistoriker, der bekanntlich „diese verdammten Originale" – „Goddam the originals!" – gestöhnt hat (natürlich ironisch gemeint!) und der als der Buchgelehrte schlechthin unter ihnen galt und gilt? Die Princetoner wußten natürlich, daß Panofsky die Originale so wichtig gewesen sind, wie sie einem Kunsthistoriker nur sein können, daß er sie aufgesucht hat, wann und wo immer er konnte. Vom Thema her war es ein kleiner Nachtrag zu Panofskys berühmtem Aufsatz über den blinden Cupido (1936); die Präsentation der Darstellung vollkommener Schönheit und die vollkommene stilistische Realisierung durch Cranach waren als eine Huldigung an den großen Interpreten des Kunstschönen gemeint und in gleichem Maße an den Mann aus Fleisch und Blut. Jakob Rosenberg, der berühmte Cranach-Forscher, bündelte in seinem kritischen Beitrag zu Cranach d. Ä. Stilkritik, Bedeutungsforschung und Kennerschaft, Wege zum Kunstwerk also, die Panofsky immer verbunden gesehen hat. So wichtig wie das Sehen war ihm das Hören, aber nicht nur von Worten, sondern in eben dem Maße von Tönen. Wolfgang Stechow, einer der ältesten Freunde und selbst musikalisch hochbegabt, erläuterte daher Panofskys inniges Verhältnis zur Musik. Die genannten Facetten und viele mehr fügte William S. Heckscher in ein Gesamtbild des Lebens und Wirkens von knapp zwanzig Druckseiten. Sein Beitrag verbindet die meisterliche Gabe der Darstellung mit der im Gehalt größtmöglichen Annäherung an die Wahrheit, die das Leben und Wirken Panofskys ausmachten. Ein mit der Liebe des Meister-Schülers geschriebener Essay, der im Rang dem Lebensbild entspricht, das der Lehrer dem eigenen Lehrer Wilhelm Vöge 1958 gewidmet hatte. „Wahrheit und Schönheit" aber ist die Devise des Institute for Advanced Study, dem Panofsky von 1935 bis 1968, also dreiunddreißig Jahre hindurch, gedient hat.

Verborgene Symbolik ("disguised symbolism") gibt es nicht, sagen inzwischen Kritiker Panofskys. Jan Białostocki, der große polnische Kunsthistoriker, hatte deren Aufdeckung in der holländischen Kunst des 17. Jahrhunderts noch zu Panofskys bleibenden Erkenntnissen gerechnet. Niemand hätte gelassener auf die entsprechenden Einwände reagiert als der Finder selbst. Was für alle wissenschaftliche Tätigkeit Panofskys gilt, bleibt jedoch auch für diesen Fragenkreis gültig: Er hat die Diskussion auf eine neue, vorher nicht gekannte Ebene gehoben. Die wenigsten seiner heutigen Kritiker sind bereit, sich dies klar zu machen oder gar die Forschungssituationen sorgfältig zu rekonstruieren, auf die er jeweils traf und reagierte.

Hannoveraner von Geburt, blutsmäßig ein berlinisch-preußischer Jude, im Herzen ein Hamburger, der nach Princeton ins Paradies vertrieben wurde: so könnte man ihn charakterisieren in Abwandlung jener berühmten autobiographischen Formel, die Aby M. Warburg auf sich gemünzt hatte. Als Sohn wohlhabender Eltern wurde Erwin Panofsky am 30. März 1892 in Hannover geboren. Im fünften Lebensjahrzehnt schon entschloß sich der Vater, das Berufsleben aufzugeben und den Neigungen zu leben. Man zog nach Berlin. Der Sohn wechselte auf das dortige berühmte Joachimsthalsche Gymnasium und erhielt jene Prägung und Bildung, für die er sein Leben lang tiefempfundene Dankbarkeit bewahren sollte. Es ist hochinteressant zu sehen, welche Buch-Schulpreise das humanistische Gymnasium 1905 und 1910 seinem Zögling, der mühelos Latein und Griechisch lernte und beherrschte, zukommen ließ allen Vorurteilen zum Trotz, die diesem Schultyp gern entgegengebracht werden: Wilhelm Bölsche *Von Sonnen und Sonnenstäubchen. Kosmische Wanderungen* und B. Weinstein *Die philosophischen Grundlagen der Wissenschaften*.

Das Studium begann er 1910 in Freiburg/Br. mit Jura, aber nach zwei Semestern wechselte er zur Kunstgeschichte als Hauptfach und zu Geschichte sowie Philosophie als Nebenfächern. Es war die Strahlkraft des feinsinnigen, empfindsamen, durch und durch redlichen, eine solide Methodik vermittelnden Wilhelm Vöge, die ihm den Weg in seinen Lebensberuf wies. Hier lernte er, daß es wichtiger ist, Methode zu haben als über sie zu schreiben. Sein Lieblingsdiktum wurde "Über Methoden diskutieren heißt ihre Anwendung verhindern"("The discussion of methods spoils their application."). Es ist bezeichnend, daß er später von den USA aus

der Fachwelt nicht eine Einführung oder eine Methodik als richtungsweisend empfahl, sondern das Fragment gebliebene Spätwerk seines Lehrers
Vöge über Jörg Syrlin, von dem er sagte, es sei „vielleicht *das* Buch, das
dem so oft postulierten Ideal einer ‚totalen Kunstgeschichte' am nächsten"
komme. Soweit ersichtlich hat die Kunstgeschichte die Bedeutung dieser
Bemerkung nie mit Nachdruck ausgelotet; das Werk ist längst vergriffen
und spielt auch in den methodischen Diskussionen keine Rolle, ja noch
nicht einmal Michael Baxandall, der ihm thematisch und methodisch mit
seinem bedeutenden Werk über die süddeutschen Bildschnitzer (englisch
1980, deutsch 1984) am nächsten kam, hat sich seinem Einfluß ausgesetzt.
Nur einmal hat der überaus bescheidene Mann, für den es, wenn auch
mit einer gewissen Ironie gesagt, nur kleine Bücher, „little books" gab, ein
eigenes Werk „opus magnum" zu nennen gewagt. Ist es denkbar, daß er
dies nur zufällig Vöge gewidmet hat und daß es jenes Werk über *Early
Netherlandish Painting* (1953) war, in dem er die verborgene Symbolik, den
„disguised symbolism", in die kunsthistorische Diskussion einführt, jenes
Werk, das aus den *Charles Eliot Norton Lectures* hervorgegangen war, die
halten zu dürfen nach Panofskys brieflicher Äußerung fast der Ehre des
Nobelpreises entsprach?

Seine Dissertation über *Dürers Kunsttheorie vornehmlich in ihrem Verhältnis
zur Kunsttheorie der Italiener* war die Antwort auf eine 1911 von Heinrich
Wölfflin formulierte Preisfrage. 1913 gewann er damit den Grimm-Preis
der Preußischen Akademie der Wissenschaften. Die Promotion erfolgte
1914, die Drucklegung 1915. In dem für eine damalige Dissertation ungewöhnlich umfangreichen Buch manifestiert sich eine einzigartige Begabung. Die sachliche und stilistische Meisterung des interdisziplinär höchst
anspruchsvollen Themas ist phänomenal, das Buch bis heute nicht ersetzt.
Was hier ans Licht getreten war, blieb das Signum eines mehr als vierzig-
jährigen, erfolgreichen, in einem umfassenden und tiefen Sinne fruchtbaren Forscherlebens: die gleichmäßige Beherrschung mathematischer,
philosophischer, ästhetischer, kunsthistorischer, historischer und philologischer Kenntnisse und Methoden, also eine wie mühelos erscheinende
Interdisziplinarität; die Gabe, höchst komplexe Phänomene in geordneter
Übersichtlichkeit darzustellen; eine atemberaubende Produktionsge-
schwindigkeit und schließlich eine Sicherheit im anspruchsvollen sachlichen wie sprachlichen Zugriff, die nur ganz wenigen gegeben ist. Als
Gefahr kündigt sich in der Dissertation bereits an und bleibt in gewissem
Maße erhalten, daß das viele Jahre hindurch kein Tief kennende Mittei-
lungsbedürfnis hier und da die Quellensuche zu früh abbricht und zu

schnell zur Ausformulierung von Forschungshypothesen gelangt. Da Panofsky aber wissenschaftliche Lauterkeit nicht nur gelehrt, sondern immer auch praktiziert hat, wies er stets selbst die Wege zur Kritik und war, wenn begründet, immer bereit, sie zu akzeptieren und in Neuauflagen einzuarbeiten.

1915 treffen wir den jungen Dr. phil. wieder in Berlin. Er sucht den Kontakt zu dem berühmten Mediävisten Adolph Goldschmidt, um die Ausbildung zu vervollkommnen. Offenbar hatte aber auch Panofsky viel zu bieten. „Wenn Erwin ein Bild sieht, dann fällt ihm immer etwas ein", so Goldschmidts Charakteristik. Dem hielt Panofsky entgegen, wie der Mitstudent Edmund Schilling erinnert: „Sie sind das Trüffelschwein, das die Trüffeln sucht. Ich bin der Koch, der damit die guten Gerichte bereitet." Ein Zeichen, wie man im Goldschmidt-Kreis wissenschaftlichen Ernst nicht zelebrierte, sondern mit Ironie und Scherz würzte. Dieses urberlinische Element ist Panofskys Lebenselexier geblieben. Im Goldschmidt-Seminar lernte er damals die um acht Jahre ältere Berlinerin Dorothea Mosse kennen, die schon im nächsten Jahr seine Frau wurde. Zum Jahresende vermittelte Goldschmidt einen ersten Besuch in der Kulturwissenschaftlichen Bibliothek Warburg in Hamburg, die der Begründer dem „Herrn Doktor" und den ihn begleitenden Berliner Studenten, darunter der spätere Inhaber des Berliner kunsthistorischen Lehrstuhls, Hans Kauffmann, als „Institut für Ausdruckskunde" vorstellte. Damit trat er in den Bannkreis desjenigen Mannes, der nach Vöge und Goldschmidt als dritter Lehrer ihn besonders richtungsgebend beeindrucken sollte.

Mindestens seit der Studentenzeit war er viel gereist im In- und Ausland, um die Kunstdenkmäler im Original zu studieren. Selbst die Hochzeitsreise im Sommer 1916 wurde zu einer kunsthistorischen Exkursion durch Franken genutzt. 1918/19 hielt er Ausschau nach dem Ort für eine Habilitation. Beinahe wäre es Tübingen geworden. Da rief ihn am 31. Dezember 1919 Gustav Pauli, seit 1914 Direktor der dortigen Kunsthalle, nach Hamburg und ebnete ihm an der neugegründeten Universität den Weg. Im Sommer 1920 erfolgte bereits die Habilitation. Pauli sah in Panofsky schon damals die größte Begabung unter den jungen deutschen Kunsthistorikern, und es kam für ihn von Anfang an nur er als Inhaber des einzurichtenden Lehrstuhls für Kunstgeschichte an der Hamburger Universität in Frage. Aber erst im Januar 1926 war es soweit, bis dahin halfen die Reste des Privatvermögens, gelegentliche Verkäufe von ererbten Antiquitäten und schließlich das bescheidene Salär eines Wissenschaftlichen Hilfsarbeiters.

Als die junge Familie 1920 mit den Söhnen Hans und Wolfgang – Hans wurde als Meteorologe, Wolfgang als Physiker berühmt – von Berlin nach Hamburg zog, bedeutete dies für Panofsky den Schritt in diejenige Stadt, die er etwa seit 1911 gekannt hat. Wohl auch deshalb hat er sich hier schnell und ohne Reibungsverluste eingelebt. Wann immer er später an seine dreizehn Hamburger Jahre erinnert wurde, hat er sie die schönsten und fruchtbarsten seines Lebens genannt, keine andere Stadt blieb seinem Herzen so nahe, erweckte aus der Ferne solche Sehnsucht und Nostalgie. Aber überhaupt hat er die zwanziger Jahre geliebt, die er im Rückblick als die modernsten des 20. Jahrhunderts ansah. Für die Aufrichtigkeit seiner Gefühle und Gedanken spricht, daß er nach der Emigration Hamburg nie wiedergesehen hat, nie wiedersehen wollte. Mit großem Elan, dem keine Arbeit zu niedrig und kein Dienst lästig war, ging er daran, das Kunsthistorische Seminar aufzubauen. Als Lehrer zeigte er geniales Profil und Charisma. Kunstgeschichte in Hamburg zu studieren wurde in Windeseile zum heißen Tip der Hochbegabten. Wenn sich bald die Benennung „Hamburger Schule" einstellte, umfaßte dieser Name auch die von der Kulturwissenschaftlichen Bibliothek Warburg, von der Kunsthalle und vom Museum für Kunst und Gewerbe ausgehenden Energien. Für die weitere Entwicklung des Forschers Panofsky war entscheidend, daß er, der kongenial den Anliegen Warburgs aufgeschlossen gegenüberstand, in Warburgs Bibliothek das vorzüglichste Forschungsinstrument an der Hand hatte, das weltweit zu finden war. Er verknüpfte während der Hamburger Jahre seine Person derart mit dieser Bibliothek, daß er aus deren Sicht nicht nur als der schlechthin ideale Benutzer galt, sondern am Ende auch denjenigen, die als Außenstehende nicht so genau differenzieren konnten, wie ein zweiter Warburg und wie die Verkörperung der Leistungsfähigkeit der Bibliothek erscheinen mußte. Natürlich stellte sich der integrative, allem Anregenden offene philosophische Kopf auch auf den Philosophen Ernst Cassirer ein, der seinerseits engen Kontakt zum Warburg-Kreis hielt. Zu den bisherigen und in Hamburg weiter gepflegten Forschungsgebieten der Stilkritik sowie der Geschichte der Kunsttheorie und Ästhetik trat nun immer fordernder die zunächst von ihm noch Typenlehre, bald aber Ikonographie und Ikonologie genannte Untersuchungsrichtung hinzu. Warburg hatte sie mit seiner Botticelli-Dissertation praktisch begründet, um einseitig genießerische und/oder formalistische Kunstbetrachtung auszubalancieren. Panofsky hat dieser Richtung mit den Büchern zu Dürers *Melencholia*-Kupferstich (1923 zusammen mit Fritz Saxl, zweite englische Ausgabe mit Raymond Klibansky als drittem Autor

1964) und zu *Hercules am Scheidewege* (1930) sowie mit dem Aufsatz zur *Imago pietatis* (1927) Tribut gezollt und mit seinem Aufsatz *Zur Beschreibung und Inhaltsdeutung von Werken der bildenden Kunst* (1932) die – Kritik hin, Kritik her – bis heute unübertroffene Methodenlehre gegeben. Dieser Aufsatz war so grundlegend und folgenreich, daß er in seiner Bedeutung für die Kunstinterpretation in unserem Jahrhundert nur mit Heinrich Wölfflins *Kunstgeschichtlichen Grundbegriffen* verglichen werden kann. Wenn es heute in allen Philologien und der Volkskunde selbstverständlich ist, das den Text begleitende Bild in die Interpretation einzubeziehen und die Geschichtswissenschaft um die methodische Grundlegung einer „Historischen Bildkunde" ringt und wenn andererseits Kunsthistoriker den das Bild begleitenden Text selbstverständlich als relevant beachten, dann geht dies ganz wesentlich auf die Weltwirkung Panofskys zurück. Den Evolutionsschub, den die kunstinterpretierenden Geisteswissenschaften dadurch erhalten haben, kann man z.B. gut mit der Aufdeckung des Stammbaumes der indogermanischen Sprachen im 19. Jahrhundert und deren Bedeutung für die Sprachwissenschaft vergleichen.

1933. Die Kulturwissenschaftliche Bibliothek Warburg, ohnehin nach Warburgs Tod Auswanderungspläne erwägend, verlegt unter dem Eindruck des antijüdischen Naziterrors ihren Wirkungskreis nach London, wo sie schließlich 1944 nach bangen Jahren eine dauernde Bleibe als Institut der Universität findet. Panofsky, der seit 1931 zweimal Gastprofessor an der New York University gewesen war und mit englischen Vorlesungen über deutsche Kunst unbeschreibliche Lehrerfolge errungen hatte, bekam glücklicherweise eine neue Einladung für 1934/35, so daß die Familie das Wagnis auf sich nehmen konnte, nach Princeton überzusiedeln. Während in Hamburg wegen der Vertreibung der Lehrer und des Verlusts des Arbeitsinstruments Kulturwissenschaftliche Bibliothek Warburg die kunsthistorische Lehre und Forschung buchstäblich zusammenbrachen, erhielt Panofsky einen Ruf an das Institute for Advanced Study in Princeton, dem er trotz mancher verlockender Rufe bis an sein Lebensende die Treue halten sollte. Damit war der Einstein der Kunstgeschichte Einsteins Kollege geworden und wurde rasch sein Freund.

Diese neue Lebensphase pflegte er als seine Vertreibung ins Paradies zu bezeichnen. Er wäre nicht er selbst gewesen, hätte er nicht alle in ihn gesetzten Hoffnungen mehr als erfüllt. Kollegialität und Zusammenarbeit wurden wie schon in Hamburg gepflegt, neue Freundschaften geschlossen, neue Schüler gewonnen, den alten nach Kräften geholfen. In kürzester Frist machte der sprachsensible Gedächtnisriese das Englische seinem

Ausdruckswillen gefügig und vermittelte so dem dankbaren neuen Publikum im Umgang mit den Schätzen der bildenden Kunst überzeugende neue Seherlebnisse. Daß das Publikum vor allem seine stupende Gelehrsamkeit wahrnahm und ihn wegen seiner Fähigkeit, schwierige Bildgehalte zu entschlüsseln, bewunderte, ihn also zuerst als Ikonologen feierte, hat ihn zwar gefreut, aber auch geschmerzt. Zwar hat er die Ikonologie geliebt, aber tatsächlich hat er Gehalt und Gestalt immer als Einheit gesehen, wie man z.B. seinen großen Werken, der Dürer-Monographie von 1943, der ersten relevanten Dürer-Gesamtdarstellung in englischer Sprache überhaupt, und dem Werk über die frühen Niederländer von 1953 entnehmen kann. Anspruch weckt leicht Abwehr. Einer seiner mächtigsten Widersacher in den USA war Francis Henry Taylor, Direktor des Metropolitan Museum of Art in New York, der ihn auf die Rolle des Ikonologen festlegte und nach Erscheinen seiner *Studies in Iconology* (1939) sich zu der Bemerkung hinreißen ließ, es sei kaum ein Wunder, daß die Studenten, die in Deutschland mit solcher unverständlichen und nutzlosen Forschung konfrontiert gewesen seien, sich vor Verzweiflung dem Nationalsozialismus in die Arme geworfen hätten. Demgegenüber bleibt festzuhalten, daß Panofsky immer gegen eine Isolierung einzelner Methoden eingetreten ist und z.B. den Plan, eine Spezialzeitschrift für Ikonologie zu begründen, nicht befürwortet hat, obwohl sein Lieblingsschüler Heckscher dahinterstand. Übrigens hat er wie in der Wissenschaft auch sonst politisch seinen Mann gestanden und seine Überzeugungen, die die eines Liberalen waren, nicht verborgen gehalten. Z.B. verzichtete er eher auf eine Vortragsreise durch Kalifornien als den berüchtigten Loyalitätseid zu schwören, machte er Front gegen McCarthy und trat für Roosevelt ein. Ja und nebenbei, um nur dies noch zu erwähnen, hat er mit seinem kleinen Essay *On Movies* 1936 die Filmtheorie begründet. Leider wissen wir nicht, was aus den Kinodramen geworden ist, die der Student und junge Doktor geschrieben hatte.

Ein Bereich seiner rastlosen Tätigkeit ist vor den Augen der Öffentlichkeit noch fast völlig verborgen: seine Briefe. Aber es wird an einer Auswahl-Ausgabe gearbeitet. Kein leichtes und schnelles Unterfangen; denn aus einer Zahl von noch mindestens 16.000 erhaltenen und z.T. weit verstreuten Panofsky-Briefen ist die Auswahl zu treffen. Jeder, der mit einem ernsten Anliegen, der mit einem Sonderdruck oder einem Buch zu ihm kam, erhielt eine Antwort. Nicht selten nahmen die Antworten den Umfang kleiner Abhandlungen an, die er ebensogut hätte publizieren können. Was es insbesondere für junge Studenten bedeutete, von einem solchen Mann ganz selbstverständlich ernst genommen zu werden, läßt sich in

114 PROSPECT AVENUE
PRINCETON. N. J.

Sehr verehrter Herr Kollege,

durch ein sehr bedauerliches Versehen der
hiesigen Post ist mir Ihr so freundlicher Brief vom 19.Juni nicht nachge-
schickt worden , als ich in Europa war, sodass ich ihn erst gestern bei
meiner Rückkehr hier vorfand. Ich fürchte, dass die Besetzungsangelegenheit
inzwischen schon geregelt ist, möchte aber natürlich nicht versäumen, wegen
meines anscheinend unverständlichen Schweigens um Verzeihung zu bitten und
, vor allem, meinen herzlichsten Dank für Ihre gütige Absicht auszusprechen.
Ich brauche nicht zu sagen, welche Freude und Ehre es mir ist, von
Ihnen für den Lehrstuhl Jacob Burckhardts in Erwägung gezogen worden zu
sein , und wie sehr ich an und für sich die Möglichkeit , den Dingen wieder
etwas näher zu sein , begrüsst hätte. Aber - abgesehen davon, dass es wahrscheinlich zu spät ist- ich glaube nicht , dass ich meine hiesige Stellung
in der näheren Zukunft würde aufgeben können. Einmal hat man mich in Amerika
von Anfang an mit solcher Wärme und Hilfsbereitschaft aufgenommen , dass es
mir als eine Art Undankbarkeit erscheinen würde, so bald wieder wegzugehen,
sodann habe ich an der mir hier gestellten Aufgabe auch sachlich ein wirkli-
ches Interesse gewonnen , endlich würde es mir schwer fallen, meine beiden
Söhne , die seit einem Jahr in Princeton studieren und sich auf dieser Universität in jeder Beziehung glücklich fühlen, noch einmal zu verpflanzen.
Diese Erwägungen vermindern natürlich in keiner Weise meine Dankbarkeit
für Ihre und Ihres Herrn Kollegen ehrenvolle Absicht , und ich möchte nicht
versäumen, Ihnen , falls die Angelegenheit noch in der Schwebe sein sollte,
meine Mitarbeit anzubieten; wenn Sie oder andere Herren der Baeler Fakultät
es wünschen sollten, bin ich mit der grössten Freude bereit, Ihnen bei der
sicherlich sehr schwierigen Wahl eines Nachfolgers durch gutachtliche Aeusse-
rungen oder Anregungen nach bestem Wissen behilflich zu sein. Zögern Sie
also bitte nicht, mir, wenn Sie es irgend für nützlich halten, zu schreiben.
Es wird mir stets ein Vergnügen sein, Ihnen in jeder Beziehung behilflich
zu sein.
Mit wiederholtem Dank für das mir entgegengebracht Vertrauen und den
besten Empfehlungen

Ihr Ihnen stets ergebener

Erwin Panofsky

Abb. 155: Brief-Faksimile: Erwin Panofsky reagiert auf eine Voranfrage von Prof. Dr. Ernst Pfuhl, Basel, und sagt eine mögliche Berufung auf den kunsthistorischen Lehrstuhl der Universität Basel ab.

der Kürze gar nicht beschreiben. Aber auch Kollegen und Freunde wußten
ihn als Briefpartner zu schätzen und manch Aufrechter, der in Nazi-
Deutschland zurückbleiben mußte, hat seine Briefe als Unterpfand der
Hoffnung heimlich aufbewahrt.

Panofskys Natur entsprach bei aller Verstandesschärfe, bei allem sprü-
henden Witz, bei aller Vitalität eine tiefe Menschenliebe. In Liebenswür-

Abb. 156: Erwin Panofsky in seinem Garten im Gespräch mit Jan Białostocki, 1958.

digkeit, Bescheidenheit, Güte, Dankbarkeit, Demut, Geduld, Hilfsbereitschaft und Treue war er ebenso schwer zu übertreffen wie in seinen intellektuellen, musischen und sprachlichen Fähigkeiten. Man darf sich wegen der Gefahr des Mißverständnisses nicht scheuen, er hätte es einem übel genommen, ihn als einen Humanisten in des Wortes voller Bedeutung zu bezeichnen, der in der Wissenschaft und im Leben philisterhafte Grenzen nicht kannte und nur dem Barbaren den Dialog verweigerte. Cicero und Erasmus, Dante und Shakespeare, Jean Paul und Fontane, Abt Suger und Alberti, Dürer und Tizian, Leonardo und Galilei, Mozart und Bach hätten an dem *vir bonus dicendi, videndi audiendique peritus* ihre Freude gehabt ebenso wie Klein Erna und der ‚Erfinder' des Limericks.

Aus Kreisen der Kunsthistoriker, besonders der Kunsthistorikerinnen hört man gelegentlich, Panofsky sei ‚out', nur Warburg sei ‚in'. Dies Verdikt gilt einem Manne, der einst bei intellektuell anspruchsvollen Kunsthistorikerinnen nicht unbeliebt war und den Gertrud Bing nach Fritz Saxls zu frühem Tode 1948 als den neuen Direktor des Warburg Instituts nach London holen wollte. Sie sah auf der ganzen Welt keine geeignetere Persönlichkeit, und als er absagte, war sie so freimütig zu bekennen, daß nur Zweitbester sein könne, wer immer nun Direktor werden würde.

Soweit mir ersichtlich, beruhte Panofskys Wirkung ganz auf Überzeugungskraft, nicht auf Überredungskunst. Außer daß er sich zu Vorträgen, Vorlesungen und Diskussionen zur Verfügung hielt sowie Ergebnisse seiner Forschungen formulierte und publizierte, hat er kaum je etwas getan, um sich zu propagieren. Es war also nicht charakteristisch für ihn, als Wissenschaftler und/oder als Wissenschafts- und Bildungspolitiker offensiv oder gar aggressiv schul- und parteibildend aufzutreten. Mir fehlen daher vorläufig noch die Kategorien zu verstehen, warum er seit Jahren weltweit eine gewisse irrationale Ablehnung und Aggressivität auf sich lenkt. Per definitionem gehört er in den gegenwärtigen USA zu den DWEMs, den „Dead White European Males", deren kulturelle Energie der von Kolumbus hergeleiteten Eroberermentalität verdächtigt wird. Ich fände es erstaunlich, wenn man ihn tatsächlich zu einer Art Conquistador stempelte. Wäre es so, ich denke der *frater Erwinus qui et Pan*, so seine gern gewählte Unterschrift am Ende lateinischer Briefe, würde es überleben.

Literatur zu Leben und Werk von Erwin Panofsky

Eine Autobiographie hat Erwin Panofsky nicht verfaßt und anscheinend hat er nie den Plan dazu gehabt.

Über sein persönliches Verhältnis zu Wissenschaft, Menschenbild und Politik geben Auskunft die Essays *Kunstgeschichte als geisteswissenschaftliche Disziplin* und *Drei Jahrzehnte Kunstgeschichte in den Vereinigten Staaten. Eindrücke eines versprengten Europäers* in E.P.: Sinn und Deutung in der bildenden Kunst. Köln 1975. Eine sehr schöne Auswahledition der mit dem amerikanischen Schriftsteller Booth Tarkington gewechselten Briefe publizierte 1974 Richard M. Ludwig: Dr. Panofsky and Mr. Tarkington. An Exchange of Letters 1938-1946. Sie erschien im Selbstverlag der Princeton University Library. Hierin sind auch abgedruckt die humorvolle Rede, die P. 1945 aus Anlaß der Verleihung des Nobelpreises an Wolfgang Pauli gehalten und der Beitrag, den er aus Anlaß der Tarkington-Ausstellung 1946 u.d.T. *Humanitas Tarkingtoniana* verfaßt hatte. Der Band E.P.: Aufsätze zu Grundfragen der Kunstwissenschaft. Hrsg. von Hariolf Oberer u. Egon Verheyen. 3. Aufl. Berlin 1985, enthält u.a. P.s an entlegener Stelle publizierte Wölfflin-Würdigung von 1924, die unter den erreichbaren zuverlässigste, bis 1974 fortgeführte Bibliographie seiner Schriften und eine Bibliographie der wichtigsten Nachrufe. Das zu Anfang meiner Ausführungen genannte Gedenkheft *Erwin Panofsky in memoriam* erschien in: Record of the Art Museum, Princeton University, 28 (1969) No. 1. Von W.S. Heckschers *Erwin Panofsky. A curriculum vitae* existiert ein um Anhänge erweiterter Separatdruck, der bequem zugänglich ist in dem Band W.S.H.: Art and Literature. Studies in Relationship. Hrsg. von Egon Verheyen. Baden-Baden 1985 [zweite, wesentlich erweiterte Auflage 1994]. Vgl. ferner Jan Białostocki: Dürer and His Critics, 1500-1971. Chapters in the History of Ideas. Including a Collection of Texts. Baden-Baden 1986; Wuttke/Schmidt: Erwin Panofsky (1991); dies.: Aby M. Warburg (1992).

[Nachtag: Horst Günther: Gedenkblatt für einen Humanisten. Erwin Panofsky. In: Neue Rundschau 104 (1993) H. 3, S. 168-173; Volker Breidecker: Kracauer und Panofsky. Ein Rencontre im Exil. In: Im Blickfeld. Jahrbuch der Hamburger Kunsthalle 1 (1994) S. 125-147. Außerdem sei auf den schönen Band Erwin Panofsky: Die ideologischen Vorläufer des Rolls-Royce-Kühlers und Stil und Medium im Film. Frankfurt/New York 1993, verwiesen, der Heckschers *Erwin Panofsky. A curriculum vitae* in deutscher Übersetzung enthält. Eine klarsichtige, profunde Einführung in Panofskys Konzept der Ikonographie und Ikonologie und eine umsichtige Fortführung dieses Konzeptes findet man bei Roelof van Straten: Einführung in die Ikonographie. Berlin 1989, zuerst holländisch 1985.]

Anhang

Erstdruck eines handschriftlichen Briefes, den Erwin Panofsky nach Hamburg an Fritz Saxl geschickt hat, um für seinen Lehrer Wilhelm Vöge, der sich in psychisch äußerst labiler Lage befand, Hilfe zu organisieren. Der mit Vöge befreundete Aby M. Warburg, erst kürzlich aus der Nervenheilanstalt von Ludwig Binswanger entlassen und jetzt vom Verlust seines Freundes Franz Boll betroffen, für den er zum 25. April 1925 eine Gedenkveranstaltung vorbereitete, sollte von dem Vorhaben vorläufig nichts erfahren. Warburgs Hamburger Arzt Dr. Embden jedoch sollte eingeweiht werden. Übrigens blieben alle Bemühungen vergeblich, wie Panofsky in dem Brief schon befürchtete. Das Original befindet sich im Warburg Institute, London.

Erwin Panofsky	an	Fritz Saxl
Ballenstedt am Harz		Kulturwissenschaftliche
		Bibliothek Warburg
Großer Gasthof		Heilwigstraße 114
3.3.1925		Hamburg

Lieber guter Saxl:

Ich brauche dringend Ihre Hilfe, denn die Situation, in der ich V.⟨öge⟩ getroffen habe, ist geradezu fürchterlich: er will unbedingt fort, weiß aber nicht wohin, da alle bisherigen Vorschläge ihm aus irgendwelchen totemistischen Verrücktheiten (z.B. in ein Sanatorium in Thüringen geht er nicht, weil er dabei über Koetschaus Geburtsort fahren müßte) unannehmbar sind. Dagegen hat er – heute und wie es morgen ist, weiß ich nicht – <u>von sich aus</u> gefragt, ob es nichts in der Nähe Hamburgs gebe – weder mit dem Gedanken an Warburg, noch mit dem Gedanken an mich, sondern nur, weil diese Gegend für ihn mit <u>angenehmen Vorstellungen belegt</u> ist. Er will <u>jetzt durchaus sofort einen Prospekt des Sanatoriums Grüneck</u> haben, und <u>den müssen Sie mir baldigst besorgen</u>, unter entsprechender Information des Arztes und Korrigierung der Preise auf etwa <u>10 M täglich</u>.

Warburg darf und soll nichts davon wissen, er braucht garnicht zu ahnen, daß V.⟨öge⟩ da ist (man kann ja dem Arzt Diskretion der ganzen

630

Familie W.⟨arburg⟩ gegenüber auferlegen, vielleicht auch Embden ins Vertrauen ziehen, der m.E. als behandelnder Arzt für V. in Betracht käme), denn das Geld zuzuschießen bin ich <u>meinerseits</u> bereit. Ich habe ja noch 15.000 - 20.000 M. Vermögen und es würde sich zunächst ja nur um 1 - 2 Monate handeln. Ich <u>kann</u> einfach nicht anders handeln, denn ich habe das unabweisbare Gefühl, daß, wenn es mir jetzt gelingt, Vöge von hier wegzubekommen, das die einzige und letzte Möglichkeit ist, den Mann zu retten – und Sie sind sicher der Erste, der es versteht, daß hier für mich einfach ein kategorischer Imperativ vorliegt. <u>Daß</u> es gelingt, ist mir immer noch unwahrscheinlich: er ist ein Ertrinkender, der nach dem Strohhalm greift, aber dann im entscheidenden Moment doch kaum noch die Energie hat zuzufassen. Aber Sie werden einsehen, daß der Versuch à tout prix gemacht werden muß. Also bitte, bitte, lieber Saxl: besorgen Sie den Prospekt, korrigieren Sie die Preise, sagen Sie Warburg <u>nichts</u>, und sorgen Sie dafür, daß er auch von andrer Seite nichts erfährt. Ich werde dafür sorgen, daß er vor der Boll-Feier von V.s eventueller Anwesenheit nichts merkt.

Verzeihen Sie die Belästigung durch diese neue Affaire, aber ich vertraue Ihrer Freundschaft! Herzlichst Ihr Panofsky.

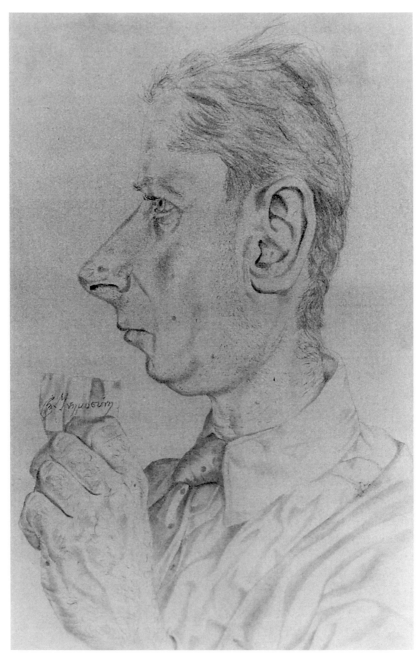

Abb. 157: William S. Heckscher: Selbstporträt als Mnemosyne-Mann. Bleistiftzeichnung 1947.

Erwin Panofsky:
Renaissance and Renascences in Western Art

(1966)

Dies erstmals 1960 erschienene Werk gibt die zum Buch ausgearbeitete erste Hälfte einer Vorlesungsreihe wieder, die Erwin Panofsky im August 1952 im Schloß zu Gripsholm unter dem Titel *Das Renaissanceproblem in der Kunstgeschichte* gehalten hat. Der Autor sprach damals auf Einladung des Kunsthistorischen Instituts der Universität Uppsala als letzter in der Reihe der *Gottesmann Lectures*. Im Jahre 1947 hatte D.S. Gottesmann aus Dankbarkeit gegenüber den Schweden für humanitäres Wirken im letzten Krieg fünfzigtausend Dollar gestiftet. Damit wollte er Vorlesungsreihen, gehalten von weltberühmten Persönlichkeiten, aus dem Bereich der Geisteswissenschaften ermöglichen. Ich kann mir keinen glücklicheren Themenvorschlag für den Abschluß dieser Reihen als den Panofskys und keinen geeigneteren Mann denken, gerade dieses Thema zu behandeln. 1952 konnte Panofsky auf eine annähernd vierzigjährige Forschertätigkeit in diesem Themenbereich zurückblicken, den man als die eigentliche Mitte seines Forschens wird ansprechen dürfen.[1] Ohne die Einladung nach Schweden hätte der Gelehrte bei der Fülle der Einzelbeobachtungen eigener und fremder Forschungen möglicherweise nie den Entschluß gefaßt, ein zusammenfassendes Buch darüber zu publizieren. Wie schwierig die Aufgabe und wie groß die Mühen gewesen sind, die er auf sich genommen hatte, zeigt die Tatsache, daß er erst nach fünf Jahren, also 1957, die hier vorgelegte Hälfte seiner Vorlesungen für druckreif erklären konnte. Ob er die andere Hälfte, die das 16. Jh. behandeln würde, auch noch zum Druck vorbereitet? Er sagt es nicht, und wir wollen ihn mit Wünschen, deren Konsequenzen für ihn wir schwerlich überschauen können, nicht behelligen.

Panofsky stellt das erste Kapitel seines Werkes (1-41) unter die Frage *Renaissance – Selbstdefinition oder Selbsttäuschung?*[2] Er geht aus von der Fest-

---

1 Vgl. die Bibliographie der Arbeiten Panofskys im Anhang zu Bd. 1 der würdigsten Festschrift, die mir bisher in die Hände gekommen ist: De artibus opuscula XL. Essays in Honour of Erwin Panofsky. 2 Bde. New York 1961.

2 Das Kapitel basiert auf Ausführungen, die der Autor schon bei anderer Gelegenheit vorgetragen hatte: Artist, Scientist, Genius: Notes on die „Renaissance-Dämmerung". In: The Renaissance. A Symposium. The Metropolitan Museum of Art, Febr. 8-10.

stellung, daß er entgegen aller vorgetragenen Skepsis von der Möglichkeit und Notwendigkeit historischer Periodisierung überzeugt ist. Daraus ergibt sich für ihn als erste Aufgabe, grundsätzlich zu prüfen, ob der Periodisierungsbegriff Renaissance, der wie kein zweiter im letzten halben Jahrhundert wegen der Entdeckung immer neuer mittelalterlicher Renaissancen Angriffen ausgesetzt war, weiterhin zur Periodisierung benutzt werden darf. Ihn interessiert in diesem Zusammenhang brennend das Selbstverständnis derjenigen Europäer, deren Zeitalter zuerst als Renaissance bezeichnet wurde. In weit ausgreifender Erörterung, die die Urteile Petrarcas, Boccaccios, Vallas, Manettis, Filaretes, Ghibertis, Dürers und Vasaris berücksichtigt, kommt er zu dem Schluß: „Vom 14. bis zum 16. Jh. also, quer durch Europa, waren die Menschen der Renaissance überzeugt, daß ihre Zeit ein vom Mittelalter ebenso scharf unterschiedenes Zeitalter sei, wie das Mittelalter von der klassischen Antike, und daß ihre Zeit durch eine vielfältige Anstrengung, die Kultur der Antike wiederzubeleben, gekennzeichnet sei. Die einzige Frage ist, ob sie Recht hatten oder nicht" (36). Der Autor beantwortet die Frage positiv: Sie hatten subjektiv Recht, weil sie selbst den Bruch mit der Vergangenheit deutlich empfanden und beschrieben, objektiv, weil von der Warte unserer wissenschaftlichen Erkenntnis aus nicht geleugnet werden kann, daß damals entscheidend Neues die Welt des Geistes zu bestimmen begann. Somit ist gezeigt, daß der Begriff Renaissance, wiewohl von den Zeitgenossen als Epochenbezeichnung noch nicht verwendet, doch einer Selbstdefinition geradezu gleichkommt und keineswegs Ausdruck der Selbsttäuschung der so bezeichneten Epoche ist. Es gibt also ‚die' Renaissance, die Anfang des 14. Jhs. in Italien begann, und mithin ist der Begriff zur Bezeichnung dieser Epoche geeignet. Da jedoch die Existenz ähnlicher, von auffallend starker Hinwendung zur Antike getragener geistiger Bewegungen im Mittelalter nicht wegdiskutiert werden kann, ergibt sich die Aufgabe zu klären, ob prinzipielle – also qualitative, nicht nur quantitative – Unterschiede zwischen den mittelalterlichen Renaissancen und ‚der' Renaissance bestehen, und wenn ja, wie man denn diesen Unterschied am besten schon in der Benennung ausdrückt.

Das zweite Kapitel (43-113) behandelt diese Fragen.[3] In der Überschrift *Renaissance and renascences*, deren glückliche Wortkoppelung im Deutschen leider nicht nachgeahmt werden kann, ist Panofskys Antwort bereits

---

New York 1952, S. 77-93.

3 Hier greift Panofsky auf Ausführungen zurück, die er unter dem Titel *Renaissance and renascences* im Kenyon Review 6 (1944) S. 201-236 bereits publiziert hat.

enthalten: Es gibt einen prinzipiellen Unterschied zwischen ‚der‘ Renaissance und den vergleichbaren Bewegungen in voraufgehenden Jahrhunderten, die insgesamt als mittelalterlich zu charakterisieren sind. Nur erstere sollte – für den englischen Sprachkreis gesagt – die Bezeichnung *Renaissance* (mit großem R) erhalten, letztere sollten *renascences* (mit kleinem r) genannt werden. Für das Deutsche sehe ich keine bessere Möglichkeit, als renascence mit mittelalterliche Renaissance zu übersetzen. Der Autor unterscheidet zwei mittelalterliche Renaissancen: 1. die karolingische Renovatio, 2. die Proto-Renaissance und den Proto-Humanismus des 11./12. Jhs. Die ottonische und die angelsächsische Renaissance (ca. 970-1020) rechnet er nicht dazu, da diesen Bewegungen eigenständige Bemühungen um die Wiederbelebung der Antike fehlen. Den prinzipiellen Unterschied zwischen den zwei mittelalterlichen Renaissancen und ‚der‘ Renaissance bringt er auf folgende Formel: „Die beiden mittelalterlichen Renaissancen waren begrenzte und vorübergehende Erscheinungen; ‚die‘ Renaissance war total und dauerhaft“ (106). Die Begrenztheit der mittelalterlichen Renaissancen zeigt sich, um nur ein Beispiel aus der bildenden Kunst herauszugreifen, daran, daß die karolingische Renovatio die Großplastik in Stein nicht erfaßt, die Proto-Renaissance dagegen nicht die Malerei. Ihr transitorischer Charakter offenbart sich daran, daß beiden Bewegungen Zeiten weitgehender oder, wie im Norden, völliger Entfremdung von den ästhetischen Traditionen der Antike folgen. ‚Die‘ Renaissance erfaßt demgegenüber, von der Malerei ausgehend, sämtliche Künste und schließlich alle Lebensbereiche. Seitdem ist die Orientierung an der Antike eine Konstante in der abendländischen Kultur. Die Formel bewährt sich auch, wenn sie speziell auf die Art der jeweiligen Antikenrezeption angewendet wird: In der karolingischen Renaissance bleiben die antiken Prägungen Versatzstücke, die unverändert übernommen werden. Proto-Renaissance und Proto-Humanismus dagegen füllen die klassischen Prägungen mit neuen Bedeutungen, klassische Themen hinwiederum erhalten eine neue Form. Doch kennzeichnet diesen aktiveren Umgang mit der Antike eine bemerkenswerte Ambivalenz. Sie manifestiert sich in dem von Panofsky so genannten „Gesetz der Trennung“ („principle of disjunction“). Dies wichtige Gesetz formuliert der Autor folgendermaßen: „Wenn im hohen und späten Mittelalter ein Kunstwerk seine Form einem klassischen Modell entlehnt, wird diese Form fast ausnahmslos mit nichtklassischer, meist christlicher Bedeutung gefüllt; wenn im hohen und späten Mittelalter ein Kunstwerk seinen Stoff aus klassischer Dichtung oder Sage, aus Geschichte oder Mythologie entlehnt, wird dieser Stoff ohne Ausnahme in nichtklassischer, und zwar gewöhnlich in gerade zeitüblicher Form gestaltet" (84, vgl. 104-106, 109-112). Mit anderen Worten: „Dem Denken des hohen Mittelalters waren Jason und Medea ⟨...⟩ annehmbar, solange sie als gotische Aristokraten, die in einem gotischen Gemach Schach spielen, dargestellt wurden. Klassische Götter und Göttinnen waren annehmbar, solange sie ihre Schönheit zur Darstellung christlicher Heiliger, einer Eva oder Jungfrau Maria, liehen" (111). Geistesgeschichtlich ist diese Haltung darin begründet, daß einerseits eine ungebrochene Kontinuität zur klassischen Antike, anderseits aber ein unkittbarer Riß zwischen der christlichen Gegenwart und der heidnischen Vergangenheit empfunden wird. Das überlieferte antike Erbe ist Besitz und Bedrohung zugleich. Anders in ‚der' Renaissance. Klassischer Inhalt und klassische Form finden zueinander. Grund: Die Antike ist keine Realität mehr, die man teils benutzt und teils fürchtet, die Kontinuität ist verloren gegangen. Man steht gleichsam an ihrem Grabe und versucht, ihre Seele wiederzubeleben. Die Antike wird zum Ideal, zum Gegenstand „leidenschaftlicher Sehnsucht, die ihren symbolischen Ausdruck fand im Wiederauftauchen ⟨...⟩ jener großartigen Vision von Arkadien" (113), die fünfzehnhundert Jahre geschlummert hatte. Die Wiederbelebung gelingt in einem so günstigen Augenblick in so glücklicher Weise, daß die Antike allmählich auf die Totalität des abendländischen Lebens Einfluß gewinnt, so daß heute ein Wandel in unserem Verhältnis zur Antike einem vollständigen Wandel unserer Kultur gleichkommt.

In der zweiten Hälfte seines Werkes verfolgt Panofsky das Werden der dritten und eigentlichen Renaissance im Bereich der bildenden Kunst. Er behandelt im dritten Kapitel: *I Primi Lumi: Die Malerei des italienischen Trecento und ihre Einwirkung auf das übrige Europa* (114-161).[4]

Ausgehend von den um 1300 wirkenden Duccio und Giotto, den „Vätern der modernen Malerei", die als erste mit dem Problem des sogenannten Bildraumes rangen, zeigt er die epochemachende Bedeutung auf, die die Einführung der Perspektive hatte. Der Künstler hört auf, „nach dem idealen Bild in seiner Seele" zu schaffen, wie in der Nachfolge des Aristoteles Thomas von Aquin und Meister Eckhart es fordern. Er beginnt, in steigendem Maße „nach dem optischen Bild in seinem Auge" (120) zu wirken. Panofsky bespricht die Vorform der modernen Perspektive in der Antike, ihr sporadisches Fortwirken im Mittelalter und eine Reihe von Lösungsversuchen des 14. Jahrhunderts. Danach erörtert er das Verhältnis

---

4 Die Ausführungen Panofskys berühren sich mit der Einleitung und den Kapiteln 1 bis 3, 5 und 6 seines Buches *Early Netherlandish Painting. Its Origin and Character.* Cambridge, Mass. 1953.

der Malerei zur Antike. Möglicherweise haben hier und dort römische Wandgemälde Anregungen geliefert. Wichtiger und bezeichnender ist, daß der Putto, den schon die Proto-Renaissance in der Plastik wiederbelebt hatte, nun in die Malerei eindringt und im 15. Jahrhundert alle Künste erobert, so daß er diesem Jahrhundert die Bezeichnung „Zeitalter des Putto" einbringt. Der Wiederbelebung des Putto entspricht die Aufnahme von Anregungen aus römischer und byzantinischer Skulptur. Dabei werden auch heidnische sogenannte Pathosformeln übernommen, die die Ausdruckskraft der christlichen Trecento-Malerei um wesentliche Nuancen bereichern. Der Einfluß der antiken Skulptur wirkt jedoch nicht so stark, daß er auch Kompositionen im ganzen bestimmt, es bleibt bei der Übernahme einzelner Motive, und daß er das mittelalterliche Gesetz der Trennung außer Kraft setzt. Nach der Jahrhundertmitte nimmt er sogar stark ab, ja sinkt auf einen Nullpunkt. Panofsky legt abschließend die wichtigsten Wirkungen des italienischen Trecento-Stils auf das übrige Europa dar. Französische Meister erweisen sich als führend in dieser Rezeption. Der von ihnen wiederum ausstrahlende Einfluß erreicht bis zum Jahre 1400 eine solche Breite, daß es in der europäischen Kunst zur Ausbildung des „internationalen Stils von um 1400" kommt.

Wie bedeutsam auch Leistung und Einfluß der italienischen Trecento-Maler waren, um 1400 sind der Süden und der Norden der Antike in gleicher Weise entfremdet. Es bedarf eines Neueinsatzes, um den Rinascimento dell' Antichità, die wirkliche Renaissance, total und dauernd in der Wirkung, ins Leben zu rufen. Das 15. Jahrhundert, das diese entscheidende Wendung bringt, bespricht Panofsky im vierten und letzten Kapitel seines Werkes (162-210).

Er stellt zuerst die beiden Kunstbewegungen, die im beginnenden 15. Jahrhundert die Trennung vom Alten vollziehen, gegenüber: die ars nova oder nouvelle pratique der Jan van Eyck, Meister von Flémalle und Roger van der Weyden im Norden und die buona maniera moderna der Brunelleschi, Donatello und Masaccio im Süden. Beiden gemein ist 1. das Postulat nach Wahrscheinlichkeit, das einem vorher nicht gekannten Naturalismus zum Durchbruch hilft, 2. die Auffassung des Raumes als eines dreidimensionalen Kontinuums und 3. die Tendenz zu wechselseitigem Austausch unter den Künsten und zur Aufnahme von Impulsen aus der Vergangenheit. Während in den Niederlanden der Wille zur Erneuerung die Künste in der Reihenfolge Musik, Malerei, Bildhauerkunst, Baukunst erfaßt, scheidet in Italien bis zum 16. Jahrhundert die Musik aus und die andern Künste reihen sich so: Baukunst, Bildhauerkunst, Malerei. In der Tendenz, aus dem Formenschatz der Vergangenheit zu schöpfen, gehen die Niederländer nur bis zum romanischen Stil zurück, die Italiener jedoch – das ist entscheidend – bis zur Antike. So kann man die Bewegung im Norden als einen nascimento senz'antichità bezeichnen im Gegensatz zum rinascimento dell'antichità des Südens (206). In der italienischen Baukunst ist die Antikennähe am größten, in der Bildhauerkunst halten sich klassische und naturalistische Tendenzen die Waage, in der Malerei ist für die Figurengestaltung bis zur Jahrhundertmitte der Naturalismus – im Austausch mit den Niederländern – dominierend. Der Gegensatz zwischen Figuren- und Rahmengestaltung in der Malerei wird erst versöhnt, als die Maler beginnen, antiquarische Studien zu treiben. Mantegna ist führend, der „für die italienische Malerei der zweiten Hälfte des 15. Jhs., soweit die Wiederbelebung der Antike betroffen ist, das leistete, was Brunelleschi und Donatello für die italienische Bau- und Bildhauerkunst der Zeit um 1420" (174). Seit 1460 etwa erfaßt der von Aby M. Warburg so genannte „klassische Idealstil" also auch die Figurengestaltung in der Malerei. Hand in Hand mit dieser Entwicklung geht „die Versöhnung klassischer Form mit klassischem Inhalt" (177). Das mittelalterliche Gesetz der Trennung klassischer Form von klassischem Inhalt – und umgekehrt – wird mehr und mehr außer Kraft gesetzt. Erfolg: Die Handschriften antiker Autoren werden nun erst in neuartiger Weise, eben all'antica, illustriert; Stoffe der verschiedentlich schon zu Beginn des Jahrhunderts wiederentdeckten antiken Schriftsteller beginnen nun erst Wirkungen auf die Malerei und die anderen bildenden Künstler zu zeitigen. Zu diesem stofflichen Einfluß gesellt sich die immense Wirkung der auf antikem Fundament ruhenden neuplatonischen Philosophie eines Marsilio Ficino. Sie läßt die moderne Auffassung vom schöpferischen Genius reifen und bestimmt die Konzeption bedeutender Kunstwerke und ihren exakt kaum je entschlüsselbaren Gehalt wie etwa den von Botticellis *Geburt der Venus* und *Primavera*. Panofsky lenkt abschließend den Blick auf Gestaltungsprobleme, die sich aus dem vielfältigen Umgang mit der Tradition für die Künstler des 15. Jahrhunderts ergaben, Probleme, die erst die Hochrenaissance löste. Er streift die Verspätung des Nordens in der Renaissance-Bewegung und weist mit Hilfe des bedeutsamen Briefes von Giovanni Dondi, eines Petrarca-Schülers, über seine Erfahrungen mit klassischer Kunst in Rom noch einmal auf jene „aus Entfremdung und dem Gefühl der Verwandtschaft zugleich entsprungene heimwehkranke Vision" hin, die das innerste Wesen ‚der' Renaissance ausmacht (210).

Zwanzig Seiten Bibliographie, zwölf Seiten Namen- und Ortsregister und ein 157 Nummern umfassender Abbildungsteil runden das Werk ab.

Um die Würdigung beim Vorletztgenannten zu beginnen: Die Angaben des Registers, das der Autor nicht selbst erarbeitete, sind verschiedentlich lückenhaft; auch Sachen hätten in das Register aufgenommen werden sollen. Dies ist jedoch der einzige kleine Einwand, den ich vorzubringen habe. Die Darlegungen des Buches überzeugen mich in jedem Punkt; im Abbildungsteil finde ich durchweg Reproduktionen von hervorragender Qualität. Das Werk nimmt denselben hohen Rang ein wie die übrigen Bücher Panofskys und bietet darüber hinaus gleichsam deren Quintessenz. Es beruht auf einer einzigartigen Beherrschung der einschlägigen Quellen und der Sekundärliteratur sämtlicher geistesgeschichtlicher Bereiche des Mittelalters und der Renaissance. Von seinem immensen Stoff- und Gedankenreichtum kann keine Würdigung einen zutreffenden Begriff geben. So sind auch die vorausgehenden Darlegungen nur als eine Andeutung des Gedankengerüstes zu verstehen. Die Darstellungsweise des glänzend formulierenden Philologen unter den Kunsthistorikern ist schlechterdings vorbildlich. Stillschweigende Voraussetzung ist die Beachtung jenes zur Gewinnung relevanter historischer Erkenntnisse wichtigen Grundgesetzes, daß „nur auf dem Wege über das Einzelne zu greifbaren Ergebnissen gelangt werden kann."[5] Die Liebe zum Detail, das unnachgiebige Streben nach seiner Erhellung verbieten jedes Ungefähr, jedes ästhetisierende Gerede, jede Häufung abkürzender Gemeinplätze.[6] Das Detail bekommt selbst in diesem auf Sichtbarmachung größerer Zusammenhänge gerichteten Werk soviel Recht, zu jeder Einzelheit wird jeweils soviel wichtige Forschungsliteratur genannt, daß von jedem Punkt aus der Weg zum tieferen Eindringen in die gerade behandelte Einzelproblematik geebnet ist und daß die einzelnen Abschnitte, von ihrer Funktion im Gedankenablauf des Ganzen abgesehen, sich als höchst kompetente und fesselnde Einführungen z.B. in das Problem des Proto-Humanismus, der Perspektive oder des Putto oder der Botticelli-Interpretation lesen. Daß es bei solcher Darstellungsweise nicht ohne schwerbefrachtete Anmerkungen abgeht, ist selbstverständlich. Ganze Spezialabhandlungen stecken teilweise in ihnen, wie z.B. in der zur Ovid-Moralisation (78 ff.), ein Thema, das der Haupttext nur mit einem Satz streift. Mehrfach ergänzt

---

5 Die Wendung entnehme ich dem gelungenen Silius-Buch Michael v. Albrechts (Amsterdam 1964, S. 167).

6 Als eine ‚Darstellung in Gemeinplätzen‘ kann man demgegenüber, um ein vergleichbares Werk aus dem in Frage stehenden Themenkreis zu nennen, Richard Newalds 1960 postum erschienenes *Nachleben des antiken Geistes im Abendland bis zum Beginn des Humanismus* bezeichnen. Freilich trifft die Verantwortung für die Publikation dieses Buches Newald selbst nicht.

Panofsky darin eigene frühere Forschungen; das ist für Benutzer seiner Werke nicht unwesentlich zu wissen. Die Anmerkungen geben auch Auskunft über Panofskys Verhältnis zur großen Zahl seiner Vorgänger und Mitforscher: Er sucht und fördert das lebendige Gespräch.[7] Bei aller Liebe zum Detail: der rote Faden geht nie verloren, das übergeordnete Ganze gerät nie aus dem Gesichtskreis. „Die paritätische Verbindung von Mikroskopie und Makroskopie bildet das Ideal wissenschaftlicher Arbeit." Dies Wort hat E.R. Curtius seinem Werk über *Europäische Literatur und lateinisches Mittelalter* als achten Leitsatz vorangestellt. Wie seine, so entspricht auch Panofskys Arbeits- und Darstellungsweise diesem Ideal. Panofskys Hauptverdienst ist es, auf der Summe seiner wissenschaftlichen Lebenserfahrungen aufbauend, Unterscheidungsmerkmale, die eine Trennung der mittelalterlichen Renaissancen von ‚der' Renaissance erforderlich machen, nach dem neuesten Stand der Erkenntnis präzis aufgewiesen und damit eine klare Begriffsbildung eindrucksvoll gefördert zu haben.[8] Der Kunsthistoriker kann sich hier für die ganze geistesgeschichtliche Breite der Renaissance-Problematik den Blick öffnen lassen. Bei der Komplexität der Erscheinungen braucht er gerade in diesem Bereich sichere Führung. Um die Vischer-Forschung z.B. als einem Teil der deutschen Renaissance-Forschung stünde es sicher besser, hätten sich die, die hier heute führen wollen, zunächst einmal methodisch und stofflich in Panofskys Schule begeben. Ihre Interpretationen ruhten dann nicht auf falschen geistesgeschichtlichen Voraussetzungen.[9] Dem Nicht-Kunsthistoriker bringt das Werk aus der Feder des großen alten Mannes der Kunstgeschichte, eines

---

7 Zwischen dieser und jener vielfach Mode gewordenen Haltung, die den Vorgängern und Mitforschern höchstens ein ehrenvolles Begräbnis in Prunkbibliographien bereitet, liegen Welten.

8 Mir scheint, daß man die Grenzen, wenn überhaupt, dann nicht mit so leichter Hand wieder verwischen sollte, wie z.B. Theodor Müller es tut in der Abhandlung: Frühe Beispiele der Retrospektive in der deutschen Plastik. In: Sitzungsberichte der Bayerischen Akademie der Wissenschaften, Philosophisch-historische Klasse 1961, Heft 1. München 1961, S. 3. – Wie man 1965 über *Die Problematik der kunstgeschichtlichen Stilbegriffe* handeln kann, ohne auf Panofskys Werk von 1960 einzugehen, bleibt mir unverständlich, vgl. Johannes Jahn, in: Forschungen und Fortschritte 39 (1965) S. 204-207, hier S. 205-206 über Renaissance. – Von philologischer Seite hat sich neuerdings mit Erfolg um Unterscheidungsmerkmale bemüht Aldo Scaglione: The Humanist as Scholar and Politian's Conception of a Grammaticus. In: Studies in the Renaissance 8 (1961) S. 49-70.

9 Vgl. Wuttke: Vitam non mortem recogita (1965). [Abdruck in diesem Band S. 65 ff.] – Meiner Ansicht nach ist Panofskys Gesetz der Trennung gut geeignet, bei der Erklärung bestimmter Erscheinungen der deutschen Renaissance – und des deutschen Humanismus – zu helfen.

Humanisten in des Wortes reichster Bedeutung, die kunsthistorischen Probleme in einer sowohl nachvollziehbaren wie überprüfbaren und im ganzen ungemein vertrauenswürdigen Weise nahe. Für den Altphilologen, der die Erforschung des Fortlebens der Antike betreibt, den Mediävisten, den Renaissance- und Humanismusforscher gleich welcher Disziplin bedeutet es ein außerordentlich nützliches, ja unentbehrliches Arbeitsinstrument.[10]

---

10 Vgl. die Beurteilung Paul Oskar Kristellers in: The Art Bulletin 44 (1962) S. 65-67. In deutschsprachigen wissenschaftlichen Zeitschriften ist mir übrigens bisher keine einzige Besprechung bekannt geworden. Kürzlich hat allerdings wenigstens der kleine, von T. Helton edierte Sammelband: The Renaissance. A Reconsideration of the Theories and Interpretations of the Age. Madison 1964, in dem Panofskys oben genannter Aufsatz von 1944 über *Renaissance und renascences* kurz erwähnt wird, Interesse gefunden: Vgl. Kurt Reichenberger: Historische Wandlungen des Renaissancebegriffs seit Burckhardt. Ergebnisse und Deutungen des Symposions der Medieval-Renaissance-Guild. In: Literaturwissenschaftliches Jahrbuch der Görres-Gesellschaft N.F. 5 (1964) S. 433-444.

[Nachtrag: Eine zweite Auflage des Werkes erschien in Stockholm 1965, eine dritte 1969 in New York als Taschenbuch. Eine deutsche Übersetzung von Horst Günther unter dem Titel *Die Renaissancen der Europäischen Kunst* erschien mit den Ergänzungen zur zweiten Auflage in Frankfurt am Main 1979, [2]1984. Auch davon gibt es inzwischen eine Taschenbuch-Ausgabe. Natürlich hat die umfangreiche Rezeption im Laufe der Jahre Ergänzungen und Kritik gebracht. Das kann hier nicht ansatzweise dokumentiert werden. Eine der fruchtbarsten und kritischsten Fortführungen bietet Nikolaus Himmelmann: Ideale Nacktheit. Opladen 1985, ein Buch, das allerdings eine ganze Reihe – und z.T. erstaunliche – Schwachpunkte aufweist. Eine interessante Fortführung seiner Gedanken unternimmt Panofsky in dem Vortrag *What is Baroque?*, den er nie zum Druck befördert hat. Eine Erstausgabe bereitet Irving Lavin vor, die ca. 1995 in dem von ihm herausgegebenen Band *Erwin Panofsky: Three Essays on Style* (Cambridge/Mass.–London) mit Kommentar erscheinen wird.]

Erwin Panofsky über Aby M. Warburgs Bedeutung

(1991/1992)

Zu den Namen der Wissenschaftsgeschichte, die mit Sicherheit unser Jahrhundert überdauern werden, gehört der von Aby M. Warburg. In keinem zweiten Falle aber dürften legendärer Ruhm und tatsächliche Unkenntnis seines Werkes und Wirkens in solchem Maße auseinanderliegen wie im Falle dieses bahnbrechenden Kunst- und Kulturwissenschaftlers. Der große Kunsthistoriker und Panofsky-Schüler William S. Heckscher hat mit Recht den Vorschlag gemacht, bereits Warburgs erste Abhandlung, seine Botticelli-Dissertation, mit jenen kleinen, aber revolutionierenden Arbeiten wie Einsteins Aufsatz für die Preußische Akademie, in dem er die Relativitätstheorie begründete, in eine Reihe zu stellen.

Das Warburg betreffende und seine angemessene Rezeption im Kosmos der Wissenschaften und der Kulturpolitik unseres Jahrhunderts hemmende Paradox haben einige wenige Kenner schon längst gesehen, wie zum Beispiel Erwin Panofsky, der für viele ja als der Warburgianer schlechthin galt, oder Eric M. Warburg, der berühmte Hamburger Bankier, der zeitlebens den Anliegen seines Onkels höchst aufgeschlossen gegenüberstand. Bei der Eigenart Warburgs und der Warburgschen Hinterlassenschaft wurde es denen, die die größte Verantwortung spürten, klar, daß eine umfassende Warburg-Biographie am ehesten würde Abhilfe schaffen können, das Warburg-Paradox zu beseitigen. Gertrud Bing, seit 1922 mit der Kulturwissenschaftlichen Bibliothek Warburg in Hamburg, dem späteren Warburg Institute in London, verbunden, zeigte Bereitschaft, diese Aufgabe mit der Übernahme der Leitung des Warburg Institute ab 1955 zu der ihren zu machen. Außer Fritz Saxl, der freilich bereits 1948 verstorben war, hätte keine geeignetere Person gefunden werden können. Im Jahre 1955 sollten daher auf Initiative von Eric M. Warburg die Weichen gestellt werden. Er wandte sich damals, um Unterstützung ideell und materiell einwerben zu können, an Erwin Panofsky und bat um eine gutachtliche Äußerung. Panofskys Antwort vom 10. Mai 1955 ist erhalten. Sie ist in englischer Sprache verfaßt und wird so auch in der Auswahl des Panofsky-Briefwechsels zum Abdruck kommen, dessen Edition vorbereitet wird. Aus verschiedenen Gründen kam das Biographie-Projekt bis zum Tode von Gertrud Bing im Jahre 1964 über Vorstudien nicht hinaus. Diese aber gehören zum Besten, was je über Aby M. Warburg publiziert worden ist. Im Jahre von Warburgs 125. Geburtstag – er wurde am 13. Juni 1866 in Hamburg geboren – mag es daher angemessen sein, um, außer an ihn selbst, auch an Gertrud Bing und ihren lebenslangen Einsatz für das Werk Warburgs zu erinnern, Panofskys Brief in seinem wesentlichen Wortlaut zum erstenmal in deutscher Übersetzung zum Abdruck zu bringen. Versteht sich, daß das Dokument als Zeugnis der tiefen Warburg-Verbundenheit Panofskys ebenfalls Aufmerksamkeit verdient:

„Herrn Eric M. Warburg   Princeton, Institute for Advanced Study,
52 William Street   den 10. Mai 1955
New York 5, N.Y.

Lieber Herr Warburg,

⟨...⟩ Lassen Sie mich Ihnen ⟨...⟩ sagen, daß – und ich glaube ich spreche im Namen fast aller Kunsthistoriker, die ich kenne – eine Biographie über Aby Warburg nicht nur höchst wünschenswert, sondern genauso notwendig wäre für das Verständnis des Weges, den unsere Disziplin im 20. Jahrhundert genommen hat, wie die Biographien über Jacob Burckhardt von Kaegi und Neumann.

Als Aby Warburg auf der Bildfläche des Faches erschien, wurde das Feld weitgehend beherrscht von drei vollkommen legitimen, aber, jede für sich genommen, nicht ganz zureichenden Methoden der Annäherung: Ästhetische Wertung, Kennerschaft und jene Formanalyse, deren berühmteste Vertreter Heinrich Wölfflin und, noch grundlegender, Alois Riegl waren. Weitgehend vernachlässigt wurde zu jener Zeit die inhaltliche Deutung von Kunstwerken, eine Aufschlüsselung, die nur durch intensive Beschäftigung mit literarischen, philosophischen und religiösen Strömungen, insofern sie zur Entstehungszeit maßgebend waren, erreicht werden kann sowie durch eine abenteuerreiche Erforschung von Phänomenen, die das 18. und 19. Jahrhundert entweder vergessen oder abschätzig behandelt hatten (Phänomene wie Astrologie, Prophetie und alle Arten von magischen Praktiken), die aber in früheren Epochen von großer Bedeutung waren.

Aby Warburg war es, der die Notwendigkeit erkannte, daß die drei oben erwähnten Methoden der Annäherung ergänzt werden müßten durch das, was jetzt überall anerkannt ist als eine absolut unverzichtbare Erschließung von Kunstwerken, insbesondere von Kunstwerken der Renaissance, und zwar als Dokumente menschlichen Denkens und Fühlens eher denn als Objekte, die gemacht sind, um dem Auge zu gefallen, und der in seinem eigenen Werk diese neue Interpretationsmethode in einer Weise exemplifizierte, die seither nicht erreicht, geschweige denn übertroffen worden ist.

So kommt es, daß der Begriff „Warburgianer" heute unter Kunsthistorikern so gängig ist wie die Begriffe „Kantianer" oder „Hegelianer" unter Philosophen. Ich erinnere mit einem gewissen Vergnügen, daß Bernard Berenson (der größte lebende Repräsentant der ästhetischen Wertung und der Kennerschaft) an Professor Millard Meiss von der Harvard Universität als Antwort auf dessen Buch schrieb, das die Haskin-Medaille, also die größte Auszeichnung erhalten hatte, die den Geisteswissenschaften in diesem Lande zuteil werden kann: „Sie sind ein ‚Warburger' geworden." Und ich selbst hatte die Ehre, als ‚Warburgianer' tituliert zu werden, mit mehr als einem Ergebnis meiner eigenen Bemühungen.

Obwohl dies so ist, gibt es doch folgende paradoxe Situation: Nur ganz wenige Gelehrte außerhalb des ursprünglichen Kreises haben eine klare Vorstellung von Aby Warburgs Leistung, jener Leistung, die seinen Namen zu einem Markenzeichen in der methodologischen Diskussion gemacht hat: Es ist, ich komme auf meinen eben gegebenen Vergleich zurück, wie wenn Philosophen von Kantianismus und Hegelianismus sprächen ohne genaue Vorstellung vom wirklichen Kant und Hegel.

Zwei Gründe verursachen diese paradoxe Situation. Erstens: die veröffentlichten Werke Aby Warburgs – nur ein Bruchteil dessen, was ein Durchschnittsgelehrter als publikationswürdig ausersehen hätte – sind in Deutsch geschrieben, und in einem Deutsch, das für nichtdeutsche Gelehrte nicht leicht zugänglich ist, insbesondere nicht den jüngeren, deren sprachliche Ausbildung sehr zu wünschen läßt. Zweitens und wichtiger: Warburgs Ideen sind in die Köpfe anderer durch Zwischenträger gedrungen, die das Privileg hatten, das Evangelium, wenn ich so sagen darf, auf Englisch oder Französisch zu verbreiten, und deren Einfluß führte dazu, wie es oft der Fall ist, daß ausgerechnet sie die Quelle ihres Wissens trübten. Der verstorbene Professor Saxl, ich selbst und eine beträchtliche Zahl derer, die vor Hitler in Hamburg studierten (z.B. Professor A. Neumeyer, der jetzt am Mills College lehrt), ganz abgesehen von der großen Zahl derer, die am Warburg Institute, London, arbeiteten und arbeiten, haben Warburgs Ideen so wirkungsvoll verbreitet und popularisiert, daß trotz aller gewissenhafter Anstrengungen von ihrer Seite der Urheber dieser Ideen eher eine Legende als eine fest umrissene Persönlichkeit geworden ist. In gewissem Grade beobachtet man dies Phänomen auch in der französischen Forschung, wo Männer wie Professor André Chastel und Jean Seznec als Apostel der Warburgschen Methode gewirkt haben.

Eine Möglichkeit, dem Gedenken an Warburg Gerechtigkeit widerfahren zu lassen und dabei die Entwicklung der Kunstgeschichte im 20. Jahrhundert verständlich zu machen, wäre die, seine Werke in einer englischen Übersetzung zu publizieren. Allein, dies würde den Zweck nicht erfüllen, weil so viele seiner Ergebnisse vom Strom der Tradition absorbiert worden sind und weil die enorme Kraft, die Geballtheit und die Originalität seiner Diktion mit Sicherheit in einer englischen Übersetzung verloren gingen. Versuchte eine solche Übersetzung Warburgs Personalstil zu erhalten, wäre sie kein Englisch, versuchte sie seinen großartigen Sprachstil ins Englische umzuschreiben, wäre sie nicht mehr Warburg.

Das einzige Mittel, Warburg seinen Platz in der Geschichte des modernen historischen Denkens zu geben, ist daher eine umfassende Biographie. Und solch eine Biographie kann nur von einer Person geschrieben werden, die nicht nur vollkommen vertraut mit der allgemeinen Kunstgeschichte und mit Warburgs Beitrag im besonderen ist, sondern auch mit seiner Person. Man hat oft bemerkt, daß Biographien großer Männer, geschrieben von Personen, die diese großen Männer lediglich aus ihren Schriften kannten, ihren Autoren niemals voll gerecht werden können. In Warburgs Fall ist das doppelt wahr, weil die Eigenart seines Werkes, mehr als in jedem andern mir bekannten Falle, tief mit seinem persönlichen Charakter und seinen Erfahrungen verbunden war. Im Gegensatz zu so vielen wichtigen Gelehrten oder Künstlern, deren Persönlichkeit verglichen mit ihrem Werk vergleichsweise unbedeutend war, drückt sein Werk in jeder Zeile eine Persönlichkeit aus, deren magnetische Kraft von denen, die ihn kannten, niemals vergessen werden kann.

Soweit ich sehe, gibt es nur eine Person, die fähig wäre, eine zufriedenstellende Biographie zu verfassen, sowohl im Hinblick auf die Bedürfnisse objektiver Forschung als auch auf die persönliche Vertrautheit: Dr. Gertrud Bing, jetzt Direktorin des Warburg Institute in London. Eine Warburg-Biographie aus ihrer Feder würde alle Erfordernisse historischer wie psychologischer Interpretation erfüllen und auf diese Weise nicht nur Warburg den verdienten Platz in der Geschichte der Gelehrsamkeit geben, sondern auch die Gattung Biographie um ein wohl einzigartiges Beispiel biographischer Schreibart bereichern.

Dr. Bing ist nicht mehr jung. Erhält sie die Gelegenheit nicht, die Biographie zu schreiben, niemand sonst könnte ihren Platz einnehmen; und

das, lassen Sie es mich wiederholen, wäre ein unersetzlicher Verlust. 〈...〉
Mit allen guten Wünschen und freundlichen Grüßen
  Ihr Erwin Panofsky."

Die eingangs erwähnten Vorstudien Gertrud Bings zu ihrer Warburg-Biographie sind bequem zugänglich in dem Warburg-Reader, den der Verfasser dieses Beitrages unter dem Titel *Aby M. Warburg: Ausgewählte Schriften und Würdigungen* (Baden-Baden: Koerner) publizierte. In Kürze soll die dritte Auflage erscheinen. Was Gertrud Bing nicht erfüllen konnte, hat ihr Nachfolger als Direktor des Warburg Institute, Ernst Hans Gombrich, 1970 eingelöst. Damals erschien seine umfassende englische Warburg-Biographie. Seit 1981 liegt sie in gelungener deutscher Übersetzung vor und seit 1984 auch als Suhrkamp-Taschenbuch (*Aby Warburg. Eine intellektuelle Biographie*). Gombrich, dem in der englischen Originalfassung die bisher einzige kongeniale Übersetzung von höchst schwierigen Warburg-Texten ins Englische gelungen ist, erhebt nicht den Anspruch, das von Panofsky geforderte abschließende Buch über Warburg geschrieben zu haben. Die Kritik hat denn auch Schwachpunkte nachweisen können. Gleichwohl ist seine stilistisch meisterhafte und sachlich weitblickende Warburg-Biographie ein Werk, dem man nicht genug neugierige Leser wünschen kann.

[Nachtrag: Gombrichs Warburg-Biographie ist als Suhrkamp-Taschenbuch vergriffen, die gebundene, zuerst 1981 erschienene Ausgabe liegt jedoch seit 1992 in einer unveränderten zweiten Auflage der Europäischen Verlagsanstalt, Hamburg, vor.]

Aby M. Warburg und seine Bibliothek

Zum Gedenken an Warburgs 100. Geburtstag

(1966)

Die Vergleichende Literaturwissenschaft lebt von der Grenzüberschreitung. Insofern mag es in einer Zeitschrift, die wie *Arcadia* dieser Wissenschaft gewidmet ist, besonders angezeigt sein, Aby M. Warburgs zu gedenken. Er gehört zwar im engeren Sinne zu den Kunsthistorikern, das Hauptziel seiner wissenschaftlichen Bemühungen gilt aber der Öffnung der Kunstgeschichte in Richtung auf sämtliche anderen Geisteswissenschaften. In seinen Publikationen hat er immer wieder die Fruchtbarkeit der Methode der Arbeit über die Fächergrenzen hinweg bewiesen. Durch sein Vorbild hat er zahlreiche Fachgenossen der verschiedenen geisteswissenschaftlichen Disziplinen angespornt und ihnen mit seiner Bibliothek, die er in ein öffentliches Institut überführen ließ, ein einzigartiges Arbeitsinstrument an die Hand gegeben.

Wer sich heute in Deutschland nach der lebendigen Wirkung von Warburgs Werk umsieht, findet eine zwiespältige Situation. Sein Ruhm ist zwar in allen geisteswissenschaftlichen Fächern – nicht nur in der Kunstgeschichte – legendär zu nennen. Die tatsächliche Kenntnis seines Werkes und der in ihm bereitliegenden sachlichen wie methodischen Anregungen ist demgegenüber jedoch – selbst in der Kunstgeschichte – auf bestimmte Kreise beschränkt. Einerseits zeigen zum Beispiel neuere Arbeiten Horst Rüdigers Verständnis für die methodischen Forderungen Warburgs: Nachdem Rüdiger sich zunächst programmatisch für eine Öffnung der Literaturwissenschaft, die vielfach ihre Gegenstände unter allzu engen Gesichtspunkten betrachtet, zur Vergleichenden Literaturwissenschaft hin eingesetzt und dabei erneut die Bedeutung eines Ernst Robert Curtius und Mario Praz eingeschärft hatte, von denen eine direkte Linie zurück zu Warburg führt, hat er in seinem Aufsatz über die *Göttin Gelegenheit*, in dem er unter anderem auf der Arbeit einer Reihe von Anhängern der Haltung Warburgs fußt, die Methode der Grenzüberschreitung praktisch gezeigt, besser als programmatische Äußerungen es tun können, und ihre Fruchtbarkeit am bedeutsamen Ergebnis, das er erzielt, wieder einmal bewiesen.[1]

---

1 Horst Rüdiger: Zwischen Interpretation und Geistesgeschichte. – Zur gegenwärtigen Situation der deutschen Literaturwissenschaft. In: Euphorion 57 (1963) S. 227-244; jetzt auch in: Karl Otto Conrady: Einführung in die Neuere deutsche Literaturwissenschaft. Reinbek bei Hamburg 1966, S. 137-154. (= rde 252/3.) Horst Rüdiger:

Andererseits kann man beispielsweise folgendes beobachten: Die heutige Fest-Forschung ist sich Warburgs als eines ihrer Ahnherren und eifrigsten Förderer offenbar nicht bewußt. Warburg erkannte jedoch im Gefolge Burckhardts als einer der ersten die Bedeutung des Festes für die Formung der Ausdruckskultur der beginnenden Neuzeit. Gründliche Fest-Forschung verkündete er daher als dringliche Aufgabe. Abgesehen von einem frühen, 1895 gelieferten Aufsatz über die berühmten Festlichkeiten 1589 in Florenz anläßlich der Hochzeit Ferdinando Medicis mit Erzherzogin Christina von Lothringen hat er vielseitiges Material in seiner Bibliothek gesammelt. Wenn er auch zu anderen ausdrücklich auf dies Thema bezogenen Veröffentlichungen nicht kam, hat er doch in seinen Schriften immer wieder die Wichtigkeit des Gegenstandes betont. Warburgs Material stand in seiner Bibliothek – und steht dort noch heute – als Anregung zur Verfügung. Nur noch e i n weiteres Beispiel: Man muß es hinnehmen, daß dem 1965 in der Sammlung Metzler erschienenen Forschungsbericht von Jost Hermand über *Literaturwissenschaft und Kunstwissenschaft*, der den *Methodischen Wechselbeziehungen seit 1900* nachgeht, ein für die Methodenfrage im Gebiet der Geisteswissenschaften so wichtiger Anreger wie Warburg völlig unbekannt ist.

Mögen solche Erinnerungslücken in dem Augenblick, in dem man auf sie stößt, auch verblüffen, sie erfordern in diesem Falle ganz besonders zurückhaltende Beurteilung. Die andere Seite ist zu betrachten. Man sieht dann, daß der politische Umbruch in Deutschland im Jahre 1933, der die Übersiedlung der Bibliothek Warburg nach London zur Folge hatte, die kontinuierliche Arbeit des Instituts jäh unterbrach. Gerade auf dem Wege, in immer weiteren Kreisen der deutschen Geisteswissenschaftler ein fester Begriff zu werden, entschwand es den Blicken, vielfältig geknüpfte Verbindungsfäden brachen ab. Die regelmäßigen Literaturberichte von Franz Dornseiff über die Publikationen der Bibliothek und die zahlreichen Nachrufe auf Aby M. Warburg können als äußere Anzeichen davon zeugen, in welchem Grade Warburg und seine Bibliothek bereits in das Bewußtsein der Fachwelt Eingang gefunden hatten. Es blieb den Verwaltern des geistigen Erbes Warburgs nur noch Zeit, seine zu Lebzeiten erschienenen Schriften in einer mustergültigen Edition gesammelt herauszugeben, da brach das politische Unheil herein und nahm der aufnahme-

---

Göttin Gelegenheit – Gestaltwandel einer Allegorie. In: Arcadia 1 (1966) S. 121-166. Zu letzterem zwei kleine Ergänzungen: A. Pigler: Barockthemen. Bd. 2. Budapest-Berlin 1956, S. 465 f., und Heinz Ladendorf: Antikenstudium und Antikenkopie. Berlin 1958, S. 102. Bei beiden weiteres Material und weitere kritische Literatur.

bereiten Fachwelt die Ruhe, das Werk gebührend zu würdigen. Auf der anderen Seite verhinderten die Zeitumstände die Publikation der geplanten weiteren fünf Teile der *Gesammelten Schriften*, die die ganze Weite des Wissenschaftlers und Menschen Warburg den Fachgenossen erschlossen und noch manchen, der bis 1933 nicht auf ihn aufmerksam geworden war, an sein Wirken herangeführt hätten.[2] Es sollten nach und nach erscheinen: 1. der von Warburg als Zusammenfassung seiner Forschungen vorbereitete Bilderatlas *Mnemosyne – Eine Bilderreihe zur Untersuchung der Funktion vorgeprägter antiker Ausdruckswerte bei der Darstellung bewegten Lebens in der Kunst der europäischen Renaissance*; 2. die unveröffentlichten Vorträge und kleineren Abhandlungen kulturwissenschaftlichen Inhalts; 3. Fragmente zur Ausdruckskunde auf anthropologischer Grundlage; 4. Briefe, Aphorismen und autobiographische Aufzeichnungen sowie eine wissenschaftliche Biographie; 5. der Katalog der Bibliothek. Was ist aus diesen Plänen geworden? Die Publikation des Katalogs wurde aufgegeben.[3] Über der Fertigstellung der Biographie Warburgs ist seine mehrjährige Mitarbeiterin Gertrud Bing 1964 weggestorben; die Fortführung des Werkes hat der jetzige Direktor des Instituts, Ernst H. Gombrich, übernommen. Eine Briefpublikation steht in einiger Zeit durch Max Warburg, den Sohn Abys, zu erwarten. Es ist offenbar: Nur mit bedauerlicher Verzögerung und auf leidvollsten Umwegen und dann auch nur teilweise läßt sich in der Kulturarbeit Ausgleich schaffen, wenn Barbarei den günstigen Augenblick einmal gestört hat. So stehen wir heute vor der Tatsache, daß Warburgs Nachruhm mehr auf Hörensagen als auf Kenntnis seines Werkes beruht, wie Gertrud Bing es soeben im Vorwort der italienischen Ausgabe von Warburgs wissenschaftlichen Schriften formulierte.

---

2 Die Erscheinungsweise von Sammelbesprechungen spiegelt den Entfremdungsprozeß wider: Den Anzeigen der zwanziger Jahre steht aus der Nachkriegszeit nur noch die eine an entlegener Stelle erschienene von Wolfgang Braunfels: Schriften der Bibliothek Warburg im Kriege. In: Kölner Universitäts-Zeitung 2 (1947) S. 84 f. gegenüber. Den Vorgang bewußter Abstandnahme scheint, wohl aus Furcht vor politischer Verfolgung, W. Gundels Beispiel zu offenbaren. Während er die von ihm besorgte vierte Auflage des Boll-Bezold (Franz Boll / Carl Bezold: Sternglaube und Sterndeutung – Die Geschichte und das Wesen der Astrologie. Hrsg. von W. Gundel. Leipzig-Berlin ⁴1931) Warburg als „Epitymbion" widmet, gibt er in seinem 1934 erschienenen Bericht über *Astronomie, Astralreligion, Astralmythologie und Astrologie* (in: Jahresberichte über die Fortschritte der klassischen Altertumswissenschaft. 60 Jg. 234. Bd. Leipzig 1934) nur noch einen trockenen Literaturhinweis auf Warburgs Arbeit über die Fresken im Palazzo Schifanoja.

3 Die von Hall & Co., Boston, Mass., angekündigte Publikation beruht auf der Abschrift eines veralteten Katalogs des Warburg-Instituts.

Die beschriebene Entwicklung hat sicherlich ein Gutes gebracht: Das Warburg-Institut gehört heute nicht mehr einem Land, es gehört der Welt. Aber die Geisteswissenschaften des Landes, dem es einst in aufrechtestem Dienst anhing, haben zu ihm vorläufig keine oder nur sehr partielle Verbindungen. Daß der Wunsch, neue Brücken zu schlagen, eine neue Kontinuität zu begründen, aus Deutschland kommen muß, ist selbstverständlich. Es ist zum Wohle unseres geisteswissenschaftlichen Horizontes einfach an der Zeit, daß wir diese einzigartige Institution wieder fest in unserem Bewußtsein verankern.

Vergegenwärtigen wir uns in kurzen Zügen den wissenschaftlichen Werdegang Aby M. Warburgs, des Mannes, dem Cassirer das Werk über *Individuum und Kosmos in der Philosophie der Renaissance* und Curtius das seine über *Europäische Literatur und Lateinisches Mittelalter* widmeten, den Panofsky in humorvoller Wendung zu den Forschern rechnet, „auf deren Schultern die heutigen stehen wie Bernhards von Chartres Zwerge auf denen der Riesen".[4] Dabei dürfen wir einen Blick auf die Eigenart und das Schicksal der von ihm geschaffenen Bibliothek und ihr heutiges, von seinem Geist beseeltes Wirken nicht vergessen.

Aby M. Warburg wurde am 13. Juni 1866 in Hamburg-Altona geboren. Er entstammt einer seit dreihundert Jahren in seiner Heimatstadt ansässigen jüdischen Bankiersfamilie. Statt seiner, den es zum Studium der Kunstgeschichte trieb, übernahm der um ein Jahr jüngere Bruder Max die Leitung der Bank. Politische Weitsicht und unbedingte Vaterlandstreue zeichneten diesen Bankier aus, der sein Geschäft zu weltpolitischer Bedeutung führte. Er war bis zum Ende der zwanziger Jahre ein von den höchsten Regierungskreisen oft herbeigezogener Ratgeber. Diese Andeutungen über familiäre Verhältnisse mögen genügen. Sie können zugleich erklären, warum Aby M. Warburg bis an das Lebensende seinen Neigungen als Privatgelehrter nachgehen konnte und niemals eine beamtete Stellung anzunehmen brauchte, darin dem gleichaltrigen Benedetto Croce ähnlich. So war es ihm vergönnt, seinem Leben und Forschen konsequent die Form zu geben, die ihm vorschwebte. Nur so konnte er seine einzigartige Bibliothek aufbauen und Person wie Bibliothek zu jenem überaus ideenkräftigen Zentrum geisteswissenschaftlicher Forschung ausbilden. Dieser Bibliothek hatte er offenbar schon bald nach den Anfängen im öffentlichen Leben der Geisteswissenschaft eine soziale Rolle zugedacht.

---

4 Abdruck der Quelle bei Jürgen von Stackelberg: Humanistische Prosatexte. Tübingen 1957, S. 31. Vgl. Raymond Klibansky: Standing on the Shoulders of Giants. In: Isis 26 (1936) S. 147-149.

Seinen Eintritt in die wissenschaftliche Welt vollzieht er
Ende 1892 mit einer Dissertation über Botticelli. Hiermit erringt er sich bereits den sachlich
und methodisch fruchtbaren
Ausgangspunkt für die weiteren
Forschungen, den für ihn bestimmten Standpunkt, ,die Erde
zu bewegen'. Er zieht aus, „was
die Künstler des Quattrocento
an der Antike interessierte, klar-
zulegen". Man hätte von einem
fortschrittlich gesinnten jungen
Mann der neunziger Jahre die
Vorlage einer ästhetisierenden
Stiluntersuchung erwartet, die,
schnell auf eine Gesamtschau
hindrängend, die Gegenstände
losgelöst vom scheinbar bana-
len historischen Hintergrund
für sich betrachtet. Solcher
kunstwissenschaftlichen   Betrachtungsweise gehörte damals
die Zukunft; sie kulminierte in
Wölfflins *Kunstgeschichtlichen
Grundbegriffen*. Warburg schlägt
den entgegengesetzten Weg ein.
Er geht vom Detail aus und
stellt Botticellis *Geburt der Venus*
und den *Frühling* in den Bren-
punkt der Untersuchung. Und
dicse Kunstwerke nicht von ih-

*Abb. 158: Atelier Dührkoop, Hamburg:
Aby M. Warburg, stehend, 1925.*

rer historischen Verflechtung zu trennen, ist sein Ziel, sondern sie für das
moderne Bewußtsein fester damit zu verknüpfen, als es ästhetisierendes
Anschauen ermöglicht. Stil ist für ihn keine abstrakte, sondern eine aus
der Verflochtenheit des Künstlers mit seiner Welt herauswachsende
Größe, etwas, was in Zustimmung und Ablehnung der zeitwirksamen
Kräfte im Künstler wächst. Demgemäß zieht er „die entsprechenden Vorstellungen der gleichzeitigen kunsttheoretischen und poetischen Litera-

tur" heran. Als Ergebnis fällt ihm eine exakt nachgewiesene allgemeine Erkenntnis gleichsam in den Schoß: Die Bild- und Wortkünstler sehen in der Antike ein bewegungssteigerndes Element, die Antike wird für sie immer dann virulent, wenn es um die Darstellung „äußerlich bewegten Beiwerks" geht. Warburg entdeckt dabei einen den beiden Künsten gemeinsamen, aus der Antike ererbten Schatz von Topoi der Bewegung, von denen die Nymphe mit fliegendem Gewand und flatterndem Haar der sinnenfälligste ist. Warburgs Dissertation hat nach Panofskys Urteil trotz der Fülle der inzwischen zum Thema erschienenen Literatur noch heute als grundlegend zu gelten.

Eine in der Botticelli-Dissertation anklingende Entdeckung findet in dem vor der 48. Versammlung deutscher Philologen und Schulmänner im Jahre 1905 gehaltenen Vortrag über *Dürer und die italienische Antike* prägnanten Ausdruck. Von Dürers *Tod des Orpheus* betitelter Handzeichnung ausgehend, weist Warburg nach, daß stilbildender Einfluß der Antike nicht nur auftritt, wenn äußere Bewegung dargestellt werden soll, sondern auch, wenn es um Abschilderung extremer seelischer Erregung, also innerer Bewegung geht. Er zeigt, wie sich Dürers Gebärdensprache über bestimmte Zwischenstationen letztlich auf Vorbilder in der Antike zurückführen läßt, und prägt für solche Gebärdenkonstanten zum Ausdruck seelischer Erregung den berühmt gewordenen Begriff *Pathosformel*.[5] Auf Nietzsches Spuren läßt Warburg seine Hörer so den „doppelseitigen Einfluß" der Antike „auf die Stilentwicklung der Frührenaissance" erkennen: Neben der apollinischen Ruhe, deren Einfluß nachzugehen er anderen überläßt, wirkt ebenso nachhaltig die dionysische Erregung. Damit ist das Hindernis, das Winckelmanns einseitiges Bild von der „stillen Größe" des Altertums einer treffenden Beschreibung der Antikenrezeption der Zeit entgegensetzte, beiseite geräumt. Warburgs Beispiel offenbart, wozu ein vorurteilsfreier Kopf gelangen kann, der sich nicht scheut, einem geheiligten Genie Abhängigkeiten nachzuweisen, und der überhaupt das philologische Geschäft des Parallelensammelns recht ungeniert betreibt. Ja, Warburg erhebt es zum Programm, um „das weittragende stilgeschichtliche, bisher allerdings kaum formulierte Problem vom Austausch künstlerischer Kultur zwischen Vergangenheit und Gegenwart, zwischen

---

5 In welcher Weise Warburgs Erkenntnis auch für literaturwissenschaftliche Forschung nutzbar werden kann, hat Eduard Fraenkel in seinem Beitrag *Lucan als Mittler des antiken Pathos* beispielhaft gezeigt, in: Vorträge der Bibliothek Warburg 1924/25, S. 229-257; jetzt auch in: E. Fraenkel: Kleine Schriften zur klassischen Philologie. Bd. 2. Roma 1964, S. 233-266. (= Storia e Letteratura 96.)

Norden und Süden im XV. Jahrhundert" zu fassen. Man kann den Vortrag heute wissenschaftsgeschichtlich kaum anders denn als ein offenes Bekenntnis zu einem gesunden Positivismus lesen und die konzessionslose Unbeirrbarkeit des Vortragenden in einer Zeit zunehmender Verketzerung solcher Arbeitsweise nicht genug bewundern. Von hier führt ein direkter Weg zu Ernst Robert Curtius, der sich ja deutlich genug zu Aby M. Warburg bekennt und mit Recht vom „Windmühlenkampf gegen den sogenannten Positivismus" spricht, den man inszeniert habe, um der Philologie auszuweichen.

Warburg weiß Burckhardts *Kultur der Renaissance in Italien* und den *Cicerone* als bedeutsame Anreger zu schätzen. Er erkennt jedoch, daß eine genauere Analyse des Antikeneinflusses nicht in beschränkender und trennender Beschäftigung mit dem Renaissance-Menschen im „höchstentwickelten Typus" und der Kunst „in ihren schönsten Erzeugnissen" zu gewinnen ist. Er nimmt Abschied von der „ungeduldigen Sehnsucht nach großen Gesichtspunkten", eine Wendung, die nicht Burckhardt, sondern dessen eilfertige Nachfolger treffen soll. Es treibt ihn, die ganze Weite des kulturgeschichtlichen Hintergrundes zu durchstreifen. So erschließt sich ihm die stilbildende Kraft des Festwesens. Das Fest gilt ihm als ein geradezu naturgegebenes Einfallstor für die Antike wegen der in ihm lebendigen alten Traditionen. Er lehrt die Bedeutung „kulturgeschichtlichen Beiwerks" wie der Impresen und Turnierfahnen sehen. Die „Kulturgeschichte des künstlerischen Durchschnittsmilieus" wird als Forschungsobjekt schmackhaft gemacht, die psychischen und sozialen, die Kunst bestimmenden Wirklichkeiten genauer zu erfassen, als die ausschließliche Betrachtung bruchloser Gestaltungen der großen Talente es ermöglichen könnte. Der psychologischen Dimension gilt seine besondere Aufmerksamkeit. Diesem Gesichtspunkt verdanken wir die großartigen Aufsätze über *Bildniskunst und Florentinisches Bürgertum* (1902), *Francesco Sassettis letzwillige Verfügung* (1907) sowie *Flandrische Kunst und Florentinische Frührenaissance* (1902). Im ersten lehrt Warburg, künstlerische Hervorbringungen als „Ausgleichserzeugnisse" zu würdigen. Ein im heiligen Umkreis auf einem Fresco erscheinendes Bürgerporträt – das selbstredend zuvor erst einmal identifiziert sein will – bedeutet im Florenz der Frührenaissance keineswegs das ungebrochene Eindringen weltlichen Bürgerstolzes. Es fungiert gleichzeitig als dezenter Ersatz für ein lebensgroßes wächsernes Votivbild, das anzubringen altererbtes Recht des Bürgers war. Im zweiten Aufsatz teilt Warburg die Beobachtung mit, daß das Auftreten so genuin antikheidnischer Symbole wie der Fortuna und des Kentauren im Denken eines „gebildeten Laien der florentinischen Frührenaissance" nicht die Lösung von der hergebrachten Frömmigkeit anzeigt. Fortuna und Kentaur haben vielmehr den Charakter von „Ausgleichsformeln zwischen ‚mittelalterlichem' Gottvertrauen und dem Selbstvertrauen des Renaissance-Menschen". In der Liebe der Florentiner zum nordischen Realismus, der Warburg im dritten Aufsatz nachgeht, entdeckt er eines der bedeutsamsten Hemmnisse für das ungehinderte Eindringen antiker Motive. Zugrunde liegt ein *Ausgleichsstreben*. Der nordische Realismus schmeichelt dem von innen heraus wachsenden Selbstbewußtsein der Bürger, ohne ihnen das Gefühl zu geben, die Bahnen der Gottesfurcht zu verlassen:

> Der flandrische Stil bot durch seine eigenartige geschickte Mischung von innerer Andacht und äußerer Lebenswahrheit das praktische Ideal eines Stifterbildnisses. Dabei begannen die Menschen im Bilde doch schon, sich als individuelle Geschöpfe vom kirchlichen Hintergrunde zu lösen, aber ohne umstürzlerische Manieren, einfach durch einen natürlichen, von innen heraus kommenden Wachstumsprozeß.

Als Fazit dieser Studien, in denen nun auch der Norden zu einem festen Bezugspunkt geworden ist, können wir Warburgs radikalen Bruch mit dem modernen Ästhetizismus notieren, der „in der Renaissance-Kultur entweder primitive Naivität oder den heroischen Gestus der vollzogenen Revolution zu genießen wünscht". Warburg zeigt die Renaissance als ein äußerst komplexes Gebilde, dessen neue Formenwelt am allerwenigsten „als Geschenk einer Revolution des zum Gefühl seiner Persönlichkeit erwachten befreiten künstlerischen Genies zu feiern ist." Die methodische Relevanz von Warburgs Untersuchungen, die einen bisher nicht gewürdigten, gewichtigen Beitrag aus der Geschichte der Überwindung des um die Jahrhundertwende blühenden Renaissance-Kultes darstellen,[6] ist hoch zu veranschlagen. Er hat genau den differenzierten Forschungsstil entwickelt, der dem komplexen Charakter der Renaissance-Probleme gerecht wird. Für literaturwissenschaftliche Renaissance- und Humanismus-Forschung liegen hier Anregungen bereit, die noch weitgehend ungenützt sind.

Neue Streifzüge lassen Warburg die Frage „Was bedeutet der Einfluß der Antike für die künstlerische Kultur der Frührenaissance?" aus einem neuen Gesichtswinkel angehen. Die Ergebnisse legte er in zwei fesselnden Abhandlungen nieder. Er wurde, wie er sich ausdrückt, „in die halbdunklen Regionen des Gestirnaberglaubens abkommandiert." Er erkennt

---

6 Zur Frage – ohne Bezug auf Warburg – vgl. Walther Rehm: Der Renaissancekult um 1900 und seine Überwindung. In: Zeitschrift für deutsche Philologie 54 (1929) S. 296-328.

in der machtvoll-lebendigen Renaissance-Astrologie das Fortwirken ältester orientalischer und hellenistischer Vorstellungen und Bildprägungen. Wieder, wie schon im Falle der Entdeckung der Pathosformeln, ist damit ein Weg aufgezeigt, der Altertum, Mittelalter und Neuzeit zusammenzuschauen erlaubt. Als konkretes Einzelergebnis folgt zunächst dies: Warburg gelingt es, den Weg zur schlüssigen Deutung des astrologischen Gehalts der bis dahin unerklärten Monatsbilder im Palazzo Schifanoja zu Ferrara aufzuweisen. Die Ergebnisse werden auf dem 10. Internationalen Kunsthistorikerkongreß in Rom (1912) vorgetragen. Mit dieser Leistung erringt er die Anerkennung und Bewun-

Abb. 159: Atelier Dührkoop, Hamburg: Aby M. Warburg, sitzend, 1925.

derung der Fachwelt. In der anderen Abhandlung über *Heidnisch-antike Weissagung in Wort und Bild zu Luthers Zeiten* (1920) zeigt er die aufklärungshemmende Macht der Astrologie, die sich darin äußert, daß Luther ihrer dämonischen Gegenwart wegen – kurz gesagt – nicht zu dem Aufklärer wird, zu dem er hätte werden können.

Der Kongreß von 1912 stempelte Warburg zu einem Manne, der die Kunst, schwierige Bilderrätsel zu entschlüsseln, beherrscht. Darauf beruht die Gewohnheit, die sich seit einiger Zeit in angelsächsischen Publikationen eingebürgert hat, von „Warburgian method" zu sprechen, wenn es um die Entschlüsselung symbolhaltiger Bildwerke geht. Darin Warburgs Bedeutung allein zu sehen, wäre jedoch verfehlt. Im Gegenteil, seine Arbeiten drängen von Anfang an über enges Spezialistentum hinaus. Man darf von einem ausgesprochenen Zug ins Universale sprechen und muß denen Recht geben, die in Warburgs Hinscheiden den Tod eines der letz-

657

ten großen Universalgelehrten betrauerten. Sein Universalismus ist zum Beispiel auch ganz deutlich in dem Kongreßvortrag greifbar, in dem er abschließend ausdrücklich betont, er habe nicht lediglich die Auflösung eines Bilderrätsels vorlegen wollen. Die Deutung ist vielmehr nur der konkrete Anlaß für ihn, seine Methode zu erläutern:

> Ich hoffe, durch die Methode meines Erklärungsversuchs der Fresken im Palazzo Schifanoja zu Ferrara gezeigt zu haben, daß eine ikonologische Analyse, die sich durch grenzpolizeiliche Befangenheit weder davon abschrecken läßt, Antike, Mittelalter und Neuzeit als zusammenhängende Epochen anzusehen, noch davon, die Werke freiester und angewandtester Kunst als gleichberechtigte Dokumente des Ausdrucks zu befragen, daß diese Methode, indem sie sorgfältig sich um Erklärung der einzelnen Dunkelheit bemüht, die großen allgemeinen Entwicklungsvorgänge in ihrem Zusammenhang beleuchtet.

Dieser Satz bildet die perfekte Definition dessen, was Warburg meinte, wenn er seinen Schülern das durch ihn berühmt gewordene Wort „Der liebe Gott steckt im Detail" vorhielt.[7] Es geht also um *methodische Grenzerweiterung* der Kunstwissenschaft „in stofflicher und räumlicher Beziehung". Warburg wollte seine Wissenschaft, statt sie wie andere ängstlich abzuschirmen, gegen den ganzen Bereich der übrigen Geisteswissenschaften hin öffnen. Nach seinem Willen sollte sie so arbeiten, daß sie zum

---

7 Es ist bisher nicht geklärt, ob Warburg das Wort, das z.B. Cassirer für ihn belegt in den *Worten zur Beisetzung*, in: Aby M. Warburg zum Gedächtnis. Darmstadt 1929, spontan geprägt hat oder ob eine Reminiszenz vorliegt. Flauberts „Le bon Dieu est dans le détail", auf das Panofsky hinweist (Meaning in the Visual Arts. Garden City, New York, 1955, S. V), oder Hebbels Tagebuch-Notiz „Die Materialisten wollen Gott im Detail finden und doch darf man ihn nur im Ganzen suchen" (Tagebücher. Hrsg. von R. M. Werner. Berlin-Steglitz o. J., IV, S. 193, Nr. 5919), die ich der Belesenheit Ernst Zinns verdanke, könnten Pate gestanden haben. Falls Warburg sich auf Hebbel bezieht, läge bewußt ummünzendes Aufgreifen eines Lehrsatzes der materialistischen Philosophie vor. Man beachte für die angeschnittene Frage auch eine Äußerung von William Blake, die Hofmannsthal so wiedergibt: „Generelle Kenntnis ist entfernte Kenntnis, das Wissen besteht aus Einzelheiten, ebenso wie das Glück. Nur wer auf das genaueste in die Manieren, die Absichten und die Charaktere in allen ihren Verzweigungen eindringt und sie zu unterscheiden weiß, ist der einzig weise und vernünftige Mensch, und auf diese Unterscheidung ist alle Kunst gegründet." (Hugo von Hofmannsthal: Buch der Freunde. Mit Quellennachweisen hrsg. von Ernst Zinn. Frankfurt/M. 1965, S. 49 und 127 f.) In den Zusammenhang gehört auch die von Eduard Fraenkel (Aby Warburg. In: Gnomon 5 (1929) S.687 f., [wiederholt in ders.: Kleine Schriften zur klassischen Philologie. Bd. 2. Roma 1964, S. 577 f. (= Storia e Letteratura 96)] berichtete scherzhafte Selbstcharakteristik, in der Warburg sich und seine Freunde öfter das „Collegium der pontifices minimi" nannte. [Vgl. Wuttke: Aby M. Warburgs Methode (⁴1990), sowie ders.: Nachwort, in: Aby M. Warburg. Ausgewählte Schriften und Würdigungen (³1992).]

Beispiel „ihr Material der allerdings noch ungeschriebenen ‚historischen Psychologie des menschlichen Ausdrucks'" würde zur Verfügung stellen können. Ebenso deutet der zweite der der Astrologie gewidmeten umfangreichen Aufsätze die auf Synthese im Großen hinführenden Gedanken an. Für Warburg ist das Thema ‚Fortwirken der Astrologie' ein Kapitel aus der Geschichte des seit der Antike immer wieder durchgestandenen Kampfes des Logos gegen den Mythos um den „Denkraum der Besonnenheit", ein Kampf, „in dem Athen eben immer wieder neu aus Alexandrien zurückerobert werden will". Warburg begann seine wissenschaftliche Laufbahn mit einer speziellen Frage, bestimmte Bildprägungen betreffend; er endete aufgeschlossen für den ganzen Bereich der von Cassirer so genannten „symbolischen Formen".

Das Werk Aby M. Warburgs würdigt nur zur Hälfte, wer seiner einzigartigen Bibliothek nicht gedenkt. Er baute sie in systematischer Arbeit auf, seit er nach der Florentiner Zeit im Jahre 1901 in Hamburg festen Wohnsitz bezogen hatte. Sie ist das leibhaft faßbare Monument seiner um die Frage nach dem Fortwirken der Antike gruppierten universellen Interessen geworden. Bei der Aufstellung der Bücher hat ein Museumsprinzip Pate gestanden: Die Werke sind nach Problemkreisen geordnet. Schon von der Aufstellung her wollte Warburg die ganze Weite des Problems, um das es ihm ging, sichtbar machen. Diese Aufstellung sollte die Beantwortung von Fragen erleichtern und das Aufwerfen neuer Fragen befördern. Der Bibliothekar Eduard Rosenbaum hat das Wesen der Bibliothek auf eine besonders knappe und treffende Formel gebracht:

> Die Bibliothek Warburg ist die Sichtbarmachung einer Fragestellung. Und zwar nicht der festgelegten Fragestellung einer bestimmten Fachwissenschaft, sondern einer Frage, die ein forschender Mensch an alle Wissenschaften, die es angeht, gerichtet hat. Dies spezifisch Warburgsche Problem ist die Frage: a) In der allgemeinsten Formel: nach dem Nach- und Fortleben der Antike in den europäischen (und vorderasiatischen) Kulturgebieten. b) Spezieller: das Weiterleben des mediterranen Geistes, sein einmaliges Durchbrechen in Renaissance-Erscheinungen, sein ewiges Weiterleben in Formen, die die Antike geprägt. c) Als thema probandum formuliert: Die Darstellung der menschlichen Urleidenschaften bedient sich bestimmter, von der Antike geschaffener Pathosformeln, aus deren Wanderung und Abwandlung sich bestimmte Schlüsse auf Wesen und Inhalt des Gedächtnisses der Menschheit ziehen lassen („Mnemosyne" steht über der Eingangstür des Neubaues). d) Als Lehre: Die Darstellung der pathetischen Gewalten läßt einen Weg erkennen, der von der dunklen Angst zur hellen Erkenntnis, vom Dionysischen zum Apollinischen, vom Dämonischen zum Gestirnhaften führt.

Seit 1913 stand Fritz Saxl Warburg tatkräftig helfend zur Seite (Abb. 160). Saxls Initiative vor allem ist es zu danken, daß die Bibliothek 1921 in ein öffentliches Institut umgewandelt werden konnte, seiner Agilität, daß sich bald ein erlauchter Kreis interessierter Forscher um die Bibliothek scharte. Man muß Cassirers Worte, mit denen er den stimulierenden Einfluß der Bibliothek auf sein Forschen schildert, lesen, um begreifen zu können, welches Lebenselexier der Geisteswissenschaft mit der Bibliothek Warburg geschenkt war.[8] Saxl begründete zwei Publikationsreihen, die

Abb. 160: Fritz Saxl, um 1945/46.

Vorträge der Bibliothek Warburg, die zu Aufsätzen ausgearbeitete Vorträge, zu denen allwinterlich nach Hamburg eingeladen wurde, aufnahmen, und die *Studien der Bibliothek Warburg* für Buchpublikationen. Bis 1933 erschienen neun umfangreiche Bände *Vorträge* und mehr als zwanzig Bände *Studien*, darunter keine Publikation, die nicht noch heute zum eisernen Bestand der geisteswissenschaftlichen Forschung gehörte. Es sei nur an einige Bücher erinnert: Eduard Norden: *Die Geburt des Kindes*; Erwin Panofsky: *Idea* und *Hercules am Scheidewege*; Ernst Cassirer: *Individuum und Kosmos in der Philosophie der Renaissance*; Paul Lehmann: *Pseudo-antike Literatur des Mittelalters*; Percy Ernst Schramm: *Kaiser, Rom und Renovatio*; Wilhelm Gundel: *De-*

8 Ernst Cassirer: Der Begriff der symbolischen Form im Aufbau der Geisteswissenschaften. In: Vorträge der Bibliothek Warburg 1921/22, S. 11. Auch in Ernst Cassirer: Wesen und Wirkung des Symbolbegriffs. Darmstadt 1956, S. 171. Für diesen Zusammenhang sind auch die einschlägigen Äußerungen in Toni Cassirers autobiographischen Aufzeichnungen sehr aufschlußreich, vgl. Toni Cassirer: Aus meinem Leben mit Ernst Cassirer. [Masch.] New York 1950, hier S.106-108, 129-131 und 149-156 (Exemplar UB Bonn). [Druck: Hildesheim 1981.]

kane und Dekansternbilder; Josef Kroll: *Gott und Hölle*; Rudolf Pfeiffer: *Humanitas Erasmiana*; Wolfgang Stechow: *Apollo und Daphne*. Viele sind durch Neuauflagen zum Glück wieder greifbar. Der Gediegenheit des Inhalts entsprach die großzügige und geschmackvolle Aufmachung. Die vorzüglichen, den Bänden beigegebenen Register waren allein schon dazu angetan, die Publikationen der Bibliothek Warburg berühmt zu machen.

Als Warburg am 26. Oktober 1929 gestorben war, wurde Fritz Saxl Leiter der Bibliothek. Er lenkte die Geschicke des Instituts bis zu seinem Tode im März 1948. Daß es noch 1933 glückte, das Institut dem Zugriff der Nationalsozialisten zu entziehen und in England heimisch zu machen, ist ebenfalls sein Verdienst. Er wurde in seinen Unternehmungen tatkräftigst unterstützt von Gertrud Bing, die der Bibliothek seit 1922 angehörte. Seine Arbeit wurde äußerlich gekrönt durch die Aufnahme des Instituts in die Universität London im Jahre 1944 und die Errichtung einer Professur für die Geschichte des Fortwirkens der Antike, die mit dem Direktorposten verknüpft wurde. Seit 1937 begann wieder eine kontinuierliche Publikationstätigkeit. Das zweimal jährlich erscheinende *Journal of The Warburg and Courtauld Institutes* wurde 1937, die *Studies of The Warburg Institute* wurden 1938 begründet. Außerdem betreut das Institut folgende Reihenwerke: seit 1939 das *Corpus Platonicum Medii Aevi*, seit 1941 die *Mediaeval and Renaissance Studies*, seit 1962 die *Oxford-Warburg-Studies* und die *Warburg Institute Surveys*. Die darin enthaltenen Publikationen behaupten den gleichen Rang wie die früheren. Es sei wiederum nur an einige Buchtitel, und zwar nur an solche, die in den *Studies* behei-

Abb. 161: Gertrud Bing, 1957.

Abb. 162: Henri Frankfort, 1952.

matet sind, erinnert: Mario Praz: *Studies in Seventeenth Century Imagery* und *A Bibliography of Emblem Books*; Walter Friedlaender/Anthony Blunt: *The Drawings of Nicolas Poussin, Catalogue Raisonné*; Adolf Katzenellenbogen: *Allegories of the Virtues and Vices in Mediaeval Art* (von diesem Werk befindet sich übrigens kein einziges Exemplar in deutschen Bibliotheken); Jean Seznec: *La Survivance des Dieux Antiques*; Frances Yates: *The French Academies of the Sixteenth Century*; Rudolf Wittkower: *Architectural Principles in the Age of Humanism*. An der Publikation von Paul O. Kristellers *Iter Italicum*, das die Handschriftenschätze Italiens für die Humanismus-Forschung erschließt, ist das Institut beteiligt; die Fortsetzung des monumentalen, von Fritz Saxl 1915 begonnenen *Verzeichnis(ses) astrologischer und mythologischer illustrierter Handschriften des lateinischen Mittelalters* betreibt es energisch. Demgegenüber ließ sich die seinerzeit von der Fachwelt enthusiastisch begrüßte[9] *Kulturwissenschaftliche Bibliographie zum Nachleben der Antike* über die zwei erschienenen Bände hinaus, die die Publikationen der Jahre 1931 und 1932/33 besprechen, nicht fortsetzen. Hoffentlich kommt eines Tages der Zeitpunkt, an dem dieses Werk wieder in Gang gesetzt werden kann. Es könnte jenseits des unmittelbar praktischen Nutzens einen hervorragenden Beitrag zur Stärkung des Zusammengehörigkeitsbewußtseins innerhalb der Geisteswissenschaften leisten. Ein neuer Weg wird mit den *Warburg Insti-*

---

9 Vgl. z.B. die Rezension von Hans Hecht, in: Zeitschrift für Ästhetik und Allgemeine Kunstwissenschaft 29 (1935) S. 160-162.

tute Surveys beschritten. Zwei Bände liegen bisher vor: D. J. A. Ross: *Alexander Historiatus – A Guide to Mediaeval Alexander Literature* und C. R. Dodwell und D. H. Turner: *Reichenau Reconsidered – A Reassessment of its Place in Ottonian Art.* Hiermit soll das Verständnis für die spezifische vom Warburg-Institut gepflegte Gelehrsamkeit in einen größeren Kreis getragen werden. Im *Annual Report 1962-1963* heißt es dazu: „This series of guides and surveys is intended to present, in a readily accessible and inexpensive form, the current state of scholarship concerning certain complicated or controversial topics and to give practical aid to those who are persuing their problems across the frontiers of conventional disciplines." Man sieht auch hieraus, wie getreu das Erbe Warburgs verwaltet wird, das von 1948-54 in Henri Frankforts (Abb. 162) und von 1954-59 in Gertrud Bings Obhut lag (Abb. 161) und seitdem Ernst H. Gombrichs Fürsorge überantwortet ist (Abb. 163). Seit Oktober 1965 ist mit dem Institut eine zweite Professur für die Geschichte des Fortwirkens der Antike verbunden, der die Berücksichtigung des Nahen Ostens obliegt. Otto Kurz ist darauf berufen worden.

Waren es 1930 etwa 60 000 Bände und 25 000 Photographien, die Forscher, welche den Anregungen des Instituts nachgehen wollten, nach Hamburg zogen, so sind es heute 160 000 Bände, 1 000 periodische Zeitschriften und 150 000 Photographien, die nach London einladen. Aus der Photosammlung sei lediglich auf die Spezialabteilung *Census of Antique Works of Art known to Renaissance Artists* hingewiesen, mit dem sich das Institut im engsten Interessenkreis Warburgs bewegt. Die Bibliothek, die den Bestand in wenigen Jahren gegenüber Warburgs Zeiten verdreifacht haben wird, reflektiert trotzdem noch immer die ursprüngliche Anordnung, ein Zeichen für deren Fruchtbarkeit. Der Bestand ist über vier Stockwerke und das Souterrain verteilt. Der Benutzer hat freien Zugang zu den Regalen. Die bereitgestellten Werke behandeln eine Fülle von Spezialproblemen aus den Bereichen *Geschichte* und *Social Forms* (das sind Psychologie, Anthropologie, Volkskunde, Musikgeschichte, Theatergeschichte, Jurisprudenz, Soziologie usw.); *Religion, Magie und Naturwissenschaften, Philosophie; Literatur; Kunst und Archäologie.* Unter *Fest und Festspiel* wird man beispielsweise auf Material zu folgenden Themenkreisen gelenkt: Volkstümliche Feste, jahreszeitlich gebundene Spiele, Ritterfeste, Turniere, Fecht- und Ringkampf, Bankett, Narrentypen, Tanz, Jagd, Kinderspiel, Festgestaltung bei Geburt und Heirat, Begräbniszeremonien, Triumph, Fürsteneinzug, Reisegestaltung, Festwesen der Antike, Festwesen Italiens (mit Unterabteilungen für Venedig, Padua, Verona, Ferrara, Florenz, Rom, Neapel usw.), Festwesen in Spanien, Frankreich, den Niederlanden, Eng-

Abb. 163: Sir Ernst H. Gombrich, 1975.

land, Deutschland, Skandinavien. Diese Abteilung gehört zu *Social Forms*. Unter *Literatur* hat die Abteilung *Enzyklopädien* Spezielles zu Bilderenzyklopädien und Weltchroniken, die Abteilung *Devisen und Motti* solches zu Emblem und Imprese, Drucker- und Verlegerdevise, Münze, Siegel, Briefmarke, Heraldik, Freundschaftsalbum, Sprichwort. Die Abteilung *Klassische und mittelalterliche Themen in der Literatur* bietet Sammlungen in folgender Auffächerung: Mythographen, Götter und Heroen, pseudoklassische und mythologische Dichtung, Exempla und moralisierende Erzählungen, biblische Themen, Einzelmotive (wie Lebensbaum, Paradies, Tod), mittelalterliche Romane (Troja, Theben, Apollonius von Tyrus, Alexander, Priesterkönig Johannes, Rom, Attila, Gral, Artusroman, Mer-

664

lin, Tannhäuser, Ahasver), Volkssagen, Phantasiereisen, Todes- und Höllenvisionen, Fabeln, Kinderbücher, Rätsel. Diese Hinweise müssen als Beleg für die Reichhaltigkeit der Bibliothek genügen.

Unser Überblick soll nicht schließen, ohne des Geschenkes zu gedenken, das das Warburg-Institut, damit erneut seine Fruchtbarkeit beweisend, der akademischen Jugend im Jahre des hundertsten Geburtstages seines Begründers bereitet. Im Herbst 1966 beginnt ein Zweijahreskursus unter dem Thema *The Renaissance*. Studenten, die den Magistergrad erringen wollen, werden hier am Beispiel der Renaissance in die Probleme des Fortwirkens der Antike eingeführt. Themen wie *Humanismus und Wiederentdeckung der klassischen Texte*, *Mythologie und Emblematik*, *Rhetorik*, *Das aristotelische Weltbild*, *Die geographischen Entdeckungen und ihre Auswirkungen*, *Soziale und politische Ideen*, *Mäzenatentum*, und *Englischer Humanismus vom XIV. bis zum XVI. Jahrhundert* stehen auf dem Programm. Möge dem Kursus, der auch ausländischen Studenten offensteht, reicher Erfolg beschieden sein, der den Veranstaltern Mut und Kraft gibt, eine feste Tradition in dieser Form der Bildungsarbeit zu begründen zum Wohle ‚Athens'.[10]

---

10 Für wertvolle Hinweise habe ich Otto Kurz, London, und Ernst Zinn, Tübingen, zu danken. [Dem Erstdruck meines Aufsatzes war eine dreieinhalbseitige Bibliographie beigegeben. Diese ist inzwischen durch die Warburg-Bibliographie in dem Band: Aby M. Warburg. Ausgewählte Schriften und Würdigungen (³1992) ersetzt. Viel ergänzendes Material zur Geschichte der Bibliothek enthält der von mir herausgegebene Band: Kosmopolis der Wissenschaft (1989). Eine vollständige Übersicht über die Instituts-Publikationen seit 1922 bietet die Broschüre: The Warburg Institute. London 1992. Sie ist über die Adresse des Instituts (The Warburg Institute, Woburn Square, GB London W.C. 1H OAB) kostenlos erhältlich.]

Abb. 164: Ernst Robert Curtius, etwa 1951.

Ernst Robert Curtius und Aby M. Warburg

(1982/1983/1990, Erstdruck)

Auf dem Widmungsblatt des 1948 zuerst, 1954 in zweiter, verbesserter Auflage und seitdem in immer neuen Nachdrucken (zuletzt [10]1984) sowie in zahlreichen Übersetzungen in wichtige Fremdsprachen erschienenen Werkes von Ernst Robert Curtius über *Europäische Literatur und lateinisches Mittelalter* steht: „GUSTAV GRÖBER [1844-1911] UND ABY WARBURG [1866-1929] IN MEMORIAM." Einer, nämlich der siebente der zehn dem Buch vorangestellten „Leitsätze" ist dem *Grundriß der romanischen Philologie* (I, 1888,3) von Gustav Gröber entnommen. Er lautet:

> Absichtslose Wahrnehmung, unscheinbare Anfänge gehen dem zielbewußten Suchen, dem allseitigen Erfassen des Gegenstandes voraus. Im sprungweisen Durchmessen des Raumes hascht dann der Suchende nach dem Ziel. Mit einem Schema unfertiger Ansichten über ähnliche Gegenstände scheint er das Ganze erfassen zu können, ehe Natur und Teile gekannt sind. Der vorschnellen Meinung folgt die Einsicht des Irrtums, nur langsam der Entschluß, dem Gegenstand in kleinen und kleinsten Schritten nahe zu kommen, Teil und Teilchen zu beschauen und nicht zu ruhen, bis die Überzeugung gewonnen ist, daß sie nur so und nicht anders aufgefaßt werden dürfen.

Am Ende des Werkes (S. 386 f.) erfährt der Leser, daß Gröber der Lehrer von Curtius gewesen ist, der ihn in die Methodik des Findens relevanter Einzelheiten und in die „Tradition strenger Forschung" eingeführt hat, die fortzuführen und weiterzuentwickeln eines der wichtigsten Anliegen des Verfassers ist. Aus einer Anmerkung ist ferner zu entnehmen, daß Curtius einen längeren Aufsatz über *Gustav Gröber und die romanische Philologie* publiziert hat. Über die Art und Qualität der Beziehungen Curtius-Warburg verlautet dagegen nichts. Das findet eine interessante Widerspiegelung in den zahlreichen Besprechungen, die das Buch erfahren hat: Während der Name Gröbers immer wieder hervorgehoben wird, bleibt der Name Warburgs als des zweiten Widmungsadressaten konsequent ungenannt. Wer sich speziell die Frage stellt, warum neben Gröber auch einem Aby M. Warburg das Buch gewidmet ist, bleibt darauf angewiesen, sich aus drei Buchstellen eine Antwort abzuleiten: Zuerst lernt er Warburg als einen Mann kennen, der wie Curtius für fächerübergreifende geisteswissenschaftliche Forschung eintritt und sich davon auch nicht durch die sogenannten „Zionswächter" abbringen läßt (S. 23). Die beiden anderen Stellen (S. 45, 386 f.) handeln davon, daß Warburg seinen Studenten das Diktum „Der liebe Gott steckt im Detail" einprägte und daß damit ein Bekenntis zur strengen Methodik historisch-philologischer Forschung gemeint sei. Die Lehre des Diktums setzt Curtius in die Formulierung um: „Die Analyse führt zur Synthese. Oder: Die Synthese geht aus der Analyse hervor; und nur eine so gewordene Synthese ist legitim." Da vorher auf derselben Seite (386) schon der Name Gröbers gefallen ist und man sich an den von ihm entnommenen Leitsatz erinnert, schließt der Leser, daß die Übereinstimmung in der Ansicht über die Methodik grenzüberschreitender philologisch-historischer Arbeit mit Gröber und Curtius Warburg zur Ehre der Widmung brachte. Dabei mag auch der Gedanke aufleuchten, daß Curtius an Warburg die Fähigkeit zur besonders sinnfälligen Formulierung schätzte: „Zionswächter" gemünzt auf diejenigen, die Grenzüberschreitungen abwehren wollen; „Der liebe Gott steckt im Detail" als Grundmaxime philologisch-historischer Forschung. Quellenbelege gibt Curtius übrigens in beiden Fällen nicht. In den an anderen Stellen seines Buches zu Belegzwecken genannten *Gesammelten Schriften* Warburgs wird man außerdem vergeblich danach suchen.

1945 ließ Curtius unmittelbar nach Kriegsende in der Heidelberger Zeitschrift *Die Wandlung* eine erste Fassung seines Vorwortes erscheinen. Hier spricht er sehr offen von den kulturpolitischen und vor allem auch von den persönlichen Anlässen seines Buches. Kulturpolitisch ist es die Antwort auf den 1932 in seiner Streitschrift *Deutscher Geist in Gefahr* geforderten neuen Humanismus, der laut Curtius ein Mediaevalismus sein sollte; persönlich resultiert es aus der „zwingenden seelischen Notwendigkeit", das Forschungsgebiet zu wechseln, oder, wie er auch sagt, „in archaische Bewußtseinsschichten zurückzugehen", resultiert es aus seinem tiefen Romerlebnis, das ihm das Imperium zu einem „Wunschraum" und zu einer „zeitlosen Wirklichkeit" werden ließ, resultiert es aus seiner Verwurzelung an Oberrhein und Mittelrhein in Kindheit, Jugend und Mannesjahren. Gustav Gröber begegnet uns hier als der große philologische Lehrer, der dem Schüler die Voraussetzungen mitgab, die dieser benötigte, um die mittellateinische Literatur als ein wichtiges Forschungsziel sachlich und methodisch neu zu entdecken. Aby M. Warburgs Name dagegen begegnet uns in diesem Beitrag für die Zeitschrift *Die Wandlung* nicht.

Warburg bildet jedoch den Anknüpfungspunkt in dem Festschrift-Beitrag *Antike Pathosformeln in der Literatur des Mittelalters*, der 1950 erschien. Der Begriff Pathosformel stammt nämlich von Warburg, der darunter in der Antike entstandene, in der antiken bildenden Kunst erstmals gestaltete und seither in der bildenden Kunst konstant überlieferte bzw. verwendete Ausdrucksformeln zur Darstellung von Grenzwerten heftiger seelischer oder körperlicher Erregung oder pathetischer innerer wie äußerer Ruhe sah. Man darf in dem kleinen Aufsatz von Curtius den Versuch sehen, im Hinblick auf Formeln der Erregung die Fruchtbarkeit des warburgschen Ansatzes für die Literaturwissenschaft nachzuweisen. Daß er bei seinem Streben nach lakonischer Kürze Warburgs Definition nicht befriedigend wiedergibt und ihm die Meinung unterschiebt, lediglich die bildenden Künstler der Renaissance hätten Pathosformeln aus dem antiken Reservoir übernommen – diese Auffassung hat Warburg nie vertreten –, sollte man allerdings festhalten. Noch wichtiger ist für uns jedoch wahrzunehmen, daß wir jetzt einen verdeckten Bezug zweier Stellen des Buches über *Europäische Literatur und lateinisches Mittelalter* zu Warburg ausmachen können: Wenn Curtius die Körperteil-Metapher „Knie des Herzens" und die literarische Verbindung von wildem Wald und darin eingeschlossenem locus amoenus Pathosformeln nennt, ohne jeweils die Herkunft des Begriffs zu belegen (S. 148 oben und S. 209), dann wendet er damit Warburgs Begriff wie eine altbekannte Sache an, die 1948 in Wahrheit natürlich außer ihm höchstens noch zwei bis drei anderen Romanisten und dem einen oder anderen Kunsthistoriker in Deutschland vertraut war.

Curtius verweist sowohl in dem 1945 publizierten Vorwortentwurf als auch in dem 1948 im Buch publizierten Vorwort auf den inneren Zusammenhang zwischen dem kulturpolitischen Vorspiel, der Streitschrift *Deutscher Geist in Gefahr* von 1932, und der wissenschaftlichen Ausführung seines neuen Humanismus-Programms in den Jahren danach, die in dem großen Buch Gestalt erhält. Das gibt uns Anlaß, die Streitschrift in unsere Suche nach Warburg-Spuren einzubeziehen. Wir werden belohnt. Bei der Charakteristik der geistigen Situation der Zeit erkennt Curtius als hervorragendes Positivum, daß in Deutschland in den Wissenschaftsbereichen der Philosophie, der Medizin, der Psychoanalyse, der Vor- und Frühgeschichte und der vergleichenden Kulturgeschichte „auf den verschiedensten Wegen ⟨...⟩ an einer neuen, tiefen, umfassenden Gesamtanschauung des Menschen" gearbeitet werde (S. 29). Als einer der diese gegenwärtige Richtung maßgeblich bestimmenden Forscher wird Aby M. Warburg genannt: „Wenn der Ertrag der Lebensarbeit des zu früh geschiedenen Aby Warburg gesammelt ist, werden wir tiefe Aufschlüsse über das große Ringen des magisch-dämonischen und des rationalen Weltbildes gewinnen." An späterer Stelle kommt er im Zusammenhang mit seiner Auseinandersetzung mit dem Soziologismus der Zeit auf diesen wesentlichen Beitrag deutscher Geisteswissenschaft zurück und nennt u.a. die Kunstwissenschaft und die „neue Kulturforschung" bedeutende Träger der neuen Erkenntnisrichtung (S. 83). Daß damit hauptsächlich Warburgs Forschungen und die von ihm angeregten im Bereiche von Kunst- und Kulturwissenschaft gemeint sind, steht außer Frage. Gegen Ende der Schrift definiert Curtius bei der Aufstellung seines neuen Humanismus-Konzeptes den Humanismus als „Enthusiasmus der Liebe" (S. 107). Er sei „rauschhafte Entdeckung eines geliebten Urbildes." Curtius erinnert in diesem Zusammenhang an Warburgs Pathosformeln, die ihren Eintritt in die Renaissancekunst eben jenen Seelenkräften zu verdanken hätten. Wir sehen, daß Curtius bereits Ende 1931, als er seine Streitschrift verfaßte, mit wesentlichen Aspekten von Warburgs Werk vertraut war. Warburgs *Gesammelte Schriften* waren damals noch nicht erschienen.

Durch diese Äußerungen erscheint nun die Widmung von 1948 plausibler: Wir ahnen eine tiefergehende Achtung und geistig-seelische wie wissenschaftliche Gemeinsamkeit, als die Bemerkungen zu Warburgs Methodenstrenge es im Buch erkennen lassen. Die gleichsam kommentarlose Widmung an Warburg können wir uns jetzt als Ergebnis fraglos-selbstverständlichen Umgangs erklären. Aber warum gibt es von Curtius dazu kein klärendes Wort? Von ihm, der stets mit Worten politisch aufklären und wissenschaftlich erklären wollte, der publikumsbezogen schrieb, der es liebte, Bedeutungen aufzudecken?

Mit den von Curtius publizierten Äußerungen, die sein Verhältnis zu Warburg beleuchten, sind wir damit am Ende. In dieser Situation helfen uns glücklich erhaltene andere Quellen weiter. Es handelt sich um Briefe und Postkarten, die von 1928 bis 1953 zwischen Curtius und Gertrud Bing, der früheren Assistentin Warburgs, ferner zwischen Curtius und Fritz Saxl, Ernst Hans Gombrich sowie Anne Marie Meyer gewechselt worden sind. Diese Korrespondenz befindet sich im Warburg Institute, London.

Aus ihr ergibt sich nun folgendes: Curtius hat Warburg im Winter 1928/29 in Rom kennengelernt, hat ihn offenbar mehrfach zu Gesprächen getroffen und hat, wie eine andere Quelle sagt, an Warburgs berühmt gewordenem Vortrag über den Mnemosyne-Atlas teilgenommen, der am 19. Januar 1929 in der Biblioteca Hertziana stattfand. Das Gästebuch der Biblioteca mit dem Eintrag von Curtius ist noch erhalten. Die Begegnung hat Curtius zutiefst beeindruckt. Seit jenem römischen Winter rechnet er sich zu den „Warburg-Leuten". In dem Brief vom 24.3.36 an Gertrud Bing heißt es: „Wenn auch von ferne, darf ich mich doch auf grund jenes römischen Winters zu den Warburg-Leuten rechnen. Und es ist mir wissenschaftlich wie menschlich ein Lebensbedürfnis geworden, mit Ihnen und Saxl in Contact zu bleiben." Schon ein Jahr früher hat er am 14.1.1935 an Bing geschrieben: „Wenn ich bedenke, was Warburg jetzt für mich ist, darf ich gar nicht versuchen, mir klar zu machen, was es für mich hätte bedeuten können, ihn 10 Jahre früher kennen zu lernen. Aber das ist unfruchtbares Grübeln; und mein Lebensweg ist auch schon weit über die Hälfte hinaus. Aber in welcher Verbannung lebe ich. Wie oft bin ich in dieser Weihnachtszeit abends in eine vergessene römische Kirche geschlüpft und fand tiefste Heimat in Marmorkapellen mit flackernden Kerzen, und jeder Gang zur spanischen Treppe war ein Fest ⟨...⟩."

Ganz konsequent schreibt er viele Jahre später, nämlich nach dem Kriege am 21.11.1946 an Bing – es ist der erste Nachkriegsbrief –: „Wie oft ich mit meinen Gedanken zu Ihnen und dem Warburg-Institut gewandert bin, kann ich Ihnen nicht sagen." Und: „Die Photographie von Warburg hat während des ganzen Dritten Reiches in meinem Arbeitszimmer gehangen und ich bewahre sein Gedenken in tiefer Pietät und Dankbarkeit." Am 2. März 1948 heißt es an Bing im Zusammenhang mit Bücher- und Auskunftswünschen: „Es wäre einfach wundervoll, wenn mir die Bibliothek Warburg ihre Hilfe gewährte. Ihr verewigter Meister wäre gewiss einverstanden. Er wollte mir wohl und erwartete etwas von mir. Aber ich war ja noch so dumm vor 20 Jahren!" Am 26.5.1948 schreibt er in einem Brief an Bing erneut: „Ich denke ⟨...⟩ immer voller Dank an Warburg." Wie wir aus dem Brief vom 24.3.1936 schon hörten, lag Curtius viel am Kontakt mit Gertrud Bing und dem Warburg Institute: „Es ist mir wissenschaftlich wie menschlich ein Lebensbedürfnis geworden, mit Ihnen und Saxl in Contact zu bleiben." Bereits am 6.12.1934 hatte er an Bing geschrieben: „Ich sehne mich immer nach der BW ⟨= Bibliothek Warburg⟩ und erzähle meinen Studenten davon." Unter dem 5.1.1936 liest man an Bing: „Wir haben lange nichts voneinander gehört, ich entbehre das schmerzlich. Nun kommt Ihr stattlicher Jahresbericht als willkommener Schreibreiz. Ich habe ihn 2 mal von a-z durchgelesen – in einer wahren Tantalusgier nach all diesen unerreichbaren schönen Dingen ⟨...⟩."

Gertrud Bing und das Ehepaar Curtius haben sich in den dreißiger Jahren im benachbarten Ausland bei Ferienaufenthalten getroffen. Zuweilen zeigt der Briefwechsel auf Seiten des Ehepaars Curtius auch dadurch eine besondere Vertraulichkeit in diesen Jahren, daß das „Fräulein Doctor" mit „Liebste Bingine" (28.6.35 ERC) oder „Liebe Bingine" (24.3.36 Ilse C.) angeredet wird. Äußerungen, die eine tiefe und sehnsüchtige Verbundenheit andeuten, ziehen sich also wie ein Leitmotiv durch den Briefwechsel, in dem dann 1947/48 übrigens auch die Frage der Buchwidmung angesprochen wird.

Wir lernen: Curtius beginnt seit dem Winter 1928/29, die Publikationen Warburgs und der K.B.W., also des Warburg-Kreises, zu verfolgen. Dies geschieht sehr stetig und intensiv. Bis September 1934 hat er Warburgs 1932 erschienene *Gesammelte Schriften* durchgearbeitet. Den Band 1 der *Bibliographie zum Fortwirken der Antike* begrüßt er enthusiastisch und erkennt in Edgar Winds Einleitung die „Bestätigung, Klärung und Weiterführung" eigener Gedanken (13.12.1934). Er liest Erwin Panofskys *Idea* und – durch Saxl angeregt – *Die Legende vom Künstler* von Ernst Kris und Otto Kurz – bei letzteren habe er viel gefunden – und ist seit 1937 auf das *Journal of the Warburg and Courtauld Institutes* abonniert. Er berichtet, er befasse sich mit der Kontinuität der Antike und benutze dabei vielfach dieselben Texte wie Panofsky und Liebeschütz. Als durch Bings Initiative 1946 die Verbindung wiederhergestellt wird, greift Curtius sofort nach den alten Möglichkeiten. Büchergeschenke, die z.T. noch für sein Buch wichtig waren, quittiert er dankbar, ja es entwickelt sich darüber hinaus erneut ein regelrechter Leihverkehr. 1948 nennt er das Institut „das einzige offene Tor zur Kosmopolis der Wissenschaft". Parallel läuft ein lediglich durch die Kriegsjahre unterbrochenes, kontinuierliches Auskunftverlangen, das sich durchaus auch auf bestimmte Bildmotive bezieht. Curtius erhält auf diese Weise viele nützliche Hinweise, die seinem Calderón-Aufsatz und seinen das Buch vorbereitenden Aufsätzen zugute kommen. Zwischen 1934 und 36 macht er begeistert seine Studenten und einige Kollegen auf das Warburg Institute aufmerksam, darunter die Philosophen Jacques Maritain und Erich Rothacker sowie den Historiker Arnold Toynbee. Über die Begegnungen mit Maritain berichtet er mit Datum vom 25.6.1935 an Fritz Saxl: „In Paris und in Portugal war ich wiederholt zusammen mit Jacques Maritain ⟨...⟩. Von der Bibliothek Warburg wusste er nun gar nichts; was ich ihm aber davon erzählte, hat ihn aufs lebhafteste interessiert. Ich habe ihm zugesagt, ich würde an Sie oder Frl. Bing schreiben und Sie bitten, ihm etwas aufklärendes Material über die Bibliothek zu senden ⟨...⟩. Ich habe Maritain besonders darauf aufmerksam gemacht, dass das Nachleben der Antike der Zentralgedanke Warburgs ist, habe aber natürlich auch etwas von den Pathosformeln und von den Indianern gesagt ⟨...⟩."

Rothacker lädt Curtius spontan zu einem Artikel über Warburg und sein Institut in der *Deutschen Vierteljahresschrift für Literaturwissenschaft und Geistesgeschichte* ein. Da der antijüdische Druck 1936 in Deutschland stark zunimmt, bleibt dieser Artikel ungeschrieben. Hervorhebenswert ist auch, daß Curtius in seiner Vorlesung des Wintersemesters 1934/35 über *Italie-*

nische Literatur der Renaissance die Botticelli-Bilder *Der Frühling* und *Geburt der Venus* in genauem Anschluß an Warburgs Dissertation interpretiert hat (Brief vom 6.12.1934).

Der Briefwechsel läßt drei für unseren Zusammenhang wichtige Fragen offen: 1. Wir erfahren nicht, was die tiefe Bindung an Warburg im Winter 1928/29 persönlich wie sachlich bewirkt hat. 2. Es ist nicht verständlich, daß Curtius in dem 1945 in der *Wandlung* publizierten Vorwort zwar von der lebensbestimmenden Kraft seines Romerlebnisses spricht, dabei aber die Begegnung mit Warburg übergeht. Wenn man seinen Briefen glauben schenken darf, band ihn an Warburg dieselbe Magie, die ihn an die Überreste des antiken Rom band, die ihm zu einem „Wunschraum", zu einer „zeitlosen Wirklichkeit" wurden. Mit „Wunschraum" und „zeitloser Wirklichkeit" zitiert er übrigens ohne Zweifel den aus der Warburg-Bibliothek hervorgegangenen berühmten Aufsatz von Alfred Doren über *Wunschräume und Wunschzeiten*. 3. Angesichts der engen Bindung an Warburg, Bing und das Warburg Institute und des Nutzens, den ihm die Forschungen dieses Instituts stifteten, die gewöhnlich in wesentlichem Umfang bildkünstlerisches Material einbeziehen, jedenfalls immer die Gemeinsamkeit von Bild- und Wortkunst im Auge haben, sind der bekannte Angriff von Curtius gegen die Kunstwissenschaft, seine pauschale Verurteilung der Kunstwissenschaft und seine rigide Trennung von Kunst- und Literaturwissenschaft wie von Bild- und Wortkunst nicht zu begreifen. Im Vorabdruck seines Einleitungskapitels 1947 in der Zeitschrift *Merkur* sagt Curtius bekanntlich:

> Wer europäische Literaturforschung treiben will ⟨...⟩ wird lernen, daß die europäische Literatur eine ‚Sinneinheit‘ ist, die sich dem Blick entzieht, wenn man sie in Stücke aufteilt. Er wird erkennen, daß sie eine autonome Struktur hat, die von der der bildenden Künste wesensverschieden ist. Schon deswegen, weil die Literatur, abgesehen von allem anderen, Träger von Gedanken ist, die Malerei nicht. Die Literatur hat aber auch andere Formen der Bewegung, des Wachstums, der Kontinuität als die bildende Kunst. Sie besitzt eine Freiheit, die jener versagt ist. Für die Literatur ist alle Vergangenheit Gegenwart, oder kann es doch werden. ⟨...⟩ Das Buch ist realer als das Bild. Hier liegt ein Seinsverhältnis vor und die reale Teilhabe an einem geistigen Sein ⟨...⟩. Die Bilderwissenschaft ist mühelos verglichen mit der Bücherwissenschaft. ⟨...⟩ Die Möglichkeit, Homer, Vergil, Dante, Shakespeare, Goethe jederzeit und ‚ganz‘ zu haben, zeigt, daß die Literatur eine andere Seinsweise hat als die Kunst. Daraus folgt aber, daß das literarische Schaffen unter anderen Gesetzen steht als das künstlerische. Die ‚zeitlose Gegenwart‘, die der Literatur wesensmäßig eignet, bedeutet, daß die Literatur der Vergangenheit in der der jeweiligen Gegenwart stets mitwirksam sein kann. ⟨...⟩ Es gibt hier eine unerschöpfliche Fülle von möglichen Wechselbeziehungen. Es gibt außerdem den unverwelkli-

chen Garten der literarischen Formen: seien es die Gattungen ⟨...⟩, seien es metrische und strophische Formen, seien es geprägte Formeln oder erzählerische Motive oder sprachliche Kunstgriffe ⟨...⟩. Es gibt endlich die Fülle der einmal von der Dichtung geformten Gestalten, die in immer neue Leiber eingehen können: Achill, Ödipus, Semiramis, Faust, Don Juan. ⟨...⟩ (S. 494-6).

Auf Fragen, die diese Darlegungen aufwerfen, wird Curtius offenbar zuerst von seinem damaligen Bonner Kollegen, dem Kunsthistoriker Herbert von Einem, angesprochen. Einer Karte vom 7.12.1947 an Bing entnehmen wir nämlich dies: „Unser hiesiger Kunsthistoriker von Einem schrieb mir gestern, Warburg würde zu meinen Sätzen über Kunstgeschichte (*Merkur* 4) den Kopf geschüttelt haben. Vielleicht kann ich in der 2. Correctur noch etwas mildern. Dennoch trage ich jetzt Bedenken, den Namen des von mir so hochverehrten Warburg vor das Buch zu setzen. Ich bitte sehr um eine Aeusserung von Ihnen." Diese Äußerung erfolgt unter dem Datum des 15.1.1948, und zwar auf Englisch. Es heißt da: „Thank you very much for sending me the Merkur number ⟨...⟩. As regards the preface to your book, I also think that the wording of what you say about art history might be toned down a little. On the whole I do not think that Warburg would object but I feel that the differences between the study of literature and that of art are not quite as irresconcilable as they seem in your present formulation ⟨...⟩."

Da Curtius selbst bei Bing deswegen angefragt hatte, wie wir sahen, hat Ernst Hans Gombrich im Auftrage von Gertrud Bing eine ausführliche Stellungnahme zu den entsprechenden Darlegungen von Curtius verfaßt. Diese, auf den 12.4.1948 datiert, geht am 19.4.48 mit einem Begleitbrief Bings an Curtius. Bing bemerkt: „I hope it clears up the doubts which you had." Die wesentlichen Punkte des langen Schreibens von Gombrich sind diese:

1. Sofern Curtius' Angriffe sich gegen eine falsch betriebene Kunstwissenschaft richten, werden sie akzeptiert.
2. Die Arbeitsrichtung Warburgs ist in Curtius' Verallgemeinerungen nicht recht berücksichtigt.
3. Die ästhetischen und wissenschaftlichen Probleme der Interpretation in den Bereichen der bildenden Kunst und der Literatur sind nicht in dem angegebenen Sinne verschieden.
4. Die These Literatur sei Träger von Gedanken, Malerei jedoch nicht, ist unhaltbar.
5. Es ist nötig, Werke der Bild- und Wortkunst jeweils als Ausdruck einer beide tragenden Kultur zu sehen.

6. Kunstwissenschaft und Kunstgeschichte können nicht so einfach getrennt werden, wie Curtius es anmerkungsweise vorsieht. Wie zur Literaturwissenschaft, so gehört zur Kunstwissenschaft die Aufgabe, dem Leben und Nachleben von Typen, Symbolen und Ausdrucksformeln im geschichtlichem Kontext nachzugehen. Es gibt Bereiche, in denen Literatur- und Kunstwissenschaft methodisch verwandter sind, als Curtius wahrhaben will. Gombrich wörtlich: „Panofsky hat für diese Art Kunstwissenschaft den Namen Ikonologie vorgeschlagen, der allerdings nicht viel Anklang gefunden zu haben scheint. Aber der Name tut ja auch nicht viel zu Sache. Jedenfalls gibt es auch hier das Problem der Tradition und Neuschöpfung; so wie Euripides in Racine's und Goethe's Iphigenie ist, so ist die Antike in Raphael und Raphael in Poussin, Poussin in Cézanne u. dgl. ⟨...⟩."

Curtius konnte wohl nicht mehr ohne weiteres ändernd in den Text seines Buchs eingreifen. Seine Antwort an Bing am 25.4.48 war diese: „Schönsten Dank für Ihre Zeilen vom 19. d.M. und für die Beilage von Dr. Gombrich, dem ich herzlich zu danken bitte. Ich kann die Diskussion z.Zt. leider nicht weiterführen, die betr. Bogen sind – mit leisen Modificationen – ausgedruckt, und ich bin mit meinen Arbeiten ganz wo anders." Daß diese Antwort doch auch den Charakter einer Ausflucht hat, läßt sich spätestens dann erschließen, wenn man sieht, wie stolz Curtius noch 1951 in seinem in der Tageszeitung *Die Tat* publizierten *Büchertagebuch* auf seinen rigiden Bemerkungen insistiert. Er holt sich dazu Bernard Berenson als Eideshelfer (S. 85 f. mit Bezug auf: B.B.: Ästhetik und Geschichte in der bildenden Kunst, Zürich 1950), weicht hier also erneut der Richtung aus, die, von Warburg ausgehend, all die gerade von Curtius sehnsüchtig erwarteten und ihn in höchstem Maße anregenden Studien hervorgebracht hat.

Anfang 1952 erfährt dies merkwürdige Abgrenzungsverlangen eine plötzliche Wendung: Curtius interessiert sich für Höhlenmalerei und läßt Bing seine neueste Erkenntnis wissen: „⟨...⟩ am Anfang war nicht das Denken, sondern das Bild. Vielmehr: Bilden war denken. Aehnliches lehrte ja auch Konrad Fiedler." Es läßt sich schwer beschreiben, wie diese Worte auf Bing gewirkt haben mögen: denn es gehörte zu den Grunderkenntnissen Warburgs, die Curtius bekannt sein mußten, daß die Menschheit die uranfängliche Symbiose von Bilden und Denken bis in die Gegenwart nicht überwunden hat. Deswegen hielt Warburg sein Institut für so notwendig und öffnete der Kunstwissenschaft den Weg zu einer umfassenden Bildkunde. Und nur wegen dieser interdisziplinären Öffnung hatte Curtius ja als Philologe und Literaturhistoriker solchen Nutzen aus den Publikationen Warburgs und derer, die ihm nahe standen, ziehen können. Mit anderen Worten: Hier ist Irrationales im Spiel.

Wir wollen uns abschließend noch der ersten Frage, was die tiefe Bindung an Warburg persönlich wie sachlich bewirkt haben mag, zuwenden. Wir kommen nicht ohne Vermutungen aus, aber diese werden nicht ganz unbegründet bleiben. So läßt sich nämlich aus Quellen des Warburg-Nachlasses hinlänglich belegen, welche wissenschaftlichen Fragen Warburg in jenem Winter 1928/29 in Rom beschäftigten. Daß diese Fragen Curtius zutiefst beeindruckten und spontan sich seinem Gedächtnis einprägten, geht aus einer Legende und Wahrheit verwebenden Erinnerung hervor, die der Curtius-Schüler Gustav René Hocke zum zehnjährigen Todestage von Curtius 1966 der Zeitschrift *Merkur* anvertraut hat. An dieser Erinnerung ist zweierlei bemerkenswert: 1. Hocke gibt den Eindruck wieder, daß Curtius und Warburg eng befreundet waren, wobei auf Seiten von Curtius eine in die tiefsten seelischen Schichten gehende Bindung sichtbar wird. 2. Er hält fest, daß Curtius Warburg „für seine Motivforschungen soviel verdankte" und daß eines der römischen Gespräche der beiden über Manets *Déjeuner sur l'herbe* gegangen sei. Als Quelle Manets habe Warburg einen Renaissance-Stich Markantons nachgewiesen; Curtius habe die Nachricht vom Tode Warburgs in einem Mannheimer Hotel erhalten. Unmittelbar nach dem Öffnen des Telegramms sei sein Blick auf eine zufällig dort hängende Reproduktion jenes Markanton-Stiches gefallen, den er wie einen Gruß des Toten aufgefaßt habe.

Wahrscheinlich haben wir es hier mit einer Art Ursprungsmythos zu tun, in dem Wahrheit verschleiert ruht. Was hat Warburg damals in Rom beschäftigt, welches war der Gegenstand seines Hertziana-Vortrages? Er arbeitete an der Vollendung seines Bilder-Atlas, der seine Lebensarbeit abschließen sollte. Der Titel lautete *Mnemosyne* und der Untertitel *Bilderreihe zur Untersuchung der Funktion vorgeprägter antiker Ausdruckswerte bei der Darstellung bewegten Lebens in der Kunst der europäischen Renaissance.* Zu den „vorgeprägten antiken Ausdruckswerten" gehören auch die Pathosformeln, die wir bereits erwähnten (vgl. oben S. 668). Warburg definierte diese zunächst als Ausdrucksformeln zur Darstellung von Grenzsituationen heftiger seelischer oder körperlicher Erregung. In dem Hertziana-Vortrag am 19. Januar 1929 ging es ihm nun darum, seinen *Mnemosyne*-Atlas erstmals einem Publikum vorzustellen. Ob schon jetzt oder erst im Anschluß daran, läßt sich nicht mit Sicherheit sagen: Jedenfalls erweiterte er in diesen Wochen den Begriff Pathosformel um die Perspektive der Ausdrucksformel pathetischer innerer wie äußerer Ruhe. Die Erweiterung war ihm durch seine allerjüngsten Forschungen zu Manets *Déjeuner sur l'herbe*

Abb. 165: Edouart Manet: Le déjeuner sur l'herbe. Öl auf Leinwand 1863.

notwendig geworden (Abb. 165). Dies erstmals 1863 in Paris gezeigte Werk gehört bekanntlich zu denen, die die moderne Malerei einleiteten. Ausgerechnet dieses Werk erweist sich auf frappierende Weise traditionsbestimmt. Warburg kann die Ausdrucksformel der zentralen Dreiergruppe bis in die Antike zurückverfolgen: Man erkennt sie zuerst auf dem Relief eines römischen Sarkophags, das das Urteil des Paris darstellt (Abb. 166); dann auf einem Kupferstich des Marcantonio Raimondi (zwischen 1510 und 1524 in Rom nach einem verlorenen Werk Raffaels entstanden) und schließlich auf einer Kopie des Raimondi-Stiches aus dem 17. Jahrhundert (Abb. 167, 168). Damit hat Warburg eine Ausdrucksformel für pathetische Passivität in ihrer Konstanz von der Antike bis zu Manet festgestellt. Das ist die bildkünstlerische Entsprechung dessen, was Curtius später im literarischen Bereich einen Topos, ein Klischee nennt. Warburg begnügt sich jedoch nicht damit, wie Curtius – und das hat Curtius, wie man weiß, von Anfang an berechtigte Kritik eingebracht –, die Konstanz von Topoi

677

diachron festzustellen. Er ist vielmehr von Anfang an daran interessiert zu erforschen, welchen Wandlungen eine bildkünstlerische Ausdrucksformel unterliegt; welche Funktion sie in dem jeweiligen Kunstwerk erfüllt, das sie realisiert; was sie stilistisch und gehaltlich jeweils für das Kunstwerk und den ausführenden Künstler bedeutet. Auf unser Beispiel übertragen heißt das in aller Kürze: Von der Antike bis ins 17. Jahrhundert bleibt die ruhende Gruppe verbunden mit der Darstellung des Paris-Urteils. Im römischen Relief bleibt die Gruppe ganz dem mythischen Geschehen verhaftet: Beobachtung der Heimfahrt der Götter in den Olymp; eine vierte Gestalt, eine Nymphe, macht dabei eine furchtvoll abwehrende Bewegung. Bei Raimondi erhält die eine sitzende weibliche Gestalt die Wendung zum Beschauer, als wollte sie ein Kompliment für ihre Schönheit

Abb. 166: Das Urteil des Paris. Römischer Sarkophag. Rom, Villa Medici.

einheimsen; jedenfalls will sie offenbar keinen Anteil mehr nehmen an der Heimreise der Götter; der rechte Flußgott scheint sie entgegen seiner antiken Apathie wegen ihrer Unaufmerksamkeit zu mahnen. Im 17. Jahrhundert ist die Götterheimfahrt durch eine einen Flußlauf durchwatende Rinderherde ersetzt; damit ist die Gruppe unversehens in eine bukolische Szenerie eingebunden. Dieser Übergang macht es – nach Warburg – Manet nun möglich, die Gruppe überhaupt aus dem Rahmen des Paris-Urteils zu lösen und sie zu einem Symbol lichtwendiger Befreiung zu machen, oder – wie Warburg sich ausdrückt – zu einem Symbol für Manets Kampf für die Menschenrechte des Auges. Darüber hinaus bemüht sich Warburg um eine Theorie zur Erklärung der Entstehung von Ausdrucksformeln und ihrer Rezeption: Sie sind seiner Meinung nach besonders im Dionysos-Kult im Rahmen orgiastischer Massenergriffenheit entstanden und haben sich dem kollektiven Gedächtnis der Menschheit als „Engramme leidenschaftlicher Erfahrungen" eingeprägt. Da Künstler als von Warburg so genannte soziale Organe einen besonderen Zugang zum Kollektiv-Gedächtnis haben, stellen sich ihnen, wenn sie Grenzwerte der Erregung oder Ruhe zum Ausdruck bringen wollen, diese Formeln ein. Mit seinem *Mnemosyne*-Atlas wollte Warburg den von ihm gefundenen Vorrat von Ausdrucksformeln, die die Antike vermittelt, dokumentieren, um damit gleichzeitig die Existenz des Kollektiv-Gedächtnisses zu erweisen und Einblick in sein Funktionieren zu geben. Das ist alles in allem weit mehr als Curtius im Hinblick auf die literarischen Topoi jemals zu geben versucht hat.

Man kann sich davon ganz leicht selbst einen Begriff machen, wenn man in Warburgs Schriften liest und z.B. den Aufsatz von Curtius über literarische Pathosformeln mit Warburgs Dürer-Aufsatz von 1906 vergleicht. Man kann dann den Curtius-Aufsatz nur noch als positivistisch dürr empfinden.

Daß Warburg im Bereich der Kunstwissenschaft die Topos-Forschung begründet hat, hat übrigens bereits Gertrud Bing hervorgehoben in ihrer 1965, ein Jahr nach ihrem Tode, publizierten Gesamtwürdigung War-

Abb. 167: Marcantonio Raimondi: Das Urteil des Paris.
Kupferstich zwischen 1510 und 1524 nach einem verlorenen Werk Raffaels.

679

Abb. 168: Das Urteil des Paris. Öl auf Leinwand, 17. Jahrhundert, holländisch.
Kopie nach Marcantonio Raimondi (wie Abb. 167).

burgs, die zum Besten und Feinsinnigsten gehört, was je über Warburg geschrieben worden ist. Sie erläutert dort, welches Interesse Warburg schon in seiner Botticelli-Dissertation an der bewegt, mit flatternden Gewändern einherschreitenden Frauengestalt genommen hatte, die er „Ninfa" zu nennen pflegte:

> Er hatte eine einzige Figur als vollkommene Einheit von Körper, Haltung und Gewand zum Gegenstand seiner Beobachtung gemacht. ⟨...⟩ Isoliert von jedem Kontext ließ sich das Phänomen sowohl in der Literatur wie in der bildenden Kunst nachweisen. Der Grund für diesen Parallellismus liegt nicht in einem angeblichen Zeitgeist, er bedeutete vielmehr, daß die Figur zu einer Kategorie von Ausdrucksmitteln gehörte, deren sich sowohl Literatur wie auch bildende Kunst bedienen können. In der Rhetorik nennt man eine Redefigur, die häufig benützt wird, um eine bestimmte Bedeutung auszudrücken oder eine Stimmung zu vermitteln, einen Topos. Warburg nun war es gelungen, die Existenz einer Entsprechung in der bildenden Kunst nachzuweisen. Wie viele sprachliche Topoi hatte die ‚Ninfa' den Vorzug, von den Alten empfohlen worden zu sein.

680

Mit dem ihr eigenen Stolz vermeidet Gertrud Bing an der Stelle jede Erwähnung von Curtius, obwohl sie natürlich genau wußte, wer hier von wem gelernt hat. Nach Bing haben verschiedentlich andere Forscher auf den Punkt aufmerksam gemacht, so 1970 Arthur R. Evans Jr. in seinem vorzüglichen Essay über Curtius: „Curtius ⟨...⟩ set out to do for literary history what Aby Warburg, Saxl, and Panofsky had been doing for more than twenty years in art history." Und Evans ist sich gewiß, daß „it is with this intention in mind that he dedicated his ‚Europäische Literatur' to the memory of Warburg ⟨...⟩." Angesichts solcher sachlicher und methodischer Nähe empfindet auch Evans den Ausfall von Curtius gegen die Kunstwissenschaft als paradox. 1978 hat der Historiker Peter Burke auf das Warburg und Curtius gemeinsame Anliegen in Sachen Ausdrucksformeln hingewiesen, 1980 der Kunsthistoriker Götz Pochat, der wie Evans die entsprechende Verwunderung über die paradoxe Haltung von Curtius zum Ausdruck bringt.

Nach eigener Angabe fühlte sich Curtius um 1930 innerlich gedrängt, sein bisheriges Arbeitsfeld zu wechseln. Wenn nicht alles täuscht, hat Curtius im römischen Winter 1928/29 in Warburg seinen Anreger und sein Vorbild gefunden. Der berühmte britische Kunsthistoriker Kenneth Clark hat in seinen Lebenserinnerungen den Hertziana-Vortrag Warburgs „a lecture, that changed my life" genannt. Der Vortrag und die weiteren Gespräche mit Warburg waren offensichtlich auch für Curtius ‚a lecture, that changed his life'. Dies dürfte die eigentliche persönliche Bedeutung sein, die die Begegnung mit der Reproduktion des Raimondi-Stiches bei Erhalt der Nachricht vom Tode Warburgs ausdrückt: In dem Augenblick großer innerer Ergriffenheit war es ihm, als gäbe ihm der verewigte Meister noch einmal das Stichwort, dem er inskünftig auf dem eigenen Forschungsfelde der Literaturwissenschaft folgen sollte. Dies hat Curtius von nun an in ständiger intensiver Auseinandersetzung mit den Schriften Warburgs und mit denen des Warburg-Kreises getan. Er hat in diesem Zusammenhang mit dem Buch von Ernst Kris und Otto Kurz über *Die Legende vom Künstler*, das er nach Saxls Hinweis Anfang 1936 gelesen hat, ein hervorragendes Werk kennengelernt, das bereits literarische Toposforschung im Sinne von Curtius vorführt.

Hätte Curtius wie Kenneth Clark Gelegenheit gehabt, seine Erinnerungen zu verfassen, hätte er Warburg und dem Warburg Institute sicher die ihnen gebührende Würdigung zukommen lassen. Wie die Dinge liegen, hat er 1948 zwar einerseits Warburg ein Denkmal errichtet, andererseits aber die Spuren seiner wahren Bedeutung eher verwischt. Der irrationale

Angriff gegen die Kunstwissenschaft ist vielleicht als der vom Unterbe-
wußtsein gesteuerte Versuch deutbar, sich von der tiefen Warburg-Bin-
dung und von der Einsicht, das Vorbild nicht erreicht zu haben, zu
befreien. Es ist ein auffälliges Faktum, daß die erstaunliche Verbreitung
des Werkes von Curtius zur Renaissance Aby M. Warburgs in der Nachkriegszeit so gut wie nichts beigetragen hat.

Es wäre jetzt reizvoll, im Werk von Curtius nach Gemeinsamkeiten mit
und nach verdeckten Bezügen zu Anschauungen Warburgs und des Warburg-Kreises (vor allem zu Edgar Wind und zu Kris-Kurz) zu suchen. Die
Themen ‚Fortwirken der Antike‘, ‚Kontinuität‘, ‚Gedächtnis‘ böten sich
an, auch ‚Pathosformel‘ und ‚Ellipse‘. Das kann und soll jedoch hier nicht
mehr geschehen. Halten wir als Ergebnis fest: Zu den nicht wenigen Ver-
diensten Warburgs gehört wahrscheinlich auch dies, daß er eines der ein-
flußreichsten geisteswissenschaftlichen Werke unseres Jahrhunderts
angeregt hat. Doch damit nicht genug: Er hat die wesentliche Kritik der
künftigen Kritiker vorweggenommen, ohne daß ein einziger dieser Kritiker sich dessen bewußt geworden wäre. Mit anderen Worten: Warburg
hatte Curtius bereits methodisch überrundet, als dieser mit seinen Vorarbeiten noch gar nicht begonnen hatte. Mit dieser Bemerkung soll die
großartige Leistung von Curtius nicht geschmälert werden, sondern nur
die Erkenntnis befördert, daß Warburg die Widmung in einem viel um-
fassenderen und tieferen Sinne verdient hat, als aus der Lektüre des Buches
selbst erschlossen werden kann.*

---

* Der Vortrag wurde zuerst 1982 auf Englisch beim 5. Internationalen Kongreß für
Neulatein in St. Andrews gehalten und in deutscher Fassung 1983 vor dem Diskussi-
onsforum Italien des Instituts für Romanistik der Universität Erlangen sowie im Seminar für Lateinische Philologie des Mittelalters und der Neuzeit der Universität
Marburg wiederholt. Die englische Fassung liegt seit 1986 gedruckt vor (s. Auswahlbibliographie Wuttke). – Anstelle von Anmerkungen kann auf den Band: Kosmopolis
der Wissenschaft. E.R. Curtius und das Warburg Institute. Hrsg. von Wuttke (1989),
verwiesen werden. Seitdem hat sich die Zahl der zwischen E.R. Curtius und dem
Warburg Institute gewechselten Briefe durch Neufunde, die ich 1990 gemacht habe,
mehr als verdoppelt. Das Material wird zur Edition vorbereitet. Es bestätigt und ergänzt die in dem Vortrag und in dem Band *Kosmopolis der Wissenschaft* berührten
Gesichtspunkte.

Anhang

Gertrud Bing
The Warburg Institute
(1937)

Im folgenden kommt ein bisher unbekannter Text zum Abdruck, der Ende 1936/Anfang 1937 von Gertrud Bing zur Einführung in die Eigenart und Arbeit des Warburg Institute verfaßt worden ist. Seine Entstehung scheint er ganz wesentlich einer Anregung von Ernst Robert Curtius zu verdanken. Dieser schrieb am 25. Juni 1935 an Saxl: „Ich hatte seiner Zeit schon mit Frl. Bing wiederholt die Frage besprochen, ob die Bibliothek Warburg nicht auf vier Druckseiten eine knappe Einführung in Aufbau und Ziel des Instituts geben könnte." Am 6. Februar 1937 kommt Gertrud Bing auf die Angelegenheit zurück, indem sie schreibt: „Ich will Ihnen noch erzählen, dass ich kürzlich ein ganz kleines Pamphlet zur Einführung in die Bibliothek geschrieben habe, das mit der Subskription der Zeitschrift versandt werden soll. Ich schicke Ihnen gelegentlich ein Exemplar davon in Druck. Ich glaube, es ist ungefähr das, was Sie sich immer als Einführung gedacht hatten." Mit der „Zeitschrift" ist das „Journal of the Warburg Institute" gemeint, dessen erstes Heft 1937 erscheinen sollte. Bereits am 23. Februar 1937 konnte sich Curtius für den Erhalt bedanken: „Der englische Prospekt war mir sehr interessant und ich bewahre ihn auf."
Ich habe den von mir schon seit ca. 1986 gesuchten Prospekt, ein kleinformatiges Heftchen von 12 Seiten – übrigens „Printed in Germany" –, zuerst im Archiv des Institute for Advanced Study in Princeton zu Gesicht bekommen. Professor J.B. Trapp, bis September 1990 Direktor des Warburg Institute, bin ich dankbar, daß er mir die Nachdruckerlaubnis erteilt und ein Original aus dem Londoner Bestand zum Geschenk gemacht hat.
Der Text Gertrud Bings steht auf den Seiten 2 bis 6, denen von S. 7 bis 12 eine Liste der Publikationen des Instituts folgt. S. 1 ist Titelblatt, auf dem steht „The Warburg Institute London". Darunter ist das inzwischen berühmte Signet des Warburg Instituts gesetzt (vgl. Abb. 79).
Das in gewisser Weise Aufregende an den Worten Bings ist deren große Nähe zu den originären Anliegen Warburgs. Aus meiner Sicht erstaunlich ist die recht lakonische Empfangsbestätigung des Anregers.

THE WARBURG INSTITUTE serves and promotes research on the *survival and revival of classical antiquity* in art, life and religion. This renaissance is to be found not only in the „classicism" of a period, its perfect poise, or serenity of attitude and emotion, but also in the appreciation of that side of the pagan temperament which breaks forth in violent gestures, dramatic ritual, festivals and dances. This leads to the question of what antiquity signifies in the various epochs, cultural centres and fields of human activity; in what form it is received; how it is transformed or re-interpreted; and shows how there survives, throughout the ages, a sort of ineradicable pagan demonism – which Christianity had to defy or tolerate – that monopolized entire realms of thought and life such as those of astrology, magic, legends and popular customs. On the other hand, the creations of Greek and Roman mythology, art and philosophy are apt to re-emerge from their disguises, whether oriental or western, fantastic or domesticated, and humanism gives them back their Olympian character, in essence as well as in form.

The *means of transmission*, through which the „social memory" allows cultural phenomena of one period to appear at a later time and under utterly different social and intellectual circumstances, are called symbols. Images such as the heathen gods and goddesses; myth and ritual of religious origin; gestures as created by art; metaphors in language; rites and customs of social life, are expressive of certain fundamental psychological processes. They belong to primitive cultures and complicated historical civilizations alike; they are transmitted through the centuries with astonishing tenacity and, once created, possess a vitality which causes them to be taken both as challenges and as models. In the case of European civilization, Greek art and mythology constituted, as it were, maximum values of expressive force, and for good or for evil Europe turned to these time and again. The phenomenon, however, of the original evolution of symbols, and of their transmission and transforming through subsequent strata of civilisation, is not limited to European conditions alone: it may be studied even better in primitive cultures, where the creative process is less encumbered by intellectual accessories.

This *method* of treating historical facts will not permit of their being taken separately. The importance of a work of art, considered in its expressive value, is only to be understood if its religious significance, its intellectual background, and the surrounding social and political circumstances are taken into account. It follows, therefore, that the history of art should not be studied independently, but rather in its interaction with other branches of learning, which in their turn demand the same elaboration.

This method makes the Warburg Institute a centre for scholars of various descriptions; anthropologists, theologians and historians of religion, mediaevalists, psychologists, folklorists, philologists and antiquaries find their own materials arranged in such a manner as to suggest certain interactions with and relations to other subjects. The conception of history as a unit results in the abolition of barriers between the different fields of research, and does away with narrow specializations. Thus the old idea of the „Universitas Litterarum", last realized in the eighteenth century, is again attempted by making the formation and transmission of symbols the central theme, and the „Survival of the Classics" is chief, though not its only field of application.

The promotion of these studies is served by the following instruments.

(1) *The library* is organised in such a way that the different subjects become visibly inter-connected in the arrangement. At present it comprises the following main sections, and numbers about 80,000 volumes in all:

First Section: Religion, Natural Science, and Philosophy.
    I.   Anthropology and Comparative Religion.
    II.   The Great Historical Religions, showing the development from Oriental to Classical Paganism, and thence through Late Paganism to Christianity.
    III. History of Magic and Cosmology, illustrating the development from Alchemy to Chemistry, from the Lore of the Medicine-Man to the Science of Medicine, and from Astrology to Astronomy.
    IV. History of Philosophical Ideas, two special questions having been singled out: a history of Platonism leading from Plato to Neo-Platonism and its revival in Renaissance thought, and a history of Aristotelian Philosophy, its commentaries and translations.

Second Section: Language and Roman Literature.
    I.   History of Greek and Roman Literature.
    II. Survival of Classical Poetry.
    III. Survival of Classical Subjects (Gods, Legends, Myths, Fables, Emblems and Proverbs, etc.)

IV. History of Classical Scholarship, (a) Mediaeval and Renaissance Latin Literature; (b) History of Education, of Schools and Universities, of Collections of Manuscripts and Books, of Learned Travels, Encyclopaedias, etc.

Third Section: Fine Arts.
I.   Literary Sources.
II. Iconography.
III. Primitive and Oriental Art; Pre-Hellenic Period.
IV. Classical Archaelogy, with a special section on the Art of the Roman Provinces.
V.   Early Christian and Mediaeval Art, with a special section on Illuminated Manuscripts.
VI. Renaissance Art in Europe, with a special section on Applied Arts, Book Printing and Book Illustration.
VII. History of Art Collections, Preservation of Classical Monuments.

Fourth Section: Social and Political Life.
I.   Methods of History and Sociology.
II. History of Social and Political Institutions in Southern and Northern Europe (leading from the Greek City States through the Roman Empire to the Holy Roman Empire of the Middle Ages, and thence to the City States of the Italian Renaissance, the French, Spanish and English Courts, etc.)
III. Folklore: History of Festivals (especially of the Renaissance), the Theatre, and Music.
IV. Forms of Social Administration; Legal and Political Theory.

(2) *The collection of photographs* is systematized on the same lines. The pictorial symbols are understood as not only comprising works of art: any decorated object (furniture, heraldic decorations, tapestries, emblems and signs, seals, even stamps and posters), may be expressive of a mental attitude or hold a deliberate significance. As a depository for ancient themes and gestures book illustrations, illuminations, engravings and woodcuts receive special attention. Thus the photographic collection comprises one section in which reproductions of all kinds of artistic design, from the most elaborate works of art down to ornamented tools and implements of daily use, are arranged according to the themes represented on them; and a second section containing photographs of the astrolocigal and mythological illuminated manuscripts (1,230 MSS. at present) extant in European and American libraries.

(3) *A series of publications,* the „Studies of the Warburg Institute", discuss the „Survival of the Classics" by interconnecting the history of art and the history of intellectual, social and religious life.

(4) *A „Bibliography on the Survival of the Classics"* contains a reasoned survey of all publications issued within a given period, which either deal with the relevant subjects under their own titles or, by the nature of their theme, are bound to contain contributions to research on the nature of classical influence.

(5) *Lectures* by scholars of different nationalities are being arranged. Some of the earlier series have been published in book form. The series are frequently grouped round a main subject, such as Drama (1927/28), the Ascent of the Soul (1928/29), the Classical Influence in England (1930/31), the Cultural Function of Play (1936/37); so that each series again stresses the scope of the Institute both in its subject and through the discussion of the subject under different aspects.

These activities are to be supplemented by a new project: a *Quarterly Journal* which, in accordance with the Institute's policy, will unite scholars of different nations, and is to serve as a medium for the exchange of ideas between students who work on the same problem. It will be called: „*The Journal of the Warburg Institute*".

Warburg, Curtius und Latein für Europa

(1982/1985)

Mit Datum vom 10. Dezember 1891 ging bei der Philosophischen Fakultät der Universität Straßburg das folgende Gesuch auf Zulassung zur Doktorprüfung ein: „Der unterzeichnete Student der Philosophie ersucht eine hohe philosophische Fakultaet der Kaiser-Wilhelms Universität ergebenst, unter Beifügung der vorschriftsmässigen Documente und auf Grund einer Arbeit: *Sandro Botticellis ‚Geburt der Venus' und ‚Frühling'* ihn zur Bewerbung um den Doctorgrad zulassen zu wollen, mit der Bitte, eventuell in Kunstgeschichte als Hauptfach und in Archaeologie und Philosophie als Nebenfach geprüft zu werden. Hochachtungsvoll Ergebenst: A. Warburg." Dem Gesuch wurde stattgegeben und der Bewerber am 5. März 1892 erfolgreich promoviert. In seinem Gutachten nennt der Doktorvater, der Kunsthistoriker Hubert Janitschek, die Doktorarbeit „scharfsinnig und ergebnisreich". Folgende Verdienste hebt er hervor: Sie sei ein über das berühmte Werk Jacob Burckhardts *Die Kultur der Renaissance in Italien* hinausführender Beitrag, das noch nicht in genügender Weise erforschte „Verhältnis des Kunstinhalts zur Cultur der Epoche" der Renaissance darzulegen. Sie habe ferner das Verdienst, die Rolle der Antike in Malerei und Plastik des 15. Jahrhunderts als erste in den Griff genommen und scharfsinnig beschrieben zu haben. Modern ausgedrückt: Der Doktorand Warburg hat als erster Kunsthistoriker für herausragende Kunstwerke deren ‚Sitz im Leben' bestimmt, und, da die behandelten Kunstwerke antikische Themen aufgreifen, nicht nur die notwendige Quellenfrage gestellt und beantwortet, sondern gleichzeitig ebenfalls als erster die Frage nach der Bedeutung, nach der Funktion der Antike-Rezeption im Hinblick auf die Kunstwerke, den Künstler und die umgebende Kultur gestellt und zu beantworten versucht. In dieser Frage war die genuin kunstwissenschaftliche keineswegs vernachlässigt, was denn die spezifische Antike-Rezeption für die stilistische und gehaltliche Kunstinterpretation bedeute.

Mit einem Wort: Hätte damals bereits das erst viele Jahre später von dem Kunsthistoriker Erwin Panofsky definierte Konzept der Ikonologie vorgelegen, hätte Doktorvater Janitschek seinem Doktoranden Warburg bescheinigen können: Sie haben die moderne Ikonologie praktisch begründet, und die Fruchtbarkeit des Konzepts in der Anwendung erwiesen.

Mancher Leser wird es von Anfang an gewußt oder inzwischen doch erraten haben, daß der Doktorand Warburg und der berühmte Kunst- und Kulturhistoriker Aby M. Warburg (1866-1929), der seit einigen Jahren die endlich verdiente Renaissance in Deutschland erlebt, ein und dieselbe Person sind. Wäre es nach dem Willen seines Bonner Lehrers Carl Justi gegangen, hätte Warburgs Botticelli-Dissertation nie das Licht der Welt erblickt. Heute muß man sie mit fünf, sechs weiteren seiner Abhandlungen zu den einfluß- und folgenreichsten Untersuchungen rechnen, die die Geisteswissenschaften des 19. und bisherigen 20. Jahrhunderts hervorgebracht haben. Sie sind vor allem auch deshalb folgenreich geworden, weil Warburg den Sinn für institutionelle Absicherung von Geisteswissenschaft hatte. So wurde seine private Bibliothek seit den zwanziger Jahren zur öffentlichen, mit der Universität Hamburg verbundenen Kulturwissenschaftlichen Bibliothek Warburg, die sich binnen kurzem zu einer führenden, interdisziplinär ausgerichteten und überaus fruchtbaren Forschungsstätte entwickelte. Männer wie der Philosoph Ernst Cassirer, der Historiker Percy Ernst Schramm, der Kunsthistoriker Erwin Panofsky und zahlreiche andere empfingen hier entscheidende Anregungen; über Vortrags- und Publikationsreihen wirkte sie nachhaltig auf die wissenschaftliche Diskussion. Für die Vorstellung, die man sich von ihr machte und in weiten Kreisen noch heute macht, wurden die Schriften der genannten Forscher und vor allem aber das letzte große Werk entscheidend, das die Bibliothek zweibändig 1934 und 1938 herausgab, bevor der Zweite Weltkrieg die Verbindungen zu dem bereits 1933 nach Großbritannien ausgewanderten Institut endgültig kappte: Es ist die *Bibliographie zum Fortwirken der Antike*.

Fortwirken der Antike, das ist in der Tat der rote Faden gewesen, der Warburgs Forscherleben gelenkt hat. Das meint zunächst einmal Sammelarbeit, enorme Sammelarbeit, die die griechische und römische Antike sowie den Vorderen Orient ganz selbstverständlich mit umfaßt. Das impliziert das Niederlegen von Grenzpfählen an den von den Fachgenossen selbst gezogenen Grenzen der traditionellen Fächer, impliziert damit auch die ganz selbstverständliche Einbeziehung des Mittel- und Neulateins (wie des Mittel- und Neugriechischen), also des Lateins, das als Sprache der

Kirche, des Rechtswesens und der Gelehrten vom Untergang des Römischen Reiches bis weit ins 18. Jahrhundert hinein einer der Garanten der kulturellen Einheit Europas war. Bereits mit Warburgs Dissertation fängt es an: Sie bezeichnet nicht nur den Beginn einer neuen, revolutionierenden Kunstgeschichtsforschung, sondern auch den ungefragten, bis heute von den einschlägigen Fachwissenschaften kaum wahrgenommenen Eintritt der Kunstgeschichtsforschung in die Mittel- und Neulateinische Philologie. Weitere bedeutende Beiträge zu diesem Fach von kunsthistorischer Seite sind z.B. Panofskys Buch über *Hercules am Scheidewege* (1930), Raymond Klibanskys, Erwin Panofskys und Fritz Saxls Werk über die Geschichte der Melancholie (1964) oder William S. Heckschers ikonologische Monographie zu Rembrandts Anatomie des Dr. Nicolaas Tulp (1958). Was diese von Warburg völlig unprogrammatisch, also durch praktische wissenschaftliche Arbeit inaugurierte Fortwirken-Wissenschaft mit der Klassischen Altertumswissenschaft sowie mit den auf wissenschaftliche Solidität dringenden Kräften der Mittleren und Neueren Geschichte und der Neuphilologien verbindet, ist das Bemühen um die Anwendung strenger historisch-philologischer Methodik, ist das Bemühen um die adäquate Erschließung des fruchtbaren Details als Grundlage für übergreifendes Erkennen, Erklären und Verstehen. Bis zum Ende seines Lebens entwickelte Warburg diesen neuen Forschungszweig zu einer die verschiedenen Geisteswissenschaften umfassenden historischen Mittelalter- und Neuzeit-Wissenschaft, die man auch geisteswissenschaftliche Europa-Wissenschaft nennen könnte. Diese unterscheidet sich aber von der Klassischen Altertumswissenschaft in einem ganz entscheidenden Punkt: Ihr war von Anfang an ein einheitsstiftendes, das Vielerlei bündelndes Forschungsziel mit auf den Weg gegeben: Das ist die Funktionsbestimmung. Warburg war ein leidenschaftlicher Sammler, nicht nur von Fakten, sondern, wie bekannt, auch von Büchern. Aber wie er von seiner Bibliothek, die heute als *The Warburg Institute* der Universität London Weltruhm genießt, verlangte, daß sie sich nicht nur nach einem bestimmten Alphabet und nach den üblichen Sachgruppen geordnet darböte, sondern in der Präsentation bereits ein – nämlich sein – Forschungsproblem zur Anschauung brächte, so lehrte er, daß es die Aufgabe des Wissenschaftlers sei, über die Sicherung, Sichtung und Sammlung des Faktischen hinaus die Denkmäler der menschlichen Kultur als Ergebnis lebendiger Auseinandersetzungen zu sehen. Er verlangte daher die Bestimmung ihres Stellenwertes in der jeweiligen historischen Situation. Diesen für signifikante Einzeldokumente wissenschaftlich zu rekonstruieren, ihnen das Leben, das sie einmal hatten, gleichsam wiederzugeben und dabei womöglich

Energien für gegenwärtige Diskussionen freizusetzen, das Vergangene zu einem ‚es geht Dich hier und heute an‘ zu machen, das hat Warburg mit einer Konsequenz ohnegleichen verfolgt. Schließlich fesselte ihn die aufregende anthropologische Frage, wie Tradition zustande kommt und welchen psychischen Energien im Kraftfeld von Erinnern und Vergessen sie gehorcht.

Der berühmte britische Kunsthistoriker Kenneth Clark hat die Vorlesung, die Warburg im Januar 1929 in Rom über dies Problem hielt, „einen Vortrag, der mein Leben änderte“, genannt. Unter den Zuhörern saß neben anderen der Romanist Ernst Robert Curtius, Straßburger, nicht wie Warburg zufällig und temporär, sondern von Geburt. Als Schüler des Romanisten und Mittellateiners Gustav Gröber hatte er nach philologischen Anfängen sich vor allem als Literatur- und Kulturkritiker in Frankreich wie Deutschland einen Namen gemacht. Aus Bemerkungen in veröffentlichten Werken, aber vor allem aus seinem noch nicht veröffentlichten Briefwechsel mit dem Warburg-Institut ist zu lernen, daß der Europäer Curtius eben damals von den Traditionskräften Roms als einem Symbol der Größe und ewigen Fortdauer der Antike geradezu magisch angezogen wurde. Warburg und dessen Vorlesung haben in Curtius' Romerlebnis einen festen Platz: Curtius betrachtete sich fortan als Warburgianer, haben ihm doch Warburgs in Rom vorgetragene Gedanken entscheidende Impulse für die Forschungen der dreißiger und vierziger Jahre gegeben, die er gesammelt mit Widmung an Warburg nach Kriegsende 1948 unter dem Titel *Europäische Literatur und lateinisches Mittelalter* herausgab. Dies Werk wirkte nach seinem Erscheinen im Kreise der Geisteswissenschaften und einer weiten interessierten Öffentlichkeit wie eine Offenbarung. Kein anderes hat davor oder danach das lateinische Grundmuster der europäischen Literatur so einsichtig und mitreißend erläutert. Doch darf man sich nicht täuschen, und die Forschung hat sich nicht täuschen lassen, es ist mehr die Sichtbarmachung eines Gewebemusters, mehr ein Themen- und Motivkatalog, eine Sammlung literarischer Klischees, zwar von Warburg wesentlich angeregt, aber nicht im Sinne seines methodischen Vermächtnisses zu Ende geführt: Die historischen Funktionsbestimmungen fehlen. Die Elemente des Fortwirkens der Antike in der europäischen Literatur werden wie zu einem gewaltigen Berg getürmt, dessen erhabener Anblick allein einen aber vielleicht doch nicht zur Besteigung zu verlocken vermag: Tradition, ehrwürdig, aber ballastig, ein schönes Panorama für Feierstunden, etwas zum Staunen, aber nichts Rechtes für den Alltag, nichts das dir unter die Haut fährt und mit der Kraft der Rilkeschen Gedichtzeile von dir verlangt: „Du mußt Dein Leben ändern".

Latein für Europa? Ja, aber nur wenn es um das Ganze von Sprache und Kultur geht. Es ist notwendig, notwendiger denn je in einem Zeitalter, das den Weg zu einem neuen vereinigten Europa zurückzufinden aus politischer Überzeugung bestrebt ist. Sollten die archetypisch in die Psyche Europas versenkten Erinnerungsbilder vom Alten Europa dem neuen nicht hilfreiche Kräfte zuführen können? Ist der Mensch nicht das geschichtliche Wesen schlechthin? Latein für Europa hat eine Chance, es hat diese Chance jedoch nur, wenn es uns gelingt, in einer gleichsam neuen Sprache und mit neuen Gegenständen davon zu reden. Die neuen Gegenstände kämen aus der christlichen Spätantike, aus Mittelalter und Frühneuzeit, aus Renaissance, Barock und Aufklärung, mit einem Wort: aus dem gewaltigen Bereich des Fortwirkens der Antike. Es geht nicht länger an, daß dieser Bereich, der das von der Forschung vernachlässigte Mittellatein und das vor allem sträflich vernachlässigte Neulatein umfaßt, daß dieser ganze Bereich letztlich weiterhin als eine Art anderhalbtausendjährige Abirrung von den wahren Ursprüngen angesehen wird. Das heißt den Weg, der direkt zu uns Heutigen führt, gering achten. Im Unterricht von Schule und Hochschule kann es nicht darum gehen, durch die Einbeziehung der Rezeption der Antike die Stoffülle durch neue Stoffmengen unerträglich zu machen. ‚Caesar *und* Erasmus' ist gar nicht das Problem, jedenfalls nicht das vorrangige. Es muß vielmehr darum gehen, durch Auswahl fruchtbarer Quellen Kulturstationen in ihren lebendigen Dimensionen zu erschließen und zu gegenwärtigen, auch die aktuellen Diskussionen befruchtenden Gegenständen zu machen. Schulbücher, Lehrpläne und didaktische Handreichungen halten schon manche Anregung bereit. Die Klassischen Altertumswissenschaften und die historischen Mittelalter- und Neuzeitwissenschaften der Universitäten wären aufgerufen, die Praktiker, die die Aufgabe erkannt haben, für diese Aufgabe nun auch auszubilden. Aber wo gibt es in Deutschland nur eine einzige Professur, die ihre Kräfte mit institutioneller Absicherung ungeteilt der weitgehend unentdeckten Welt des Neulateins zuwenden könnte? Die Universität Bamberg wäre sicherlich ein idealer Standort für eine solche Professur, denn die regionalen Voraussetzungen rufen geradezu danach. Der großartige Beitrag, den der fränkische Raum zwischen dem 14. und 17. Jahrhundert zur Kultur Europas gab, wurde in erheblichem Umfange im Medium der neulateinischen Sprache vermittelt. Die fränkischen und nürnbergischen Bibliotheken sind voller ungehobener Schätze aus diesem Bereich. Zur Entwicklung des methodischen Instrumentariums lägen bei Curtius und dessen Kritikern, lägen im Werk der oben bereits genannten Kunsthistoriker und vieler anderer Gelehrter wie Otto Weinreich, Rudolf Pfeiffer, Ernst Zinn, Wolfgang Schadewaldt oder Manfred Fuhrmann, lägen vor allem aber bei Warburg Anregungen bereit. Im Zeitalter des grenzüberschreitenden Verkehrs könnte so Fächergrenzen überschreitende Geisteswissenschaft, könnte lateinische Tradition als Sache der Gegenwart, könnte Europa hier und heute in und bei uns eine lebendige Kraft werden und helfen, das aus der Region entwickelte Profil der Universität Bamberg auszugestalten.

[Nachtrag: S. 693 spiele ich an auf den bahnbrechenden Aufsatz von Manfred Fuhrmann *Cäsar oder Erasmus? Überlegungen zur lateinischen Lektüre am Gymnasium*, der, seit 1974 mehrfach gedruckt, nun dem schönen Fuhrmann-Band *Cäsar oder Erasmus? Die alten Sprachen jetzt und morgen* (Tübingen 1995) den Titel gegeben hat und darin nachgelesen werden kann.]

Die Emigration der Kulturwissenschaftlichen Bibliothek Warburg und die Anfänge des Universitätsfaches Kunstgeschichte in Großbritannien

(1984/1991)

Bezüglich meiner Bibliothek, in der sich meine eigenste Lebensart versinn-bildlicht und die zugleich als objektiv wertvolstes wissenschaftliches Instrument verbleibt, bestimme ich das Folgende: Die Bibliothek kann nach meinem Tode ihren Zweck nur weiter erfüllen, wenn sie als Forschungsinstrument zusammenbleibt.

(Aby M. Warburg: Testament vom 7. Oktober 1920, eröffnet am 9. Oktober 1929, hier 6.)

Am Sonntag, dem 24. Dezember 1944, berichtete der *Observer* unter der hintergründigen Überschrift *A Present from Germany* auf Seite 4 dies: „The nation's greatest Christmas present of the year comes from Hamburg. It is the unique library of art and letters collected by the Warburg familiy ⟨...⟩".[1]

Nun, diese einzigartige Bibliothek ist natürlich nicht von der Warburg-Familie gesammelt worden, sondern von einem ihrer Mitglieder, dem berühmten Kunst- und Kulturhistoriker Aby M. Warburg. Im folgenden berichtet der anonyme Korrespondent, was es mit diesem Weihnachtsgeschenk an die britische Nation auf sich hat, also über die kunst- und kulturwissenschaftliche Bedeutung der Kulturwissenschaftlichen Bibliothek Warburg, ihre Verlagerung von Hamburg nach London im Dezember 1933 als *The Warburg Institute*, ihr ungewisses Schicksal seitdem und die für beide Seiten, die britische Nation wie das Institut, glückliche Beendigung der Ungewißheit dadurch, daß das Warburg Institut durch Schenkung an die Universität London kam. Damit war sein Fortbestand als Teil der Universität London gesichert. Dies ist der Zustand, der den Besuchern

---

1 Gertrud Bing (wie Anm. 3) S. 36, zitiert statt „from Hamburg" „from Germany" und nennt den Manchester Guardian als Quelle. Dem folgt Willibald Sauerländer in seiner Besprechung der deutschen Übersetzung der Warburg-Biographie Gombrichs (wie Anm. 2) in der Süddeutschen Zeitung vom 27./28. November 1982, S. 136. Abdruck der Quelle jetzt in Kosmopolis der Wissenschaft (wie Anm. 17) S. 366.

des Warburg Instituts und seinen Freunden in aller Welt heute ebenso vertraut wie selbstverständlich ist.

Bevor ich einen zögernden – wie Warburg noch gesagt hätte, unvorgreiflichen – Versuch mache, einige Hinweise auf die Bedeutung des aus der Kulturwissenschaftlichen Bibliothek Warburg hervorgegangenen Warburg Instituts für das Aufnahmeland Großbritannien zu geben, müssen wir uns in Umrissen über das Zustandekommen der Bibliothek, den Sammler Aby M. Warburg und dessen Ziel, sowie über die Geschichte der Kulturwissenschaftlichen Bibliothek bis zur Emigration im Dezember 1933 verständigen.[2]

Aus einer alten jüdischen Familie stammend, verzichtete Aby M. Warburg (13. Juni 1866 – 26. Oktober 1929) im Alter von dreizehn Jahren auf sein Erstgeborenenrecht, das mehr als hundert Jahre alte Hamburger Bankhaus eines Tages zu übernehmen. Er trat dies Recht seinem ein Jahr jüngeren Bruder Max gegen das Versprechen ab, dem älteren stets die Bücher zu kaufen, die er für seine Interessen brauche. Dies Versprechen hat der jüngere Bruder zeitlebens gehalten und mit ihm die Familie, deren um 1900 begründeter amerikanischer Zweig für die Aufrechterhaltung der Kulturwissenschaftlichen Bibliothek in der Inflationszeit sowie für die Überführung nach Großbritannien eine ausschlaggebende Bedeutung bekommen sollte. Die Warburg-Familie gehört übrigens noch heute dem Kuratorium des Instituts an und trägt durch Stiftungen zum Gelingen von einzelnen Projekten bei. Schon als Student der Kunstwissenschaft, Archäologie, Geschichte und Philosophie kaufte Aby viele Bücher. Als er

---

2 Ernst Hans Gombrich: Aby Warburg. An Intellectual Biography. With a Memoir on the History of the Library by F. Saxl. London 1970. Deutsch: Frankfurt/M. 1981; Eduard Rosenbaum / A.J. Sherman: Das Bankhaus M.M. Warburg & Co 1789-1938. Hamburg 1976; Alfred Vagts: M.M. Warburg & Co. Ein Bankhaus in der deutschen Weltpolitik 1905-1933. In ders.: Bilanzen und Balancen. Hrsg. von Hans-Ulrich Wehler. Frankfurt/M. 1979, S. 36-94, 251-268; Max M. Warburg: Rede, gehalten bei der Gedächtnis-Feier für Prof. Warburg am 5. Dezember 1929. In: Mnemosyne. Beiträge [...] zum 50. Todestag von Aby M. Warburg. Hrsg. von Stephan Füssel. Göttingen 1979, S. 23-28, hier S. 26 f.; Aby M. Warburg: Ausgewählte Schriften und Würdigungen. Hrsg. von Dieter Wuttke. Baden-Baden ²1980. Fritz Saxls historischer Abriß *Die Geschichte der Bibliothek Aby Warburgs in Hamburg* hier erstmals auf deutsch S. 335-346; Warburg-Bibliographie, auch zur interdisziplinären Warburg-Rezeption, sowie Verzeichnis von Archivmaterial S. 517-599, 639-648; Nachwort mit Weiterführung der Warburg-Forschung S. 601-638; Jesinghausen-Lauster (wie Anm. 28); Dieter Wuttke: Aby M. Warburgs Methode als Anregung und Aufgabe. Dritte, um einen Briefwechsel zum Kunstverständnis vermehrte Auflage. Göttingen 1979. Vierte, erneut erweiterte Auflage Wiesbaden 1990; Roland Kany: Die religionsgeschichtliche Forschung an der Kulturwissenschaftlichen Bibliothek Warburg. Bamberg 1989.

nach dem Studium, einer Neu-Mexiko-Expedition und mehreren Florentiner Forschungsjahren sich entschlossen hatte, dauernden Wohnsitz in seiner Vaterstadt Hamburg zu nehmen, verstärkte er ab etwa 1901 die Bücherkäufe in erheblichem Umfange. Wenn sein Bruder als Inhaber des Bankhauses und Geldgeber sich im Hinblick auf die Ausgaben etwas beunruhigt zeigte, pflegte er zu antworten: „Erfolgreiche Bankiers halten sich sonst einen Rennstall und werden von ihren Jockeis und Trainern betrogen. Du hältst eine Bibliothek und hast den Vorteil eines Herrenreiters; der bin ich."

1908 wurde eine erste Stufe der Institutionalisierung erreicht. Die Bibliotheksarbeit nahm so überhand, daß Aby M. Warburg einen wissenschaftlichen Bibliothekar anstellen mußte. Ab 1912 kam die Anstellung eines Forschungsassistenten hinzu. Der erste, der diesen Posten bekleidete, war kein geringerer als Fritz Saxl, dessen Mitarbeit und leitende Funktionen für die kulturwissenschaftliche Bibliothek seit 1918 zuerst als kommissarischer Leiter und dann nach Warburgs Tod als Direktor sowie als Direktor des Londoner Warburg Instituts von 1929 bis 1948 zu ganz entscheidenden Faktoren werden sollten.[3]

Saxl berichtet, Warburg habe erstmals am 21. April 1914 mit ihm darüber gesprochen, wie man die Bibliothek in ein Institut überführen könnte. Er fährt fort,[4] sie seien sich einig gewesen, „daß nur mit der Einrichtung von Stipendien an der Bibliothek eine Reihe von Forschern aus Deutschland und dem Ausland gewonnen werden könnte, und daß von jetzt an ein Teil der zur Verfügung stehenden Mittel dafür abgezweigt werden müßte. Die Bibliothek sollte Warburg helfen, junge Wissenschaftler in seiner Methode auszubilden und bei ihren Forschungen anzuleiten. Wenige Monate später brach der Krieg aus, die Pläne mußten ad acta gelegt werden".

Warburgs Plan der Institutsgründung muß in einem größeren Zusammenhang gesehen werden. Warburg hat zwar mit einigen Schwankungen die Existenz des unabhängigen Privatgelehrten der eines beamteten Universitäts-Professors vorgezogen, er hat aber neben den Forschungstendenzen die institutionellen Entwicklungen der Wissenschaft seit Beendigung seines Studiums sehr wachsam verfolgt und hat seinen Werdegang als

---

3 Fritz Saxl: Die Geschichte der Bibliothek Aby Warburgs. In: Aby M. Warburg, Ausgewählte Schriften und Würdigungen (wie Anm. 2) S. 335-346; Gertrud Bing: Fritz Saxl (1890-1948). A Memoir. In: Fritz Saxl 1890-1948. A Volume of Memorial Essays from his Friends in England. Ed. by D.J. Gordon. London u.a. 1957, S. 1-46.

4 Zitat Saxl (wie Anm. 3) S. 340.

Forscher und Lehrer, wo er konnte und es seinen wissenschaftlichen Interessen entsprach, mit Institutionen verknüpft.[5] Die Zurückhaltung gegenüber einem staatlichen Universitätsamt mochte zum Teil auf der
Einsicht beruhen, daß ihm seine körperliche Konstitution gewisse Grenzen setzte.[6] In eben dem Maße beruhte sie jedoch mit Sicherheit auf der
Einsicht, daß ihm die unabhängige Existenz allein ein Optimum an Ver-
wirklichung seiner wissenschaftlichen Pläne gestatten würde, sowie auf der
Hoffnung, seine Vorstellungen bei der Gründung der Universität Hamburg in die Tat umsetzen zu können. Diese waren seit seiner Dissertation
ganz dezidiert auf Interdisziplinarität und Internationalität ausgerichtet
sowie auf das kompromißlose Streben nach wissenschaftlicher Redlichkeit
und Solidität. Zu jener Gruppe von Studenten gehörend, die sich als erste
kühn *Kunsthistorisches Institut zu Florenz* nannte, hat er den schwierigen
Weg der Florentiner Institutsgründung erlebt und war diesem Institut
dann zeitlebens verbunden, hat er die das Fach Kunstwissenschaft international begründenden *Internationalen Kongresse für Kunstwissenschaft* als
Teilnehmer und Beiträger verfolgt und ab 1906 als Mitglied des Ständigen
Ausschusses und des Vorstandes mit anderen über bedrohliche Krisen
gerettet, hat er das Scheitern der Bemühungen um eine *Société internationale
des études iconographiques* miterlebt sowie die Erschütterung, die die Begründung des *Deutschen Vereins für Kunstwissenschaft* für die internationalen Bemühungen bedeutete,[7] hat er sich große Verdienste um die Vorbereitung
z.B. der ersten Tagung des Verbandes deutscher Vereine für Volkskunde
in Hamburg 1905 erworben, hat er sich um den internationalen Histori-
kerverband, um den Kunsterzieherverband und um die Versammlung
deutscher Philologen und Schulmänner gekümmert, hat er am Hamburger Vorlesungswesen als Dozent mitgewirkt, sich nachdrücklich für den
Ausbau des Hamburgischen Kolonialinstituts eingesetzt und folglich für
die Begründung einer Universität in Hamburg, hat er im Hinblick darauf

---

5 Dazu mein in Anm. 2 zitiertes Nachwort und die Warburg-Bibliographie.
6 Vgl. Max M. Warburg (wie Anm. 2).
7 Die Bewertung geht aus Material des Warburg-Nachlasses hervor sowie aus den gedruckten Protokollen der Internationalen Kongresse, vgl. mein in Anm. 2 zitiertes
   Nachwort und Dieter Wuttke: Unbekannte Quellen zur Geschichte der Internationalen Gesellschaft für Ikonographische Studien. In: Peter Schmidt: Aby M. Warburg
   und die Ikonologie. Bamberg 1989, S. 47-89. Andere Sicht bei: Fünfzig Jahre Deutscher Verein für Kunstwissenschaft e.V. In: Zeitschrift für Kunstwissenschaft 12
   (1958) S. 1-12; Günter Bandmann: Die Gründung des Deutschen Vereins für Kunstwissenschaft im Lichte der Gegenwart. In: Zeitschrift für Kunstwissenschaft 13 (1959)
   S. 1-14; Heinrich Dilly: Kunstgeschichte als Institution. Studien zur Geschichte einer
   Disziplin. Frankfurt/M. 1979, S. 38 f.

die Diskussionen in Deutschland um Neugründungen und um Struktur-
probleme der Universität lebhaft verfolgt und ebenso lebhaft die Diskussionen um die Aufsehen erregende historische Methode Karl Lamprechts,
der er ebenso zustimmend wie reserviert gegenüberstand. Seine Zustimmung galt dem interdisziplinären kultur-, auch universalhistorischen Ansatz, seine Reserve der Vernachlässigung historisch-philologischer
Sorgfalt. Man beachte z.B. die folgenden, Anfang August 1915 formulierten Sätze:[8]

> Meine Stellungnahme zu dem Problem der Universität in Hamburg ist andau-
> ernd durch die Einsicht bestimmt gewesen, dass das deutsche wissenschaftliche
> Leben von einer Erkrankung bedroht ist, die ich als eine Entartung ins Gross-
> zügige bezeichnen möchte. Plötzlich scheint die Fähigkeit, Wurzel in das Innere
> des Bodens zu treiben, d.h. durch ehrliche Kleinarbeit sich immer wieder von
> neuem um der Sache willen in die Sache zu vertiefen, abzusterben und dafür
> tritt eine eitle Freude an voreiligen Forschungen ein, die journalistische Einfälle
> zu neuartigen Gesetzmäßigkeiten aufzublähen versucht. Durch diese Beifall
> haschende und daher innerlich ungeduldige Grosszügigkeit verderben begabte
> Männer wie Lamprecht, Sombart und Chamberlain sich nicht nur ihren eigenen
> Charakter, sondern untergraben auch das Fundament der deutschen Kultur.

Im Hinblick auf Warburgs Institutspläne ist vor solchem Hintergrund dies
interessant: Bereits 1905 schlägt er vor, ohne sich durchsetzen zu können,
man solle an den Anfang einer kommenden Universität Hamburg eine
ausschließlich der Forschung zugewandte „kulturwissenschaftlich-philo-
sophische Körperschaft" setzen (Briefkopierbuch I unter dem 9. XII.
1905). In seiner Hinterlassenschaft findet sich in dem Zettelkasten mit der
Generalüberschrift *Historische Synthese* ein auf den 21. Juni 1908 datierter
Zettel mit einigen wenigen Stichwörtern zum Thema *Kulturinstitut*. Außerdem gibt es Briefe aus den Jahren 1908/09, die bestätigen, daß Warburg
damals auf dem direkten Wege war, seine Bibliothek, die er eine „kulturwissenschaftliche" nannte, „allmählich" in ein „institutsmäßig arbeitendes
Laboratorium" zu verwandeln (Briefkopierbuch II zu 1908/09). Es ist also
kein Zufall, wenn wir für 1908 registrierten, daß Warburg seinen ersten
wissenschaftlichen Bibliothekar anstellte. Und es läßt aufhorchen, wenn
wir feststellen können, daß der Hamburger Professor und Direktor des

---

8 Vgl. mein Nachwort (wie Anm. 2) S. 617, Zitat Nr. 12 vom Jahre 1915. Die Bestände
   der Warburg-Bibliothek zeigen, daß Warburg den Streit um Lamprecht intensiv verfolgte. Gleichwohl hat er trotz seiner Reserve Sonderdrucke mit Lamprecht ausgetauscht. Allerdings darf heute nicht übersehen werden, daß auch Lamprecht immer
   wieder besonnene Detailarbeit gefordert hat, wie aus seinen *Ausgewählten Schriften*
   (Aalen 1974) unschwer ersichtlich ist.

Museums für Völkerkunde G. Thilenius 1909 mit Warburg die Richtung einer zu gründenden Universität dahin bestimmen wollte, daß sie eine kulturhistorische sein sollte, und zwar „historisch und praktisch". Die Kulturgeschichte müsse als Gesamtfach mit allen Kräften wissenschaftlich betrieben werden; es gebe bisher auf deutschem Boden kein Ordinariat für Kulturgeschichte.[9] Die Fachbezeichnung für Warburgs Honorar-Professur an der späteren Hamburger Universität lautete: „Kunstgeschichtliche Kulturwissenschaft" und nicht „allgemeine Kunstwissenschaft", wie Cassirer 1929 in seinem Nachruf auf Warburg sagt.[10] Damit schließt sich der Kreis.

In den folgenden Jahren wurden Warburgs Überlegungen durch eine hamburgische und durch eine reichsdeutsche Entwicklung intensiviert. Im Reich wurde damals hochschulpolitisch der die Universitäten lähmende Massenbetrieb außerordentlich beklagt, und es wurde über Abhilfen und Auswege nachgedacht. Man begann, die Einrichtung spezieller Forschungsinstitute zunächst für Naturwissenschaften, dann aber auch für Geisteswissenschaften zu fordern, sprach auch von „Professoren-Seminaren", womit man kleine, ausschließlich der wissenschaftlichen Vertiefung in Diskussion und Forschungsarbeit dienende Institutionen meinte. Der Kaiser machte sich dies Anliegen zu eigen und ließ am 11. Oktober 1910 eine Botschaft zur Begründung von Forschungsinstituten ausgehen, die jedenfalls für die Naturwissenschaften insofern folgenreich war, als kurz darauf, am 11. Januar 1911, zu Berlin die *Kaiser-Wilhelm-Gesellschaft zur Förderung der Wissenschaften* ins Leben gerufen wurde.[11]

---

9   Protokoll eines Gesprächs zwischen Warburg und Thilenius vom 16.7.1909, dabei stark abweichender handschriftlicher Entwurf (The Warburg Institute, London, Warburg-Archiv, Mappe *Kolonialinstitut Hamburg*, hier Schnellhefter *Kolonialinstitut 1908/1909*).

10 Vgl. die Warburg-Bibliographie (wie Anm. 2) unter 1929.

11 Karl Lamprecht: Das Königlich Sächsische Institut für Kultur- und Universalgeschichte bei der Universität Leipzig. Rede gehalten bei der Eröffnung des Instituts am 15. Mai 1909. Leipzig 1909; Prof. Dr. Paul: Gedanken über das Universitätsstudium. In: Die Umschau. 14. Jg., Nr. 3, 15. Januar 1910, S. 41-45; Alois Riehl: Fichtes Universitätsplan. Rede zur Feier des Geburtstages seiner Majestät des Kaisers und Königs gehalten in der Aula der Königlichen Friedrich-Wilhelms-Universität zu Berlin am 27. Januar 1910. In: Internationale Wochenschrift für Wissenschaft, Kunst und Technik. 4. Jg., Nr. 6, 5. Februar 1910, S. 162-178; Karl Lamprecht: Die gegenwärtige Entwicklung der Wissenschaften, insbesondere der Geisteswissenschaften, und der Gedanke der Universitätsreform. Rede bei der Übernahme des Rektorats der Universität Leipzig am 31. Oktober 1910 (Rektoratsprogramm, wiederabgedruckt in den in Anm. 8 zitierten Ausgewählten Schriften, S. 725-746); Adolf Harnack: Zur kaiserlichen Botschaft vom 11. Oktober. Begründung von Forschungsinstituten. In: Die

1909/10 versuchte Warburg, beim Hamburger Senat die Einrichtung einer Professur für Archäologie durchzusetzen, die das Angebot des Kolonialinstituts und des allgemeinen Vorlesungswesens bereichern sollte. Nach Warburgs Willen sollte sie aber auch ein Schritt in die von der aktuellen Diskussion geforderte Richtung sein. Mit genauer Kenntnis dieser Diskussion führte Warburg im Juni 1910 vor dem entsprechenden bürgerschaftlichen Ausschuß zusammenfassend aus:[12]

> Hinsichtlich der allgemeinen bildungspolitischen Lage und Richtung des Kolonialinstituts und des Vorlesungswesens scheint mir in erster Linie die Gründung solcher Institute angebracht, die dem Massenbetrieb entgegenarbeiten, der jetzt auf unseren Universitäten die wissenschaftliche Vertiefung bedroht. Den hiesigen Gelehrten müßte gewährleistet werden, daß sie in seminarmäßiger Forscherarbeit zusammen mit jüngeren Gelehrten jene geistige Qualitätsarbeit hervorbringen können, die nach dem übereinstimmenden Urteil von Lamprecht=Leipzig, Riehl=Berlin, Paul=München auf der modernen Universität ernstlich gefährdet ist.

Die Schriften der genannten Professoren befinden sich noch heute teils in der Bibliothek, teils im Archiv des Warburg Instituts und mit ihnen zahlreiche andere diesen Fragenkomplex betreffende. Sie tragen nicht selten die deutlichsten Lesespuren Warburgs. Hamburgs Bürgerschaft ging den von Warburg vorgeschlagenen Weg nicht, umso konsequenter ging er selbst im Ausbau seines Instituts weiter. Ab 1912 stellte er neben dem wissenschaftlichen Bibliothekar, wie bereits gesagt, einen Forschungsassistenten ein. Seine Spezialbibliothek verfügte damals über ca. 15000 Bände. Als 1915 eine kleine Gruppe Berliner Kunstgeschichtsstudenten seine Bibliothek besuchte – zu ihnen gehörten auch die später berühmten Hans Kauffmann und Erwin Panofsky – stellte ihnen Warburg sie zwar als *Institut für Ausdruckskunde* vor,[13] doch darf daraus nicht geschlossen werden,

---

Woche. 12. Jg., Nr. 46, Berlin, 12. November 1910, S. 1933-1938; Eduard Spranger: Über den Beruf unserer Zeit zur Universitätsgründung (Mit Bezug auf den Hamburger Universitätsplan). In: Die Geisteswissenschaften. H.1,1. Oktober 1913, S. 8-12; Prof. Dr. Passarge: Die beiden Möglichkeiten des Ausbaues des hamburgischen Kolonialinstituts. In: Hamburger Nachrichten Nr. 573 (Morgen-Ausgabe) von Sonntag, 7. Dezember 1913, Dritte Beilage; ders.: Aufgaben, Organisation, Kosten und Nutzen von Forschungsinstituten. In: Ebd. Nr. 594 (Abend-Ausgabe) von Freitag, 19. Dezember 1913, Zweite Beilage. Zum größeren Zusammenhang ohne Bezug zu Warburgs Bibliothek vgl. Rüdiger vom Bruch: Kulturimperialismus und Kulturwissenschaften. In: Berichte zur Wissenschaftsgeschichte 13 (1990) S. 83-92.

12 Warburg-Bibliographie (wie Anm. 2) Nr. 135.

13 Vgl. Warburg-Bibliographie (wie Anm. 2) S. 591, Nr. 88, und Nachwort S. 603 mit Anm. 3.

daß die Bibliothek inzwischen unter diesem Namen zu einem öffentlichen Institut geworden wäre. Vielmehr hatte der Krieg alle Pläne zunächst einmal gestört, und mit der Niederlage 1918 brach auch der Patriot[14] Warburg nervlich zusammen, so daß der Weg in verschiedene Kliniken und schließlich in die berühmte Nervenklinik Dr. Ludwig Binswangers in Kreuzlingen unumgänglich war.[15] Die Warburg-Familie stand jetzt für die Aufrechterhaltung der Bibliothek voll ein, und auf Bitten von Max M. Warburg übernahm Fritz Saxl die kommissarische Leitung. Als es 1919 endlich zur Gründung der Universität Hamburg kam, schuf dies die Möglichkeit, dem Lebenswerk Warburgs einen öffentlichen Charakter zu verleihen und die *Kulturwissenschaftliche Bibliothek Warburg* als privat getragenes Forschungsinstitut nunmehr offiziell der Benutzung durch ausgewiesene Gelehrte und jüngere Wissenschaftler freizugeben. Der junge Institutsschmetterling entfaltete genau den Charakter, der ihm als Engerling und Larve seit ca. 1908 mitgegeben war: Die abgekürzt K.B.W. genannte Institution war dasjenige Institut, das dem Massenbetrieb entgegenarbeitete, dazu bestimmt, geisteswissenschaftliche Qualitätsarbeit hervorzubringen, also eines derjenigen Institute, deren Begründung zwar spätestens seit 1910 gefordert worden war, die die staatlichen Reichsorgane für Geisteswissenschaften aber zu begründen sich nicht in der Lage gesehen hatten: Lamprechts Leipziger Institut für Kultur- und Universalgeschichte von 1909 ist sofort vom Massenbetrieb erdrückt worden. Und zugleich war der K.B.W. von Anfang an jene Interdisziplinarität und Internationalität mitgegeben, für die Warburg immer eingetreten ist.

Es ist bekannt genug, welche Bedeutung die K.B.W. für einen Kunsthistoriker wie Erwin Panofsky, einen Historiker wie Percy Ernst Schramm und besonders einen Philosophen wie Ernst Cassirer gewann. Der amerikanische Historiker Peter Gay hat die Bedeutung der K.B.W. für den geistigen Haushalt Weimar-Deutschlands einmal pointiert so charakterisiert:[16] „Der strenge Empirismus und die phantasiebegabte Gelehrsamkeit des Warburgstils waren das diametrale Gegenteil der brutalen Intellektuellenfeindlichkeit und des ordinären Mystizismus, welche die

---

14 Vgl. Max M. Warburg (wie Anm. 2), Peter Gay (wie Anm. 16) S. 53 und Joist Grolle: Der Hamburger Percy Ernst Schramm. Hamburg 1989, S. 13 f., eine Sicht, die meine Archivstudien bestätigen. Anders Gertrud Bing (wie Anm. 3) S. 9 und danach die Collage von Ronald B. Kitaj, die Abb. 168 wiedergibt.

15 Über den Kreuzlinger Aufenthalt und den Selbstheilungsprozeß vgl. jetzt Aby M. Warburg: Schlangenritual. Ein Reisebericht. Mit einem Nachwort von Ulrich Raulff. Berlin 1988.

16 Peter Gay: Die Republik der Außenseiter. Frankfurt/M. 1968, S. 56 f.

Abb. 169: Atelier Gebr. Dransfeld, Hamburg: Kulturwisssenschaftliche Bibliothek Warburg 1926, Hamburg, Heilwigstr. 116.

deutsche Kultur in den zwanziger Jahren mit Barbarei bedrohten. Hier zeigte sich Weimar von seiner besten Seite." 1930 hat Fritz Saxl die K.B.W. für ein Handbuch der Forschungsinstitute folgendermaßen definiert:[17]

Die Bibliothek Warburg ist sowohl Bibliothek wie Forschungsinstitut. Sie dient der Bearbeitung *eines* Problems, und zwar so, daß sie erstens durch Auswahl, Sammlung und Anordnung des Bücher- und Bildmaterials das Problem, das sie

17 Fritz Saxl: Die Kulturwissenschaftliche Bibliothek Warburg in Hamburg. In: Warburg: Ausgewählte Schriften (wie Anm. 2) S. 331-334, Zitat S. 331.

Abb. 170: Lesesaal der Kulturwissenschaftlichen Bibliothek Warburg, 1926.

fördern will, *darstellt* und zweitens die Resultate der Forschungen, die sich auf dieses Problem beziehen, *veröffentlicht*.

Das Problem ist das vom Nachleben der Antike. Die europäischen wie die vorderasiatischen Kulturen der christlichen Zeit haben das Erbe an geprägten Formen, das die Antike hinterließ, übernommen, und zwar auf allen Gebieten, sei es in der Kunst, sei es in den Naturwissenschaften oder auf dem Gebiet der religiösen und literarischen Formen. Unsere Aufgabe ist einmal, die geschichtlichen Tatsachen der Überlieferung zu untersuchen, die Wanderstraßen der Tradition aufzuzeigen, und zwar so allseitig als möglich, dann aber aus solcher Erkenntnis allgemeine Schlüsse auf die Funktion des sozialen Gedächtnisses der Menschheit zu ziehen: Welcher Art sind die von der Antike geprägten Formen, *daß* sie noch leben? Warum kommt es in bestimmten Zeiten zu der Erscheinung einer ‚Renaissance' der Antike, während andere Epochen, denen dasselbe Bildungserbe eignet, es nicht zu ihrem lebendigen Besitz machen?

Mit einem Satz gesagt, das Institut ist der Erforschung der *Funktion* des Nachlebens der Antike in der europäischen Geschichte gewidmet. An Saxls weiteren Ausführungen ist noch besonders wichtig, daß er betont, das „bildhafte Element" werde in der Bibliothek „immer einen besonderen Platz" einnehmen, das heißt, das kunsthistorische Element bleibt als entscheidender Akzent erhalten.

704

Die Bibliothek verfügte seit 1926 über einen mit modernsten Hilfsmitteln ausgestatteten Neubau (Abb. 165, 166). Der seit 1924 wieder genesene Warburg (Abb. 154) verstarb am 26. Oktober 1929 mit 63 Jahren. Im Januar desselben Jahres hatte er dem Romanisten Ernst Robert Curtius und dem britischen Kunsthistoriker Kenneth Clark in einem berühmt gewordenen Vortrag, den er in der Biblioteca Hertziana in Rom hielt, noch für deren weitere Forschungen ganz entscheidende Impulse vermitteln können.[18] Die K.B.W. besaß zu dem Zeitpunkt eine Sammlung von ca. 60 000 Bänden und 25 000 Photographien.

***

Kurz vor Weihnachten des Jahres 1933 legten die zwei kleinen Dampfer *Hermia* und *Jessica*, aus Hamburg kommend, am Pier des Londoner Hafens an. Sie hatten alle bewegliche Habe der Kulturwissenschaftlichen Bibliothek Warburg mitsamt dem personellen Stab an Bord. Die Bibliothek wurde in Thames House, einem großen Geschäftshaus im Stadtteil Millbank zu London untergebracht und eröffnete im Mai 1934 als *The Warburg Institute* erneut ihre Pforten.[19] Bei der Transaktion handelte es sich um den wahrscheinlich größten Leihvorgang im Bücher-Fernleihverkehr in der bisherigen Geschichte. Fritz Saxl hat den Vorgang rückblickend mit typischer angelsächsischer Untertreibung so beschrieben:[20]

> Some scholars like Petrarch or Erasmus have always been fond of travelling, but travelling adventures are not so common in the lives of learned institutions. These are stable by nature, rooted to the spot by massive buildings or heavy equipment and requiring a tranquil environment in which to develop. The transfer of the Warburg Institute from Hamburg to London, which took place in the Hitler year 1933, was thus a somewhat unusual event.

18 Vgl. Dieter Wuttke [Hrsg.]: Kosmopolis der Wissenschaft. E. R. Curtius und das Warburg Institute. Briefe 1928 bis 1953 und andere Dokumente. Baden-Baden 1989.

19 Eric M. Warburg: The Transfer of the Warburg Institute to England in 1933. In: The Warburg Institute Annual Report 1952-53, S. 13-16, Nachdruck in: Kosmopolis der Wissenschaft (wie Anm. 18) S. 273-278; Saxl (wie Anm. 3); Bing (wie Anm. 3); Kenneth Clark: Another Part of the Wood. A Selfportrait. London 1974, S. 207 f.; Hugh Lloyd-Jones: A Biographical Memoir. In: Edgar Wind (wie Anm. 29) S. XIII-XXXVI, hier S. XIX-XXI; Y. Hersant/A. de Libera: Raymond Klibansky, philosophe et historien. In: Préfaces 13 (1989) S. 132-142. Weitere Literatur zur Bibliothek in der Warburg-Bibliographie (wie Anm. 2) und in Anm. 28.

20 Fritz Saxl: The Warburg Institute. Gift to London University. In: The Manchester Guardian, Wednesday, December 13, 1944, S. 4. Abdruck in: Kosmopolis der Wissenschaft (wie Anm. 18) S. 361-364.

Was war geschehen? Nach dem Ermächtigungsgesetz vom 30. Januar 1933 sah Fritz Saxl, den die Freunde Raymond Klibansky und Edgar Wind berieten, keinen Spielraum mehr für eine halbwegs fruchtbare Arbeit der K.B.W. in Deutschland. Er konnte die Warburg-Familie davon überzeugen, daß eine sofortige Verlagerung des Instituts ins Ausland allein das Lebenswerk Aby M. Warburgs retten und den Fortbestand sichern könnte. Vor allem nach der Berliner Bücherverbrennung vom 10. Mai 1933 schien größte Eile geboten.[21] Um die Bibliothek für den Augenblick zu sichern, sorgte die amerikanische Warburg-Familie über den Generalkonsul der Vereinigten Staaten dafür, daß an Teilen des Instituts amerikanische Besitzrechte festgestellt wurden, da es mit Hilfe der amerikanischen Familie aufgebaut worden sei. Angebote, das Institut aufzunehmen, kamen aus Italien (Rom), den Niederlanden (Leiden), den Vereinigten Staaten (New York) und aus Großbritannien. Nur das aus Großbritannien kommende erwies sich jedoch bei der augenblicklichen Situation, in der schnell gehandelt sowie auf die künftige politische Sicherheit und natürlich auch auf die notwendige finanzielle Absicherung (außer der räumlichen, die überall gegeben war) geachtet werden mußte, als akzeptabel. Es wurde abgemacht, Max M. Warburg, das Oberhaupt des hamburgischen Familienzweiges, zu bitten, die K.B.W. zunächst für den Zeitraum von drei Jahren nach London auszuleihen. Ihre Aktivität sei in Deutschland ohnehin zum Erliegen gekommen; es werde ihr so die Gelegenheit geboten, ihre Aktivitäten zum Vorteil der an Kunst- und Kulturgeschichte Interessierten fortzusetzen. Trotz aller innerhamburgischen Diskussionen, die nun einsetzten, gelang es, ohne öffentliches Aufsehen zu erregen, die hamburgischen Nazis zur quasi Nichtbeachtung zu bewegen, so daß der Weg für den Entleih-Vorgang frei wurde.

Ganz im Gegensatz zum Kontinent spielte Kunstgeschichte als Universitätsfach bis um 1930 herum in Großbritannien noch so gut wie gar keine Rolle.[22] Zwar gab es seit 1870 an den Universitäten Oxford, Cambridge

---

21 Folgt man der Darstellung von Evelyn Lacina: Emigration 1933-1945. Stuttgart 1982, S. 33 f., war Saxls rechtzeitige Vorsorge atypisch. 1990 habe ich Dokumente gefunden, die neues Licht auf die Vorgeschichte der Emigration der K.B.W. werfen und den Vorgang komplizierter zeigen, als bisher angenommen werden konnte. Einzelheiten sollen zu gegebener Zeit mitgeteilt werden.

22 Eine neuere zusammenfassende Studie über Kunstkritik und Kunstgeschichte an britischen Universitäten und Museen scheint zu fehlen. Knappste Hinweise bei Lionello Venturi: Geschichte der Kunstkritik. München 1972, S. 301-307; James S. Ackerman: Western Art History. In: J.S. Ackerman / R. Carpenter: Art and Archaeology. Englewood Cliffs 1963, S. 125-231, hier S. 192 f.; Colin Eisler: Kunstgeschichte American

und London die sogenannten *Slade Professorships of Fine Art*, zu denen 1881 der *Chair of Fine Arts* der Universität Edinburgh hinzutrat, aber all diese Professuren waren nicht historisch ausgerichtet. Es ging bei ihnen hauptsächlich um gegenwartsbezogene Ästhetik und Kunstkritik. Der berühmteste Inhaber einer Slade-Professur im 19. Jahrhundert, John Ruskin (1819-1900), hat das recht lockere methodische Konzept einmal so definiert: „to make our English youth care somewhat for art". Beschäftigung mit Kunstgeschichte hielt er in diesem Rahmen nicht für erforderlich, da sie „art capacity" und „art judgement" nicht fördere. Somit konnten von diesen Professuren zunächst keine Impulse ausgehen, Kunst*geschichte* als britisches Universitätsfach einzubürgern. Die britischen Beiträge zur Kunstgeschichte kamen daher ausschließlich von Museumsbeamten wie dem berühmten Campbell Dodgson und von Privatgelehrten wie G.F. Hill, A.M. Hind oder Herbert P. Horne.[23]

Das Fach, das also die Aufgabe hatte, die jungen Studenten an das gegenwärtige Kunstleben heranzuführen, besaß wegen seiner an den Tag geknüpften Aufgaben im Kreise der übrigen Universitätsfächer kein rechtes Ansehen, ja nährte beständiges Mißtrauen gegenüber dem ganzen Bereich der Kunstwissenschaft, so daß von den Universitäten insgesamt Impulse in Richtung der Förderung der Kunstgeschichte nicht zu erwarten waren.

Style. A Study in Migration. In: The Intellectual Migration. Europe and America, 1930-1960. Ed. by Donald Fleming and Bernard Bailyn. Cambridge, Mass. 1969, S. 544-629, passim; W. Eugene Kleinbauer: Modern Perspectives in Western Art History. An Anthology of 20th-century Writings on the Visual Arts. New York-Chicago 1971, hier S. 7-10. Meine Rekonstruktion beruht auf den in den folgenden Anmerkungen genannten Darlegungen, meist Antrittsvorlesungen oder Radiosendungen. Es scheint auch eine zusammenfassende Studie über die nach Großbritannien vor allem seit 1930 eingewanderten Kunsthistoriker zu fehlen, vergleichbar der genannten Studie von Colin Eisler. Meine Vermutung wird bestätigt durch Marion Berghahn: Deutsche Juden in England. In: Exil in Großbritannien. Zur Emigration aus dem nationalsozialistischen Deutschland. Hrsg. von Gerhard Hirschfeld. Stuttgart 1983, S. 268-288, hier S. 276 Anm. 18; kurze Erwähnungen des Warburg Instituts in dem Bande S. 153 und 193.

23 Kenneth Clark (a): The Study of Art History. In: Universities Quarterly 10 (1956) S. 223-238, die Ruskin-Zitate S. 223; ders. (b): Apologia of an Art Historian. In: University of Edinburgh Journal (Summer 1951) S. 232-239; John Summerson: What is a Professor of Fine Art? An Inaugural Lecture. Hull 1961; John White: Art History and Education. An Inaugural Lecture. Hull 1962. – Zu Herbert P. Hornes Bedeutung als Kunsthistoriker vgl. die feinsinnigen Bemerkungen bei Fritz Saxl: Lectures. London 1957. Bd. 1, S. 331 ff.

So ist es nicht verwunderlich, wenn wir sehen, daß ein nachhaltiger Impuls zugunsten der Förderung der Kunstgeschichte gerade um 1930 herum von privaten Kunstsammlern und Mäzenen ausging. Sir Robert Witt hatte eine riesige Sammlung von Ausschnitten aus Kunstverkaufs- und Versteigerungskatalogen angelegt und damit ein zentrales Kunstinventar geschaffen, das nach Institutionalisierung suchte.[24] Gleichzeitig suchten auch die bedeutenden Kunstsammler Lord Arthur Hamilton Lee of Fareham (1868-1947), ein berühmter Politiker und Staatsmann, und Samuel Courtauld (1876-1947), ein Garnfabrikant, nach einer Möglichkeit, die Kunstgeschichte in Großbritannien zu fördern.[25] Dem Plane Lord Lees folgend schenkte Courtauld 1931 der Universität London seine hervorragende Bildersammlung (heute das Courtauld Museum) und zugleich Mittel zum Bau und Unterhalt des *Courtauld Institute of Art*, das 1932 als erstes britisches Universitäts-Institut für Kunstgeschichte die Pforten öffnete und als erste Einrichtung Studenten in Großbritannien ermöglichte, den Magister- und den Doktorgrad in Kunstgeschichte zu erwerben. Die Sammlung Witt wurde als Witt Library in das Courtauld Institute einbezogen, das heute das größte kunstgeschichtliche Institut im Lande ist. Es ist bedeutsam, daß die Bestrebungen der Lord Lee of Fareham und Samuel Courtauld 1933 durch den berühmten Kunstkritiker Roger Fry Unterstützung erhielten, der damals als Slade Professor der Universität Cambridge sich in seiner Antrittsvorlesung für Kunstgeschichte als eines universitären Studienganges einsetzte.[26] Damit war auch ein wichtiger Schritt getan in Richtung auf eine Umdefinition des Aufgabenfeldes der Slade Professorships of Fine Art.

Dieselben Kräfte nun waren es, die sich sehr entschlossen für eine Einladung der Kulturwissenschaftlichen Bibliothek Warburg nach London einsetzten. Nach dem zustimmenden Votum eines kleinen interdisziplinären Professorengremiums zeichnete Lord Lee als persönlicher Empfän-

---

24 In einem auf Ende 1928 zu datierenden Gutachten Fritz Saxls von 8 Blättern Umfang *Die Witt-Library in London* heißt es Bl. 4: „Die Witt Library kann das Fundament des wichtigsten kunsthistorischen Instituts der Zukunft werden." (The Warburg Institute, London, Warburg-Archiv, Aktendeckel *Witt-Library*). Eine französische Übersetzung dieses Gutachtens erschien u.d.T.: Une grande institution d'histoire de l'art: la Library Witt. In: Museion 2 (1928) S. 216-233. Auf dem 12. Internationalen Kongreß für Kunstgeschichte hat Witt über seine Sammlung selbst berichtet: Actes du XIIᵉ Congrès international d'histoire de l'art. Bruxelles 20-29 sept. 1930. Bruxelles 1930.

25 Dictionary of National Biography: 1941-1950. London 1959, S. 181-182 (Courtauld), S. 494-496 (Lord Lee).

26 Roger Fry: Art History as an Academic Study. An Inaugural Lecture. Cambridge 1933.

ger der Leihgabe aus Hamburg und sorgte für die Unterbringung, während Samuel Courtauld und die Warburg-Familie sich verpflichteten, je zur Hälfte die Kosten des Unterhalts für zunächst drei Jahre aufzubringen. Während die privaten Mäzene bereit waren, für weitere Jahre den Unterhalt finanziell zu sichern, gab 1937 die Universität London dem Institut Unterkunft in den Imperial Buildings. Die endgültige Absicherung erfolgte am 28. November 1944, als das Warburg Institut als Schenkung an die Universität London kam und damit aus dem privatrechtlichen Status in den eines Universitätsinstituts wechselte. Warburgs Büchersammlung spielte damals für den günstigen Ausgang der Entscheidung der Universität noch einmal insofern eine Rolle, als die Feststellung sehr beifällig aufgenommen wurde, „daß mehr als 30 % der Bücher- und Zeitschriftentitel, die von Hamburg herübergebracht worden waren", in der Bibliothek des British Museum fehlten.[27]

Wir haben schon gehört, daß diese Büchersammlung ein wissenschaftliches Programm verkörperte.[28] Von größter Bedeutung war es nun aber, daß mit den Büchern ein Gelehrtenteam nach Großbritannien gekommen war, das das Programm kannte, es vollkommen bejahte und überlegt weiterentwickelte, die Spezial-Bibliothek als Arbeitsinstrument beherrschte und unter den neuen Gegebenheiten der neuen Umwelt das Warburg Institut als eine die Kunstgeschichtswissenschaft und die übrigen historischen Wissenschaften sachlich wie methodisch bereichernde Einrichtung verständlich machen konnte. Mit den langjährigen Mitarbeitern Fritz Saxl und Gertrud Bing kamen jüngere hochbegabte, interdisziplinär ausgerichtete Gelehrte wie Edgar Wind (1900-1971), Rudolf Wittkower (1901-1971), Otto Kurz (1908-1975) und Raymond Klibansky (geb. 1905) nach London, zu denen ab 1936 der Wiener Ernst Hans Gombrich stieß.[29]

---

27 Gombrich in seinem *Epilog* zu Saxls Geschichte der Bibliothek (wie Anm. 3) S. 346.

28 Aus umfassend philosophisch-kulturhistorischem Blickwinkel vgl. Martin Jesinghausen-Lauster: Die Suche nach der symbolischen Form. Der Kreis um die Kulturwissenschaftliche Bibliothek Warburg. Mit einem Geleitwort von Gert Mattenklott. Baden-Baden 1985. Ferner Salvatore Settis: Warburg continuatus. Descrizione di una biblioteca. In: Quaderni storici 20 (1985) S. 7-38; französisch mit einem Geleitwort von Ulrich Raulff in: Préfaces 11 (1989) S. 105-122; Kosmopolis der Wissenschaft (wie Anm. 18); J.B. Trapp (wie Anm. 51); Nicholas Barker (wie Anm. 51). Vgl. auch: Summary Guide to the Photographic Collection of the Warburg Institute. London 1990, sowie Journal of the Warburg and Courtauld Institutes. Author Index Volumes I-L, 1937-1987. Compiled by J. Perkins. London 1987.

29 Zu Saxl vgl.: Bing (wie Anm. 3) und Gombrich (wie Anm. 2) passim; Fritz Saxl: La fede negli astri. A cura di Salvatore Settis. Torino 1985; zu Bing vgl.: Gertrud Bing 1892-1964. London 1965; zu Wind vgl.: Hugh Lloyd-Jones: A Biographical Memoir.

Daß die Eile, mit der Saxl 1933 die Emigration betrieben hatte, nur zu berechtigt gewesen war, sollte dem Warburg Institut nur allzubald deutlich werden. Der erste Band der *Kulturwissenschaftliche(n) Bibliographie zum Nachleben der Antike* konnte mit seiner wichtigen Einleitung aus der Feder Edgar Winds[30] 1934 noch bei B.G. Teubner in Leipzig/Berlin erscheinen, dem Verlagshaus, das bisher sämtliche Publikationen der K.B.W. betreut hatte. Am 5. Januar 1935 erschien im *Völkischen Beobachter* auf Seite 5 unter der Überschrift *Juden und Emigranten machen deutsche Wissenschaft* eine Besprechung dieses Bandes. Die Unverschämtheit des Rezensenten Martin Rasch wird nur noch von seiner Dummheit übertroffen. Es ist eine einzige Absage an Vernunft und Humanität. Die Nachleben-Wissenschaft wird als überflüssiger Alexandrinismus und Ausfluß „typisch jüdischen Denkens" in Mißkredit gebracht und von dem Bekenntnis begleitet: „Wir wollen nicht mehr diese jüdische und emigrantische ‚Wissenschaft'". Daß dies der Todesstoß für die Wirksamkeit der K.B.W. in Deutschland war, geht aus einem Brief von Gertrud Bing an Ernst Robert Curtius vom 22. Januar 1935 hervor. Bing berichtet, daß Teubner erklärt habe, keine Auslieferungen von Schriften der K.B.W. einschließlich der bei ihm gedruckten Bibliographie mehr ausführen zu können, und daß die für die Auslieferung künftiger Publikationen vorgesehene Buchhandlung ihre Zusage zurückgezogen habe. Aber nicht nur von Geschäftsleuten, auch von einigen Beiträgern wurde der Angriff als höchst bedrohlich empfunden: Einer kündigte postwendend seine weitere Mitarbeit, fünf stellten in einem Leserbrief an den *Völkischen Beobachter*, der am 23. Januar erschien,

---

In: Edgar Wind: The Eloquence of Symbols. Studies in Humanist Art. Ed. by Jaynie Anderson. Oxford 1983, S. XIII-XXXVI; Bernhard Buschendorf: „War ein sehr tüchtiges gegenseitiges Fördern": Edgar Wind und Aby Warburg. In: Idea 4 (1985) S. 165-209; zu Wittkower vgl. Who's who; zu Otto Kurz vgl. Who's who und E. H. Gombrich: Otto Kurz. In: The Burlington Magazine, Jan. 1976, S. 29 f., sowie die als Privatdruck verbreitete Bibliographie seiner Schriften (Warburg Institute 1975); zu Gombrich siehe etwa die Würdigung durch L.D. Ettlinger (wie Anm. 44) oder C. Eisler (wie Anm. 22), eine Gombrich-Bibliographie 1930-1978 in Ernst H. Gombrich: Kunst und Fortschritt. Köln 1978, S. 121-135. Zu allen hier Genannten vgl. Kosmopolis der Wissenschaft (wie Anm. 18).

30 Winds deutsche Einleitung ist jetzt bequem zugänglich in: Kosmopolis der Wissenschaft (wie Anm. 17) S. 279-294. – Im selben Jahr wurde mit Band 1 die Bibliographie zum Nachleben der Antike in London bei Cassel & Co. in Verlag gegeben und erhielt hier eine teilweise abweichende englische Einleitung aus der Feder Winds, die in unserem Zusammenhang wegen des Abschnittes *English antecedents and parallels* Hervorhebung verdient. – Auf Veranlassung Gertrud Bings erhielt ich 1955 als Tübinger Student diesen Band und Band 2 (1938) als Geschenk überreicht. Damit beginnt die Geschichte meiner eigenen Beziehungen zum Warburg Institut.

klar, daß sie arischer Abstammung seien. Auch Percy Ernst Schramm, mit Carl Georg Heise ältester Schüler Warburgs, ging damals auf Distanz und zerbrach seine zwanzigjährige Freundschaft mit Fritz Saxl. Angeblich hatte ihn der Angriff des *Völkischen Beobachters* nicht beeindruckt, vielmehr störten ihn antinationale Tendenzen im Vorwort der *Kulturwissenschaftlichen Bibliographie*. Es zeigt die Fairneß und tiefe Humanität der Betroffenen, daß dieser Gelehrte in der Nachkriegszeit seine erfolgreiche Laufbahn fortsetzen konnte, weil man im Nachkriegsdeutschland in ihm als Warburg-Schüler einen Hoffnungsträger sah, ohne daß auch nur eine leise Andeutung erfolgt wäre.[31]

Ich weiß nicht, wieviele deutsche Gelehrte weiterhin den Kontakt mit dem Warburg Institut so intensiv pflegten wie Ernst Robert Curtius, der sich nicht nur regelmäßig im benachbarten Ausland mit Gertrud Bing traf, sondern auch zahlreiche wissenschaftliche Auskünfte brieflich einholte für seine seit 1929 immer intensiver werdenden Mittelalter-Studien, die in das große Werk über *Europäische Literatur und Lateinisches Mittelalter* von 1948 münden sollten.[32]

Für das Warburg Institut kam es unter den Gegebenheiten darauf an, alle Kräfte auf die Aufgabe zu lenken, die es in der neuen Umgebung ausfüllen konnte: nämlich zu helfen, die Kunstgeschichte als eine den anderen historischen Wissenschaften ebenbürtige Wissenschaft zu erweisen und in diesem Rahmen gleichzeitig die notwendige interdisziplinäre Aufgeschlossenheit einer solchen Kunstgeschichte zu zeigen. Im Kreise der akademischen Disziplinen war die in Großbritannien betriebene Kunstkritik – wie gesagt – ihres unhistorischen Charakters wegen isoliert geblieben, und die vom Kontinent her bekannte unhistorische formalästhetische Interpretation hatte ebenfalls zur Reserviertheit gegenüber aller Kunstwissenschaft beigetragen. Es kam jetzt also darauf an zu zeigen, daß der Ansatz des Warburg Instituts gerade solchen Zweifeln Rechnung trug. Und es kam darauf an zu zeigen, daß Bilder, richtig befragt, eine

---

31 Der Artikel von Rasch mit der Entgegnung der fünf Professoren ist abgedruckt in: Kosmopolis der Wissenschaft (wie Anm. 18) S. 295-300. Zu Schramm vgl. Joist Grolle (wie Anm. 14) S. 32 u. 58 sowie ders.: Percy Ernst Schramm – Fritz Saxl. Die Geschichte einer zerbrochenen Freundschaft. In: Aby Warburg. Akten des internationalen Symposions Hamburg 1990. Hrsg. von Horst Bredekamp u.a. Weinheim 1991, S. 95 ff. Zu dem infamen Konstrukt einer „jüdischen Wissenschaft" vgl. Jürgen Habermas: Der deutsche Idealismus der jüdischen Philosophen (1961). In ders.: Philosophisch-politische Profile. Frankfurt/M. 1971, S. 37-66, hier z.B. S. 37 u. 64 (Neuauflage 1984).

32 Vgl. Anm. 18.

spezifische, ebenso ernst zu nehmende historische Quelle sind wie andere historische Dokumente. Gertrud Bing hat die Situation so festgehalten:[33]

> Warburgian studies ⟨...⟩ which treated works of art, like all imagery, as the products of many strands of a cultural tradition converging in a given moment of history, had brought art history nearer to history. But the unbelieving had still to be convinced that images were not less secure guides to the actions, notions and states of mind of those who used them than written documents. The emphasis in Saxl's first English papers on the historical connotations of visual evidence shows that he was aware of the doubts with which he had to contend.

Allein Saxl hat zwischen 1935 und 1948, seinem Todesjahr, 34 Vorträge in Großbritannien gehalten, die dem Anliegen Rechnung trugen; es ist aber vielleicht bezeichnend, daß 31 davon in London stattfanden.[34] Man müßte einmal untersuchen, wieviele entsprechende Vorträge der Mitarbeiter hinzukämen. Zu dieser Tätigkeit kam anstelle der *Studien der K.B.W.* ab 1938 die Herausgabe der Buchreihe *Studies of the Warburg Institute*, in der unter Saxls Herausgeberschaft bis 1949 immerhin 19 Bände erschienen, dazu unter der Herausgeberschaft von Raymond Klibansky Teile des *Corpus Platonicum Medii Aevi* mit den Abteilungen *Plato Latinus* und *Plato Arabus*, ferner Band zwei der *Bibliography of the Survival of the Classics* und ab 1937 die neue Zeitschrift *Journal of the Warburg and Courtauld Institutes*, die Rudolf Wittkower und Edgar Wind herausgaben.[35] Von 1939 bis 1943 veranstaltete das Institut Ausstellungen zu Themen, die einmal dem historischen Verständnis von bildender Kunst dienen sollten und darüber hinaus zeigen, daß man ohne Niveau-Verlust dies Verständnis auch einer breiteren Öffentlichkeit vermitteln kann. Diese Ausstellungen fanden großen Zuspruch; den größten Erfolg brachte die Ausstellung von 1941 über *British Art and the Mediterranean* (Katalog 1948, Reprint 1969).[36]

All diese Bemühungen fanden offensichtlich hohe Anerkennung bei einem kleinen Kreis entscheidender Persönlichkeiten, so daß die Universität London es sich 1944 als eine Ehre anrechnete, das Institut in ihren Verband aufzunehmen. Die Publikationen erwiesen sich als grundlegend

---

33 Bing (wie Anm. 3) passim, Zitat S. 28.
34 Fritz Saxl: Lectures. 2 Bde. London 1957.
35 Überblick über die Publikationsreihe z.B. in der Broschüre: University of London. The Warburg Institute. London 1989. Vgl. auch J.B. Trapp: The Warburg Institute and its Activities. In: Kunstchronik 37 (1984) S. 197-202, sowie die Dokumente in: Kosmopolis der Wissenschaft (wie Anm. 18) und Kany (wie Anm. 2).
36 Zu den Ausstellungen vgl. Bing (wie Anm. 3) sowie Kosmopolis der Wissenschaft (wie Anm. 18).

für die Forschungen vieler Jahre und Fächer. Einen Erdrutsch bewirkte die Potenz des Warburg Instituts im Hinblick auf die Einführung von Kunst- und Kulturgeschichte an britischen Universitäten jedoch nicht. Es half aber in erheblichem Maße, den Boden zu bereiten. Immerhin war es Saxl, der 1948 als Vortrag die Frage *Why Art History?* stellte[37] und damit Vorreiter einer Diskussion wurde, die seitdem nicht mehr abriß. Er hat damit 1948 das Wort „Art History" plakativ hervorgehoben, von dem der berühmte britische Kunsthistoriker Kenneth Clark noch 1956 bekannte, daß viele Briten in dem Begriff eine geschmacklose Neubildung sähen.[38] 1948 hat Clark am Geburtstag Aby M. Warburgs (13. 6.) eine Radiosendung gegeben, in der er eine Lanze für das Institut bricht und den berühmten römischen Biblioteca-Hertziana-Vortrag Warburgs vom Januar 1929, den er, wie gesagt, gehört hatte, „a lecture that changed my life" nennt.[39] 1956 hat er in dem Essay *The Study of Art History* die Arbeit des Warburg Instituts das notwendige Korrektiv für einseitig formalästhetische Betrachtung genannt und die Freude befestigt, daß dies Institut nun britisch sei.[40] In einer Rezension von 1958 hat er den Aufsätzen des Warburgianers Edgar Wind, die unter dem Titel *Pagan Mysteries* erschienen waren (jetzt Frankfurt am Main 1982 deutsch), die gerechte, höchst positive Bewertung zukommen lassen.[41]

Natürlich haben auch andere in der Nachkriegszeit die Diskussion um die Einführung der Kunstgeschichte gefördert wie der berühmte Nikolaus Pevsner, der als Emigrant dem Warburg-Kreis nicht zugerechnet werden kann. Er legte 1952 den britischen Rundfunkhörern die Frage vor: *An Un-English Activity? Reflections on Not Teaching Art History.*[42]

Es sieht sehr so aus, als hätte die damalige Diskussion dazu geführt, daß von der Mitte der fünfziger Jahre an Schritt für Schritt die meisten großen britischen Universitäten Lehrstühle für Kunstgeschichte und einige auch

---

37 Saxl (wie Anm. 34) Bd. 1, S. 345-357; deutsche Übersetzung in: Warburg, Ausgewählte Schriften (wie Anm. 2) S. 483-498.

38 Clark (wie Anm. 23/a) S. 223. Zum Widerstand gegenüber dem Begriff „art historian" vgl. Clark (wie Anm. 23/b) und gegenüber „art history" bereits Fry (wie Anm. 26) S. 8. Vgl. ferner Waterhouse (wie Anm. 42) und Ettlinger (wie Anm. 44).

39 Gombrich (wie Anm. 2) S. 271 mit Anm. 2; vgl. Kenneth Clark in: Mnemosyne (wie Anm. 2) und Kosmopolis der Wissenschaft (wie Anm. 18) S. 251 f.

40 Clark (wie Anm. 23/a) S. 237 f.

41 Kenneth Clark: The Concealed God. In: The Listener, November 27, 1958, S. 876 f.

42 The Listener, October 30, 1952, S. 715 f. Pevsner nennt das Courtauld und das Warburg Institute die einzigen kunsthistorischen Lehrstätten in Großbritannien. Die Radio-Diskussion setzte Ellis Waterhouse fort mit dem Beitrag: An Un-English Activity? – II. Art as a ‚Piece of History'. In: The Listener, November 6, 1952, S. 761 f.

entsprechende Departments erhielten. Noch 1953 aber mußte Erwin Panofsky klagen, daß ständige kunst*historische* Lehrstühle in Oxford oder Cambridge weiterhin fehlten. Erst zwei Jahre später konnte er schreiben: „I hear, in June 1955, that such a chair has now been established at Oxford. Hosanna in excelsis."[43]

Als 1961 Leopold D. Ettlinger als Professor für Kunstgeschichte an der Universität London seine Antrittsvorlesung hielt, hatte er einleitend Anlaß, über die unablässig gegenüber der Kunstgeschichte bestehenden Vorurteile zu klagen. Er gibt dabei das erheiternde Erlebnis preis, daß er immer wieder gefragt werde, was er eigentlich *male*: Man sah in einem Kunsthistoriker einen Künstler mit besonderem Interesse für die Vergangenheit seines Künstlerhandwerks. Ettlinger verweist eindringlich auf die Bedeutung Warburgs und seines Instituts und auf die neue Perspektiven eröffnenden kunstpsychologischen Studien Ernst Hans Gombrichs, seit Oktober 1959 Direktor des Instituts.[44] Gombrichs englische Warburg-Biographie von 1970 wurde aber keineswegs ein Bestseller, Warburgs *Gesammelte Schriften* sind bis heute nicht ins Englische übersetzt worden; die auf Warburgs Veranlassung von Wind ca. 1928 gefertigte Übersetzung eines Aufsatzes liegt unpubliziert im Londoner Warburg-Nachlaß. Außer bei Gombrich findet man jetzt in Michael Podros fast ‚unenglischem' Buch vom Dezember 1982, es ist nämlich dem Methodenproblem gewidmet, eine Würdigung Warburgs und die Übersetzung von längeren Warburg-Zitaten.[45] Es könnte sein, daß dies Buch und die 1986 notwendig gewordene zweite Auflage von Gombrichs englischer Warburg-Biographie eine Wende ankündigten, nämlich die stärkere Öffnung des angelsächsischen sprichwörtlichen Positivismus und Pragmatismus gegenüber Methoden-

---

43 Erwin Panofsky: Three Decades of Art History in the United States. Impressions of a Transplanted European. In ders. (a): Meaning in the Visual Arts. Garden City, N.J. 1955, S. 321-346, Zitat S. 323 f. mit Anm. 2; deutsch in ders. (b): Sinn und Deutung in der bildenden Kunst. Köln 1975, S. 378-405, hier S. 381 und 403. Der erste Inhaber des Oxforder Lehrstuhls war Edgar Wind.

44 Leopold D. Ettlinger: Art History Today. An Inaugural Lecture. London 1961.

45 Michael Podro: The Critical Historians of Art. New Haven-London 1982, zu Warburg S. 158-177. Vgl. inzwischen auch: German Essays on Art History. Edited by Gert Schiff. New York 1988, S. 234-254. Hier findet man die erste englische Übersetzung von Warburgs berühmten Vortrag von 1912 über die Fresken im Palazzo Schifanoja zu Ferrara. Seit 1990 werden vom Getty Center of the History of Art and the Humanities, Santa Monica, Anstrengungen unternommen, Warburgs Gesammelte Schriften ins Englische zu übersetzen. Eine französische Übersetzung von Warburg-Schriften erschien 1990 in Paris. Sie folgt weitgehend meiner Auswahl in Warburg, Ausgewählte Schriften (wie Anm. 2).

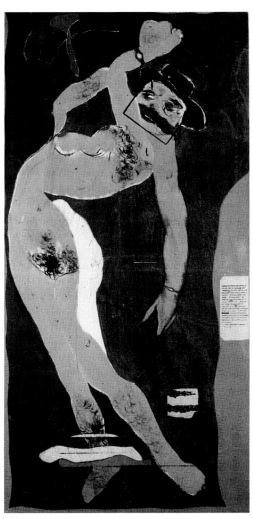

Abb. 171: R. B. Kitaj: Warburg as Maenad. Öl und Collage auf Leinwand 1926. Düsseldorf, Kunstmuseum.

fragen. Das müssen wir abwarten. Jedenfalls sollten wir notieren, daß Podro als Inhaber eines Lehrstuhles an der University of Essex sich als Kenner und Schüler des Warburg Instituts und als Schüler Gombrichs ausdrücklich bekennt. Derjenige allerdings, der seit einigen Jahren, wie ich finde, als Kunsthistoriker des Warburg Instituts Warburgs methodisches Erbe am treuesten verwaltet, ist Michael Baxandall; doch scheint paradoxerweise der Name Warburg in seinen Publikationen nicht ein einziges Mal aufzutauchen.[46]

In anderen Wissenschaften außerhalb der Kunstgeschichtswissenschaft vermag ich in Großbritannien nur schwer methodische Wirkungen Warburgs und des Warburg Instituts auf einzelne Forscher außerhalb des Instituts festzustellen. Sicher am ehesten bei dem Historiker Peter Burke (Cambridge), dessen Werke *Culture and Society in Renaissance Italy* (1972) und *Popular Culture in Early Modern Europe* (1978) 1981 und 1984 auf deutsch erschienen sind. Burke hat auch gelegentlich im britischen Rundfunk mit Gombrich über Warburgs Konzept der Kulturgeschichte diskutiert.[47] Aber all den Querverbindungen nachzugehen, in die das Institut und seine Mitglieder im Laufe der Nachkriegszeit hineingewachsen sind, hieße den Rahmen dieses kleinen Bei-

---

46 Vgl. Silvia Pfister / Dieter Wuttke: [Rez.] M. Baxandall, Die Kunst der Bildschnitzer. Tilman Riemenschneider, Veit Stoß und ihre Zeitgenossen, München 1984. In: Internationales Archiv für Sozialgeschichte der deutschen Literatur 11 (1986) S. 276-288.

47 The Listener, December 27, 1973, S. 881-886; vgl. Peter Burke: Cultural History and the Warburg Tradition. In: The Listener, October 21, 1971, S. 546-548.

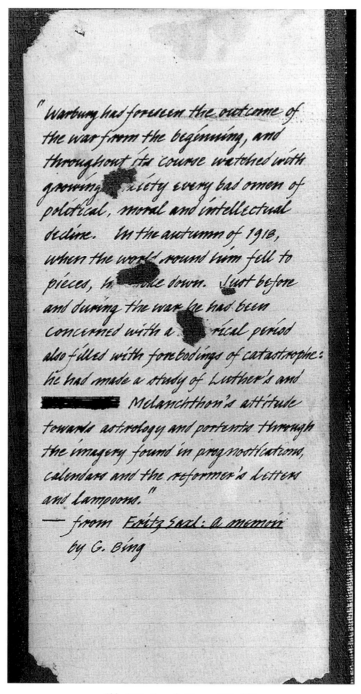

" Warburg had foreseen the outcome of the war from the beginning, and throughout its course watched with growing anxiety every bad omen of political, moral and intellectual decline. In the autumn of 1918, when the world round him fell to pieces, he broke down. Just before and during the war he had been concerned with a historical period also filled with forebodings of catastrophe: he had made a study of Luther's and ▬▬▬▬▬ Melanchthon's attitude towards astrology and portents through the imagery found in prognostications, calendars and the reformer's letters and lampoons. "
— from *Fritz Saxl: a memoir* by G. Bing

Abb. 172: Ausschnitt aus Abb. 171.

716

trags überfordern. Es hieße ja nicht weniger als wenigstens Entwürfe einer intellektuellen Biographie von Persönlichkeiten wie Edgar Wind, Frances A. Yates, Otto Kurz, D.P. Walker, Sir Ernst H. Gombrich und manchem anderen vorzulegen, und, um nur *ein* Beispiel zu nennen, die intensiven Beziehungen zwischen dem Warburg Institute und der *Historical Medical Wellcome Institution* freizulegen.[48]

Auf eine recht ungewöhnliche außerwissenschaftliche Wirkung Warburgs und seines Instituts aber möchte ich abschließend noch hinweisen. Es gibt einen bestimmten Künstler, der, bezogen auf den Warburg-Kreis in Umkehrung dessen, wofür man, wie vorhin erzählt, den Kunsthistoriker Professor Leopold D. Ettlinger hielt, Kunstgeschichte oder doch spezifische Themen des Warburg-Kreises zum Gegenstand seiner Kunst macht. Es ist der 1932 zwar in Ohio geborene, aber von 1957 bis 1977 in Oxford, London und Europa lebende Maler Ronald B. Kitaj.[49] Er hat, bezeichnenderweise angeregt durch Edgar Wind in Oxford, die Jahrgänge des *Journal of the Warburg and Courtauld Institutes* mit Leidenschaft studiert und besitzt sie vollständig und auch die von Gertrud Bing herausgegebenen *Lectures* von Fritz Saxl. Von ihm stammt ein Bild mit dem Titel *Warburgs Visit to New Mexico*, das von einem gleichnamigen Essay Saxls angeregt ist. Bings Saxl-Würdigung, die auch über Warburgs Zusammenbruch des Jahres 1918 spricht, inspirierte ihn zu dem 1962 entstandenen Bild *Warburg as Maenad* (Abb. 171), in das er einen das Bild erklärenden Text aus Bings Essay unter Nachahmung der Schrift Bings hinein-collagiert hat (Abb. 172).[50] Dieses Bild ist vom Kunstmuseum Düsseldorf erworben worden.

48   Als einziges Beispiel interdisziplinärer Kontakte sei hier zitiert: Illusion in Nature and Art. Ed. by R.L. Gregory and E.H. Gombrich. London [1]1973, [3]1980. R.L. Gregory ist Professor für Neuropsychologie und Direktor des *Brain and Perception Laboratory* der University of Bristol.

49   Marco Livingstone: Iconology as Theme in the Early Work of R.B. Kitaj. In: The Burlington Magazine, 122, No 928, July 1980, S. 488-496; R.B. Kitaj. [Katalog] Kunsthalle Düsseldorf. Düsseldorf 1982; Kunstmuseum Düsseldorf. 20. Jahrhundert. Gemälde, Skulpturen, Objekte. Düsseldorf 1982; Jürgen Zänker: Kitajs Benjamin-Bild. In: Kritische Berichte 11 (1983) H. 1, S. 24-32. Vgl. Martin Roman Deppner, in: Aby Warburg (wie Anm. 31) S. 235 ff. und ders.: R.B. Kitaj. Mahles Becomes Politics, Beisbol. Hamburg 1990.

50   Öl, Collage auf Leinwand, 193 x 91,5 cm, farbige Abb. in dem Katalog Kunstmuseum Düsseldorf. 20. Jahrhundert (wie Anm. 49) S. 143; Bing (wie Anm. 3), das Zitat daraus, S. 9 Mitte, lautet bei Bing: „Warburg had foreseen the outcome of the war from the beginning, and throughout its course watched with growing anxiety every bad omen of political, moral and intellectual decline. In the autumn of 1918, when the world round him fell to pieces, he broke down. Just before and during the war he had been concerned with a historical period also filled with forebodings of catastrophe: he had

Es war dort 1982 in der großen Kitaj-Ausstellung zu sehen. Ich habe in der Ausstellung noch ein anderes Bild gesehen, dem Kitaj wie einem wissenschaftlichen Aufsatz oder einem wissenschaftlichen Buch als Collage eine Bibliographie beigegeben hat. Kitaj hat einmal gesagt, andere machten *Bücher* mit Bildern, er mache *Bilder* mit Büchern: soll heißen: Bilder, die quasi Bücher sind, die wie Bücher gelesen werden müssen. Indem er damit dem Beschauer schockartig besondere intellektuelle Anstrengungen im Umgang mit Bildern zumutet, führt er auf die methodische Grundüberzeugung Aby M. Warburgs, daß die in Bilder eingegangenen künstlerisch-intellektuellen Auseinandersetzungsenergien vom Interpreten jedesmal mit großer Anstrengung und methodischer Umsicht zu entschlüsseln seien, weil anders sie als Verständnis- wie Anregungspotential der Gegenwart verschlossen bleiben.

Bei meinen tastenden Versuchen zum Thema habe ich mich auch brieflich an zwei jüngere, mitten im Berufsleben stehende Kunsthistoriker mit Fragen gewandt. Der eine war John Steer, seinerzeit Vorsitzender des Verbandes britischer Kunsthistoriker, Inhaber des kunsthistorischen Lehrstuhles am Birkbeck College der Universität London, der andere der schon genannte Michael Podro, Inhaber des Lehrstuhles an der University of Essex, des einzigen, der ausdrücklich Kunsttheorie als eines seiner Aufgabengebiete ansieht. Ich habe sie gefragt, wie sie die Bedeutung des Warburg Instituts einschätzen. Ich habe natürlich vorsichtige Antworten bekommen, die folgendes besagen:

1. Das Institut hat seinen interdisziplinären Charakter bewahrt; als Ort der Anregung ist es hochgeschätzt. Die interdisziplinäre Potenz gerade macht jedoch seine Wirkung schwer meßbar.
2. Sich zu einer Schule zu bekennen, widerspricht der Mentalität britischer Gelehrter. Auch dieses Faktum macht die Wirkung des Instituts schwer bestimmbar.
3. Das Institut steht für bestimmte Werte der Gelehrsamkeit. Es ist methodisch – was es gewesen sei – mehr historisch/philologisch geblieben als philosophisch geworden: Seine Anregungen gingen daher eher in Richtung Kunst- und Kultur-Geschichte als in Richtung Kunst- und Kultur-Theorie.

---

made a study of Luther's and Melanchthon's attitude towards astrology and portents through the imagery found in prognostications, calendars and the reformer's letters and lampoons."

718

Wir müssen die Diskussion darüber, vor allem auch über die im dritten Punkt zum Ausdruck kommende Meinung Podros, den Insidern überlassen.

Wir sollten keinesfalls übersehen, daß das Warburg Institut durch seine Emigration in höherem Maße zu einem Faktor der internationalen Gelehrsamkeit geworden ist, als es hierzulande je hätte werden können. Und man müßte es gerade im Hinblick darauf würdigen. Die periodisch erscheinenden Jahresberichte etwa geben eine Ahnung davon. Mit seinen heute mehr als 300 000 Bänden und ich weiß nicht wie vielen Photos, die in der Ordnung noch immer den Plänen des Begründers folgen, ist es trotz aller Probleme, die ein staatliches Institut hat, jedenfalls der ursprünglichen institutionellen Intention des Begründers sehr treu geblieben: Ziemlich unempfindlich gegenüber akademischer Wichtigtuerei gibt das Institut Qualifizierten, und auch qualifizierten Studenten, Gelegenheit zu intensiver, interdisziplinärer wissenschaftlicher Arbeit. Nicht Betrieb, nicht die Illusion, man könne durch Hochglanz-Werbung Qualität herbeireden: akademische Knochenarbeit steht wie eh und je hier im Mittelpunkt.[51] Allerdings sieht es sorgenvoll in die Zukunft: Um seine Aufgaben auch in den neunziger Jahren erfüllen zu können, braucht das Institut mehr denn je die materielle Unterstützung seitens seiner Freunde.[52]

---

51 Zum Fluidum des Instituts heute als einer Gemeinschaft der Lernenden und Lehrenden vgl. E.H. Gombrich: Research in the Humanities: Ideals and Idols. In: Daedalus 102 (1973) Nr. 2, S. 1-10, hier S. 9 f. Die neuesten Einblicke in die Arbeit des Instituts sowie seine Aufgaben und Ziele bei J.B. Trapp: Aby Warburg, his Library and the Warburg Institute. In: Theoretische Geschiedenis 13 (1986) S. 169-186; [Nicholas Barker]: The Warburg-Institute. In: The Book Collector 39 (1990) S. 153-173.

52 Man beachte den Aufruf, der mit dem Bericht im Book Collector (Anm. 51) verbunden ist. – Der vorliegende Beitrag ist aus einem Vortrag hervorgegangen, den ich auf dem XXI. Symposium der Gesellschaft für Wissenschaftsgeschichte (*Vor fünfzig Jahren: Emigration und Immigration von Wissenschaft*), 12.-14. Mai 1983, in Wolfenbüttel gehalten habe. – Für die bereitwillige Beantwortung von Anfragen und die Übersendung von Materialien danke ich Dr. Jaynie Anderson, Oxford; Prof. Dr. Sir Ernst H. Gombrich, London; Dr. Martin Jesinghausen-Lauster, Keele; Prof. Dr. Peter Klein, Los Angeles [jetzt Marburg/L.]; Anne Maria Meyer, London; Prof. Dr. Michael Podro, Univ. of Essex; Alfred Prag, Oxford; Prof. Dr. John Steer, London; Prof. Dr. Kim H. Veltmann, Montreal; Prof. Dr. Egon Verheyen, Washington; Prof. Dr. Martin Warnke, Hamburg; Dr. Stephan von Wiese, Düsseldorf; Margaret Wind, Oxford. Ein Reisestipendium der Hamburgischen Wissenschaftlichen Stiftung ist der Materialbeschaffung für die vorliegende Studie zugute gekommen. Besprechungen brachten die Frankfurter Allgemeine Zeitung in Nr. 21 am 25. Januar 1985 auf S. 25, Die Welt in Nr. 50 am 28. Februar 1985 auf S. 17 und die Zeitschrift Bindetechnik / Reliure in Heft 1, 1985, auf S. 9.

[Nachtrag: Auf den Dampfern, die die Bibliothek Warburg nach London brachten, reiste auch Friedrich Gundolfs Bibliothek mit. Vgl. Friedrich Gundolf: Anfänge deutscher Geschichtsschreibung von Tschudi bis Winckelmann. Aufgrund nachgelassener Schriften Friedrich Gundolfs bearbeitet und herausgegeben von Edgar Wind. Mit einem Nachwort zur Neuausgabe von Ulrich Raulff. Frankfurt/M. 1992, hier S. 115. Abbildungen der Dampfer findet man in: Porträt aus Büchern. Bibliothek Warburg und Warburg Institute. Hamburg · 1933 · London. Hrsg. von Michael Diers. Hamburg 1993, hier Abb. 1 und 2. Besonders beachtenswert darin ist der Beitrag von Bernhard Buschendorf: Auf dem Weg nach England – Edgar Wind und die Emigration der Bibliothek Warburg, S 85-128. Seine Anm. 5 auf S. 119, soweit sie mich betreffen soll, ist irreführend, da ich erstens Winds Rolle entsprechend den mir bekannten Quellen sehr wohl akzentuiere, wie obige Ausführungen zeigen, mir zweitens aber Quellen nicht bekannt waren, die B. benutzen konnte. – Zur Situation der britischen Kunstgeschichte 1935 ff. vgl. jetzt auch Otto Pächt: Am Anfang war das Auge. In: Martina Sitt (Hrsg.): Kunsthistoriker in eigener Sache. Berlin 1990, S. 25-61, hier S. 38 ff. – Die erste umfangreiche fachbibliothekarische Arbeit auf der Grundlage publizierter Quellen über die K. B. W. hat Silvia Pfister verfaßt: Die Kulturwissenschaftliche Bibliothek Warburg. Geschichte und Konzeption in ausgewählten Aspekten. Köln, Fachhochschule für Bibliotheks- und Dokumentationswesen. Hausarbeit (masch.) 1991.]

Abb. 173: The Warburg Institute, Woburn Square, London W.C.1. Eingang, heutiger Zustand.

Kunst zwischen Naturwissenschaften und Kulturgeschichte

Zu Gombrichs Warburg-Biographie
(1985)

Seit den siebziger Jahren finden die Persönlichkeit und das vielschichtige Werk von Aby M. Warburg (13. Juni 1866 – 26. Oktober 1929) im deutschen Sprachraum steigendes Interesse. Neue Impulse in dieser Diskussion sind von Ernst H. Gombrichs 1970 in englischer Sprache veröffentlichter, nunmehr in deutscher Übersetzung vorliegender Warburg-Monographie zu erwarten,[1] ist sie doch bis heute die an Gehalt tiefste und gründlichste Darstellung der intellektuellen Biographie des Hamburger Gelehrten. Es ist zu hoffen, daß mit diesem reichhaltigen und wissenschaftlich bedeutenden Buch die Persönlichkeit und Arbeit dieses äußerst couragierten und fruchtbaren Anregers der modernen Geisteswissenschaften, dessen Bild zu lange im Dämmerlicht vager Vorstellungen und Vorurteile geblieben und daher eklatanten Fehlinterpretationen anheimgefallen war, nun bei einem breiteren deutschsprachigen Publikum die verdiente Würdigung erfahren wird. Auch am Ende des 20. Jahrhunderts sind angesichts wachsender Gefährdungen des Menschlichen durch Irrationalismus und Primitivismus in vielen Lebensbereichen Warburgs wissenschaftliche und wissenschaftspolitische Postulate, z.B. sein leidenschaftlicher Aufruf zu Besonnenheit und Humanität, von unaufgehobener Aktualität.

Der Autor, Direktor des Londoner Warburg Instituts von 1959 bis 1976 und wie Warburg Forscher auf den Gebieten der Renaissancekunst, der symbolischen Formen und der Kunstpsychologie, versucht in seiner Monographie mit dem programmatischen Untertitel *Eine intellektuelle Biographie* einen doppelten Zugang zu Warburgs Persönlichkeit und komplexem Forschungswerk zu eröffnen. Es ist sein Ziel, über die Analyse erstens der publizierten Schriften wie zweitens durch Auswertung des reichen, aber bis dato kaum beachteten, da sehr schwer zugänglichen Nachlasses im Londoner Warburg-Archiv, einen breiteren Interessentenkreis mit den Gedanken und Fragen Warburgs, die diesen zu seinen wissenschaftlichen

---

1   Ernst H. Gombrich: Aby Warburg. Eine intellektuelle Biographie. Aus dem Englischen von Matthias Fienbork. Frankfurt/.M.: Europäische Verlagsanstalt 1981. Unveränderter Nachdruck Frankfurt 1984 (= suhrkamp taschenbuch wissenschaft).

Studien und theoretischen Ansätzen inspirierten, vertraut zu machen. Durch Einbeziehung der Entwürfe, Pläne und nichtvollendeten Projekte soll ein Beitrag geleistet werden zur Überbrückung der Kluft zwischen Geplantem und Verwirklichtem, die Warburg selbst schmerzlich bewußt war. Im Bewußtsein, daß der beste Zugang zu Warburgs Intentionen und Forschungsinteressen über Warburg selbst führt, macht Gombrich eine ungewöhnliche Fülle an Zitaten und Belegstellen aus dem veröffentlichten wie unveröffentlichten Material zur Grundlage der Darstellung, die gleichzeitig durch umfassendes Bildmaterial illustriert wird. Eindringlich führt der Verfasser die Entwicklung der wichtigsten Ideen in Warburgs Gedankengebäude seit der Studienzeit mit den Stationen Bonn, München, Florenz, Berlin und Straßburg auf breiter Quellenbasis vor Augen. In geistesgeschichtlichen Untersuchungen legt er dar, welche Anregungen Warburg den Theorien seiner Lehrer bzw. Förderer Thode, Justi, Lamprecht, Usener, Janitschek und Schmarsow entnahm – oder möglicherweise entnahm –, welche wissenschaftlichen Ansätze und Ergebnisse für seine eigene Arbeit richtungsweisend wurden.

Zur großen Bandbreite von Warburgs Interessen zählten Religionsgeschichte, Mythologie, Physiologie, Assoziationspsychologie sowie Ethnologie und Evolutionstheorie im Anschluß an Bastian und Darwin. Wichtige begriffliche Bausteine seiner kunstpsychologischen Theorie verdankt er den wissenschaftlichen Ansätzen von Vignoli, Siebeck, Fiedler und Semper. In die Formulierung seiner nachhegelianischen Symboltheorie gingen Einflüsse des an Hegel anknüpfenden Ästhetikers F. Th. Vischer und von Carlyles *Sartor Resartus* ein. Der Verfasser bemüht sich um schlüssige Zusammenfassung dieser theoretischen Ansätze, soweit sie für Warburg bestimmend wurden, und ordnet sie in den weiten geistes- und ideengeschichtlichen Zusammenhang des 19. Jahrhunderts (evolutionistische Strömungen, Vorliebe für naturwissenschaftlich und psychologisch fundierte Erklärungsmodelle) ein, ohne den man Warburgs Gesamtwerk nicht angemessen verstehen kann.

Ähnlich aufschlußreich ist die Zuordnung Warburgs zum zeitgenössischen Kunst- und Kulturleben, wobei die enge Verflechtung von Fragen der Kunst, Gesellschaft und Moral zur Zeit der Jahrhundertwende an interessantem, bislang unbeachtetem Archivmaterial (z.B. Warburgs kleinen Theaterstücken von 1896/97) nachgewiesen wird. Der Verfasser zeigt unter anderem Warburgs intensive und kritische Auseinandersetzung mit den Kunstströmungen des Fin-de-Siècle, seine engagierte Parteinahme für die sogenannte Moderne, für Künstler wie Zorn, Böcklin, Klinger, Lederer und die engen Kontakte zu bedeutenden Kunstexperten und Künstlern wie Lichtwark, Liebermann, Leistikow sowie zur Künstlerkolonie und zum Deutschen Kunsthistorischen Institut in Florenz. In gründlichen Detailuntersuchungen und Analysen greift Gombrich die zentralen Grundfragen der Kunst- und Kulturwissenschaft auf, denen sich Warburg in immer neuen, oft quälenden, von inneren Spannungen und Kämpfen erschwerten Auseinandersetzungen zuwandte. Er setzt ein mit den Ergebnissen der bahnbrechenden Dissertation über Botticellis *Geburt der Venus* und *Frühling* und verfolgt die Grundlinien des Warburgschen Denkens bis hin zur „Theorie des sozialen Gedächtnisses", zur Konzeption einer einheitlichen, umfassenden Kulturwissenschaft in der Programmatik der Warburg-Bibliothek, schließlich bis zum letzten, unvollendet gebliebenen Projekt des Bilderatlas *Mnemosyne*. Ausgangspunkt Warburgs war und blieb das früh erwachte Interesse für die Kunst in ihren „Bedingtheiten durch die Natur des mimischen Menschen", die Faszination, die das „psychologische Problem des Ausdrucks", die Frage nach Wesen und spezifischer Funktion des Bildes in der Hierarchie der Zeichen sowie nach dem Ausdruck und der Bewältigung leidhafter, angstmachender Erfahrung bereits auf den Jugendlichen ausübten. Warburg näherte sich der Klärung dieser Probleme in einem langen Prozeß intensiven Ringens. Nach ersten Ansätzen im Kreuzlinger Vortrag über den primitiven Menschen in seiner Ursituation der Angst drang er zu einer Theorie des sozialen Gedächtnisses vor.

Grundlegend für die Bemühungen um eine kunstpsychologische Theorie ist die These, daß allen geistigen Orientierungsversuchen des Menschen, wozu Warburg wesentlich die Kunst zählt, eine Urreaktion auf die universalen Schrecken des Daseins zugrunde liegt. Unter dem Eindruck der furchtbaren Erfahrungen des Ersten Weltkrieges und der gerade überstandenen schweren psychischen Krankheit mit ihren Phobien und Zwangsvorstellungen wird die Bewältigung der Urängste des Menschen zum zentralen Anliegen Warburgs. Einen wesentlichen Beitrag dazu können und sollen die Kunst und die Kulturwissenschaft leisten. Aus diesen Forschungen geht ein neues, klares Verständnis der Kultur als des immer neu zu erreichenden Ausgleichs zwischen Sinnlichkeit und Abstraktion hervor. Die künstlerische Darstellung wird zusammen mit der Religion als Zwischenbereich des symbolischen Handelns zwischen den phobischen Reaktionen des Primitiven und dem logisch-diskursiven Denken angesiedelt. Indem sie ihr Objekt nicht ergreift, sondern nur in seinen Umrissen nachzeichnet („Umfangsbestimmung"), steht sie zwischen der distanzlosen Aneignung der Außenwelt („Greifen") und der Meisterung des angstmachenden Chaos durch die Rationalität in den Wissenschaften

(„Begreifen"), zwischen Magie und Logik. Dadurch, daß Kunst einen Frei-
raum der Distanz, der ruhigen Betrachtung der furchterregenden Außenwelt schafft, kann sie einen entscheidenden aufklärenden Beitrag leisten.
Bildschemata des von ihr vollzogenen Ausgleichs zwischen emotionaler
Überwältigung und logischem Begriff sind die sogenannten Pathosformeln, die Warburg in seinen Studien zur Kunst des Quattrocento einge-
hend untersuchte. Im Anschluß an die physiologischen Gedächtnis- und
Engrammtheorien von Hering und Semon versucht Warburg, sie im Rahmen einer Theorie des sozialen Gedächtnisses, die von Gombrich in den
Zusammenhang der zeitgenössischen Diskussion über Rasse- oder Kollektivgedächtnis der Menschheit eingeordnet wird, biologisch-physiologisch
zu erklären. Dabei wird die Annahme speicherbarer und jederzeit reakti-
vierbarer Gedächtnisenergien (Engramme) konstitutiv. In der kulturgeschichtlichen Entwicklung der Menschheit entspricht diesen Energie-
potentialen das Symbol, das in intensiven Urerlebnissen seinen Ursprung
hat. Durch Gestaltung wurden sie erstmals in der griechischen Kunst be-
wältigt, die so ein Arsenal an Superlativen der Gebärdensprache, an Pathosformeln (wie z.B. die Nympha der Renaissance als Ausdruck leidenschaftlich erregter Bewegung) schuf. Diese Ausdrucksgebärden sind mit
den Engrammen des menschlichen Kollektivgedächtnisses identisch, sie
sind der Niederschlag von Archetypen menschlicher Erfahrung und primitiver Energie, die in späteren Epochen als reaktivierte Energie, als Dy-
namogramme wirken können. Damit hatte Warburg die lange angestrebte
„monistische" Deutung der Kunst und Kultur erreicht und auch eine Erklärung für sein Problem von Renaissance (Funktion der Wiederbelebung
des antiken Erbes) gefunden. Die neutrale Energieladung bildlicher Symbole kann durch Berührung mit dem jeweiligen „selektiven Zeitgeist" einer
Epoche polarisiert, d.h. in verschiedene Ausdrucksmotive gelenkt werden.
Die aus primitiver Erregung herstammende Energie kann vom Künstler
entweder gewinnbringend im Dienst der Aufklärung eingesetzt werden,
wenn er den nötigen Abstand dazu wahrt. Dieser Weg der künstlerischen
Vergeistigung und Sublimierung wird exemplarisch an Leonardo da Vinci,
Dürer und Rembrandt demonstriert. Sie kann auch zur Gefahr werden
bei der Ablösung von den zugrunde liegenden Urerfahrungen der
Menschheit: Dies wird im Kontrast zu Dürer an den Greuelflugschriften
des Reformationszeitalters und im Kontrast zu Rembrandt an der Entar-
tung zu barockem Schwulst und hohlem Pathos bei A. Tempesta deutlich
gemacht.

Am Ende dieser Überlegungen gelangt Warburg zur fundamentalen
Formulierung der Programmatik einer künftig zu verwirklichenden Kul-

turwissenschaft: Sie soll zur Vergeistigung der zwanghaften, phobischen Urreaktionen der Menschheit beitragen, indem sie mithilft, einen „Denkraum der Besonnenheit" durch Förderung disziplinierter Humanität herzustellen. Hierin darf man mit Gombrich den entscheidenden aufklärenden Impetus dieses Gelehrten sehen, der hellsichtig und feinfühlig auf die wachsende Gefahr irrationaler Strömungen in seiner eigenen Zeit reagierte. Dem „Chaos von Unvernunft" sollte „ein Filtersystem der retrospektiven Besonnenheit" entgegengesetzt werden.

Sehr früh und in engem Zusammenhang mit den Fragen des künstlerischen Ausdrucks erfolgt auch, ausgehend von Lessings *Laokoon* und Winckelmanns klassischem Griechenbild, die Hinwendung zu dem wissenschaftlichen Problem, das sich wie ein roter Faden durch Warburgs gesamtes Lebenswerk zieht: die Erforschung der Funktion des antiken Erbes für die abendländische Kultur. Dieses Forschungsinteresse hatte ihn schon in der Jugend zum Studium der Kunstgeschichte, und das bedeutete zu seiner Zeit zur Beschäftigung mit der Kunst der Renaissance, gewiesen, für die Jacob Burckhardt wesentliche Orientierungen vorgegeben hatte. Mit den Quellenstudien zur Botticelli-Dissertation setzt ein langer Prozeß des Ringens um eine angemessene Interpretation des Renaissancezeitalters ein. Durch die Versuche, die Bedeutung der antiken Kunst und Welt für den Menschen des 15. und 16. Jahrhunderts exakter zu bestimmen, wird die Unzulänglichkeit der zeittypischen Renaissancedeutungen erkannt, die entweder im Anschluß an Nietzsche das Übermenschentum der Individuen dieser Zeit hervorheben bzw. dämonisieren (Fin-de-Siècle-Dekadenz) oder diese Epoche in unzulässiger und einseitiger Weise harmonisieren und als Idyll verniedlichen (Präraffaeliten). Durch entsagungsvolle praktische Arbeit am einzelnen Kunstwerk (so bereits in der Dissertation), das in das Netz vielfältiger Beziehungen gestellt wird (Vorstellungen der Auftraggeber, literarische Quellen, ‚Gefühlsaura' der Epoche), durch richtungsweisende Studien zum geistigen und kulturellen Milieu einer Epoche, zu Geschmack, Mode, Mäzenatentum und Festwesen, auch zur Gebrauchskunst (burgundische Wandteppiche, panni dipinti), sowie zur Bilderwelt von Astrologie, Magie und Aberglauben öffnet Warburg den Weg zu einer ausgewogeneren Sicht des Zeitalters der Renaissance. Ausschlaggebend sind dafür seine umfangreichen Quellenstudien in Florentiner Familienarchiven zu den großen Stifter- und Mäzenatenfamilien der Sassetti, Tornabuoni und Medici. In der Spannweite von Männern wie Giovanni Tornabuoni und Francesco Sassetti, die scheinbar unvereinbare Gegensätze wie Aberglauben und Rationalität, christlichen Glauben und pagane Vorstellungen, Vorliebe für nordischen

Realismus und antiken Idealismus in der Kunst zum Ausgleich bringen konnten, erkannte Warburg das Signum der gesamten Epoche. So wird der Begriff Kompatibilität, den Warburg für den Ausgleich dieser spannungsreichen Gegensätze im einzelnen wie im Geistes- und Kulturleben der gesamten Epoche fand, zum Angelpunkt seines Renaissanceverständnisses. Ganz wesentlich zu dieser neuen Sicht der Renaissance half ihm das Ringen um die Erklärung eines offenkundigen Stilkonflikts (im Sinne von Vasaris Fortschrittstheorie): die gleichzeitige Vorliebe Florentiner Künstler- und Mäzenatenkreise einerseits für den antiken Idealismus (Adaptation antiker Muster und kalligraphischer Formeln) und für die von ihm ursprünglich als Verkörperung barbarischer Kräfte negativ bewertete Kunst des nordischen Realismus andererseits. Indem sich der Gelehrte langsam durch das Labyrinth dieses scheinbaren Widerspruchs kämpfte, seine einseitigen Bewertungen beider Kunstströmungen aufgab und ihre vorantreibenden wie hemmenden Elemente zur Kenntnis nahm, gelang es ihm, das Problem des Übergangs vom Mittelalter zur Renaissance als dialektisches Fortschreiten, als Prozeß langsamen Ausgleichs spannungsreicher Gegensätze zu fassen. Auf dieser Basis konnte er schließlich eine Lösung der Übergangsproblematik zwischen Epochen allgemein formulieren. Eine Vertiefung und Bestätigung erfuhr dies Ergebnis durch Studien zur Bilderwelt der Astrologie, konnte er doch auch hier das spannungsreiche Zusammenwirken verschiedener Traditionen nachweisen.

Zu einer Synthese sollten alle diese Forschungsergebnisse zum künstlerischen Ausdruck, zum Kollektivgedächtnis der Menschheit, zum Nachleben der Antike in den Pathosformeln, im letzten großen, aber unvollendet gebliebenen Projekt des Bilderatlas mit dem programmatischen Titel *Mnemosyne* gebracht werden. Ziel war es – Gombrich vermutet in Anlehnung an Bastians Sammlung von „Völkergedanken" –, „ein grundlegendes Vokabular der Urworte menschlicher Leidenschaft" vorzulegen, womit sich Warburgs Bestrebungen in eine ganze Reihe ähnlicher Bemühungen, die emotionalen Grundhaltungen der menschlichen Kultur zu finden, einordnen läßt: Nietzsche, Frazer, Bastian, Freud und Jung. Bei dieser Arbeit bediente sich Warburg einer neuen Methode der Sammlung und des Arrangements. Er ordnete die Bilder auf großen Wandtafeln zu Themen- und Motivkomplexen, die ohne das vermittelnde und erklärende Wort, nur kraft ihres gespeicherten Energiepotentials den Beschauer ansprechen sollten. Hier werden enzyklopädische Intentionen vorbereitet, die in der kunstgeschichtlichen Ikonologie und literaturwissenschaftlichen Toposforschung ihre Fortsetzung fanden. Der große britische Kunstwissenschaftler Sir Kenneth Clark hat in seiner Auto-

biographie den berühmten römischen Vortrag vom Januar 1929, den Warburg in der Biblioteca Hertziana über seinen Bilderatlas hielt, „a lecture
that changed my life" genannt. Zu den Zuhörern gehörte auch der Romanist Ernst Robert Curtius. Von Warburg zu dessen die Toposforschung
und historische Metaphorik begründenden Werk über *Europäische Literatur und Lateinisches Mittelalter* führt ein direkter Weg, wie demnächst gezeigt werden soll.[2]

Eine Gefahr des Mißverständnisses für den Leser dieses faszinierenden
Buches könnte davon ausgehen, daß er sich der besonderen Rolle bewußt
ist, die Ernst H. Gombrich als herausragender Kunst- und Kulturwissenschaftler und Kulturkritiker gegenwärtig weltweit innehat. Davon müßte
er Abstand zu gewinnen suchen und erkennen, daß Gombrichs eigenes
Leben von der Auseinandersetzung um Warburgs geistiges Erbe geprägt
ist, so daß solche Darstellung notgedrungen in Konflikt mit der ‚Objektivität' kommen mußte. Dies Buch verlangt daher nach einem anderen
Beurteilungsmaßstab als die anderen Bücher des verehrten Gelehrten. Die
Spannung, die es durchzieht, kommt in dem als Titelbild gewählten War-
burg-Porträt symbolhaft verdichtet zum Ausdruck. Es zeigt zwar den denkenden, in die Tiefe blickenden, aber eher den von Krankheit und
Trübsinn gezeichneten, den selbst- und weltvergessenen Warburg (Abb.
159). Ist das der Warburg, der es rechtfertigen könnte, aus so prominenter
Feder eine intellektuelle Biographie zu erhalten? Er ist es nicht. Vielmehr
ist das bei Gombrich auf S. 410 abgebildete Porträt das treffendere Symbol
(Abb. 158): Es zeigt den mit der eigenen Tiefe der Welt zugewandten
Warburg, der das Mitdenken und den Mut zum Ändern verlangt. Mit
anderen Worten, es erscheint fraglich, ob man die Krise der Jahre 1918
bis 1923, die sich ab etwa 1915/16 vorbereitet, zum Maßstab dieses Lebens
machen darf. Man kann es naturgemäß um so eher, wenn Warburgs vielfältige, interdisziplinär ausgerichtete Tätigkeit für wissenschaftliche Ver-
einigungen und für Kongresse, sein lebhaftes Interesse für Wissenschaft
als Institution längst nicht umfassend genug, seine Sorge um Schaffung
von Grundlagen des Faches im Hinblick auf Fachsystematik, Bibliographie, Farbterminologie, um das rechte wissenschaftliche Ethos, um strenge historisch-philologische Methodik und Ausbau einer fachüber-
greifenden und fachintegrierenden Methodik als Ikonologie in der von
Panofsky später gegebenen Definition nicht eigentlich dargestellt werden.[3]

---

2 Vgl. Wuttke: Ernst Robert Curtius and Aby M. Warburg (1986). Acta Conventus
   Neo-Latini Sanctandreani. [Vgl. die deutsche Fassung in diesem Band S. 667 ff.]
3 Entsprechendes Material und Darlegungen, die das Angedeutete stärker profilieren,

All diese Momente sprechen ebenso wie seine publizierten Schriften und wie die von Gombrich jedenfalls zum Teil und zutreffend akzentuierte kulturpolitische Tätigkeit für eine Gesundheit Warburgs, deren Kräfte im Hinblick auf uns, selbst nach fünfzig Jahren, weit davon entfernt sind, erschöpft zu sein. Dies ist es denn auch, was Gombrichs großartige Bemühungen zutiefst rechtfertigt und auch das erfreuliche Engagement, das zum Erscheinen der vorliegenden gelungenen Übersetzung führte.

aber keineswegs erschöpfend darstellen, sind zu finden in: Aby M. Warburg: Ausgewählte Schriften und Würdigungen. Hrsg. von Dieter Wuttke ([2]1980) [jetzt [3]1992]. Vgl. hier auch den Versuch einer ersten umfassenden Warburg-Bibliographie. – An der Formulierung der ersten Fassung dieses Beitrages war Regina Heinke, Bamberg, beteiligt, wofür ihr hier nochmals gedankt sei.

Anhang

Aby M. Warburg/Fritz Saxl
Die Indianer beschwören den Regen
Großes Fest bei den Pueblo-Indianern
(1926)

Gombrich geht in seiner Warburg-Biographie ausführlich auf die Expedition ein, die den Gelehrten 1895/96 nach Neu-Mexiko in das Gebiet der Pueblo-Indianer führte. Erst viel später ist Warburg darangegangen, seine Expeditionserfahrungen aufzuarbeiten. Den Beginn stellt jener inzwischen berühmte Vortrag dar, den er am 21. April 1923 u.d.T. „Bilder aus dem Gebiet der Pueblo-Indianer" in der Nervenheilanstalt von Ludwig Binswanger in Kreuzlingen gehalten hat. Fritz Saxl hatte bei der Ausarbeitung geholfen, und er war auch dabei, als der Vortrag ohne Manuskript eindreiviertelstündig gehalten wurde. Die Leistung dieses Vortrags war für den behandelnden Arzt ein bedeutsames Zeichen der unmittelbar bevorstehenden Heilung Warburgs.

In der Saxl-Korrespondenz des Warburg Instituts habe ich 1990 ein kleines Manuskript von 1 1/4 Maschinenseiten gefunden mit dem Titel „Wie die Indianer den Regen machen. Großes Fest bei den Pueblo-Indianern". Aus der beiliegenden Korrespondenz mit dem Jugendbücher-Verlag in Berlin, mit dessen Leiterin Dr. Else Hildebrandt Saxl befreundet war, ist zu ersehen, daß dies Manuskript, das in Zusammenarbeit zwischen Warburg und Saxl entstanden ist, für die Zeitschrift „Jugend Insel" bestimmt war. Die Recherche ergab, daß der von drei Fotos begleitete Text im ersten und einzigen Jahrgang 1926 der Zeitschrift in der Nummer Vier vom 13. November erschienen ist. Da es sich um ein schönes Dokument der Weite von Warburgs kulturellen Interessen sowie einen unbekannten Warburg- und Saxltext handelt und die Zeitschrift ein Rarissimum darstellt, werden die folgenden vier Faksimile-Fotos hier angefügt (Abb. 174-177). U.a. um seine Indianer-Forschungen zu vertiefen, wäre Warburg 1928 nur zu gern zu einer zweiten Amerika-Reise aufgebrochen, mußte sich aber aus gesundheitlichen Gründen mit einer Italien-Reise auf dringendes Anraten der Ärzte bescheiden.

ZEITSCHRIFT FÜR JUNGEN UND MÄDEL

4. Nachricht   Erscheint jeden 2. und 4. Sonnabend im Monat   13. November 1926

Bei Schulbezug von zehn Stück ab jede Nachricht 10 Pf., Einzelnachrichten 15 Pf.

STURMFAHRT AUF DEM FLOSS.

Abb. 174: Jugend Insel. Titelseite der 4. Nachricht vom 13. November 1926.

FOLGEN DES STURMES AUF DER »JUGENDINSEL«.

Tagelang wütete der Sturm auf der Jugendinsel. Große Felsblöcke wurden vom Lande abgesprengt und stürzten in den See. Ihr müßt nämlich wissen, daß die Ufer der Jugendinsel überall steil zum Wasser abfallen, nur im Südwesten und Südosten legt sich an das Ufer ein Streifen flachen Landes.

Als am ersten ruhigen Tag einige der Jungen und Mädel wieder um die Insel ruderten, sahen sie auf einmal ein richtiges Felsentor aufragen, das vor dem Sturm noch nicht da war.

Alle Inselleute sind lebhaft bewegt von den Veränderungen an ihrer Jugendinsel.

Wir müssen mit Euch zusammen die Ursachen der Veränderung am Ufer der Jugendinsel ergründen und wären Euch für eine Nachricht sehr dankbar.

DIE JUNGEN UND MÄDEL
AUF DER JUGENDINSEL.

WIE DIE JUGENDINSEL AUSSIEHT.

Es sind viele Anfragen gekommen, wie unsere Insel aussieht, was für Tiere darauf leben, was für Pflanzen darauf wachsen, wo der Badestrand ist, wo die Felsen sich erheben. Wir werden Euch nach und nach alles genau schildern und im Bilde zeigen. Nur können wir das nicht in einer oder zwei Nummern, denn es ist sehr viel zu erzählen.

Felsentor am Steilufer der Jugendinsel.

DIE INDIANER BESCHWÖREN DEN REGEN.

Großes Fest bei den Pueblo-Indianern.

Von dem Tafelberge sind sie in die Ebene hinabgestiegen. Dort fangen sie giftige Schlangen ein, die ihnen Bote bei den Göttern sein sollen; denn aus der Erde kommen die Schlangen herauf und drängen sich wieder durch die Spalten hinein in die Unterwelt.

Ob der Regen in diesem Jahre ausbleiben wird? Von dieser qualvollen Furcht sind die Indianer jedes Jahr zur Zeit der Ernte beseelt, denn wenn er ausbleibt, müssen sie verhungern. Sie leben ja allein vom Feldbau, und nur einmal im Jahr fällt ausgiebiger Regen. Darum muß wie immer auch in diesem Jahr das Fest begangen werden, das neun volle Tage dauert.

Der Höhepunkt des Festes: Die Giftschlangen werden herausgebracht auf einen Tanzplatz, der von weißen und roten Zuschauern dicht umstanden ist. Seltsam maskierte Tänzer teilen sich in Gruppen zu zweien: der eine hat die Schlangen gepackt, der andere hat eine Feder in der Hand zum Ablenken des Schlangenkopfes. Lange hatte man diese den Menschen unheimlichen Tiere für das Fest vorbereitet. In unterirdischen Versammlungsräumen zeichneten die Indianer aus farbigem Sand merkwürdige Gebilde, die Wolken und Blitze darstellen. Auf diese Zauberfiguren wurden die Schlangen geworfen. Tagelang wurden sie unter Gebeten gewaschen und in feierlichen Handlungen für den großen Tag des Festes vorbereitet.

Jetzt nimmt einer der Tänzer die Gift-

Die Pueblo-Indianer, die in Neu-Mexiko (Vereinigten Staaten) wohnen, waschen tagelang bei Gebeten die Schlangen zur Vorbereitung des großen Festes der Regenbeschwörung.

Abb. 175: Jugend Insel (wie Abb. 174) S. 6.

733

schlange in den Mund, sein Begleiter lenkt den Kopf der Schlange mit der Feder ab, damit sie den Tänzer nicht beißen kann. So führen sie einen Rundtanz mit langsamen Schritten auf.

Nach der Beendigung nimmt der Tänzer ein Mittel und erbricht das

Schlangentanz der Pueblo-Indianer.

Gegengift, das er vorher eingenommen hatte.

Die Schlangen aber werden nicht getötet, sondern nach dem Tanz freigelassen. Sie sollen in die Unterwelt hinabeilen, um dort bei den abgeschiedenen Seelen für die Indianer den Regen zu erflehen.

WIE EINER REINFÄLLT, DER NICHT RICHTIG NACHDENKT
Lest noch einmal die Aufgabe in der ersten Nachricht!

Fritz hat sich klargemacht: Es kommt darauf an, mit dem letzten Sprung das Ufer des Tümpels zu erreichen, das von dem Ausgangspunkt des Springens 100 Fuß entfernt liegt. Dann muß der Mitspieler, der weiterspringt, unweigerlich ins Wasser hinein, wenn sein Sprung auch noch so klein ist.

Wie aber kann Fritz es erzwingen, auf 100 zu kommen? Ja, wenn er beim Sprung vorher gerade 89 erreichte, dann könnte sich Peter anstellen, wie er wollte, einen Fuß oder auch zehn springen, immer würde Fritz zuerst am Ziel ankommen. So rechnet Fritz immer weiter zurück. Beim drittletzten Sprung muß er auf 78 sein, dann auf 67, dann auf 56, dann auf 45, schließlich auf zwölf. Zwölf kann er aber mit Sicherheit nur erreichen, wenn er den Anfang mit dem Springen macht. Beginnt nämlich der

Priester der Pueblo-Indianer mit Wetterzeichen bemalt.

Gegner und springt nur einen Fuß, so kann Fritz auf jeden Fall nur elf erreichen. Also aufs Anfangen kommt es an und darauf, den ersten Sprung nur einen Fuß weit zu nehmen. Das weiß aber Peter auch und will deshalb dem Fritz nicht den Vortritt lassen.

Doch Fritz versteht sich zu helfen. Er rückt den Stein einen Fuß näher an den Tümpel heran, so daß die Entfernung nur noch 99 Fuß beträgt. Peter fängt ohne Zaudern an; diesmal ist er der Hereingefallene. Wie geschieht das?

GEMEINSCHAFTSAUFGABE.

Denkt Ihr an unsere Gemeinschaftsaufgabe? Malt Ihr an dem Fries für unser Haus auf der Jugendinsel? Ihr findet die Beschreibung der Gemeinschaftsaufgabe in der ersten Nachricht, die Ihr noch beziehen könnt. Ihr wißt, daß Ihr die Bilder bis zum 11. Dezember einschicken müßt.

WOLLEN WIR WIEDER EINEN KANON SINGEN?

Als wir gestern gerade ans Wasser hinuntergingen, um zu sehen, ob der Sturm unseren Landungssteg weggerissen hat, hat einer sein Boot am Pfeiler angebunden: Alfred. Er ist mitten im Sturm herübergerudert und patschnaß.
„Hurra", ruft Gretel, „da ist ja noch einer, der singen kann." „Ich weiß einen neuen Kanon. Von Wind und Wetter! Vom Herbst und Wandern!—
Hört zu!"

Hal = loh, wir ziehn ins Land hin = aus. Wir wan = dern und sin = gen im Sturm = ge = brans. Im bun = ten Wald das E = cho schallt, hal = loh, hal = loh, hal = loh!

Wir teilen uns in vier Gruppen. In unseren Noten sind die Stellen, an denen die Gruppen einsetzen, mit Zahlen versehen.
„Von wem hast Du das Lied, Alfred?" fragt Gretel.
„Das ist doch ein Volkslied, und der Text ist mir eben eingefallen", antwortet Alfred.

Abb. 176: Jugend Insel (wie Abb. 174) S. 7.

Mariechen geht im Sonntagskleide
Mit einem Sonnenschirm aus Seide
Spazieren über grüne Wiesen.
Am Fuße grauer Bergesriesen.
Sie zeigt, wie sie der Krimskrams freut,
Und daß sie sich kein bißchen scheut,
Sich hier wie in der Stadt zu kleiden.
Sie meint, man wird sie drum beneiden.

Doch was zu Haus auf dem Asphalt
Als furchtbar schick und modisch galt,
Wird unter freier Sturmgewalt
(Blitz, Donner, Wolken, Hagel knallt!)
Ein Fetzchen nasser Putzlappen bald. —
Für solche kleine Putzgestalt
Ist halt der Wald, vom Guß umwallt,
Nicht ganz der rechte Aufenthalt.

Mariechen ist im Sonntagskleide
Nun nicht mehr eine Augenweide.
Heim eilt sie über Bergeswiesen.
Man hört sie schon ein bißchen niesen.
Im Freien, denkt sie nun bescheiden,
Muß man sich fest und schmucklos kleiden.
Bei Regenbraus und Wind und Schmutz,
Ist halt der Putz zu gar nichts nutz.

UMSTELLRÄTSEL.
Von Hildegard aus Schmirdau.

Neger — Stern — Stroh — Selter — Else — Norden.
Aus jedem der vorstehenden sechs Wörter ist durch Umstellen der Buchstaben ein neues Wort zu bilden.

UHRENRÄTSEL.
Von Arno aus Berlin.

1—2	Mädchenname
1—3	Auszeichnung
2—3	Konjunktion
2—5	Kellner
3—6	Stadt i. d. Schweiz
4—5	Fürwort
4—7	Mädchenname
6—7	Ausruf
7—10	Bibl. Name
9—10	Arab. Artikel
9—12	Deutscher Fluß

SILBENRÄTSEL.
Von Erich aus Berlin.

Ad — au — bir — e — en — fant — freund — hu — keit — le — ler — li — lich — lud — mo — ne — pe — pup — stra — u — wig — zart.

Aus den vorstehenden 22 Silben sind neun Wörter zu bilden, deren Anfangsbuchstaben richtig untereinander gesetzt, einen Fruchtbaum ergeben.

Die Wörter bedeuten: 1. Raubvogel, 2. Spielzeug, 3. gute Eigenschaft, 4. Dickhäuter, 5. Knabenname, 6. Frucht, 7. Erdteil, 8. Vogel, 9. Komponist.

ZAHLENRÄTSEL.
Von Arno aus Berlin.

5	4	3	4	9	= Menschenrasse
7	4	1	6	4	= Gewebe
4	1	6	4	9	= Deutscher Fluß
8	2	5	3	4	= Körperorgan

Die Zahlenreihe: 1 2 3 4 5 6 1 5 7 4 8 ergibt den Namen einer Zeitschrift.

Die fünfte Nachricht folgt am Sonnabend, dem 27. November.

Verlag: Jugendbücher-Verlag G. m. b. H., Berlin SW 11, Königgrätzer Straße 86. Fernsprecher: Hasenheide 4593. — Verantwortlich für die Schriftleitung: Dr. Else Hildebrandt, Charlottenburg. — Die Anordnung von Satz u. Bild liegt in den Händen von Prof. Hans Alexander Müller, Leipzig, staatliche Akademie für graphische Künste und Buchgewerbe. — Die Ueberwachung der Aufsätze über Gymnastik, Turnen, Spiel und Sport hat Dr. H. Sippel, Dozent an der Deutschen Hochschule für Leibesübungen, Berlin, übernommen. — Druck: Bild und Buch Verlag, Berlin SW 19.

Abb. 177: Jugend Insel (wie Abb. 174) Schlußseite mit Impressum.

Aby M. Warburgs Kulturwissenschaft

(1993/1994)

Für Nob Neumann

1928 veröffentlichte der Heidelberger Philosoph Friedrich Kreis die kleine Monographie *Der kunstgeschichtliche Gegenstand. Ein Beitrag zur Deutung des Stilbegriffs.*[1] Wer die umfangreiche Sonderdruck-Sammlung von Erwin Panofsky durcharbeitet, die das Institute for Advanced Study in Princeton aufbewahrt, stellt fest, daß der damals sechsunddreißigjährige erste Ordinarius für Kunstgeschichte an der Universität Hamburg ein Exemplar „überreicht vom Verfasser" zugesandt bekommen hatte. Das macht Sinn, denn Panofsky wird in der Abhandlung mit verschiedenen Schriften erwähnt, wenn auch nicht gerade sehr positiv, jedenfalls aber unpolemisch und am positivsten als Ikonograph. Von einer Antwort Panofskys an Friedrich Kreis wissen wir bis heute nichts. Es entsprach an sich Panofskys Gepflogenheit, postwendend eine solche zu geben. Die einzige Antwort, die wir haben, steckt in der Beobachtung, daß das Exemplar makellos ist und nicht die geringste Lesespur aufweist. Welches ist der Kern der Darlegungen, über welches Thema suchte der Autor Kreis das Gespräch mit dem Hamburger Kunsthistoriker, der zu jener Zeit intensiv zusammen mit seinem Kollegen und Freund Fritz Saxl und unterstützt von dem jungen Heidelberger Philosophen Raymond Klibansky an der wesentlich erweiterten zweiten Auflage des Buches über Dürers *Melencolia*-Kupferstich arbeitete und das Werk über *Hercules am Scheidewege* vorbereitete, beides ikonographische Arbeiten?[2]

Es geht Kreis mit seinen Darlegungen, die er als streng logisch empfindet, um die Festlegung des „eigentlichen" Gegenstandes der Kunstgeschichte. Dieser „eigentliche" Gegenstand sei ausschließlich die Stilgeschichte, und zwar diejenige Stilgeschichte, die vor allem Heinrich Wölfflin methodisch vollendet habe. Allein durch die begriffliche Isolierung des Stils gewinne die Kunstgeschichte einen Gegenstand, der sie zu einer autonomen Wissenschaft mache (S. 41/42). Es sei nämlich die Di-

---

1 Die Monographie erschien im Verlag Ferdinand Enke in Stuttgart. – Für tatkräftige Unterstützung meiner Forschungen im Archiv des Institute for Advanced Study, Princeton, danke ich Marc Darby.

2 Vgl. Wuttke/Schmidt: [Artikel] Erwin Panofsky (1991) sowie Wuttke: Einstein der Kunstgeschichte (1992) [Abdruck in diesem Band S. 617 ff.]

stanz zum unmittelbaren Leben und die ihm eigene „Vollendung" eine wesentliche Eigenschaft des Ästhetischen. Auf beiden Momenten beruhe die Selbstgenügsamkeit des Ästhetischen. Kreis zitiert Mörike: „Was aber schön ist, selig scheint es in ihm selbst" (S. 11). Konsequenz: „Was den Historiker am Kunstwerk interessiert, unterscheidet sich also toto genere von dem, was der ästhetische Betrachter an dem alten Kunstwerk zu verstehen sucht" (S. 13). „Ästhetisches Verstehen und historisches Deuten von Kunstwerken schließen sich somit ihrem Sinne nach gegenseitig aus" (S. 12). Nach der Meinung von Kreis sind weder die Künstlerbiographie, noch die Kulturgeschichte, noch die Geschichte der Kunsttechniken in der Lage, „den geschichtlichen Verlauf des künstlerischen Geschehens als einen wirklich einheitlichen und in sich sinnvollen Prozeß verständlich zu machen" (S. 8).

Im Hinblick auf die Perspektive, die den Mittelpunkt der folgenden Darlegungen bildet, müssen wir noch einen Blick auf des Autors Vorstellung von der Kulturgeschichte tun. Kulturgeschichte ist für ihn von vornherein und ausschließlich eine Lehre von den großen Zusammenhängen, zu deren Schwächen es dann natürlich gehört, wie der Autor sagt, „daß sie Gesichtspunkte von einer so undifferenzierten Allgemeinheit und Unbestimmtheit zur Anwendung bringt, daß sich der immanente Entwicklungsprozeß der Kunst von diesen allgemeinen Gesichtspunkten aus nicht begreifen läßt" (S. 7). Die Abhandlung bietet einen erstaunlichen Schluß. Jedenfalls würde man ihn so nach den vorangegangenen Erörterungen nicht erwarten: Zunächst betont der Autor den Standpunkt, daß es „der Kunstgeschichte als einer Geschichte der formalen stilistischen Probleme in besonders hervorragendem Maße gelingen" müsse, „die *entscheidenden* Gesichtspunkte des kunsthistorischen Geschehens zur Darstellung zu bringen" (S. 45). Doch dann kommt plötzlich Unsicherheit auf, so daß das erneute Bekenntnis zur Stilgeschichte wie eine Beschwörungsformel klingt: „Wir sind der Meinung, daß sich die Bedenken gegen eine vorwiegend formale Betrachtungsweise der Kunstgeschichte durchaus zerstreuen lassen: Gleichwohl sollten wir nicht verkennen, daß die gegenwärtigen Tendenzen innerhalb der Kunstgeschichte dem methodischen Verfahren der Stilgeschichte nicht sehr günstig sind. Die Kunstgeschichte hält offenbar die theoretische Aufgabe, die ihr die Stilgeschichte angewiesen hat, für zu eng und strebt darüber hinaus zu einer umfassenden geistesgeschichtlichen Begründung der Kunstgeschichte. Was unter dieser geistesgeschichtlichen Auffassung der Kunstgeschichte verstanden werden soll, das ist bis jetzt noch nicht sehr deutlich geworden" (S. 45/46). Solle damit lediglich die Forderung gemeint sein, ikonographische Deutung nicht zu vernachlässigen, so sei dagegen nichts einzuwenden. „Denn die ikonographische Deutung, der wir gerade in jüngster Zeit hervorragende Untersuchungen zu verdanken haben" – es wird Panofskys und Saxls *Melencolia*-Buch in der ersten Auflage von 1923 zitiert –, „bleibt eine unverächtliche Aufgabe der Kunstgeschichte, obschon sie, vom logischen Standpunkt aus betrachtet, nur eine Vorarbeit zur eigentlich geschichtlichen Auffassung darstellt" (S. 46).

Die folgenden Ausführungen können den bis heute nicht gefundenen Antwort-Brief Panofskys an Kreis natürlich nicht ersetzen, aber sie können vielleicht, in historischer Rekonstruktion gewonnen, eine Ersatzantwort bieten.

Als der Wahlhamburger Erwin Panofsky am 30. März 1892 in Hannover geboren wurde, war der Hamburger Aby M. Warburg bereits seit fünfundzwanzig Tagen von *Einer Hohen Philosophischen Fakultät* der Universität Straßburg zum Dr. phil. promoviert worden. Die Dissertation wurde noch im selben Jahr zum Druck befördert und erhielt den Titel *Sandro Botticellis ‚Geburt der Venus‘ und ‚Frühling‘. Eine Untersuchung über die Vorstellungen von der Antike in der italienischen Frührenaissance*. Da die Urkunde auf den 13. Januar 1893 datiert ist, trägt die Dissertation als Druckdatum das Jahr 1893. Die Note für die Arbeit lautet „Docte et acute scriptum", für das Kolloquium „Cum laude". Damit war jener Promotionsvorgang abgeschlossen, der mit seinen Folgen jüngere Kunsthistoriker wie vor allem Fritz Saxl und Erwin Panofsky prägen und zu Studien jener Art führen sollte, mit denen Friedrich Kreis erst 1928, also sechsunddreißig Jahre nach Warburgs Promotion und nicht ohne deutliche Irritation in Berührung gekommen war.

Mit Botticelli hatte Warburg durchaus kein abgelegenes Gebiet, sondern geradezu ein – übrigens auch im ausgehenden 20. Jahrhundert noch aktuelles – Modethema und einen Lieblingskünstler des 19. Jahrhunderts gewählt.[3] Hören wir Meyers Lexikon von 1906: „Botticelli ist durch seine tiefe Innerlichkeit, auch durch sein Gefühl für zarte, seelenvolle Schönheit von starkem Einfluß auf gewisse Richtungen der modernen Kunst, insbesondere auf die englischen Praeraffaeliten geworden." Für eine vergleichbare Seelen- und Gefühlskultur und demgemäß für einen stimmungsbetonten Umgang mit der bildenden Kunst schwärmten die deutschen

---

3 Zu Warburgs Dissertation vgl. Ernst H. Gombrich: Aby Warburg. Eine intellektuelle Biographie. Frankfurt/M. 1984, und Wuttke/Schmidt: [Artikel] Aby M. Warburg (1992). Zum „Mythos der Renaissance", dessen fester Bestandteil auch heute noch die beiden Botticelli-Bilder sind, vgl. Peter Burke: Die Renaissance. Berlin 1990.

Nazarener. In den Kreisen trendsetzender Kunstkritiker und Kunsthistoriker genoß Botticelli höchstes Ansehen. Der einflußreiche Walter Pater (1839-1894) widmete dem in seinen Augen zweitrangigen Maler in seinem Werke *The Renaissance. Studies in Art and Poetry* ([1]1873, [4]1893, deutsch 1902) eine „so eingehende Kritik", wie er sich ausdrückt, weil Botticelli „die Frische und auch die ungewisse und schwankende Zuversicht" zeige, „welche der Frührenaissance eigen ist und gerade diese Periode vielleicht zu der anziehendsten in der Entwicklung des Menschengemütes macht" (S. 88). „Stimmung" ist ein wichtiges Leitwort in Paters Essay; er meint, ein Unausgesprochenes und Unerklärliches durchströme „alle verschiedenartigen Werke dieses Florentiners mit einer Mischung von Lieblichkeit und unbeschreiblicher Schwermut" (S. 79). Auch Mitgefühl wird ihm attestiert. Mit der Geburt der Venus sei es ihm gelungen „uns einen unmittelbareren Aufschluss über das Wesen des griechischen Geistes zu geben ⟨...⟩, als die Werke der Griechen selbst aus ihrer Blütezeit" (S. 84). Der malerische Stil wird in Liniengebung, plastischer und malerisch-farblicher Gestaltung als Entsprechung gedeutet, und es wird vom Augeneindruck her direkt auf ein gewisses Unvermögen des Meisters geschlossen.

Bernhard Berenson (1865-1959), der berühmte amerikanische kennerschaftliche Kunsthistoriker, war ein Generationsgenosse Warburgs. Sein Werk *The Florentine Painters of the Renaissance* erschien 1896, deutsch 1898. Hierin interessiert ihn besonders, wie die florentinischen Maler die von ihm so genannten Taktil-Werte wiedergeben, d.h. wie sie in der Malerei das Problem der plastischen Wiedergabe der Gegenstände und Personen lösen. Für Berenson ist der Appell an den Tastsinn des Beschauers eines der wesentlichen Elemente, um ästhetische Befriedigung zu erreichen. Er feiert Botticelli als einen Meister, der in seinen besten Jahren alles, selbst geistige Signifikanz preisgegeben habe, um „sich der Darstellung jener Eigenschaften allein, welche in einem Bilde *direkt* Leben-mitteilend und Leben-erhöhend sind" zu widmen. Diese Darstellung werde erreicht dadurch, daß Botticelli auch das Kolorit dem „linealen Schema" unterordne. In der *Geburt der Venus* und dem *Frühling* sieht er einen Maler am Werke, der „der größte Künstler linealer Zeichnung" sei, den „Europa jemals gehabt" habe (S. 90).

Es erübrigt sich, auf den berühmten anderen Generationsgenossen Warburgs, auf Heinrich Wölfflin (1864-1945), einzugehen. Seine knappe Botticelli-Würdigung ist kaum mehr als eine Zusammenführung der Meinungen Paters und Berensons. Sie steht in seinem zuerst 1899 erschienenen Werk *Die klassische Kunst. Eine Einführung in die italienische Renaissance.*

Linie und nochmals Linie, Bewegung und Schwermut sind die Begriffe, die der Leser mitnimmt.

Man höre demgegenüber Warburg, wie er in der kurzen *Vorbemerkung* zu seiner Dissertation sein Anliegen entwickelt und die Hauptergebnisse hervorhebt:

> In der vorliegenden Arbeit wird der Versuch gemacht, zum Vergleiche mit den bekannten mythologischen Bildern des Sandro Botticelli, der *Geburt der Venus* und *Frühling*, die entsprechenden Vorstellungen der gleichzeitigen kunsttheoretischen und poetischen Litteratur heranzuziehen, um auf diese Weise das, was die Künstler des Quattrocento an der Antike ‚interessierte‘, klarzulegen.
>
> Es läßt sich nämlich hierbei Schritt für Schritt verfolgen, wie die Künstler und deren Berather in ‚der Antike‘ ein gesteigerte äussere Bewegung verlangendes Vorbild sahen und sich an antike Vorbilder anlehnten, wenn es sich um Darstellung äusserlich bewegten Beiwerks – der Gewandung und der Haare – handelte.
>
> Nebenbei sei bemerkt, dass dieser Nachweis für die psychologische Aesthetik deshalb bemerkenswert ist, weil man hier in den Kreisen der schaffenden Künstler den Sinn für den ästhetischen Akt der ‚Einfühlung‘ in seinem Werden als *stil*bildende Macht beobachten kann.[4]

Das höchst Bemerkenswerte an diesem Text, das von den meisten Lesern übersehen wird, ist, daß wie für Pater, Berenson und Wölfflin auch für Warburg Ästhetik und Stil zentrales Interesse beanspruchen. Man darf sich durch die Wendung „Nebenbei sei bemerkt" nicht täuschen lassen. Darin verbirgt sich das klug-bescheidene Understatement dessen, der als Anfänger für das zentrale Anliegen seiner Disziplin einen revolutionierend *neuen* Zugang öffnen möchte. Mit „psychologischer Aesthetik" meint Warburg die im Psychischen liegende Begründung ästhetischer Entscheidungen. Der Künstler nähert sich dem von ihm gewählten Gegenstand oder Thema zunächst einfühlend emotional. Dabei stellen sich in seiner Erinnerung Gestaltungsvorbilder ein – in unserem Falle antike oder antik vermittelte. Diese Vorbilder werden schließlich bewußt ergriffen und eingesetzt und werden so eine stilbildende Macht, bestimmen die stilistische Ausführung. Stil ist bei Warburg mit einem Male nicht etwas, über das

---

4 Warburgs Schriften werden hier und im Folgenden zitiert nach Wuttke [Hrsg.]: Aby M. Warburg. Ausgewählte Schriften und Würdigungen (³1992). Unter den hierin abgedruckten Würdigungen ist im Hinblick auf die Thematik meines Beitrages besonders relevant Edgar Wind: Warburgs Begriff der Kulturwissenschaft und seine Bedeutung für die Ästhetik. Aus neuerer Zeit ist ferner grundlegend: Jan Białostocki: Aby M. Warburgs Botschaft: Kunstgeschichte oder Kulturgeschichte? In: Aby-M.-Warburg-Preis. Hamburg 1981, S. 25-43 (= Vorträge und Aufsätze hrsg. vom Verein für Hamburgische Geschichte. H. 23).

zeitenthoben mehr oder weniger vage Eindrücke und Geschmacksurteile mitgeteilt werden können, sondern etwas, das historischer, kritischer Untersuchung geöffnet wird. Stil wird hier nicht als autonom definiert, und so kann auch die Stilgeschichte à la Warburg, anders als die eines Wölfflin, nicht zur Begründung einer autonomen Kunstgeschichte dienlich sein, sondern muß bei konsequenter Weiterentwicklung des Ansatzes zur Begründung einer kompromißlos interdisziplinär offenen Kunstgeschichte führen. Man muß nur ein wenig in der Wissenschaftsgeschichte sich auskennen und eigene Erfahrungen in der Forschungspraxis gesammelt haben, um zu wissen, wie lange eine durch kollektive Verhaltensmuster gefangene Kollegenschaft benötigen kann, um neue Fakten und/oder neue Methoden in den eigenen Forschungshorizont hereinzuholen. Berenson und Wölfflin, ich sage das mit allem Respekt, waren sicher überfordert und haben nichts oder wenig zur Propagierung des Warburgschen Ansatzes getan. So beginnt bereits 1893 sich die Schere zwischen den Hauptrichtungen der Kunstwissenschaft zu öffnen, eine Schere, die noch 1928 ein Friedrich Kreis mit aller Kraft offen halten will, ohne je zu einer wirklichen Kenntnis des Warburgschen Ansatzes vorgedrungen zu sein.

Aber welches sind denn die Ergebnisse, die Warburg im einzelnen erzielt? Er kann schlüssig nachweisen, daß Botticelli für die beiden Gemälde, die er zwischen 1482 und 1485 für Lorenzo di Pierfrancesco de' Medici schuf, einen literarischen Berater hatte. Dieser war der Dichter Angelo Poliziano. In seiner dichterischen Beschreibung des Turniers (*Giostra*), das Giuliano de' Medici 1475 abgehalten hatte, schildert er ein Relief, das die Geburt der Venus darstellt. Eben diese Schilderung muß Botticelli vorgelegen haben (Abb. 178). Polizian hatte sich seinerseits vom Homerischen Hymnus an Aphrodite anregen lassen. Aber nicht nur. Warburg zeigt, daß Polizian für die Schilderung des bewegten Beiwerks den antiken Dichtern Ovid und Claudian gefolgt ist. Damit nicht genug. In Albertis 1435 vollendetem *libro della pittura* begegnen kunsttheoretische Überlegungen zur Gestaltung von bewegtem Beiwerk, und Warburg kann neben Alberti, Botticelli und Poliziano andere Kunsttheoretiker, Künstler und Dichter namhaft machen, die „auf die Kunstwerke des Altertums zurückgreifen, sobald es sich um die Verkörperung äußerlich bewegten Lebens handelte" (S. 31). Die eingehende Untersuchung des *Frühlings* (Abb. 179) ergibt ebenfalls ein der bildnerischen Gestaltung zugrundeliegendes literarisches Zitatengeflecht. Wieder sind es Alberti und Poliziano, die Zeitgenossen, die genannt werden müssen, und hinter ihnen stehen vor allem Horaz (*Carmen* I, 30, 5/6; I, 4, 6/7) und Vergil (*Aeneis* I, 314/20) für die drei Grazien sowie Ovid mit seinen *Fasten* (V, 193 ff.) und den *Metamorphosen*

Abb. 178: Sandro Botticelli: Die Geburt der Venus. Öl auf Tuch 1482/85.

(I, 497 ff.) für die Verfolgungsszene am rechten Bildrand. Gleichzeitig verweist Warburg auf das zeitgenössische Theater, in dem mythologische Verfolgungsszenen offensichtlich beliebt waren. Allen voran war Polizian gegangen, der in seinem *Orfeo*, der ersten italienischen Tragödie, die Verfolgung der Eurydike durch Aristeus im unmittelbaren Anschluß an Ovid hatte darstellen lassen. Warburg vermutet, daß Botticelli zuerst als Teilnehmer am italienischen Festwesen Verfolgungsszenen gesehen haben mag „als Glieder wirklich bewegten Lebens" und daß diese ihn affiziert haben könnten, Entsprechendes bildnerisch zum Ausdruck zu bringen. In diesem Zusammenhang nun begegnet uns bei Warburg der früheste Bezug auf Jacob Burckhardt. Er formuliert: „Man erkennt hier, was Jacob Burckhard ⟨!⟩, auch hier unfehlbar im Gesammturtheil vorgreifend, gesagt hat: ‚Das italienische Festwesen in seiner höhern Cultur ist ein wahrer Uebergang aus dem Leben in die Kunst.'(Kultur der Renaissance, 1885, Bd. II, S. 132.)"

Die rosenstreuende Frühlingsgöttin läßt Warburg durch eine antik-römische Flora angeregt sein, die Venus der Bildmitte durch Lukrez (*De rerum natura* I, 6 ff), die er dementsprechend als Sinnbild des alljährlich sich erneuernden Naturlebens deutet. Er bekennt offen, mit Bezug auf

743

Abb. 179: Sandro Botticelli: Frühling. Öl auf Holz 1482/85.

den Hermes bzw. Merkur des linken Bildrandes, in der Quellenfrage nicht vorangekommen zu sein. In Abänderung der bisherigen Gepflogenheit schlägt er als Titel des zweiten Gemäldes *Das Reich der Venus* vor und belegt die Berechtigung dazu ausführlich mit Hinweisen auf einschlägige Stellen in den Dichtungen Polizians und Lorenzo de' Medici's, die wiederum auf antike Quellen zurückgehen.

Für Warburg ist der Streit darüber beendet, ob die beiden Gemälde trotz unterschiedlicher Maße und unterschiedlichen Bemalmaterials zusammengehören – das erste ist auf Tuch, das zweite auf Holz gemalt –, weil die Quellen- und Gehaltsbestimmung sie als zusammengehörig erwiesen hat. Es sind für ihn mythologische Darstellungen mit weltlichem Sinn. Den Gehalt bestimmt er abschließend so:

> *Die Geburt der Venus* stellt das Werden der Venus dar, wie sie aus dem Meere aufsteigend von den Zephyrwinden an das cyprische Ufer getrieben wird, der sogenannte *Frühling* den darauffolgenden Augenblick: Venus in königlichem Schmuck in ihrem Reiche erscheinend; über ihrem Haupte in den Kronen der Bäume und auf dem Boden unter ihren Füssen breitet sich das neue Gewand der Erde in unübersehbarer Blüthenpracht aus und um sie herum, als treue Helfer ihrer Herrin, die über alles, was der Blüthenpracht gehört, gebietet, sind versammelt: Hermes, der die Wolken scheucht, die Grazien, die Sinnbilder der

744

Jugendschönheit, Amor, die Göttin des Frühlings und der Westwind, durch
dessen Liebe Flora zur Blumenspenderin wird (S. 39).

Diese Sprache, das muß man sich klarmachen, ist das genaue Gegenteil
des Vagen und Unbestimmten, das wir bei den schon mehrfach zitierten
berühmten Namen finden. Doch ist mit der Zusammenfassung, die, mit
Panofskys späterer Terminologie[5] gesagt, die ikonographische Analyse
festhält, die Arbeit nicht beendet. In einem dritten Abschnitt fragt Warburg nach der „äußeren Veranlassung der Bilder". Auch hier darf man sich
durch die Formulierung nicht täuschen lassen. Es geht um nicht weniger
als die Frage nach dem Sitz im Leben der Bilder und um die weitergehende
Frage der Gewinnung einer zweiten, tieferen Bedeutungsschicht. Zu dieser
Fragerichtung wird Warburg durch die Quellenlage sowie den nachdenk-
lichen Blick und die nachdenkliche Kopfhaltung der Venus auf beiden
Gemälden veranlaßt. Er versucht evident zu machen – und weist gleichzeitig auf weitere notwendige Untersuchungen hin und gibt deren Richtung an –, daß die Bilder das Andenken der mit dreiundzwanzig Jahren
allzufrüh verstorbenen schönen Simonetta festhalten sollen. Sie war die
Frau des Florentiners Marco Vespucci und genoß in dem florentinischen
Kreise der Medici als Geliebte des Giuliano höchste Verehrung. Kein anderer als Polizian hält in seinem Turniergedicht die Erinnerung an sie
wach, und Lorenzo de' Medici widmet ihr vier Sonette. Eine Leonardo-
Zeichnung scheint ebenfalls die Züge der Simonetta festzuhalten, ebenso
auch andere Bilder. Der Vergleich erlaubt Warburg den Schluß, die Züge
der Simonetta seien von Botticelli im Gesicht der Frühlingsgöttin dargestellt worden. Warburg resümiert, bezogen auf den *Frühling* (S. 44):

> Wenn man sich denkt, dass das *Reich der Venus* seine Veranlassung in einem
> ernsten Erlebnis hat, so lässt sich auch die Haltung und die Stellung der Venus
> eher verstehen; sie blickt den Beschauer ernst an, den Kopf beugt sie etwas nach
> ihrer rechten Hand hin, die sie mahnend erhebt.

Wenn diese Ausführungen auch schon vom Doktorvater und dann besonders von der nachfolgenden Forschung angezweifelt worden sind, so
sind sie doch forschungsgeschichtlich höchst bedeutsam. Wieder mit der
späteren Terminologie Panofskys gesagt: hier wird der Schritt zur ikono-
logischen Synthese vollzogen. In einem interdisziplinären quellenkritischen Rundgang wird der Versuch gemacht, die Bilder als Ausdrucks-
symbole zu deuten, die sich ein bestimmter Lebenskreis geschaffen hat.
In diesen Ausdruckssymbolen manifestiert sich für eine gewisse Zeitspan-

---

5 Vgl. Wuttke/Schmidt wie Anm. 2.

ne seine kulturelle Identität. In den nicht eigens durch eine neue Überschrift abgehobenen zwei Schlußseiten setzt Warburg diesen Weg fort. Er
offenbart, daß er mit anderen Interpreten in der Neigung Botticellis, ru-
hige Schönheit, auch Nachdenklichkeit und träumerische Passivität darzustellen, das Individuelle sieht. Für die Darstellung leidenschaftlicher
Erregung aber benötigte er den äußeren Anstoß, dem er um so lieber
gefolgt sei, weil ihn als naturbegabten Schilderer des Details die Schilderung von Erregung als Aufgabe reizen mußte. Dieser Zug an seinem Werk
sei ihm, von seiner Zeit ihm vermittelt, sein zweites, sekundäres Wesen
geworden. Er schließt nun und läßt die detaillierte und detailreiche Arbeit
ganz in ein allgemeines Erkenntnisziel münden: „Darzustellen, wie sich
Sandro Botticelli mit den Anschauungen seiner Zeit über die Antike, wie
mit einer Widerstand oder Unterwerfung fordernden Macht auseinander-
setzte und was dann seine ‚zweite Substanz‘ wurde, war das Ziel der vorliegenden Untersuchung" (S. 49). Damit werden *beide* Gemälde zu
Ausdruckssymbolen einer bestimmten Haltung Botticellis gegenüber der
Antike, und da sie aus ihrer musealen Isolierung genommen und in ihre
Zeit gestellt worden sind, werden die Gemälde zu Symbolen ihrer Zeit.
Was in den Worten anderer Interpreten als das anonyme und kollektive
Wirken von Geschmack, Stil und Stimmung erscheint, wird hier als Her-
vorbringung von Menschen vorgestellt, die natürlich Gefühle und Stim-
mungen und eine individuelle Prägung haben, die aber davon wissen und
wissen wollen, die darüber reden, die bewußte Entscheidungen treffen.
Und das, was ihnen unbewußt blieb, soll bei Warburg hier und heute
jedenfalls Schritt für Schritt in den bewußten Diskurs wissenschaftlicher
Arbeit geholt werden.

Dem Duktus meiner bisherigen Ausführungen dürfte zu entnehmen
sein, daß ich der Dissertation Warburgs forschungsgeschichtlich eine hervorragende Bedeutung zuerkennen möchte. In der Tat sehe ich in ihr das
noch nicht hinreichend genug gewürdigte Dokument einer forschungsgeschichtlichen Epochenwende. Ich tat dies schon, bevor ich kürzlich den
Brief Erwin Panofskys vom 22. Januar 1965 an seinen und meinen Freund
William S. Heckscher kennenlernte, mit dem Panofsky ein Exemplar von
Warburgs Dissertation an Heckscher als Geschenk schickte und schrieb:
„The modesty of its appearance always reminded me of the famous paper
by Mendel which, like Warburg's, initiated a whole ‚new science‘ but
appeared as an even smaller pamphlet in the publications of the Natur-
forschende Gesellschaft (or something like that) in Brünn." Heckscher
dankte und antwortete am 1. Februar: „Dear Pan, I just received your letter

⟨...⟩ and Aby Warburg's Dissertation. You don't know how grateful I am to you and how happy to own this copy of the original. ⟨...⟩ I think one should add to the humble pamphlets which initiated new sciences, Einstein's first report to the Prussian Academy." Ich habe dieser Beurteilung, die Warburgs Dissertation an die Seite von Mendels erster Mitteilung über das von ihm entdeckte Vererbungsgesetz sowie von Einsteins erstem Bericht über die von ihm entwickelte Relativitätstheorie stellt, nichts hinzuzufügen, möchte und muß sie aber in ihren einzelnen Aspekten entfalten und dadurch näher erläutern:

1. Aus der Botticelli-Dissertation lassen sich fast alle weiteren Aktivitäten und Interessenrichtungen des Forschers, Bibliothekars, Wissenschaftsorganisators, Kulturpolitikers und Lehrers Warburg ableiten.

2. Nicht der mit Recht berühmte Vortrag Warburgs von 1912 über die Fresken des Palazzo Schifanoia zu Ferrara ist die praktische und faktische Gründungsurkunde der modernen Ikonographie und Ikonologie, sondern die Botticelli-Dissertation ist es.

3. Der Qualitätssprung, den die Kunstgeschichte, ja den unbemerkt alle kunstinterpretierenden Wissenschaften durch Warburgs Arbeit um 1900 erreichen, bekommt Kontur nicht nur durch einen Vergleich mit gleichzeitigen stilgeschichtlichen, sondern auch durch den mit stoff- und motivgeschichtlichen Arbeiten zum Thema Fortwirken der Antike. Bei aller Achtung positivistischer Vor- und Sammelarbeit, die natürlich auch Warburg zeitlebens gehabt hat, muß man doch festhalten, daß nicht einer der kunsthistorischen oder philologischen Autoren auch nur an die Schwelle des cui bono der eigenen Materialaufhäufungen führt. Die kunstinterpretierende Deutsche Philologie erreicht erst in den zwanziger Jahren und nur ansatzweise das Niveau eines Warburg, z.B. in den Arbeiten von Richard Alewyn.

4. Nach Winckelmann vermittelt die Antike dem Abendland das klassische Ideal „edler Einfalt und stiller Größe". Lessing folgend, mit Nietzsche als Zeitgenossen an der Seite, lehrt Warburg, den Blick auf das Doppelantlitz der Antike zu richten. In polarer Spannung zur apollinischen steht die dionysische Antike. Deren Wiederentdeckung im Quattrocento steht als bewegungs- und erregungsstiftendes Potential hinter dem Renaissance-Vorgang und verlangt eine eingehende Erforschung.

5. Der erste Schritt der Funktionsbestimmung der dionysischen Antike
für die Kultur der Renaissance wird in der Dissertation getan; um sein
Ziel zu erreichen, führt Warburg Wort und Bild zusammen und in
diesem Rahmen folgende Wissenschaftsbereiche: Kunstgeschichte, Ästhetik, Altphilologie, italienische Philologie, Theatergeschichte, Perso-
nengeschichte und Stadtgeschichte. Bei der Arbeit werden gleichsam
‚nebenbei‘ begründet: Ikonographie, Ikonologie, Rezeptionsgeschich-
te, historische Psychologie und Kunstsoziologie. Als Methode liegt
neben der Stilkritik die historisch-philologische zugrunde. Will man
Warburgs sachliche und methodische Zusammenführung in seinem
Sinne mit einem Wort benennen, so kann man sie nur als eine
kulturwissenschaftliche bezeichnen. Warburg hat das für sein ganzes
weiteres Schaffen so wichtige Leitwort Kulturwissenschaft nie definiert,
er hat nie theoretisch über Kulturwissenschaft geschrieben, nie seinen
Standort explizit mit wirkungsvoller Ausführlichkeit behandelt. Was er
damit meinte, hat er über viele Jahre hindurch ausschließlich in praktischer Anwendung gezeigt. Theoretisierende Bemerkungen haben in
seinen publizierten Werken lediglich den Charakter des Beiwerks.
Darum schien es mir richtig und war es mir wichtig, Warburgs Kulturwissenschaft in ihrem Ursprungsbereich aufzusuchen, dort wo sie am
frischesten ist und die Sache vorliegt, noch bevor der Begriff sich
eingestellt hat.

6. Diese Kulturwissenschaft ist, so hoffe ich gezeigt zu haben, bei ihrem
Ursprung keine allgemeine Kulturwissenschaft, keine allgemeine Kul-
turgeschichte gewesen und sie ist es bei Warburg auch nie geworden.
Sie ist bei aller leidenschaftlichen Verfolgung großer Fragen stets eine
Kulturwissenschaft und Kulturgeschichte des Besonderen, des gezielt
gesuchten und methodisch erschlossenen Details geblieben und ist
gerade daher ja heute so frisch wie vor hundert Jahren. Daß Friedrich
Kreis noch 1928, nachdem die Kulturwissenschaftliche Bibliothek
Warburg seit 1920 in Hamburg eine erfolgreiche öffentliche Wirksamkeit entfaltet hatte,[6] daß er noch 1928 von dieser Kulturwissenschaft
keinen Begriff hatte und er nicht wußte, daß nicht nur eine Wölfflin-
sche Stilgeschichte dem Stilproblem sich widmete, sondern auch eine

---

6 Vgl. Martin Jesinghausen-Lauster: Die Suche nach der symbolischen Form. Der Kreis
um die Kulturwissenschaftliche Bibliothek Warburg. Baden-Baden 1985; Roland
Kany: Die religionsgeschichtliche Forschung an der Kulturwissenschaftlichen Bibliothek Warburg. Bamberg 1989; Wuttke: Die Emigration der Kulturwissenschaftlichen
Bibliothek Warburg (1991). [Abdruck in diesem Band S. 695 ff.]

Warburgsche Kulturwissenschaft, zeigt wohl, wie einsam die Warburgs Namen tragende Institution selbst in den ausgehenden Goldenen Zwanzigern noch geblieben ist. Warburg hat sich brieflich mehr als einmal beunruhigt über diesen Zustand geäußert.

7. Warburg bereicherte das Botticelli-Bild vom schwärmenden und füh-lenden um das vom denkenden Künstler. Das ist wissenschaftshisto-risch bedeutsam. Aber nicht nur: Es ist von kulturpolitischer Relevanz. Warburg konnte den denkenden Künstler überhaupt nur entdecken, weil er mit einem ganz bestimmten fachlichen Ethos Kunstgeschichte studierte und frühzeitig seinen gesellschaftspolitischen Standort als Kunsthistoriker für sich definierte. Das bedeutete, anzugehen gegen gefühliges Schwärmen und ästhetisierendes Genießen im Umgang mit Kunst und einzutreten für Kenntnis und Denken und daraus hervor-gehenden Diskurs über Kunst. Am 3. August 1888 schrieb er an seine Eltern:[7]

> Da nun aber leider die Kunst von den sogenannten Gebildeten nur wie eine schöne, blumige Wiese angesehen wird, worauf man sich des Abends lustig herumtummelt und schweigend den herrlichen Duft athmet, meint jetzt noch jeder auf dem Gebiet der Kunst ⟨...⟩ raisonnieren zu dürfen nach Herzenslust ⟨...⟩. Es kommt mir das immer so vor, als ob ein Kind in der Welt nur zwischen Essbarem und Nichtessbarem unterscheidet und nur nach dem ersten liebevolle Sehnsucht empfindet. ⟨...⟩ Wir junge Generation von Kunstforschern wollen die Kunstwissenschaft so weit zu bringen versuchen, daß der, der über Kunst öffentlich redet, ohne sich eigens in sie vertieft zu haben, als ebenso lächerlich gelten soll, wie Leute, die sich über Medizin zu reden getrauen, ohne Doctoren zu sein.

Nach der Dissertation bekommt dies kulturpolitische Engagement eine ganz bestimmte gesellschaftliche Ausrichtung: Es richtet sich gegen den Renaissancekult des 19. Jahrhunderts, gegen die Vergötterung des schran-kenlosen Genies und Übermenschen. Wenn Burckhardt als Kulturhisto-riker die Richtung begünstigte, C. F. Meyer als Dichter und Nietzsche als Philosoph, so war Warburg, wenn auch nie mit gezielten Angriffen gegen diese Namen, deren überzeugter, wenn nicht erbitterter Widerpart. In der Tat hat er die dem 20. Jahrhundert aus dieser Richtung drohende Gefahr vollkommen erkannt, die durch zahlreiche, Grundsatz-Kritik meidende Nachdrucke von Burckhardts *Kultur der Renaissance* längst wieder in Ver-gessenheit geraten ist. Man muß sie sich schon gegenwärtig machen, z.B. mit Hilfe von Walter Rehm oder Lea Ritter-Santini.[8] Ritter-Santini

---

7 Zitat nach Gombrich wie Anm. 3.
8 Walther Rehm: Das Werden des Renaissancebildes in der deutschen Dichtung. Mün-

schließt ihren Beitrag *Maniera Grande. Über italienische Renaissance und deut-sche Jahrhundertwende*, der 1977 zuerst erschien, so: „Der ‚barbarische‘ Renaissancismus war nicht nur ein Name gewesen, eine literarische Atti-tüde, eine Künstlermode, eine Form von Revival, wie die der Gotik oder des Barocks, sondern eine Vorbereitung, viel wichtiger, viel tiefgreifender, viel gefährlicher als jede andere Art von Nachahmung, von Genuß am raffinierten Anachronismus, der den großen Stil wieder entdeckte. Der historische Wunsch nach Größe, nach der maniera grande, wurde schließlich als nationale Wiedergeburt vor der isar-florentinischen Feld-herrnhalle inszeniert." Warburg blieb dieser Richtung gegenüber so ohn-mächtig wie alle, die durch Aufklärungsarbeit das Unheil abwenden wollten.

In Bonn konnte Warburg nicht promovieren, sein Lehrer Carl Justi, zeitlebens von ihm verehrt, mochte die Arbeit nicht annehmen. Aber Hubert Janitschek in Straßburg akzeptierte sie. Das handschriftliche Gut-achten aus seiner Feder ist ausführlich und vollkommen positiv auch dort, wo es um die Veranlassung der Bilder durch den Tod der Simonetta geht.[9] Lediglich dem Versuch, eine Porträtähnlichkeit zwischen anderen Simo-netta-Porträts und der Frühlingsgöttin Botticellis zu erkennen, steht er skeptisch gegenüber. Er stellt eingangs die Dissertation genau in den rich-tigen forschungsgeschichtlichen Rahmen, in dem Warburg sie zweifellos sah und in dem auch wir sie heute noch sehen müssen:

> Die Entwicklung der italienischen Kunst hat in geschichtlicher und stilkritischer Beziehung schon eine weit eingehendere Behandlung erfahren als die Kunst irgend eines anderen modernen Culturvolkes. Dagegen ist dem Verhältniß des Kunstinhaltes zur Cultur der Epoche noch nicht in genügender Weise nachge-spürt worden. Burckhardt hat in seinem claßischen Buche Cultur der Renaißance in Italien diese Seite unberücksichtigt gelaßen und der Berichterstatter hat in seiner Jugendschrift über die Gesellschaft der Renaißance in Italien und die Kunst die Aufgabe, die hier zu lösen, in ihren Umrißen zwar andeuten nicht aber, schon wegen des Mangels an monographischen Arbeiten, auch nicht in halbwegs genügendem Maaße erledigen können. Die Ikonographie der Renaißancekunst bildet einen der wichtigsten Abschnitte einer zu lösenden Aufgabe, denn sie führt unmittelbar zur Untersuchung der Organisation der künstlerischen Phantasie jenes Zeitalters und damit auch zu ernsthafter Frage-stellung über das Verhältniß der künstlerischen Phantasie jener Zeit ebenso zur Natur wie zur Antike.

---

chen 1924; Lea Ritter-Santini: Maniera Grande. Über italienische Renaissance und deutsche Jahrhundertwende. In dies.: Lesebilder. Essays zur europäischen Literatur. Stuttgart 1978, S. 176-211, das Zitat auf S. 211.
9 Es befindet sich bei der Promotionsakte Warburg im Archiv der Universität Straßburg.

Das heißt im Klartext in moderner Terminologie, daß Janitschek Warburg bescheinigt, die Ikonographie zu einem brauchbaren Instrument geformt und den Weg in die Ikonologie gebahnt zu haben mit dem Ziel, das riesige Defizit Burckhardts eines Tages zum Ausgleich zu bringen. Mit anderen Worten, der Doktorvater würdigt die Dissertation als einen kulturhistorischen bzw. kulturwissenschaftlichen Beitrag und bestätigt, was ich auf anderem Wege bereits meinte feststellen zu müssen.

Natürlich ist nach Warburg die Forschung zu den beiden faszinierenden Gemälden weitergegangen. Insbesondere ein aufregender Quellenfund Ernst H. Gombrichs hat es erlaubt, ihnen eine ganz neue Tiefendimension zu geben im Sinne der Zusammenfügung christlicher und neuplatonischer Gedanken.[10] Das entscheidende Dokument ist ein Brief des berühmten Neuplatonikers Marsilio Ficino an Lorenzo di Pierfrancesco de' Medici. Danach ist es erforderlich, die Venus der Botticelli-Gemälde als eine Personifikation der Humanitas von himmlischem Ursprung zu deuten.

> Sie ist eine Nymphe von höchster Anmut, die vom Himmel geboren ist. Sie wird von Gott dem Allerhöchsten am meisten vor allen andern geliebt. Ihre Seele und Geist sind Liebe und Mildtätigkeit, ihre Augen Würde und Großmut, die Hände Liberalität und Freigebigkeit, die Füße sind Anmut und Bescheidenheit. Die ganze Gestalt ist Maß, Rechtschaffenheit, Schönheit und Glanz.

Unglücklicherweise war eine vollkommen unbeabsichtigte Nebenfolge dieser 1945 publizierten feinfühligen quellenkritischen Arbeit wie anderer ihr folgender, daß der *stilgeschichtliche* Ansatz Warburgs verdrängt wurde. Dies führte dazu, daß Warburg angelastet wurde, was doch eher seine Nachfolger betrifft. Wenn ich weiß, daß Hermes auf dem *Frühling* das Reich des Denkens vertritt, dann sehe ich in seiner Bewegung nach oben einen Hinweis auf den Bezirk des Gedankens, des Geistigen, des Überirdischen. Wenn ich weiß, daß die Venus der Gemälde eine Venus pudica und Venus humanitas ist, dann kann nicht Nacktheit darzustellen vorangiges Ziel des Malers gewesen sein, dann darf ich die Gestalt nicht von ihrer Fleischlichkeit her beurteilen, sondern muß berücksichtigen, wie in

---

10 Ernst H. Gombrich: Botticelli's Mythologies. A Study in the Neo-Platonic Symbolism of His Circle. In ders.: Symbolic Images. Studies in the Art of the Renaissance. London 1972, S. 31-81, 201-219. Den neuesten Forschungsstand reflektieren Horst Bredekamp: Botticelli, Primavera. Florenz als Garten der Venus. Frankfurt/M. 1988, der die gedankenreichen Erwägungen von Erwin Panofsky: Die Renaissancen der europäischen Kunst. Frankfurt/M. ²1984, S. 198-205 übersieht, sowie Charles Dempsey: The Portrayal of Love. Botticelli's *Primavera* and Humanist Culture at the Time of Lorenzo the Magnificent. Princeton 1992.

ihr ein geistiges Prinzip *stilistisch* Gestalt gewonnen hat. Ihre Kopfhaltung und der Gesichtsausdruck haben dann kaum etwas mit einer seelischen Stimmung des Malers zu tun. Sie sind vielmehr Appell an den Beschauer zum Denken, zum Mitdenken. So finde ich über historische Arbeit Gesichtspunkte, die unbedingt in eine ästhetische Würdigung eingehen müssen. Und es ist umgekehrt klar, daß historische Arbeit à la Warburg ein Beitrag zum Stilproblem ist. So sehr Warburgs Dissertation inzwischen sachlich ergänzt werden konnte – übrigens hat er in einer Anmerkung die Erforschung des Zusammenhangs der Bilder mit der neuplatonischen Philosophie selbst als Desiderat bezeichnet –, methodisch ist sie bis heute, soweit ich sehe, unübertroffen.

Die Meinung der rezensierenden Fachvertreter der Kunstgeschichte und Philologie Warburgs Dissertation gegenüber war gespalten.[11] Der Philologe zieht die Arbeit auf sein Niveau herunter und mischt Lob mit Tadel aus engem Gesichtswinkel. Der eine Kunsthistoriker lobt die Arbeit in der Kunstchronik 1893 ohne Einschränkung und schließt:

> Die Untersuchung bringt so greifbare Resultate auf einem Gebiete, auf welchem man sich bisher mit dem richtigen Gefühle begnügte, dass man dem Verfasser wirklich Glück dazu wünschen kann, mit einer Erstlingsarbeit einen Schatten kunstwissenschaftlicher Erkenntnis mit festem Striche zur Silhouette ausgebildet zu haben.

Das brachte einen zweiten Kunsthistoriker auf den Plan, der in derselben Kunstchronik ein Jahr später eine scharfe Ablehnung publizierte. Warburg gleiche dem kurzsichtigen Schützen, der meine, er habe ins Schwarze getroffen, tatsächlich aber habe er daneben geschossen. Das schrieb kein geringerer als Gustav Pauli, der spätere Direktor der Hamburger Kunsthalle, mit dem Warburg zehn Jahre danach eine sehr harmonische Freundschaft eingehen sollte. Warburg hat sich zwar Notizen mit Widerlegungen gemacht, aber entgegnende Texte, die er publiziert hätte, sind nicht daraus hervorgegangen. Daß Warburg die veröffentlichte Meinung nicht irritierte, könnte eine einfache Ursache gehabt haben. Er hat Exemplare seiner Arbeit an die verschiedensten Fachvertreter gesandt. Wie Karl Lamprecht, sein Bonner Lehrer der Geschichte, reagiert hat, wissen wir bis jetzt nicht. Aber in der Antwort Jacob Burckhardts treffen wir wohl auf den Grund von Warburgs Selbstvertrauen. Noch im Dezember 1892, datiert auf 1893, war die Arbeit ja erschienen und Warburg hatte eine Reihe von Exemplaren sofort versandt. Mit Schreiben vom 27. Dezember 1892 schickte

---

11 Nachweise bei Wuttke/Schmidt wie Anm. 3 oder auch in der Warburg-Bibliographie des in Anm. 4 zitierten Bandes.

Burckhardt, seiner Gepflogenheit entsprechend, die Arbeit zurück und schrieb:

> Verehrter Herr! Die schöne Arbeit, welche ich mit bestem Dank zurücksende, zeugt von der ungemeinen Vertiefung und Vielseitigkeit, welche die Erforschung der Höhezeiten der Renaissance erreicht hat. Sie haben die Kenntnis des sozialen, poetischen und humanistischen Mediums, in welchem Sandro lebte und malte, durch Ihre Schrift nun einen großen Schritt weiter gefördert und Ihre Deutung des *Frühlings* wird ohne Zweifel bleibende Geltung behaupten. Möchten Sie sich nun auch des mystischen Theologen Sandro annehmen, wie er sich in dem Bilde der Hirten und Engel ⟨...⟩, in dem Hauptrundbild der schreibenden Madonna ⟨...⟩, und besonders in der Versuchung Christi ⟨...⟩ offenbart.[12]

Diese Worte waren keine leeren Worthülsen. 1893 verfaßte Burckhardt seine Abhandlung *Die Sammler* als ersten Teil des umfassend geplanten Werkes der Kunstgeschichte nach Aufgaben, das seine *Cultur der Renaissance* ergänzen sollte. Zusammen mit den Abhandlungen über *Das Altarbild* und *Das Portrait in der italienischen Malerei* erschienen *Die Sammler* ein Jahr nach Burckhardts Tod, also 1898, unter dem Titel *Beiträge zur Kunstgeschichte von Italien*. Zweimal wird Warburgs Dissertation in den *Sammlern* zitiert. Die wichtigere Stelle handelt von Botticelli. Burckhardt charakterisiert den Forschungsstand und sagt: „die irgend denkbaren Beziehungen aus der damaligen Festpoesie des mediceischen Hofes und aus dem dortigen Altertumswissen sind durch die neuere Forschung auf das Genaueste ermittelt worden". Dazu die Anmerkung: „vgl. die reichhaltige Schrift von A. Warburg". In der Sammlung von Ergänzungen zu seiner Dissertation merkt Warburg am 1.XII.1899 an: „Um dieses Citats willen will ich mich gerne abgerackert haben."[13]

Wir nehmen diese Äußerung zum Anlaß, die Perspektive Burckhardts zu verlassen, und wechseln wieder zur Perspektive Warburgs. Den Burckhardt-Bezug innerhalb der Dissertation hatten wir schon kennengelernt. Die nächste und in seinem veröffentlichten Werk ausführlichste Bezugnahme auf Burckhardt überhaupt ließ Warburg zehn Jahre später folgen, als er 1902 die Abhandlung *Bildniskunst und florentinisches Bürgertum* pu-

---

12 Vgl. Werner Kaegi: Das Werk Aby Warburgs. Mit einem unveröffentlichten Brief Jacob Burckhardts. In: Vossische Zeitung Nr. 245 vom 5. September 1933, Unterhaltungsblatt; sowie in: Neue Schweizer Rundschau N.F. 1 (1933) S. 283-293, hier S. 285.

13 Dieses und andere Zeugnisse, auf die ich im folgenden noch zu sprechen komme, befinden sich im Warburg-Archiv des Warburg Instituts der Universität London. Vgl. das von mir erarbeitete Kurzinventar, das der in Anm. 4 genannte Band enthält.

blizierte, mit der er einen Beitrag zur Porträtkunst leistet. Der Untertitel lautet *Domenico Ghirlandajo in Santa Trinità. Die Bildnisse des Lorenzo de'Medici und seiner Angehörigen.* Nach 1902 wird Burckhardt nur noch zitiert wie andere Forschungsliteratur auch, was nicht heißt, wie wir sehen werden, daß Warburg die tatsächliche Auseinandersetzung mit Burckhardts Vorgaben aufgegeben hätte.

In der Vorbemerkung zu seiner *Bildniskunst* gibt Warburg die wahrscheinlich knappste und treffendste Würdigung der Renaissanceforschungen Burckhardts, die bisher verfaßt worden ist. Würdigung heißt in diesem Falle: meisterhaft in Lob verpackte Kritik. Man muß Warburg wie stets sehr genau, gleichsam wie einen Klassiker lesen, um den Sinn seiner bedeutungsprallen Sätze nicht zu verfehlen. Er sagt dies – ich ,übersetze' gleich: Burckhardt hat das Forschungsfeld den Blicken geöffnet, dafür müssen wir ihm dankbar sein. In der *Cultur der Renaissance* hat er „den Renaissancemenschen im höchstentwickelten Typus" dargestellt und im *Cicerone* zur Betrachtung der Kunst „in ihren schönsten Erzeugnissen" angeregt. Aber hat er nicht ein gewaltiges Epochenklischee errichtet, ist die Renaissance nur vom höchstentwickelten Menschentypus geprägt, existiert Kunst nur in „schönsten Erzeugnissen", ist die Perspektive des Genusses – so der Untertitel des *Cicerone* – die einzige und wichtigste, die im Zusammenhang mit Kunst vermittelt werden sollte? In seinen postumen *Beiträgen zur Kunstgeschichte von Italien* bahnt er den Weg, das einzelne Kunstwerk in den direkten Zusammenhang des Lebens zu stellen, aber ist die von Burckhardt demonstrierte historische Empirie bereits tragfähig genug, um sachlich und methodisch dem Phänomen Kunst im Wechselspiel von Künstler und Auftraggeber, von Stilbildung und Gesellschaft gerecht zu werden?

Warburgs klare Antwort war nein, und seine Abhandlung verstand er dezidiert als einen Nachtrag, und das heißt als eine kritische Vertiefung zu Burckhardts Kapitel über *Das Portrait* in den *Beiträgen zur Kunstgeschichte von Italien.* Er verstand sie als eine Studie „über den stilistischen Zusammenhang zwischen bürgerlicher und künstlerischer Kultur im Kreise des Lorenzo de' Medici", basierend auf dem „unablässigen gründlichen Quellenstudium florentinischer Kultur." Er sagt also, wir können Burckhardt als Pfadfinder folgen, aber wir haben eine riesige und anstrengende Aufgabe *vor* uns; wir benötigen eine Fülle in quellenkritischer Analyse-Arbeit gewonnener Detail-Studien, um schließlich dem schon von Burckhardt errichteten Ziel „einer synthetischen Kulturgeschichte näher zu kommen." Welche entscheidende Rolle Warburg den Detail-Studien zumaß, erhellt z.B. aus einem Brief, den er 1907 im Zusammenhang mit dem nächsten

Aufsatz, auf den ich gleich zu sprechen komme, geschrieben hat. Er ist an Wilhelm von Bode gerichtet. „Wir brauchen, wenn wir weiter kommen wollen, keine ⟨...⟩ großzügige Seelenwärmerei sondern historischen Positivismus; die großen Ideen stecken eben in den übersehenen kleinen Tatsachen der Kultur. Man muß sie nur geduldig herausholen ⟨...⟩."[14]

Die zweite Detail-Studie zu dem Fragenkomplex Porträt im Umkreis der Medici publizierte Warburg 1907 unter dem Titel *Francesco Sassettis letztwillige Verfügung*. Er legt hier eine ikonographisch-ikonologische Studie zur Grabkapelle des Francesco Sassetti vor und konfrontiert deren Aussagen mit der Aussage des Testaments des Stifters, um eine Art Psychogramm dieses Frührenaissance-Menschen zu erarbeiten. Er kann zeigen, wie im Testament Heidentum und Christentum, Antike und Mittelalter zu einem harmonischen Ausgleich kommen und wie deshalb Sassettis der heidnischen Antike aus nicht besiegbarer christlicher Überzeugung entgegengesetzter Widerstand eine einheitliche stilistische Antikisierung der Grabkapelle verhindert. Man lese Warburgs Schluß:

> Die entscheidenden Widerstandsmomente organischer Stilentwicklung werden uns erst durch die historisch-analytische Behandlung solcher Ausgleichsversuche klar; sie sind bisher unbeachtet geblieben, weil der moderne Ästhetizismus in der Renaissancekultur entweder primitive Naivität oder den heroischen Gestus der vollzogenen Revolution zu genießen wünscht. Die Möglichkeit, aus der letztwilligen Verfügung Francesco Sassettis nicht nur den imponierenden Menschen, sondern auch den natürlichen Erklärer des inhaltlich so sinnvoll mit ihm selbst übereinstimmenden Bilderkreises seiner Grabkapelle zu erwecken, schien mir deshalb den gewiß problematischen Versuch einer Synopsis von Lebensgefühl und Kunststil zu erfordern und, mögen nun auch meine allgemeinen psychologischen Ideen nur als Hilfsvorstellungen Wert haben, so hoffe ich doch gezeigt zu haben, daß sich aus dem unerschöpflichen Reichtum des florentinischen Archivs der Humanität der Hintergrund der Zeit deutlich genug wiederherstellen läßt, um einseitig ästhetische Betrachtung historisch zu regulieren.

---

14 Zur Achtung des Details und der philologisch-historischen Methode bei Warburg vgl. Wuttke: Aby M. Warburgs Methode (⁴1990). Um Mißverständnissen vorzubeugen, sei betont, daß ich in der Schrift Warburgs Methode nicht auf den philologisch-historischen Aspekt beschränke. Vgl. auch Białostocki (wie Anm. 4) und Roland Kany: Mnemosyne als Programm. Geschichte, Erinnerung und die Andacht zum Unbedeutenden im Werk von Usener, Warburg und Benjamin. Tübingen 1987. – Zur neueren Burckhardt-Kritik vgl. nur Burke (wie Anm. 3); Ernst H. Gombrich: Die Krise der Kulturgeschichte. Gedanken zum Wertproblem in den Geisteswissenschaften. München 1991, S. 51-62; Otto Gerhard Oexle: Das Bild der Moderne vom Mittelalter und die moderne Mittelalterforschung. In: Frühmittelalterliche Studien 24 (1990) S. 1-22, hier S. 4 f.

„Um einseitig ästhetische Betrachtung historisch zu regulieren", das heißt: Das Kunstwerk Grabkapelle läßt sich als Kunst-Werk durch eine autonome ästhetische Betrachtung stilgeschichtlich nicht angemessen erfassen, weil die stilgeschichtliche Eigenart nicht durch überzeitliche Entwicklungsgesetze, sondern durch konkret benennbare historische Entscheidungen bestimmt ist. Und was hat dies mit Burckhardt zu tun? Lesen wir den Schluß des Briefes, den Warburg am 12. Juli 1907 an den Herausgeber der Schmarsow-Festschrift schreibt: „⟨...⟩ in einigen ⟨Wochen⟩ kann ich Ihnen den Anfang einer charakterologischen Studie über Francesco Sassetti in Aussicht ⟨stellen⟩, die Burckhardt's Auff⟨a⟩ss⟨un⟩g. ergänzt und modifiziert."[15] Das ist ganz eindeutig gegen Burckhardts „höchstentwickelten Menschentypus" der *Cultur der Renaissance* gerichtet.

Burckhardts Rolle als eine wichtige Leitfigur für Warburgs Forschen erhellt nicht nur aus den publizierten Schriften, sondern auch aus unpublizierten Dokumenten. In einem Brief hat Warburg einmal bekannt, er wäre gern Burckhardts Nachfolger in Basel geworden. Zweieinviertel Jahre vor seinem Tode hielt er an der Universität Hamburg ein Burckhardt-Seminar ab, dessen Vorbereitungsnotizen, Referate und Teilnehmerliste erhalten sind.[16] Die Materialien zeigen sein Ringen mit der denkerischen Größe seines Vorbildes. Es gibt aber keine Hinweise, daß Warburg im Seminar im Hinblick auf das Methodische noch neue Gesichtspunkte seines Burckhardt-Verhältnisses vermittelt hätte. Zeitlebens gehörte zu den ihn in seinem Arbeitszimmer umgebenden Dingen eine bronzene Burckhardt-Gedenkplakette und ein Burckhardt-Porträtfoto. Beide Gegenstände sind im Londoner Warburg Institute erhalten. Am interessantesten ist vielleicht der lange Brief, den er am 9. August 1903 an Adolph Goldschmidt geschickt hat.[17] Hier teilt er die Kunsthistoriker seines Zeitalters in Enthusiastiker und Stilgeschichtler ein. Die Kenner und sogenannten „Attribuzler" sind für ihn zusammen mit Burckhardt Enthusiastiker. Speziell zu Burckhardt heißt es: „moralisch-heroisch rekonstruierende ⟨Kunstgeschichte⟩ auf geschichtlicher Grundlage – Burckhardt (sein

---

15 Diesen wie einige andere Briefe Warburgs zitiere ich nach den von Michael Diers gefertigten ungedruckten Entzifferungen der Briefkopierbücher Warburgs, deren Original sich im Warburg Institut der Universität London befindet. Für die Unterstützung meiner dortigen Forschungen habe ich Anita C. Pollard, Prof. J. B. Trapp und Prof. Nicholas Mann zu danken.

16 Nach der Schlußredaktion meines Beitrages erschien im März 1992 Bernd Roeck: Aby Warburgs Seminarübungen über Jacob Burckhardt im Sommersemester 1927. In: Idea 10 (1991) S. 65-89. Vgl. auch Settis (wie Anm. 28).

17 Vgl. Nr. 57 meines Inventars (wie Anm. 13).

Affe: Gobineau)". Sich selbst fügt er unter die Stilgeschichtler, und zwar in die Sparte, die die „Bedingtheiten" der Kunst „durch die Natur des mimischen Menschen" untersucht. Hier führt er nur sich an. „Mimisch" meint hier ‚künstlerisch', bezogen auf alle Künste. Diese Formulierung wirft ein weiteres Schlaglicht auf das schon in der Dissertation deutliche spezielle Interesse Warburgs an der historischen Psychologie, das ihn von Natur her zum Kulturwissenschaftler machte.

Burckhardts Sicht zu differenzieren und sein Vorgehen wissenschaftlicher zu machen durch detailkonzentrierte Erforschung der Funktion der Antike-Rezeption, der Wahrheit der Geschichte zuliebe ebenso wie der Erfüllung als wichtig erkannter zeitgenössischer kulturpolitischer Aufgaben zuliebe, das war Warburgs Ziel, das war die Essenz seiner Kulturwissenschaft. Soweit ich sehe, stimmt Peter Burke mit dieser Sicht überein,[18] und mit Ernst H. Gombrich konnte ich mich persönlich und unkompliziert spontan darüber verständigen, als wir uns Ende September 1990 in London sahen.

Die trotz aller Reserve Burckhardt entgegengebrachte Achtung konnte Karl Lamprecht im Leben Warburgs nie gewinnen, im Gegenteil, die positivste Äußerung ist die, die cand. phil. Warburg aus Anlaß der Promotion in seinen lateinischen Lebenslauf aufnimmt, um zu sagen, daß Lamprecht ihn in Bonn in das Studium der Geschichte eingeführt habe.[19] In keiner weiteren autobiographischen Notiz hat er ihn später noch zu seinen Lehrern gezählt. Seine Dissertation hat er ihm am 24. Dezember 1892 übersandt; über Lamprechts Reaktion scheint nichts bekannt zu sein. Jedenfalls haben später beide Sonderdrucke gewechselt, und Warburg hat den sogenannten Lamprecht-Streit genau verfolgt und ebenso die Gründungsgeschichte des Instituts für Kultur- und Universalgeschichte durch Lamprecht in Leipzig.[20] Seine Einschätzung Lamprechts erhellt aus zwei

---

18 Vgl. seinen Beitrag in: Aby Warburg. Akten des internationalen Symposions 1990. Hrsg. von Horst Bredekamp u.a. Weinheim 1991.

19 Im Universitätsarchiv der Universität Bonn sind die Belegbögen der vier Bonner Semester Aby M. Warburgs (WS 1886/87 – SS 1889) erhalten. Danach hat Warburg im SS 1887 bei Lamprecht die Vorlesung *Ausgewählte Kapitel aus der rheinischen Kunstgeschichte*, im WS 1887/88 *Grundzüge der deutschen Kulturentwicklung im Mittelalter*, im SS 1889 *Deutsche Geschichte vom Ausgang der Staufer bis Kaiser Maximilian* und im WS 1887/88 zusätzlich die *Historische(n) Übungen* besucht.

20 Vgl. Wuttke: Die Emigration der Kulturwissenschaftlichen Bibliothek Warburg (wie Anm. 6). – Kasten 2 der berühmten Notizkästen Warburgs (mein Inventar, wie Anm. 13, Nr. 1) trägt die Aufschrift *Geschichtsauffassung*. Hierin hatte eine Unterabteilung den Titel *Kulturhistorische Methode*, eine weitere den Titel *Lamprecht*. Man findet hier ausschließlich bibliographische Angaben, die Warburgs umfassendes Informations-

unpublizierten Äußerungen des Jahres 1915. In einem Brief an den Bruder Max beurteilt er einen für das Hamburger Vorlesungswesen in Aussicht genommenen Philosophen so: „Er ist ein ältlicher Feinschmecker geistiger Virtuositäten, sehr klug und sehr eingebildet. Er steht aber vor der Gefahr ⟨...⟩ wie Lamprecht ‚großartig‘ zu degenerieren." Wenige Wochen nach dem Brief hatte Warburg ein Gutachten zu verfassen über einen iberischen Sprachatlas, den die Hamburgische Wissenschaftliche Stiftung förderte. Er vergleicht den Verfasser mit jenen, die „eine eitle Freude an voreiligen Forschungen" haben, „die journalistische Einfälle zu neuentdeckten Gesetzmäßigkeiten aufzublähen" versuchten. Dann sagt er: „Durch diese Beifall haschende und daher innerlich ungeduldige Grosszügigkeit verderben begabte Männer wie Lamprecht, Sombart und Chamberlain sich nicht nur ihren eigenen Charakter, sondern untergraben auch das Fundament der deutschen Kultur."[21]

Das Jahr 1902 ist ein Epochenjahr in Warburgs Leben. Es erscheint die Abhandlung *Bildniskunst und florentinisches Bürgertum*, in deren *Vorbemerkung* er ganz bewußt und mit genau berechneten Akzenten sich zu Burckhardt bekennt: Als sein Fortsetzer will er sein Überwinder werden. Ebenso wichtig wie dies Bekenntnis ist der Titel *Bildniskunst und florentinisches Bürgertum*. Er enthält erstmals in Warburgs Werk die Elemente, die er als sein Hauptinteresse und den Gegenstand seiner von ihm als neu oder unkonventionell bezeichneten Methode fortan ansieht: Die Elemente sind das Bild auf der einen und die Kultur auf der anderen Seite. Die methodischen Überlegungen kreisen vor allem um die praktischen Verfahren der Zusammenführung. 1906 formuliert er in einem Brief „Ich sehe als mein ‚Neuland‘ die Synopsis von Kultur und Kunst an." Zwei Jahre später hat er dieses sein Neuland als „Zusammenhangskunde zwischen Leben und Bildwerk" bezeichnet. Die Verfahren sind der Vergleich und die unablässige Grenzüberschreitung. Das womöglich herausragendste Ergebnis des Jahres 1902 ist aber, daß Warburg den Plan zu realisieren beginnt, für seinen neuen Gegenstand und seine neue Methode sich das entscheidende Arbeitsinstrument zu schaffen, nämlich eine Forschungsbibliothek. Dabei hat er die Diskussion im Deutschen Reich um Forschungsinstitute intensiv verfolgt.[22] Anfang 1914 charakterisiert er seine damals schon K.B.W., Kulturwissenschaftliche Bibliothek Warburg, genannte Institution so: „Aus einer mit Abbildungssammlung verbundenen Handbibliothek zur

---

bedürfnis belegen.
21 Vgl. Nr. 92 meines Inventars (wie Anm. 13).
22 Wuttke: Die Emigration (wie Anm. 6).

Untersuchung der Frage nach dem Einfluss der Antike auf die Kunst der italienischen Renaissance entstanden, wird die K.B.W. seit 1902 auf breiterer Grundlage systematisch zu einer Studienstätte für Kulturwissenschaftliche Ikonologie (unter besonderer Berücksichtigung der Verkehrsprobleme auf dem Gebiete der internationalen Bildwanderung) ausgestaltet."[23] Damals besaß er 18000 Bände. Zehn Jahre später waren es 50000, und ein Bibliotheksbau wurde unumgänglich. Die Grundsteinlegung erfolgte am 25. August 1925. Ein beliebiger Termin? Keineswegs. Es war der Todestag des am 25. August 1900 verstorbenen Nietzsche. Damit leuchtet uns der Name des zweiten Anregers und Rivalen Warburgs auf. Die von diesem Denker ausgehende dionysische Bewegungsenergie sollte im Denkraum der Besonnenheit von Warburgs Aufklärungslaboratorium geläutert werden. Die Grundsteinlegung an diesem Tage war ein Akt, wie wenn einst auf den Grundmauern eines heidnischen Tempels eine christliche Kirche errichtet wurde.[24]

Zum Jahresende 1915 besuchten drei junge Berliner Kunsthistoriker die K.B.W., die später berühmten Hans Kauffmann und Erwin Panofsky sowie Rudolf Höcker, der Bibliothekar und schließlich Direktor der Universitätsbibliothek Berlin werden sollte. Adolph Goldschmidt, Warburgs „Adölphle", hatte vermittelt und Panofsky war, zweiundzwanzigjährig, federführend. Ich habe die Korrespondenz soeben entdeckt. Warburg hatte sich auf den Besuch intensiv vorbereitet. Ich finde die Formulierungen, die er damals gewählt hat, um die K.B.W. vorzustellen, so bezeichnend und einprägsam originell, daß ich sie hier weitergeben möchte. Er stellt die K.B.W. als „Institut für Ausdruckskunde" und in anderer Formulierung als „Institut für methodologische Grenzüberschreitung" vor. Methodisch sei das Institut darauf ausgerichtet „durch vergleichende Ikonologie ⟨...⟩ freie und angewandte, religiöse und weltliche, heidnische und christliche, druckende und zeichnende, nordische und südliche, antike und moderne, praktische und mimische Kunstprodukte" zusammenzusehen. Er lasse sich nicht „durch den musealen Terrorismus davon abhalten", zu vergleichen, was auf die Museen für Völkerkunde, Kunstgewerbe, Bücher

---

23 Kopierbuch V, 338 (wie Anm. 15).
24 In den bisherigen Ausführungen zum Thema *Warburg und Nietzsche* ist dieser Zusammenhang noch nicht gesehen worden. Er ist belegt in Warburgs Zusammenstellung der ihm persönlich wichtigen Gedenktage, wie man sie im Briefbuch 1925-1929 findet, Inventar Nr. 29 (wie Anm. 13). Vgl. Helmut Pfotenhauer: Das Nachleben der Antike. Aby Warburgs Auseinandersetzung mit Nietzsche. In: Nietzsche-Studien 14 (1985) S. 298-313, und Yoshihiko Maikuma: Der Begriff der Kultur bei Warburg, Nietzsche und Burckhardt. Königstein 1985.

(sprich Bibliotheken) und auf Kupferstichkabinette verteilt zu sein pflege, sondern gehe nach dem Grundsatz vor, „daß der homo sapiens in der ganzen Welt und zu allen Zeiten derselbe ist."[25]

Die kleine Schrift des Friedrich Kreis von 1928, von der wir ausgingen, dürfen wir, denke ich, als Symbol nehmen: Erwin Panofsky war 1928 mit 36 Jahren aufgrund seines Wirkens mit seinen Schriften bekannter und damit bereits berühmter als Warburg und dessen K.B.W.[26] Dennoch gilt ebenfalls, daß seit der Jahrhundertwende immer wieder gerade bedeutende Forscher das Anliegen von Warburgs neuer Kulturwissenschaft in seiner Relevanz zu würdigen gewußt haben. Während die K.B.W. schon darauf wartete, auf zwei kleine Dampfer verladen zu werden, um unser Land in Richtung London für immer zu verlassen, sprach im öffentlichen Raum in Deutschland einer jener Kenner wahrscheinlich zum letztenmal positiv über die K.B.W. in die irreversibel sich verdunkelnden Zeiten hinein, fügte die Namen Burckhardts, Nietzsches und Warburgs zusammen und ließ durch ein Adjektiv erkennen, auf wessen Vermächtnis er seine Hoffnung setzte. Am 18. November 1933 erschien im Kunstblatt der *Vos-*

---

25 Inventar Nr. 88 (wie Anm. 13). Vgl. die treffende Charakteristik der wahren Interdisziplinarität Warburgs durch Heinz Jatho in Jean Seznec: Das Fortleben der antiken Götter. München 1990, S. VII.

26 Mir erscheint es bezeichnend für die allgemeine Lage im Fach, daß im selben Jahrgang 27 (1933) der Zeitschrift für Ästhetik und allgemeine Kunstwissenschaft der Beitrag von Helmut Kuhn über *Das Problem der Interpretation von Kunstwerken* (S. 52-58), der anläßlich der Besprechung von Fritz Saxls Mithras-Buch nachdrücklich auf Warburg verweist, und der von Franz Arens *Zur kulturellen Bedingtheit kunstgeschichtlicher Tatsachen* (S. 253-274) erscheinen konnten, der Warburg mit keinem Wort erwähnt. Der letztere Beitrag ist eine kritische Auseinandersetzung mit Ernst Michalski: Die Bedeutung der ästhetischen Grenze für die Methode der Kunstgeschichte. Berlin 1932. Ich verdanke die Kenntnis dieser Beiträge der Aufmerksamkeit von Peter Schmidt. Aber noch 1955 findet sich in Gregor Paulssons Essay *Die soziale Dimension der Kunst* (Bern: Francke Verlag) von Warburg keine Spur! Die Reihe ließe sich fortsetzen, vgl. nur die Hinweise bei Oexle (wie Anm. 28) und Wuttke (wie Anm. 14). Jedenfalls hat Rainer Wohlfeil die *Historische Bildkunde* von Anfang an mit Warburg verknüpft. Vgl. R.W.: Das Bild als Geschichtsquelle. In: Historische Zeitschrift 243 (1986) S. 91-100, hier S. 94, und ders.: Methodische Reflexionen zur Historischen Bildkunde. In: Historische Bildkunde. Probleme – Wege – Beispiele. Hrsg. von Brigitte Tolkemitt und Rainer Wohlfeil. Berlin 1991, S. 17-35, hier S. 23. In die künftigen Diskussionen müßte die Frage einbezogen werden, inwieweit die Bildästhetik nicht im Sinne des ganzheitlichen Denkens Warburgs ein integraler Bestandteil der Historischen Bildkunde zu sein hat. Vgl. Peter Schmidt: Die Große Schlacht. Ein Historienbild aus der Frühzeit des Kupferstichs. Wiesbaden 1992 (= Gratia 22) und meine Interpretation von Dürers berühmtem Selbstbildnis des Jahres 1500, in: Aby M. Warburgs Methode (wie Anm. 14). [Vgl. auch *Dürer und Celtis* in diesem Band S. 313 ff.]

sischen Zeitung eine Besprechung von Bd. 2 der *Kunstwissenschaftlichen Forschungen*, die sich als Organ der neuen Wiener Schule Hans Sedlmayrs etabliert hatten. Der mit dem Kürzel „-ch" zeichnende Rezensent[27] möchte bei aller Würdigung dem methodischen Rigorismus der neuen Wiener Schule ein Fragezeichen entgegensetzen. So sagt er am Ende u.a. – und ich zitiere, auch um Burckhardt gegenüber vorgenommene, vielleicht mißverständliche Akzentuierungen zu relativieren:

⟨...⟩ es gibt in der Kunstwissenschaft eine nicht organisierte Gemeinschaft von Forschern, die für ihre Arbeit und für ihr wissenschaftliches Ethos in Jacob Burckhardt ihr großes und ideales Vorbild sehen. Die dichterische Kraft seiner Sprache, die Tiefe seines Wissens und der Reichtum seiner Phantasie sind nie wieder erreicht worden: einer der stolzesten und einer der demütigsten Denker – Nietzsche und Warburg – sind seine Schüler gewesen.

Soweit ich weiß, ist Warburgs neue Kulturwissenschaft nie in den Horizont der Historiker der *Annales*,[28] also eines Lucien Febvre, Marc Bloch oder Jacques Le Goff, gedrungen. Meine Phantasie reicht nicht aus und hier ist auch nicht der Raum, um mir und den Lesern vor Augen zu führen, wie die Geistesgeschichte unseres Jahrhunderts hätte verlaufen können, hätten sich die Energien der innerlich so verwandten Forscher rechtzeitig und sogar wirkungskräftig bündeln lassen.

---

27 Ludwig Heinrich Heydenreich?

28 Lucien Febvre: Das Gewissen des Historikers. Hrsg. und aus dem Französischen übersetzt von Ulrich Raulff. Berlin 1988. Otto Gerhard Oexle: Das Andere, die Unterschiede, das Ganze. Jacques Le Goffs Bild des europäischen Mittelalters. In: Francia 17 (1990) S. 141-158, hier S. 151-153. Ulrich Raulff: Parallel gelesen: Die Schriften von Aby Warburg und Marc Bloch zwischen 1914 und 1924. In: Aby Warburg (wie Anm. 18) S. 167-178. – Meine Ausführungen sind aus einem Vortrag hervorgegangen, den ich am 7. Dezember 1990 in der Herzog August Bibliothek, Wolfenbüttel, in der Reihe *Klassiker der Kulturgeschichte* gehalten und am 13. August 1992 als öffentlichen Abendvortrag beim zweiten Jahrestreffen der *International Society for the Classical Tradition* in Tübingen sowie am 13. Dezember 1993 in Köln am Istituto Italiano di Cultura wiederholt habe. – Vgl. ergänzend den überzeugenden Beitrag von Salvatore Settis: Kunstgeschichte als vergleichende Kulturwissenschaft. Aby Warburg, die Pueblo-Indianer und das Nachleben der Antike. In: Künstlerischer Austausch - Artistic Exchange. Akten des XXVIII. Internationalen Kongresses für Kunstgeschichte Berlin 15.-20. Juli 1992. Hrsg. von Thomas W. Gaehtgens. Bd. 1. Berlin 1993, S. 139-158. [Ferner neuestens Otto Gerhard Oexle (Hrsg.): Memoria als Kultur. Göttingen 1995, hier S. 9-78 Oexles Titelaufsatz.]

Anhang

Gertrud Bing/Edgar Wind
Der Begriff der Kulturwissenschaft und die Bibliothek Warburg
(1932)

Noch bevor Hitlers Politik und Gesetzgebung die Kulturwissenschaftliche Bibliothek War-
burg zwangen, Deutschland zu verlassen, wurden von den Verantwortlichen bereits Pläne
für eine Verlagerung ins Ausland erwogen. Vor allem Rom, aber auch Florenz kristalli-
sierten sich aus naheliegenden wissenschaftspolitischen Gründen als besonders attraktive
Ziele heraus, denen man 1932 und Anfang 1933 eingehende und nur äußerst diskret nach
außen getragene Überlegungen widmete. In der Bibliothekskorrespondenz ist ein längeres
Memorandum erhalten, das nicht von einem möglichen Ortswechsel spricht, aber in den
Zusammenhang der damals angestellten Erwägungen gehört. Diese sahen auch ein Ver-
bleiben in Hamburg vor, sofern sich nur eine Kooperation zwischen italienischen For-
schungsinstitutionen und/oder Universitäten und der Kulturwissenschaftlichen Bibliothek
Warburg auf einer auch finanziell gesicherten Basis herstellen ließ. Die ersten vier Seiten
des Memorandums bieten eine einprägsame und aufschlußreiche Zusammenfassung zum
Begriff Kulturwissenschaft, wie die Bibliothek Warburg ihn vertrat. Der Text ist sowohl
wegen des Fehlens einschlägiger Äußerungen aus der Feder Warburgs ein wichtiges ‚Er-
satz'-Dokument, als auch geeignet, meine vorausgehenden Erörterungen zu ergänzen und
zu unterstützen. Er wird daher hier mit freundlicher Erlaubnis von Mrs. Margaret Wind
und des Warburg Institute zum Abdruck gebracht. Das Exemplar im Archiv des Warburg
Instituts, dem mein Abdruck folgt, trägt von Gertrud Bings Hand lediglich die lapidare
Bleistiftüberschrift „Denkschrift für die Italiener". Der hier ergänzte Titel ist also meine
Zutat. Die Verfasserschaft von Gertrud Bing und Edgar Wind erscheint gesichert durch
einen Brief von Bing an Erich M. Warburg vom 28. April 1932 - eine Kopie davon
befindet sich im Korrespondenzarchiv des Warburg Instituts - , der beginnt: „Ich schicke
Ihnen eine Abschrift der Denkschrift, die Dr. Wind und ich auf Saxls Wunsch für die
offiziellen italienischen Stellen, mit denen er in Verbindung getreten ist, gemacht haben. Sie
ist auch an den deutschen Botschafter gegangen, der uns schon sehr nett dafür gedankt hat."
Mrs. Wind machte mich freundlich darauf aufmerksam, daß das unerschöpfliche War-
burg-Archiv abgesehen von der mir zu Gesicht gekommenen eine weitere Kopie der Denk-
schrift besitzt, die von Bings Hand die Aufschrift trägt „Wind on cooperation between
Italian universities and the Warburg Institute 1932". Dementsprechend wäre Edgar Wind
der alleinige Verfasser und das Memorandum hätte allein dem Zweck dienen sollen, eine
Kooperation mit italienischen Universitäten einzuleiten. Der gesamte Fragenkomplex be-
darf näherer Erforschung.

Kursivdruck im edierten Text bedeutet Unterstreichung in der Vorlage.

1. Die beschreibende Kulturwissenschaft des 19. Jahrhunderts

Wenn die Bibliothek Warburg sich als *kulturwissenschaftlich* bezeichnet, so geschieht dies in bewußtem Gegensatz und zugleich in bewußter Anknüpfung an die Forscher des 19. Jahrhunderts. Im 19. Jahrhundert wurden kulturgeschichtliche Tatsachen gesammelt und berichtet, ohne daß es den Forschern notwendig schien, sie unter dem Gesichtspunkt eines besonderen Problems zu betrachten. So entstanden Arbeiten, die ein reiches Material zusammentrugen, gelegentlich auch „Übersichten" über dasselbe lieferten, aber die Frage, wie diese Materialien zu deuten seien, wurde in diesen Übersichten nicht nur nicht gestellt, sondern ausdrücklich vermieden. Auch nach dem Zusammenhang zwischen diesen Tatsachen wurde im allgemeinen nicht gefragt, sondern man begnügte sich damit, sie zu katalogisieren.

2. Der Zusammenhang der Kulturgebiete

Die Problemstellung, die für die Bibliothek Warburg maßgebend ist, geht von der Voraussetzung aus, daß die Kulturleistungen des Menschen in einer Wechselbeziehung zueinander stehen, die es unmöglich macht, sie philosophisch zu verstehen oder auch nur historisch zu beschreiben, wenn man die veschiedenen Gebiete der Betätigung gegeneinander isoliert, wie es in den einzelnen Wissensgebieten, die sich aus der vorläufigen Gruppierung des Materials im 19. Jahrhundert entwickelt haben, gelegentlich geschehen ist. So entstand eine Religionsgeschichte, die die verschiedenen Religionsformen aneinanderreihte, und sie in ihrer Abfolge so beschrieb, als ob sie nur aus sich heraus verständlich wären; eine entsprechende Umformung erfuhr die Kunstgeschichte, die Geschichte der Wissenschaft, die Geschichte der Ökonomie, oder Politik usw. Demgegenüber ist es Voraussetzung für die Kulturwissenschaft, wie sie an der Bibliothek Warburg getrieben wird, daß die *wissenschaftliche* Leistung nur in ihrer Spannung zur *religiösen*, die *künstlerische* Entwicklung nur in der *Auseinandersetzung mit den übrigen Mächten* des historischen Lebens erkannt werden kann.

3. Die Bedeutung des Symbols

Eine Kulturauffassung, die diesen *Prozeß der Auseinandersetzung* für das geschichtliche Leben als grundlegend betrachtet, gibt dem Begriff des *Sym-*

bols eine zentrale Stellung. Das Symbol als künstlerisch gestaltetes Bild ist zugleich Ausdruck religiöser Erregung. Das Symbol als begriffliches Zeichen der Wissenschaft ist zugleich Gegenstand bildhafter Anschauung. In den Symbolen (künstlerischer, wissenschaftlicher und religiöser Natur) besitzen wir daher die Dokumente, an denen wir den Auseinandersetzungsprozeß zwischen den verschiedenen Kräften im Menschen und die Transmission der einzelnen Lösungen verfolgen können. Was das 19. Jahrhundert als Tatsachen gesammelt hat, muß von hier aus seine Bedeutung gewinnen; diese Deutung, die sich an den Tatsachen bewähren muß, weist auch von sich aus auf neue Tatsachenkomplexe hin, die dem 19. Jahrhundert verborgen bleiben mußten.

4. Das antike Erbe innerhalb der europäischen Kulturentwicklung

Dieses Studium der Symbole erfolgt mit historisch-kritischen Mitteln. Eben weil sie sich dieser historisch-kritischen Methoden verschreibt, hat die Bibliothek Warburg den Umfang ihres Studiengebietes scharf begrenzt, sie verfolgt die Geschichte der symbolischen Prozesse *innerhalb von Europa*, und für diese europäische Entwicklung ist *das antike Erbe* von grundlegender Bedeutung. Diejenigen Formen, die in Griechenland und Rom für das künstlerische, religiöse und staatliche Leben geprägt wurden, leben noch heute nach, und eben in der Auseinandersetzung mit diesen Formen hat jede Kultur ihre Eigenart zu bewähren. Warburg hat daher das Studium derjenigen Formen, die innerhalb der Mittelmeerkultur im Zeitalter der Antike geprägt wurden und im Zeitalter der Renaissance wieder auflebten, als Ausgangspunkt betrachtet, um die Kulturgeschichte Europas zu deuten. Zwei Grundgedanken haben ihn dabei geleitet:

1) daß schon das Verständnis der *antiken* Kulturleistung nur dann gewährleistet werden kann, wenn man sich von den klassizistischen Anschauungen des 18. und 19. Jhts frei macht und den Zusammenhang erkennt, der die antiken Bildanschauungen mit dem antiken Kult, die *erlösende* Kraft, die ihren Symbolen innewohnt, mit der *erregenden* Kraft, die sie immer von neuem bewähren, verbindet.

2) daß für die Kulturgeschichte Europas *das Verhältnis der nordischen Länder zu Italien* das eigentliche Zentralproblem bildet, weil an ihm das Erbe und die Verarbeitung der antiken, der griechischen sowohl wie der römischen Kultur sich als historisch-geographischer Auseinandersetzungsprozeß studieren läßt.

Das Problem des Nachlebens der Antike, wie es die Bibliothek Warburg studiert, läßt sich daher kultur-geographisch beschreiben als das Problem des Austauschs zwischen nordalpiner und mittelländischer Kultur.

Aus der Tatsache, daß sich die Formung der europäischen Kultur unter dem Zeichen der Antike als ein internationaler Austausch zwischen der romanischen und germanischen Welt vollzogen hat, ergibt sich die Notwendigkeit, daß ihre rückschauende Betrachtung ebenfalls international gerichtet sein muß und nur durch ein Zusammenwirken von Gelehrten verschiedener Nationalität allseitig ausgebildet werden kann.

Abb. 180: Mary Warburg geb. Hertz: Prof. A. M. Warburg. Bronze 1930.

III.
Anhang

Auswahlbibliographie
Dieter Wuttke 1958 - 1995

1958

Die *Histori Herculis* des Nürnberger Humanisten und Freundes der Gebrüder Vischer, Pangratz Bernhaubt gen. Schwenter. Edition mit Kommentar und Biographie. Diss. phil. masch., Tübingen 1958. XVI u. 293 gez. Bll. mit 10 Abb. [Vgl. 1964.]

Die Durchnahme einer Auswahl von Rilke-Gedichten in einer Zwölften Klasse. Arbeit zur Pädagogischen Prüfung für das Lehramt an Gymnasien. Masch., Bremen 1958. 46 gez. Bll.

1959

Die Handschriften-Zeugnisse über das Wirken der Vischer nebst kritischen Bemerkungen zu ihrer Auswertung. In: Zeitschrift für Kunstgeschichte 22 (1959) S. 324-336.

1960

Pangratz Bernhaubt gen. Schwenter, der Nürnberger Humanist und Freund der Gebrüder Vischer. In: Mitteilungen des Vereins für Geschichte der Stadt Nürnberg 50 (1960) S. 222-257 mit 4 Abb.

[Rezension] Herbert Hunger: Lexikon der Griechischen und Römischen Mythologie mit Hinweisen auf das Fortwirken antiker Stoffe und Motive in der bildenden Kunst, Literatur und Musik des Abendlandes bis zur Gegenwart. Wien 1959. In: Mitteilungen des Deutschen Germanisten-Verbandes 7 (1960) H. 1, S. 23-25.

1961

Meister des schönen Schreibens. Eine Erinnerung an den Humanisten Johann Neudörffer. In: Brücke zur Welt. Sonntagsbeilage der Stuttgarter Zeitung, Samstag, 21. Oktober 1961, S. I mit 1 Abb.

[Herausgeber] Hermes. Schulzeitung des Alten Gymnasiums, Bremen, Jg. 7 (1961/62) H. 4 (Dez. 1961): Altes Gymnasium heute. [Sonderheft zur Nachwuchswerbung.]

[Rezension] J.B. Leishman: Translating Horace. Thirty Odes Translated Into the Original Metres with the Latin Text and an Introductory and Critical Essay. Oxford-London 1956. In: Gnomon 33 (1961) S. 316-318.

1962

Worte zum Abschied. In: Hermes. Schulzeitung des Alten Gymnasiums, Bremen. Jg. 7 (1961/62) H. 6 (April 1962) S. 12-14.

[Rezension] R. Newald: Nachleben des antiken Geistes im Abendland bis zum Beginn des Humanismus. Tübingen 1960. In: Mitteilungen des Deutschen Germanisten-Verbandes 9 (1962) H. 2, S. 30-31.

1964

Die Histori Herculis des Nürnberger Humanisten und Freundes der Gebrüder Vischer, Pangratz Bernhaubt gen. Schwenter. Materialien zur Erforschung des deutschen Humanismus um 1500. Köln-Graz 1964 (= Beihefte zum Archiv für Kulturgeschichte 7). XXVIII und 391 S. mit 13 Abb. [Vgl. 1958.]

[Herausgeber] Nürnberg-Exkursion 30. August – 3. September 1964. Berichte - Protokolle - Referate. Germanistisches Seminar Bonn. Auswahl und Betreuung der Referatthemen Dr. Wuttke. Maschinenschriftlich vervielfältigt. Bonn 1964. 4 und 129 Bll.

[Artikel] Geiler, gen. von Kaysersberg, Johannes. In: Neue Deutsche Biographie 6 (1964) S. 150-151.

[Rezension] Carl Otto Conrady: Lateinische Dichtungstradition und deutsche Lyrik des 17. Jahrhunderts. Bonn 1962. In: Gnomon 36 (1964) S. 317-319.

1965

[Herausgeber] Die Druckfassung des Fastnachtspieles *Von König Salomon und Markolf.* In: Zeitschrift für deutsches Altertum 94 (1965) S. 141-170.

Zum Fastnachtspiel des Spätmittelalters. Eine Auseinandersetzung mit Eckehard Catholys Buch. In: Zeitschrift für deutsche Philologie 84 (1965) S. 247-267.

Vitam non mortem recogita. Zum angeblichen Grabepitaph für Peter Vischer den Jüngeren. In: Forschungen und Fortschritte 39 (1965) S. 144-146.

[Artikel] Synkrisis. In: Lexikon der Alten Welt. Zürich-Stuttgart 1965, Sp. 2962-2963. Reprint: dtv-Taschenbuchausgabe, Bd. 4 (1970) S. 243-245; auch in: Lexikon der Alten Welt in drei Bänden. Zürich 1991, Augsburg 1994.

[Rezension] O. van Veen: Moralia Horatiana. Wiesbaden 1963. In: Germanistik 6 (1965) S. 252-253.

1966

Aby Warburg und seine Bibliothek. Zum Gedenken anläßlich Warburgs 100. Geburtstag am 13. Juni 1966. In: Arcadia 1 (1966) S. 319-333.

Theodoricus Ulsenius als Quelle für das Epigramm auf den Orpheus-Eurydike-Plaketten Peter Vischers des Jüngeren. In: Zeitschrift des deutschen Vereins für Kunstwissenschaft 20 (1966) S. 143-146 mit 1 Abb.

[Artikel] Grünpeck (Beiname Boioarius), Josef. In: Neue Deutsche Biographie 7 (1966) S. 202 f.

[Artikel]: Grobianische Dichtung, Narrenliteratur, Tischzuchten. In: Kleines Literarisches Lexikon. Vierte, neu bearbeitete und stark erweiterte Auflage. 3. Bd.: Sachbegriffe. Hrsg. von Horst Rüdiger und Erwin Koppen. Bern-München 1966, S. 159, 274-275, 414-415.

[Rezension] W. Bennett: German Verse in Classical Metres. The Hague 1963. In: Gnomon 38 (1966) S. 720-723.

[Rezension] Erwin Panofsky: Renaissance and Renascences in Western Art. Stockholm-Copenhagen 1960. In: Gnomon 38 (1966) S. 87-94.

[Rezension] Hubert Heinen: Die rhythmisch-metrische Gestaltung des Knittelverses bei Hans Folz. Marburg 1966. In: Mitteilungen des Vereins für Geschichte der Stadt Nürnberg 54 (1966) S. 176-177.

[Rezension] Richard Newald: Probleme und Gestalten des deutschen Humanismus. Hrsg. von Hans-Gert Roloff. Berlin 1963. In: Zeitschrift für deutsche Philologie 85 (1966) S. 635-638.

1967

Methodisch-Kritisches zu Forschungen über Peter Vischer d. Ä. und seine Söhne. Kunstgeschichte und Philologie. In: Archiv für Kulturgeschichte 49 (1967) S. 208-261.

Unbekannte Celtis-Epigramme zum Lobe Dürers. In: Zeitschrift für Kunstgeschichte 30 (1967) S. 321-325 mit 1 Abb.

[Rezension] Stephan Cosacchi: Makabertanz. Der Totentanz in Kunst, Poesie und Brauchtum des Mittelalters. Meisenheim am Glan 1965. In: Anzeiger für deutsches Altertum 78 (1967) S. 125-130.

[Rezension] Heinrich Grimm: Deutsche Buchdruckersignete des XVI. Jahrhunderts. Geschichte, Sinngehalt und Gestaltung kleiner Kulturdokumente. Wiesbaden 1965. In: Germanistik 8 (1967) S. 210-211.

[Rezension] Ulrich Gaier: Studien zu Sebastian Brants Narrenschiff. In: Frankfurter Allgemeine Zeitung, 9. März 1967, S. 19.

[Rezension] Hanns Fischer: Schwankerzählungen des deutschen Mittelalters. In: Frankfurter Allgemeine Zeitung, 16. Dezember 1967, Literaturblatt. [Vgl. 1968.]

1968

Deutsche Germanistik und Renaissanceforschung. Ein Vortrag zur Forschungslage. Bad Homburg v.d.H.-Berlin-Zürich 1968 (= Respublica Literaria 3). 46 S.

Typen der chronikalischen Einträge über die Aufstellung des Sebaldusgrabes. In: Mitteilungen des Vereins für Geschichte der Stadt Nürnberg 55 (1967/68) S. 238-251.

Ein unbekannter Brief Willibald Pirckheimers. In: Archiv für Kulturgeschichte 50 (1968) S. 294-299.

Ein unbekannter Einblattdruck mit Celtis-Epigrammen zu Ehren der Schutzheiligen von Österreich. In: Arcadia 3 (1968) S. 195-200 mit 1 Abb.

Zu den Tugendspielen Sebastian Brants. In: Zeitschrift für deutsches Altertum 97 (1968) S. 235-240. [Vgl. 1976.]

Zu *Huius nympha loci.* In: Arcadia 3 (1968) S. 306-307 mit 1 Abb.

[Mitherausgeber] Kolloquium über Probleme altgermanistischer Editionen. Marbach am Neckar, 26. und 27. April 1966. Referate und Diskussionsbeiträge. Hrsg. von Hugo Kuhn, Karl Stackmann, Dieter Wuttke. Wiesbaden 1968 (= Deutsche Forschungsgemeinschaft. Forschungsberichte 13). 180 S.

[Rezension] Gisela von Boehm-Bezing: Stil und Syntax bei Paracelsus. Wiesbaden 1966. In: Indogermanische Forschungen 73 (1968) S. 258-262.

[Rezension] Hanns Fischer: Schwankerzählungen des deutschen Mittelalters. In: Ein Büchertagebuch. Wichtige Buchbesprechungen aus der Frankfurter Allgemeinen Zeitung. Frankfurt/M. 1968, S. 76-77.

[Rezension] Wolfgang F. Michael: Frühformen der deutschen Bühne. Berlin 1963. In: Zeitschrift für deutsche Philologie 87 (1968) S. 120-124.

[Rezension] Ulrich Gaier: Satire. Tübingen 1967. In: Frankfurter Allgemeine Zeitung, 10. Juli 1968 (Nr. 157) S. 21.

[Rezension] Hellmut Rosenfeld: Der mittelalterliche Totentanz, 2. Aufl. 1968. In: Frankfurter Allgemeine Zeitung vom 20./21. November 1968, S. 27.

1969

Eine Narrenschiff-Ausgabe von 1507 ? In: Germanisch-romanische Monatsschrift N.F. 19 (1969) S. 213.

[Rezension] Franz Anselm Schmitt: Stoff- und Motivgeschichte der deutschen Literatur. Berlin [2]1965. In: Zeitschrift für deutsche Philologie 88 (1969) S. 93-95.

[Rezension] David von Augsburg: Die sieben Staffeln des Gebetes. Hrsg. von Kurt Ruh. München 1965. In: Zeitschrift für deutsche Philologie 88 (1969) S. 454-457.

[Rezension] Arthur Henkel / Albrecht Schöne (Hrsg.): Emblemata. Handbuch der Sinnbildkunst des XVI. und XVII. Jahrhunderts. Stuttgart 1967-1976. In: German Studies. Section III, 2 (1969) S. 102-104.

[Rezension] Manfred Lurker: Bibliographie zur Symbolkunde. Baden-Baden 1964-1968. In: Germanistik 10 (1969) S. 216-217.

[Rezension] William A. Coupe: The German Illustrated Broadsheet in the Seventeenth Century. Historical and Iconographical Studies. Baden-Baden 1966/67. In: Bibliographie zur Symbolik, Ikonographie und Mythologie 2 (1969) S. 25, Nr. 75.

1970

Zur griechischen Grammatik des Konrad Celtis. In: Silvae. Festschrift für Ernst Zinn zum 60. Geburtstag. Dargebracht von Kollegen, Schülern und Mitarbeitern. Hrsg. von Michael von Albrecht und Eberhard Heck. Tübingen 1970, S. 289-303 mit 3 Abb.

[Rezension] Joël Lefèbvre: Les Fols et la Folie. Étude sur les genres du comique et la création littéraire en Allemagne pendant la Renaissance. Paris 1968. In: Germanistik 11 (1970) S. 90.

1972

[Rezension] Heinz Otto Burger: Renaissance – Humanismus – Reformation. Deutsche Literatur im europäischen Kontext. Bad Homburg v.d.H.-Berlin-Zürich 1969. In: Arcadia 7 (1972) 80-83.

[Rezension] Nürnberg. Geschichte einer europäischen Stadt. Unter Mitwirkung zahlreicher Fachgelehrter hrsg. von Gerhard Pfeiffer. München 1971. In: Frankfurter Allgemeine Zeitung vom 2. November 1972, S. 19 mit 1 Abb.

[Rezension] Wolfgang F. Michael: Das deutsche Drama des Mittelalters. Berlin 1971 (= Grundriß der germanischen Philologie 20). In: Archiv für Reformationsgeschichte. Literaturbericht 1 (1972) S. 80, Nr. 293.

1973

[Herausgeber] Fastnachtspiele des 15. und 16. Jahrhunderts. Unter Mitarbeit von Walter Wuttke ausgewählt und hrsg. von Dieter Wuttke. Stuttgart 1973 (= RUB 9415-19/19a). 424 S. mit 9 Abb. Darin: Bibliographie S. 365-399; Nachwort: Versuch einer Physiognomie der Gattung Fastnachtspiel, S. 401-419. [Vgl. 1978, 1984, 1990, 1993.]

Textkritisches Supplement zu Hartfelders Edition der Celtis-Epigramme. In: Renatae Litterae. Studien zum Nachleben der Antike und zur europäischen Renaissance. August Buck zum 60. Geburtstag am 3.12.1971. Dargebracht von Freunden und Schülern. Hrsg. von Klaus Heitmann und Eckhart Schroeder. Frankfurt/M. 1973, S. 105-130.

1974

Erasmus und die Büchse der Pandora. In: Zeitschrift für Kunstgeschichte 37 (1974) S. 157-159.

Sebastian Brants Verhältnis zu Wunderdeutung und Astrologie. In: Studien zur deutschen Literatur und Sprache des Mittelalters. Festschrift für Hugo Moser zum 65. Geburtstag. Hrsg. von Werner Besch, Günther Jungbluth, Gerhard Meissburger, Eberhard Nellmann. Berlin 1974, S. 272-286.

[Rezension] Peter Zahn: Die Inschriften der Friedhöfe St. Johannis, St. Rochus und Wöhrd zu Nürnberg. München 1972. In: Renaissance Quarterly 27 (1974) S. 339-340.

1975

Transkription und Übersetzung dreier Maximilian gewidmeter Gedichte aus Niederschriften Hartmann Schedels.
[Anhang zu] Ludwig Grote: Kaiser Maximilian in der Schedelschen Weltchronik. In: Mitteilungen des Vereins für Geschichte der Stadt Nürnberg 62 (1975) S. 60-83, hier S. 74-83. [Vgl. 1976.]

[Rezension] Reinhard Schleier: Tabula Cebetis oder *Spiegel des menschlichen Lebens, darin Tugend und Untugend abgemalet ist.* Studien zur Rezeption einer antiken Bildbeschreibung im 16. und 17. Jahrhundert. Berlin 1973. In: Archiv für Reformationsgeschichte. Literaturbericht 4 (1975) S. 72, Nr. 349.

1976

Sebastian Brant und Maximilian I. Eine Studie zu Brants Donnerstein-Flugblatt des Jahres 1492. In: Die Humanisten in ihrer politischen und sozialen Umwelt. Hrsg. von Otto Herding und Robert Stupperich. Boppard 1976 (= Kommission für Humanismusforschung, Mitteilung II), S. 141-176 mit 4 Abb.
Darin Exkurs: Zur Datierung von Sebastian Brants Tugendspiel II, S. 174-176. [Vgl. 1968.]

Hartmann Schedel zitiert Michael Marullus Tarchaniota. In: Mitteilungen des Vereins für Geschichte der Stadt Nürnberg 63 (1976) S. 362-363.

1977

Aby M. Warburgs Methode als Anregung und Aufgabe. Öffentlicher Abendvortrag aus Anlaß des XIV. Deutschen Kunsthistorikertages gehalten am 7. Oktober 1974 im Auditorium Maximum der Universität Hamburg. Göttingen 1977 (= Gratia 2). 69 S. mit 14 Abb. [Vgl. 1978, 1979, 1990.]

[Mitherausgeber] Das Verhältnis der Humanisten zum Buch. Hrsg. von Fritz Krafft und Dieter Wuttke. Boppard 1977 (= Kommission für Humanismusforschung, Mitteilung IV). 243 S.
Darin: Vorwort, verfaßt von D.W. [Mitunterzeichner Fritz Krafft], S. 5-7. Diskussionsbeiträge Wuttke S. 110, 182, 208. [Vgl. den nächsten Titel.]

Telos als Explicit. In: Das Verhältnis der Humanisten zum Buch [Vgl. den vorausgehenden Titel], S. 47-62 mit 10 Abb.

Wunderdeutung und Politik. Zu den Auslegungen der sogenannten Wormser Zwillinge des Jahres 1495. In: Landesgeschichte und Geistesgeschichte. Festschrift für Otto Herding zum 65. Geburtstag. Hrsg. von Kaspar Elm, Eberhard Gönner und Eugen Hillenbrand. Stuttgart 1977, S. 217-244 mit 6 Abb.

[Rezension mit Antje Schumann] Bernhard Hertenstein: Joachim von Watt (Vadianus), Bartholomäus Schobinger, Melchior Goldast. Die Beschäftigung mit dem Althochdeutschen von ⟨!⟩ St. Gallen in Humanismus und Frühbarock. Berlin 1975. In: Beiträge zur Namensforschung (1977) S. 207-209.

[Rezension mit Antje Schumann] Andreas Wang: Der *Miles Christianus* im 16. und 17. Jahrhundert und seine mittelalterliche Tradition. Ein Beitrag zum Verhältnis von graphischer und sprachlicher Bildlichkeit. Bern-Frankfurt/M. 1975. In: Fabula 18 (1977) S. 178-182.

[Rezension] Thomas Zaunschirm: Systeme der Kunstgeschichte. (Dissertation der Universität Salzburg. Wien 1975) In: Bibliographie zur Symbolik, Ikonographie und Mythologie 10 (1977) S. 165, Nr. 645.

1978

Aby M. Warburgs Methode als Anregung und Aufgabe. Zweite [unveränderte] Auflage. Göttingen 1978. [Vgl. 1977.]

[Herausgeber] Fastnachtspiele des 15. und 16. Jahrhunderts. Unter Mitarbeit von Walter Wuttke ausgewählt und hrsg. von Dieter Wuttke. Zweite, verbesserte und ergänzte Auflage. Stuttgart 1978 (= RUB 9415). 440 S. [Vgl. 1973.]

[Mitherausgeber] Probleme der Edition mittel- und neulateinischer Texte. Kolloquium der Deutschen Forschungsgemeinschaft Bonn 26. - 28. Februar 1973. Hrsg. von Ludwig Hödl und Dieter Wuttke. Boppard 1978 (= DFG-Forschungsbericht). 187 S.

Darin: Vorwort verfaßt von D.W. [Mitunterzeichner Ludwig Hödl], S. V-VIII.
Italienische Teilübersetzung: Alfonso D'Agostino [Hrsg.]: La critica dei testi
latini medioevali e umanistici. Roma 1984. 215 S.

Album amicorum. In: Wolfenbütteler Barock-Nachrichten 5 (1978) S. 177.

[Rezension] Jozef IJsewijn: Companion to Neo-Latin Studies. Amsterdam-New
York-Oxford 1977. In: Germanistik 19 (1978) S. 733.

[Rezension] Ute Davitt Asmus: Corpus quasi vas. Beiträge zur Ikonographie der
italienischen Renaissance. Berlin 1977. In: Bibliographie zur Symbolik, Ikonographie und Mythologie 11 (1978) S. 17-18, Nr. 21.

[Rezension] Renate Heidt: Erwin Panofsky. Kunsttheorie und Einzelwerk. Köln-
Wien 1977. In: Bibliographie zur Symbolik, Ikonographie und Mythologie 11
(1978) S. 68, Nr. 244.

[Rezension] Wolfgang Liebenwein: Studiolo. Die Entstehung eines Raumtyps
und seine Entwicklung bis um 1600. Berlin 1977. In: Bibliographie zur Symbolik, Ikonographie und Mythologie 11 (1978) S. 93, Nr. 354.

1979

[Herausgeber] Aby M. Warburg. Ausgewählte Schriften und Würdigungen. Hrsg.
von Dieter Wuttke in Verbindung mit Carl Georg Heise. Übersetzungen aus
dem Englischen von Elfriede R. Knauer unter Mitarbeit von Dieter Wuttke.
Baden-Baden 1979 (= Saecvla Spiritalia 1). 638 S. mit zahlreichen Abb. [Vgl.
1980 und 1992.]
Darin: Aby M. Warburg-Bibliographie, S. 517-598; Nachwort, S. 601-638.
Französische Teilübersetzung: Aby Warburg: Essais Florentins. Textes traduits
de l'allemand par Sybille Muller. Présentation par Eveline Pinto. Paris 1990.
301 S. mit zahlreichen Abb. [Vgl. dort S. 46.]

Aby M. Warburgs Methode als Anregung und Aufgabe. Dritte, um einen Briefwechsel zum Kunstverständnis erweiterte Auflage. Göttingen 1979 (= Gratia
2). 83 S. mit 14 Abb.
Anhang: Hans Fiebig / Dieter Wuttke: Briefwechsel zum Kunstverständnis
1979/80, S. 77-83.

[Mitherausgeber] Ethik im Humanismus. Hrsg. von Walter Rüegg und Dieter
Wuttke. Boppard 1979 (= Beiträge zur Humanismusforschung 5). 146 S.
Darin: Vorwort von D.W., S. 5-7.

Dürer et Celtis. L' an 1500, considéré comme l'époque de l'humanisme allemand.
Traduction Renée Grigon et Antje Schumann. In: L' humanisme allemand
(1480-1540). München-Paris 1979 (= XVIIIᵉ Colloque international de Tours.

Humanistische Bibliothek Bd. 38, De Pétraque à Descartes tome 37), S. 505-523. [Vgl. 1980.]

Zum Geleit. In: Gerhard Streckenbach: Stiltheorie und Rhetorik der Römer im Spiegel der humanistischen Schülergespräche. Göttingen 1979 (= Gratia 6), S. V-VI.

Kommentar zu Aby M. Warburg. In: Ursula Naumann: Ein großer Unbekannter. Der Kunsthistoriker Aby M. Warburg und sein Institut. Bayerischer Rundfunk. Kulturkritik. Sendung Sonntag, 18. November 1979, 22.35 - 23.00 Uhr, Bayern 2. 12 Bll. maschinenschriftlich vervielfältigt.

[Rezension] Martin Sicherl: Johannes Cuno. Ein Wegbereiter des Griechischen in Deutschland. Eine biographisch-kodikologische Studie. Heidelberg 1978. In: Germanistik 20 (1979) S. 447.

[Rezension] Paul Lawrence Rose: The Italien Renaissance of Mathematics. Studies on Humanists and Mathematicians from Petrarch to Galileo. Genève 1975. In: Archiv für Reformationsgeschichte. Literaturbericht 8 (1979) S. 91, Nr. 492.

1980

[Herausgeber] Aby M. Warburg. Ausgewählte Schriften und Würdigungen. Hrsg. von Dieter Wuttke in Verbindung mit Carl Georg Heise. Zweite, verbesserte und bibliographisch ergänzte Auflage. Baden-Baden 1980 (= Saecvla Spiritalia 1). 648 S. [Auch verbreitet als] Eine Ausgabe für Mitglieder im Buchclub des Syndikat, Frankfurt/M.

Dürer und Celtis. Von der Bedeutung des Jahres 1500 für den deutschen Humanismus. ‚Jahrhundertfeier als symbolische Form'. In: The Journal of Medieval and Renaissance Studies 10 (1980) S. 73-129 mit 23 Abb. [Vgl. 1979 und 1981.]

Unzählbar sind Harlekins Verwandlungen. In: Fränkischer Tag, Samstag, 16. Februar 1980. Beilage Fränkischer Sonntag, S. 2 mit 4 Abb.

[Rezension] Gesa Schütz-Rautenberg: Künstlergrabmäler des 15. und 16. Jahrhunderts in Italien. Ein Beitrag zur Sozialgeschichte der Künstler. Köln-Wien 1978. In: Bibliographie zur Symbolik, Ikonographie und Mythologie 13 (1980) S. 143, Nr. 477.

1981

Harlekins Verwandlungen. In: Commedia dell'arte. Harlekin auf den Bühnen Europas. Beiträge von Rudolf Rieks, Wolfgang Theile, Dieter Wuttke. Bamberg 1981 (= Bamberger Hochschulschriften 8), S. 49-71. [Vgl. 1983.]

In: 5. Duisburger Akzente. Zurück zur Narrtur. Vorträge. Hrsg. von Karl Riha. Duisburg 1981, S. 5-18.

[Mitverfasser als Mitglied des Arbeitskreises „Editionsprobleme der frühen Neuzeit"] Empfehlungen zur Edition frühneuzeitlicher Texte der „Arbeitsgemeinschaft außeruniversitärer historischer Forschungseinrichtungen".
In: Archiv für Reformationsgeschichte 72 (1981) S. 299-315.
In: Berichte zur Wissenschaftsgeschichte 4 (1981) S. 167-178.
In: Jahrbuch der historischen Forschung in der Bundesrepublik Deutschland. Berichtsjahr 1980. Stuttgart 1981, S. 85-96.

Dürer und Celtis. Von der Bedeutung des Jahres 1500 für den deutschen Humanismus. In: Humanismus und Reformation als kulturelle Kräfte in der deutschen Geschichte. Ein Tagungsbericht. Hrsg. von Lewis W. Spitz. Berlin-New York 1981 (= Veröffentlichungen der Historischen Kommission zu Berlin 51), S. 121-150. Diskussionsbeiträge zum Referat von Dieter Wuttke S. 200-214, hier Schlußwort des Referenten S. 207-214. [Vgl. 1980.]

Diskussionsbeiträge zu den Referaten von Lewis W. Spitz und Heiko A. Oberman. In: Humanismus und Reformation [vgl. den vorhergehenden Titel], S. 164-165, 175-176.

[Übersetzer, mit Elfried R. Knauer] Die Geschichte der Bibliothek Warburgs (1886-1944). Von Fritz Saxl. In: Ernst H. Gombrich: Aby Warburg. Eine intellektuelle Biographie. Frankfurt/M. 1981, S. 433-450. Weitere Auflagen: Frankfurt/M. 1984 (= suhrkamp taschenbuch wissenschaft 476) und Hamburg 1992 (= Europäische Bibliothek 12).

[Rezension] Joachim Telle: Sol und Luna. Literatur- und alchemiegeschichtliche Studien zu einem altdeutschen Bildgedicht. Hürtgenwald 1980. In: Germanistik 22 (1981) S. 133.

[Rezension] Hildegard Hammerschmidt: Die Importgüter der Handelsstadt London als Sprach- und Bildbereich des elisabethanischen Dramas. Heidelberg 1979. In: Bibliographie zur Symbolik, Ikonographie und Mythologie 14 (1981) S. 55, Nr. 208.

1982

Didaktische Dichtung als Problem der Literaturkritik und der literaturwissenschaftlichen Wertung. Ein wissenschaftspolitischer Essay. Friedrich Dürrenmatt – Günter Grass – Der Stricker. In: From Wolfram and Petrarch [vgl. 1982 weiter unten], S. 603-622.

Das unbekannte Landschaftsmodell des Veit Stoß. In: artibus et historiae Jg. 3, Nr. 6 (1982) [erschienen 1983] S. 89-96 mit 4 Abb.

Warburg, Curtius und Latein für Europa. In: Deutsche Tagespost, Donners-
tag/Freitag, 23./24. Dezember 1982. Sonderbeilage Latein, S. IV mit 1 Abb.
[Vgl. 1985.]

[Mitherausgeber] Caritas Pirckheimer 1467 - 1532. Katalog [hrsg. von] Lotte
Kurras und Franz Machilek in Zusammenarbeit mit Brun Appel [...] Dieter
Wuttke. München 1982. 164 S. mit 48 Abb.
Darin: Porträt des Willibald Pirckheimer, S. 57 f.; Humanismus in Nürnberg
um 1500, S. 128-132; Darstellung der Philosophia, S. 133-134; Eine Rede der
Venetianerin Cassandra Fedele, S. 134; Titelholzschnitt zu Hrotsvitha von
Gandersheim, S. 135; Lobgedicht des Conrad Celtis für Caritas Pirckheimer,
S. 135-137; Titelseite zu Christoph Scheurls Schrift *Die Früchte der Messe*, S.
137; Conrad Celtis: Ode auf St. Sebald, S. 138; Johannes Rommings vierstim-
miger Tonsatz zur Sebaldus-Ode des Conrad Celtis, S. 138-139; Widmung
einer Schrift Plutarchs an Caritas Pirckheimer, S. 141; Willibald Pirckheimer
widmet Caritas und Klara die Werke des Fulgentius Afer und des Johannes
Maxentius, S. 141-142.

[Mitherausgeber] From Wolfram and Petrarch to Goethe and Grass. Studies in
Literature in Honour of Leonard Forster. Edited by D.H. Green, L.P. Johnson,
Dieter Wuttke. Baden-Baden 1982 (= Saecvla Spiritalia 5). 642 S. mit 1 Abb.
Darin: Preface [zusammen mit D.H. Green und L.P. Johnson], S. 9-10. [Vgl.
den 1. Titel zu 1982.]

Vorbemerkung. In: Paul Oskar Kristeller / Hans Maier: Thomas Morus als Humanist. Bamberg 1982 (= Gratia 11), S. 7.

Kritik an der Kritik. In: Willehad Paul Eckert / Christoph von Imhoff: Willibald
Pirckheimer. Dürers Freund im Spiegel seines Lebens, seiner Werke und seiner
Umwelt. Mit einem Beitrag über Caritas Pirckheimer – Ordensfrau und Hu-
manistin von Adam Wienand. 2. erweiterte Auflage mit neuen Forschungen
und Kontrovers-Dialog über Willibald Pirckheimer. Köln 1982, S. 389-390.
[Zu N. Holzberg: W. Pirckheimer. Griechischer Humanismus in Deutschland.
München 1981.]

[Rezension] Niklas Holzberg: Willibald Pirckheimer. Griechischer Humanismus
in Deutschland. München 1981. In: Germanistik 23 (1982) S. 772.

[Rezension] Erwin Koller: Totentanz. Versuch einer Textembeschreibung. Innsbruck 1980. In: Germanistik 23 (1982) S. 698-699.

1983

Harlekins Verwandlungen. In: Commedia dell'arte. Harlekin auf den Bühnen
Europas. Beiträge von Rudolf Rieks, Wolfgang Theile, Dieter Wuttke. Zweite

Auflage. Bamberg 1983 (= Bamberger Hochschulschriften 8), S. 49-71. Darin: Ergänzung zur 2. Auflage, S. 71.

[Artikel] Brant (latinisiert: Titio), Sebastian. In: Lexikon des Mittelalters. Bd. 2 (1983) Sp. 574-576.

[Artikel] Celtis, Conradus, Protucius. In: Lexikon des Mittelalters. Bd. 2 (1983) Sp. 1608-1611.

Diskussionsbeiträge [zu den Referaten von Wolfgang Sellert, Winfried Schulze, Peter Schmid und Erich Meuthen]. In: Saekulare Aspekte der Reformationszeit. Hrsg. von Heinz Angermeier unter Mitarbeit von Reinhard Seyboth. München-Wien 1983, S. 72-73, 142, 209, 268-271.

[Rezension mit Hans Kaiser] Wolfgang Harms [Ed.]: German Illustrated Broadsheets of the 16th and 17th Centuries. Bd. 2. München 1980. In: German Studies, Section III, Literature, Music, Fine Arts, Vol. XVI, Number 2, 1983, S. 183-185.

[Rezension] Erich Kleinschmidt: Stadt und Literatur in der frühen Neuzeit. Voraussetzungen und Entfaltung im südwestdeutschen, elsässischen und schweizerischen Städteraum. Köln, Wien 1982. In: Germanistik 24 (1983) S. 710.

[Rezension] Barbara Weinmayer: Studien zur Gebrauchssituation früher deutscher Druckprosa. Literarische Öffentlichkeit in Vorreden zu Augsburger Frühdrucken. München, Zürich 1982. In: Germanistik 24 (1983) S. 708.

1984

Von der Geschichtlichkeit der Literatur. Fragmente einer bildungspolitischen Bestandsaufnahme. Bamberg 1984 (= Gratia 13). 40 S.

Die Emigration der Kulturwissenschaftlichen Bibliothek Warburg und die Anfänge des Universitätsfaches Kunstgeschichte in Großbritannien.
In: artibus et historiae Jg. 5, Nr. 10 (1984) S. 133-146 mit 4 Abb.
In: Berichte zur Wissenschaftsgeschichte 7 (1984) S. 179-194 mit 4 Abb.
In: Philobiblon 28 (1984) S. 175-195 und 362 mit 4 Abb.
[Vgl. 1986 und 1991.]

Sebastian Brants Sintflutprognose für Februar 1524. In: Literatur, Sprache, Unterricht. Festschrift für Jakob Lehmann zum 65. Geburtstag. [Hrsg. von Michael Krejci und Karl Schuster]. Bamberg 1984, S. 41- 46.

[Herausgeber] Fastnachtspiele des 15. und 16. Jahrhunderts. Unter Mitarbeit von Walter Wuttke ausgewählt und hrsg. von Dieter Wuttke. Dritte, [unveränderte] Auflage. Stuttgart 1984. 440 S. [Vgl. 1978 und 1990.]

1985

Humanismus als integrative Kraft. Die Philosophia des deutschen ,Erzhumanisten' Conrad Celtis. Eine ikonologische Studie zu programmatischer Graphik Dürers und Burgkmairs. Nürnberg 1985 (= Stadt Nürnberg. Stadtgeschichtliche Museen. Renaissance-Vorträge 8). 64 S. mit 14 Abb.
In: artibus et historiae Jg. 6, Nr. 11 (1985) S. 65-99 mit 14 Abb. [Vgl. 1986.]

Komplexe Grenzen. Bilder aus der Theorie dynamischer Systeme. Worte zur Eröffnung der Ausstellung in der Raiffeisenbank Bamberg am 7. März 1985. Bamberg 1985. 8 S. mit 1 Abb.

Humanismus in Nürnberg um 1500. In: Zeitschrift für bayerische Landesgeschichte 48 (1985) S. 677-688. [Überarbeitete Fassung des Abdrucks im Katalog Caritas Pirckheimer, 1982].

Beobachtungen zum Verhältnis von Humanismus und Naturwissenschaft im deutschsprachigen Raum. In: Historischer Verein Bamberg. 121. Bericht (1985) S. 1-16. [Vgl. 1988 und 1990.]

Aby M. Warburg (1866 - 1929). Kunst zwischen Naturwissenschaften und Kunstgeschichte. Zu Gombrichs Warburg-Biographie. Unter Mitarbeit von Regina Heinke. In: Archiv der Geschichte der Naturwissenschaften 14/15 (1985) S. 693-702 mit 2 Abb.

Warburg, Curtius und Latein für Europa. In: Fußnote extra. [Festgabe für Wulf Segebrecht]. Bamberg 1985 (= Fußnoten zur neueren deutschen Literatur. Sonderheft) S. 87-91. [Vgl. 1982.]

1986

Conradus Celtis Protucius (1459-1508). In: Fränkische Lebensbilder. Hrsg. von Gerhard Pfeiffer und Alfred Wendehorst. Bd. 12 (1986) S. 56-71 mit 1 Abb. [Vgl. 1987.]

Ernst Robert Curtius and Aby M. Warburg. In: Acta Conventus Neo-Latini Sanctandreani. Proceedings of the Fifth International Congress of Neo-Latin Studies. St. Andrews 24 August to 1 September 1982. Edited by I.D. McFarlane. Binghamton, N. Y., 1986, S. 627-635.

Humanismus als integrative Kraft. Die Philosophia des deutschen ,Erzhumanisten' Conrad Celtis. Eine ikonologische Studie zu programmatischer Graphik Dürers und Burgkmairs. In: Die österreichische Literatur. Ihr Profil von den Anfängen im Mittelalter bis ins 18. Jahrhundert. Unter Mitwirkung von Fritz Peter Knapp hrsg. von Herbert Zeman. Bd. 1, Teil 2. Graz 1986, S. 691-738 mit 14 Abb. [Vgl. 1985.]

Die Emigration der Kulturwissenschaftlichen Bibliothek Warburg und die An-
fänge des Universitätsfaches Kunstgeschichte in Großbritannien. In: Kunst im
Exil in Großbritannien 1933-1945. [Katalog]. Berlin 1986, S. 209-215 mit 8
Abb. [Gekürzte Fassung, vgl. 1984 und 1991.]

[Rezension mit Silvia Pfister] Michael Baxandall: Die Kunst der Bildschnitzer.
Tilman Riemenschneider, Veit Stoß und ihre Zeitgenossen. München 1984.
[Deutsche Übersetzung von: The Limewood Sculptors of Renaissance Germany. New Haven-London 1980]. In: Internationales Archiv für Sozialgeschichte der deutschen Literatur 11 (1986) S. 276-288.

[Rezension mit Regina Heinke] Ernst H. Gombrich: Aby Warburg. Eine intellektuelle Biographie. Frankfurt/M. 1981. Nachdruck Frankfurt/M. 1984 (=
suhrkamp taschenbuch wissenschaft 476). In: Wolfenbütteler Renaissance
Mitteilungen 10 (1986) H. 1, S. 34-40. [Vgl. 1985.]

1987

Nuremberg: Focal Point of German Culture and History. A Lecture. Nürnberg
als Symbol deutscher Kultur und Geschichte. Ein Vortrag. Bamberg 1987 (=
Gratia 16). 52 S. mit 54 Abb. [Ein weiterer Abdruck erschien außerhalb der
Reihe.] [Vgl. 1988.]

Ist Gregorius Arvinianus identisch mit Publius Vigilantius? Ein Identifizierungsproblem aus dem Umkreis des Hans Baldung gen. Grien, des Pangratz Bernhaubt gen. Schwenter, der Erzgießerfamilie Vischer und des Sixtus Tucher. In:
Festschrift Otto Schäfer zum 75. Geburtstag am 29. Juni 1987. Hrsg. von Manfred von Arnim. Stuttgart 1987, S. 43-77 mit 16 Abb.

Conradus Celtis Protucius (1459-1508). Ein Lebensbild aus dem Zeitalter der
deutschen Renaissance. In: Philologie als Kulturwissenschaft [vgl. den näch-
sten Titel], S. 270-286 mit 2 Abb. [Verbesserte Fassung; vgl. 1986.]
In: Literatur in Bayern. Vierteljahresschrift für Literatur, Literaturkritik und
Literaturwissenschaft Nr. 7, März 1987, S. 2-9 mit 6 Abb., unter dem Titel *Das
Jahr des Lorbeers.*

[Mitherausgeber] Philologie als Kulturwissenschaft. Studien zur Literatur und
Geschichte des Mittelalters. Festschrift für Karl Stackmann zum 65. Geburts-
tag. Hrsg. von Ludger Grenzmann (Göttingen), Hubert Herkommer (Bern),
Dieter Wuttke (Bamberg). Göttingen 1987. 350 S.
Darin: Vorwort, zusammen mit Ludger Grenzmann und Hubert Herkommer,
S. VII-VIII.

[Auswahl begleitender Texte.] In: Kommentar zu den Lehrveranstaltungen in den
Fächern Allgemeine und Kontrastive Sprachwissenschaft und Deutsch als

Fremdsprache – Kommunikationswissenschaft /Schwerpunkt Journalistik – Germanistik an der Universität Bamberg SS 1987. Hrsg. im Auftrag der Fachvertreter. Redaktion: Joachim Knape. Begleitende Texte ohne Auftrag ausgewählt von Dieter Wuttke. 64 S. Hier S. 1, 2, 9, 10, 30, 31, 41, 42, 45, 51, 59-62, 63, 64. [Texte von Burckhard und Gisela Garbe, Horst Janssen, Hans Kasper, Gerhard C. Krischker, Günter Kunert, Wilhelm Lehmann, Jürgen Mittelstraß, Hans Wollschläger.]

1988

Nuremberg: Focal Point of German Culture and History. A Lecture. Nürnberg als Symbol deutscher Kultur und Geschichte. Ein Vortrag. Zweite [unveränderte] Auflage. Bamberg 1988. [Vgl. 1987.]

Beobachtungen zum Verhältnis von Humanismus und Naturwissenschaft im deutschsprachigen Raum. In: Der Weg der Naturwissenschaft von Johannes von Gmunden zu Johannes Kepler. Hrsg. von Günther Hamann und Helmuth Grössing. Wien 1988 (= Österreichische Akademie der Wissenschaften. Phil.-hist. Klasse. Sitzungsberichte. 497. Bd. = Veröffentlichungen der Kommission für Geschichte der Mathematik, Naturwissenschaften und Medizin 46) S. 119-138. [Überarbeitete Fassung, vgl. 1985.]
In: Acta Conventus Neo-Latini Guelpherbytani. Proceedings of the Sixth International Congress of Neo-Latin Studies. Wolfenbüttel 12 August to 16 August 1985. Edited by Stella P. Revard, Fidel Rädle, Mario A. Di Cesare. Binghamton, N.Y. 1988 (= mrts Vol. 53) S. 181-189. [Kurzfassung.]

[Artikel] Bernhaubt, Arctocephas, Pangratz, genannt Schwenter. In: Literatur Lexikon. Hrsg. von Walther Killy. Bd. 1 (1988) S. 466- 467.

[Rezension] (Bernhaubt gen. Schwenter, Pankraz:) Apologia poetarum. Die Schwenter-Handschrift Ms. lat. fol. 335 der Staatsbibliothek Preußischer Kulturbesitz zu Berlin mit den Illustrationen Peter Vischers des Jüngeren. Eingeleitet und kommentiert von Franz Josef Worstbrock und Fedja Anzelewsky. Wiesbaden 1987. In: Germanistik 29 (1988) S. 419-420.

[Rezension] Arno Borst: Das mittelalterliche Zahlenkampfspiel. Heidelberg 1986. In: Germanistik 29 (1988) S. 107-108.

1989

[Herausgeber] Kosmopolis der Wissenschaft. E.R. Curtius und das Warburg Institute. Briefe 1928 bis 1953 und andere Dokumente. Baden-Baden 1989 (= Saecvla Spiritalia 20). 416 S. mit 48 Abb.
Darin: Vorwort, S. 11-28; Chronik der Beziehungen zwischen Aby M. Warburg und Curtius, S. 223-256. Register von Silvia Pfister S. 397- 416.

[Herausgeber] Willibald Pirckheimers Briefwechsel III. Band. Unter Verwendung der Vorarbeiten von Emil Reicke und Josef Pfanner bearbeitet von Helga Scheible. Hrsg. von Dieter Wuttke. München 1989. XLII, 504 S. mit 20 Abb. Darin: Vorwort und editorischer Bericht, S. VII-XXIV.

Einladung [zur Performance „Trägbild Hoersal" der Gruppe INFuG am 20. Juli 1989]. Bamberg 1989. 8 S. mit 1 Abb.

Humanismus in den deutschsprachigen Ländern und Entdeckungsgeschichte 1493-1534. Bamberg 1989 (= Kleine Beiträge zur europäischen Überseegeschichte 2). 37 S. [Vgl. 1991 und 1992.]

[Herausgeber] Unbekannte Quellen zur Geschichte der Internationalen Gesellschaft für Ikonographische Studien. Anhang. In: Peter Schmidt: Aby M. Warburg und die Ikonologie. Bamberg 1989 (= Gratia 20), S. 47-89. [Vgl. 1993.]

[Artikel] Celtis, Conrad(us). In: Literatur Lexikon. Hrsg. von Walther Killy. Bd. 2 (1989) S. 377-384, 395-400 mit 20 Abb.

An Edition of Selected Letters of Erwin Panofsky. In: National Gallery of Art, Center for Advanced Study in the Visual Arts. Center 9. Research Reports and Record of Activities June 1988 - May 1989. Washington D.C. 1989, S. 99-100. [Vgl. 1990.]

Diskussionsbeiträge. In: Afrika. Entdeckung und Erforschung eines Kontinents. Hrsg. von Heinz Duchardt, Jörg A. Schlumberger, Peter Segl. Köln-Wien 1989, S. 182, 187.

[Rezension] William S. Heckscher: The Princeton Alciati Companion. A Glossary of Neo-Latin Words and Phrases used by Andrea Alciati and the Emblem Book Writers of his Time, including a Bibliography of Secondary Sources relevant to the Study of Alciati's Emblems. New York-London 1989. In: Germanistik 30 (1989) S. 958-959.

[Rezension] Erwin Panofsky: Gotische Architektur und Scholastik. Zur Analogie von Kunst und Theologie im Mittelalter. Hrsg. und mit einem Vorwort versehen von Thomas Frangenberg. Köln 1989. In: Bibliographie zur Symbolik, Ikonographie und Mythologie 22 (1989) S. 111-112, Nr.199.

1990

Aby M. Warburgs Methode als Anregung und Aufgabe. Mit einem Briefwechsel zum Kunstverständnis. Vierte, erneut erweiterte Auflage. Wiesbaden 1990 (= Gratia 2). 116 S. mit 15 Abb.
Darin: Vorwort zur Vierten Auflage, S. 10-23; Briefwechsel zum Kunstverständnis 1977/1980 (Klaus Berger, Hans Fiebig, Thomas Korth, Herwarth Röttgen, Albrecht Schöne, Dieter Wuttke), S. 99-115.

Joachim Knape / Dieter Wuttke: Sebastian-Brant-Bibliographie. Forschungsliteratur von 1800 bis 1985. Tübingen 1990. XII, 302 S. mit 1 Abb.

[Herausgeber] Fastnachtsspiele des 15. und 16. Jahrhunderts. Unter Mitarbeit von Walter Wuttke ausgewählt und hrsg. von Dieter Wuttke. 4., bibliographisch ergänzte Auflage. Stuttgart 1990. 464 S. mit 9 Abb.

Renaissance-Humanismus und Naturwissenschaft in Deutschland. In: Gymnasium 97 (1990) S. 232-254. [Erweiterte und überarbeitete Fassung, vgl. 1988.]

Erwin Panofsky and the National Gallery of Art. In: National Gallery of Art, Center for Advanced Study in the Visual Arts. Center 10. Research Reports and Record of Activities June 1989 - May 1990. Washington D.C., S. 83-84 mit 2 Abb.

Gratia – in eigener Sache. In: Dieter Wuttke: Aby M. Warburgs Methode [wie 1990] S. 116.

[Rezension] Ernst Rebel: Die Modellierung der Person. Studien zu Dürers Bildnis des Hans Kleeberger. Stuttgart 1990. In: Bibliographie zur Symbolik, Ikonographie und Mythologie 23 (1990) S. 65-66.

1991

Humanismus in den deutschsprachigen Ländern und Entdeckungsgeschichte 1493-1534. In: Die Kenntnis beider ‚Indien' im frühneuzeitlichen Europa. Akten der Zweiten Sektion des 37. deutschen Historikertages in Bamberg 1988. Hrsg. von Urs Bitterli und Eberhard Schmitt. München 1991, S. 1-35 mit 3 Abb. Darin: S. 8 und 30 Texte von Dieter Wuttke zur Weltkarte in Hartmann Schedels Weltchronik und zum Philosophia-Holzschnitt Dürers. [Verbesserte Fassung. Vgl. 1989 und 1992.]

Humanismus in den deutschsprachigen Ländern und Entdeckungsgeschichte 1493 bis 1534. Resümee. In: Akten des VIII. Internationalen Germanisten-Kongresses Tokyo 1990. Bd. 7: Klassik - Konstruktion und Rezeption, Orientalismus, Exotismus, koloniale Diskurse. München 1991, S. 317-321.

Die Emigration der Kulturwissenschaftlichen Bibliothek Warburg und die Anfänge des Universitätsfaches Kunstgeschichte in Großbritannien. In: Aby Warburg. Akten des internationalen Symposions Hamburg 1990. Hrsg. von Horst Bredekamp, Michael Diers und Charlotte Schoell-Glass. Weinheim 1991, S. 141-163 mit 4 Abb. [Überarbeitete Fassung. Vgl. 1984 und 1986.]

Aby M. Warburgs Methode als Anregung und Aufgabe. In: Kulturforum Warburg [Hrsg.]: Aby Warburg. Von Michelangelo bis zu den Puebloindianern. Mit Beiträgen von Ernst H. Gombrich, Udo Kultermann, Dörte Nicolaisen, Aby

Warburg, Edgar Wind und Dieter Wuttke. Warburg 1991. (= Warburger Schriften Bd. 5), S. 23-56 mit 3 Abb. [Nichtautorisierter Nachdruck, vgl. 1990.]

[Artikel, mit Peter Schmidt] Erwin Panofsky (mit Raymond Klibansky und Fritz Saxl), Saturn and Melancholy. Studies in the History of Natural Philosophy, Religion and Art – Erwin Panofsky, Zum Problem der Beschreibung und Inhaltsdeutung von Werken der bildenden Kunst. In: Kindlers Neues Literatur Lexikon 12 (1991) S. 931-935.

Das Paradox der Warburg-Rezeption. Eine Erinnerung und ein Brief von Erwin Panofsky. In: Der Tagesspiegel [Berlin], Donnerstag, 13. Juni 1991, Nr. 13896, S. 21.

1992

[Herausgeber] Aby M. Warburg. Ausgewählte Schriften und Würdigungen. Hrsg. von Dieter Wuttke. Dritte, durchgesehene und durch ein Nachwort ergänzte Auflage. Baden-Baden 1992 (= Saecvla Spiritalia Bd. 1). 651 S. mit zahlreichen Abb.
Darin: Zur dritten Auflage, S. 649-651. [Vgl. 1979.]

Humanismus in den deutschsprachigen Ländern und Entdeckungsgeschichte 1493-1534. In: Pirckheimer-Jahrbuch 1992, S. 9-52. [Verbesserte Fassung, vgl. 1991.]

Aufbruch in eine neue Welt. Deutsche Humanisten über das Zeitalter der Entdeckungen. Sonderdruck aus Anlaß der Ausstellung „America. Das frühe Bild der Neuen Welt" vom 10. 4. bis zum 27. 6. 1992 in der Bayerischen Staatsbibliothek, München. 16 S. mit 6 Abb. Dasselbe in: Literatur in Bayern (1992) Nr. 27, S. 36- 43; Nr. 28, S. 45- 49; Nr. 29, S. 10-14. [Veränderte Fassung, vgl. 1991.]

[Artikel, mit Peter Schmidt] Aby M. Warburg, Sandro Botticellis *Geburt der Venus* und *Frühling*. Eine Untersuchung über die Vorstellung von der Antike in der italienischen Frührenaissance. In: Kindlers Neues Literatur Lexikon 17 (1992) S. 416-418.

Erwin Panofsky über Aby M. Warburgs Bedeutung. Ein Brief des Kunsthistorikers an den Bankier Eric M. Warburg. In: Neue Zürcher Zeitung. Feuilleton. Dienstag, 7. Januar 1992, Nr. 4, S. 17-18. [Vgl. 1991, Der Tagesspiegel.]

Ein Kunsthistoriker mit Weltwirkung. Erwin Panofsky in Leben und Werk. In: Neue Zürcher Zeitung. Freitag, 20. März 1992, Fernausgabe Nr. 66, S. 37 mit 1 Abb. und Samstag/Sonntag, 21./22. März 1992, Nr. 68, S. 69 mit 1 Abb.

Der Einstein der Kunstgeschichte und seine Vertreibung ins Paradies. Zum hundertsten Geburtstag des Kunsthistorikers Erwin Panofsky: seine Methodenlehre ist bis heute unübertroffen. In: Der Tagesspiegel [Berlin]. Sonntag, 29. März 1992, Nr. 14157, S. 21 mit 1 Abb.

Einstein der Kunstgeschichte. Erwin Panofsky zum hundertsten Geburtstag. In: Wolfenbütteler Renaissance Mitteilungen 16 (1992) S. 91-99 mit 1 Abb.

1993

[Herausgeber] Fastnachtspiele des 15. und 16. Jahrhunderts. Unter Mitarbeit von Walter Wuttke ausgewählt und hrsg. von Dieter Wuttke. Fünfte unveränderte Auflage. Stuttgart 1993. 464 S. mit 9 Abb. [Vgl. 1990.]

[Herausgeber] Unbekannte Quellen zur Geschichte der Internationalen Gesellschaft für Ikonographische Studien. Anhang. In: Peter Schmidt, Aby M. Warburg und die Ikonologie. Zweite, unveränderte Auflage. Wiesbaden 1993, S. 47-89 mit 7 Faksimiles. [Vgl. 1989.]

Aby M. Warburgs Kulturwissenschaft. In: Historische Zeitschrift 256 (1993) S. 1-30 mit 2 Abb. [Vgl. 1994.]

Conradus Celtis Protucius. In: Deutsche Dichter der frühen Neuzeit (1450-1600). Ihr Leben und Werk. Hrsg. von Stephan Füssel. Berlin 1993, S. 173-199 mit 2 Abb.

Sebastian Brants Syphilis-Flugblatt des Jahres 1496. In: Girolamo Fracastoro, Lehrgedicht über die Syphilis. Hrsg. und übersetzt von Georg Wöhrle. Zweite, erweiterte Auflage. Wiesbaden 1993, S.127-142 mit 2 Abb.

[Artikel] Pirckheimer, Caritas/Pirckheimer, Willibald. In: Lexikon des Mittelalters 6 (1993) Sp. 2173-2175.

1994

Der Humanist Willibald Pirckheimer – Namengeber für ein mathematisch-naturwissenschaftliches und neusprachliches Gymnasium? Ein Beitrag zur Überwindung der ,Zwei Kulturen'. Nürnberg 1994. 83 S. mit 34 Abb. (= Festschrift zum fünfundzwanzigjährigen Bestehen des Pirckheimer-Gymnasiums Nürnberg 1968 - 1993).

[Herausgeber] Sebastian Brant - Das Narrenschiff. Faksimile der Erstausgabe Basel 1494 mit dem Nachwort von Franz Schultz der Ausgabe Straßburg 1913. Baden-Baden 1994. 414 S. (= Saecvla Spiritalia Bd. 6).
Darin: Vorwort, S. g-dd.

Aby M. Warburgs Kulturwissenschaft. In: Bibliographie zur Symbolik, Ikonographie und Mythologie 24 (1991) [erschienen 1994] S. 5-28. [Dabei Erstdruck von:] Gertrud Bing / Edgar Wind: Der Begriff der Kulturwissenschaft und die Bibliothek Warburg (1932), S. 24-26. [Vgl.1993.]

Deutscher Humanismus und Entdeckungsgeschichte. Vortrag in der Bayerischen Staatsbibliothek München ⟨...⟩ und in der Staats- und Universitätbibliothek Hamburg ⟨...⟩. In: Gymnasium 101 (1994) S. 161-176. [Vgl. 1992. Vortragsfassung mit einer zusätzlichen Anmerkung auf S. 176.]

Erzaugur des Heiligen Römischen Reiches Deutscher Nation: Sebastian Brant deutet siamesische Tiergeburten. In: Humanistica Lovaniensia 43 (1994) S. 106-131 mit 10 Abb.

Joachim Knape / Dieter Wuttke: Mythos und Kunst. In: Theologische Real-Enzyklopädie 23 (1994) S. 665-778.

[Rezension] Tilmann von Stockhausen: Die Kulturwissenschaftliche Bibliothek Warburg. Architektur, Entwicklung und Organisation. Hamburg 1992. In: Wolfenbütteler Renaissance Mitteilungen 18 (1994) S. 135 f.

1995

Das Institut / INFuG. Eine Einführung. Bamberg 1995 (= INFuGIANA Bd. 16). 28 S., 5 Abb., 1 Beilage.

Latein und Kunstgeschichte. In: Acta selecta Conventus Academiae Latinitati Fovendae (Lovanii et Antverpiae, 2- 6 Augusti MCMXCIII). Hrsg. von Iosephus IJsewwijn und Theodoricus Sacré unter Mitwirkung von Antonio Van Houdt und Lina IJsewijn-Jacobs. Bd. I. Romae MCMXCV, S. 507-536.
Dabei Teildruck von: The Warburg Institute and H. M. Office of Works.- E. H. Gombrich in memory of Frederic Raby. Privatdruck 1984.

Deutsche Philologie des Mittelalters und der Frühen Neuzeit. a) Einleitung. b) Aby-M.-Warburg-Bibliographie. c) Erwin Panofskys Briefe. Das Projekt einer Auswahlausgabe als Beitrag zur Kulturwissenschaft. In: Germanistik und Kommunikationswissenschaft in Bamberg. Hrsg. von Rolf Bergmann. Bamberg 1995 (= Forschungsforum. Berichte aus der Otto-Friedrich-Universität Bamberg. Heft 7), S. 55 f., 70, 71-74. Mit 4 Abb.
Dabei Berichte von: Gert Hübner zum Frauenpreis im Minnesang, Julia Heinzmann zu den Frauenpreis- und Buhlliedern des Hans Sachs, Petra Schöner zum Bild vom Juden in Einblattdrucken, Roland Stieglecker zu Humanismus und Heiligenlob, Reiner Reisinger zur Horoskopie im 16. Jahrhundert, Anja Hofmann zu außerliterarischer Emblematik.

Dank. In: „Schimpf und Ernst". Worte zum Abschied von Dieter Wuttke. Hrsg. von Margrit Winterscheidt und Gert Hübner. Baden-Baden 1995, S. 61-69.

[Interview-Einspielungen.] In: Moderne der Renaissance – Renaissance im Widerstreit. Redaktion Max Ackermann. Bayern 2 Radio, regional Mittel- und Oberfranken. 10. Dezember 1995, 12-13 Uhr.

[Rezension] Aby M. Warburg. Bildersammlung zur Geschichte von Sternglaube und Sternkunde im Hamburger Planetarium. Hrsg. von Uwe Fleckner, Robert Galitz, Claudia Naber und Herwart Nöldeke. Hamburg 1993. In: Wolfenbütteler Renaissance Mitteilungen 19 (1995) S. 36-38.

[Rezension] Porträt aus Büchern. Bibliothek Warburg und Warburg Institute Hamburg 1933 London. Hrsg. von Michael Diers. Hamburg 1993. In: Ebd., S. 38-40.

[Rezension] Michael Diers: Warburg aus Briefen. Kommentar zu den Kopierbüchern der Jahre 1905 - 1918. Weinheim 1991. In: Ebd., S. 40-43.

[Rezension] Fidel Rädle: De condicione bestiali vel humana. Carmina Latina. Von Tieren und Menschen. Lateinische Gedichte mit deutschen Übersetzungen. Sigmaringen 1993. In: Gymnasium 102 (1995) S. 178-180.

[Rezension] Marianne Sammer: Intuitive Kulturgeschichtsschreibung. Ein Versuch zum Verhältnis von Geschichtsdenken und kulturhistorischer Methode bei Jacob Burckhardt. München 1994. In: Literatur in Bayern. Nr. 41. September 1995, S. U3 u.d.T. „Notwendiges zu Jacob Burckhardt".

im Druck

[Rezension] Ernst Zinn: Viva Vox. Römische Klassik und deutsche Dichtung. Hrsg. von Michael von Albrecht. Frankfurt/M.- Berlin 1994. In: Gymnasium 103 (1996) S. 88-91.

[Rezension] Art in history – History in art. Studies in Seventeenth-century Dutch culture. Ed. by David Freeberg and Jan de Vries. Santa Monica 1991. In: Zeitschrift für historische Forschung 23 (1996).

Verzeichnis der Abbildungen und Bildquellen-Nachweis

a) Verzeichnis der Abbildungen

Abb. 1

Peter Vischer d. J.: Selbstporträt. Bronzemedaille 1509. Paris, Bibliothèque Nationale, Cabinet des Médailles.

Abb. 2

Tilmann Riemenschneider zugeschrieben: Porträt eines jungen Mannes. Rötelzeichnung zwischen 1502 und 1510. Frankfurt/M., Städelsches Kunstinstitut.

Abb. 3

Vischer-Werkstatt: St. Sebald am Sebaldusgrab. Messing vor 1519. Nürnberg, St. Sebalduskirche.

Abb. 4.

Vischer-Werkstatt: Peter Vischer d. Ä. am Sebaldusgrab. Messing vor 1519. Nürnberg, St. Sebalduskirche.

Abb. 5

Adam Krafft: Selbstporträt am Sakramentshäuschen. Sandstein 1496. Nürnberg, St. Lorenzkirche.

Abb. 6

Vischer-Werkstatt: Epitaph der Margret Vischer. Messing 1522. Nürnberg, St. Rochus-Friedhof.

Abb. 7

Peter Vischer d. J.: Tintenfaß. Messing um 1524. Oxford, Ashmolean Museum.

Abb. 8

Peter Vischer d. J.: Tintenfaß. Messing 1525. Oxford, Ashmolean Museum.

Abb. 9

Albrecht Dürer: Sitzende Frau, Studie für Melencolia·I. Federzeichnung 1514. Berlin, Staatliche Museen Preußischer Kulturbesitz, Kupferstichkabinett.

Abb. 10

Georg Vischer: Tintenfaß. Messing 1547. Berlin, Staatliche Museen der Stiftung Preußischer Kulturbesitz, Skulpturenabteilung.

Abb. 11

C. Mayer: „alte Epitaphien auf P. Vischers Grabstein zu St. Rochus N° 90." Kupferstich 1831.

Abb. 12

Sonnenuhr an der Südfassade der St. Lorenzkirche in Nürnberg. Fresko 1502 (Datum durch Restaurierung verunklärt). Autor der Uhr Johannes Stabius, Textdichter Sebastianus Sperantius.

Abb. 13

Grabepitaph für Sebaldus Schweicker. Messing 1521. Nürnberg, St. Johannis-Friedhof.

Abb. 14

Hinweis auf das Vischer-Grab, heutiger Zustand. Messing. Nürnberg, St. Rochus-Friedhof.

Abb. 15

Wappen Peter Vischers d. Ä. Kolorierte Federzeichnung von 1519 in Hs. Amb. 173.4, fol. 102^v, der Stadtbibliothek Nürnberg.

Abb. 16

Grabplatte mit Messingplatten von Grab Nr. 90 auf dem St. Rochus-Friedhof zu Nürnberg, heutiger Zustand.

Abb. 17

Peter Vischer d. J.: Orpheus und Eurydike. Bronzerelief um 1514. Berlin, Staatliche Museen der Stiftung Preußischer Kulturbesitz, Skulpturenabteilung.

Abb. 18

Peter Vischer d. J.: Orpheus and Eurydike. Bronzerelief um 1514. Hamburg, Museum für Kunst und Gewerbe.

Abb. 19

Hans von Kulmbach zugeschrieben: Apollo auf dem Parnaß. Holzschnitt aus Petrus Tritonius: Melopoiae. Augsburg 1507, fol. 2^r. Exemplar Bayerische Staatsbibliothek München.

Abb. 20

Peter Vischer d. J.: Der Tugendweg. Kolorierte Federzeichnung von 1515 aus Pangratz Bernhaubt gen. Schwenter: Die Histori Herculis, fol. 5a^r. Berlin, Kupferstichkabinett der Staatlichen Museen Preußischer Kulturbesitz.

Abb. 21

Peter Vischer d. J.: Sancti Trusina ⟨!⟩ Bronze-Medaille 1512. Dresden, Münzkabinett.

Abb. 22

Pangratz Bernhaubt gen. Schwenter: Die Histori Herculis, fol. 4a^v. Autograph 1515. Berlin, Kupferstichkabinett der Staatlichen Museen Preußischer Kulturbesitz.

Abb. 23

Gregorius Arvinianus / Hans Baldung gen. Grien: Ode und Holzschnitt zu Ehren des hl. Rochus. Einblattdruck, Nürnberg: Johann Weissenburger 1505. München, Staatliche Graphische Sammlung.

Abb. 24

Albrecht Dürer oder Umkreis: Dr. Sixtus Tucher an einem offenen Grabe. Federzeichnung 1502. Frankfurt/M., Städelsches Kunstinstitut.

Abb. 25

Anonym: St. Sebastian und St. Rochus. Holzschnitt aus Heinrich Steinhöwel: Eyn regiment oder ordenung ⟨...⟩ der pestilentze ⟨...⟩. [Ulm: Johannes Zainer um 1482], fol. 1ᵛ.

Abb. 26

Albrecht Dürer: König Tod zu Pferde. Kohlezeichnung 1505. London, The British Museum.

Abb. 27

Hans Baldung gen. Grien: Maria mit Kind, angebetet von einem Stifter. Holzschnitt um 1505. Berlin, Kupferstichkabinett der Staatlichen Museen Preußischer Kulturbesitz.

Abb. 28

Conradus Celtis / Sebaldus Schreyer / Albrecht Dürer: Ode und Holzschnitt zu Ehren von St. Sebald. Einblattdruck, Nürnberg ca. 1501/02. München, Bayerische Staatsbibliothek.

Abb. 29

Anonym: Ein Nutzlichs regiment fur die kranckheyt der Pestilentz. Einblattdruck ohne Ort, Drucker und Jahr (1505 oder später). München, Bayerische Staatsbibliothek.

Abb. 30

Pangratz Bernhaubt gen. Schwenter: Apologia Poetarum, Titelseite. Autograph von 1502 aus Ms. lat. fol. 335 der Staatsbibliothek Preußischer Kulturbesitz in Berlin.

Abb. 31

Matrikel der Universität Erfurt, Hs. B. Eintrag zum Ostertermin 1505. Erfurt, Stadtarchiv.

Abb. 32

Matrikel der Universität Erfurt, Hs. E. Eintrag zum Ostertermin 1505. Erfurt, Stadtarchiv.

Abb. 33

Georg Paul Busch: Publius Vigilantius Arbilla. Kupferstich 1718. Frankfurt/Oder, Stadtarchiv.

Abb. 34

Pangratz Bernhaubt gen. Schwenter: Titelblattentwurf zur Abschrift von Jacob Lochers Drama *Iudicium Paridis*. Autograph ca. 1502 aus Ms.lat. fol. 335 der Staatsbibliothek Preußischer Kulturbesitz in Berlin.

Abb. 35

Conradus Celtis / Hans von Kulmbach oder Albrecht Dürer: Titelblattholzschnitt der *Quatuor Libri Amorum* des Celtis. Nürnberg: Drucker der Sodalitas Celtica 1502. Göttingen, Universitätsbibliothek.

Abb. 36

Conradus Celtis: Titelseite des *Ludus Diane*. Nürnberg: Hieronymus Hölzl 1501. Wolfenbüttel, Herzog August Bibliothek.

Abb. 37

Pangratz Bernhaubt gen. Schwenter: Titelseite der *Histori Herculis*. Autograph 1515, fol. 1^r von Hs. Amb. 645. 2 der Stadtbibliothek Nürnberg.

Abb. 38

Anonym (Hans von Kulmbach?) und Ianus Tolophus: Maximilian I. als Hercules Germanicus. Einblattdruck ohne Ort, Drucker und Jahr (Nürnberg? 1499/1500). Wien, Albertina.

Abb. 39

Das Identifizierungsproblem Arvinianus / Vigilantius im Überblick.

Abb. 40

Abschrift von Johann Neudörffers Nachricht über Veit Stoss aus dem 17. Jahrhundert. Seite aus der 1961 von Dr. Ernst Hauswedell in Hamburg versteigerten Handschrift.

Abb. 41

Veit Stoss: Mittelteil des Marienaltars im Bamberger Dom. Lindenholz 1523.

Abb. 42

Michel Wolgemut: Der Donnerstein von Ensisheim. Holzschnitt auf fol. CCLVII^r in Hartmann Schedel: Liber chronicarum. Deutsch von Georg Alt. Nürnberg 1493.

Abb. 43

Sebastian Brant: Uon dem donnerstein gefallē jm xcij. iar: vor Ensishein. Einblattdruck, Basel: Johann Bergmann von Olpe 1492 (= GW 5020). Bildautor anonym. Tübingen, Universitätsbibliothek.

Abb. 44

Sebastian Brant: Von der erlichen schlacht der Tutschen by Salyn. Sebastiani Brant. Einblattdruck, Basel: Johann Bergmann von Olpe 1493 (= GW 5024). Bildautor anonym. Graz, Universitätsbibliothek.

Abb. 45

Textverfasser anonym / Holzschnitt von Niklas Nievergalt: Hasenmißgeburt 1505. Einblattdruck, Oppenheim: [Jacob Köbl] 1505. München, Bayerische Staatsbibliothek: Einblatt I, 40.

Abb. 46

Anonym (Umkreis des Hausbuchmeisters?): Joseph Grünpeck und Blasius Hölzl im Gespräch über Wunderzeichen. Federzeichnung auf Pergament 1502. In: Joseph Grünpeck: Prodigiorum interpretatio. Linz 1502. Innsbruck, Universitätsbibliothek: Hs. 314, fol. 2^v.

Abb. 47

Anonym: Der Donnerstein von Ensisheim. Kolorierte Federzeichnung 1503. In: Jacob Mennel: De signis. Freiburg i.Br. 1503. Wien, Österreichische Nationalbibliothek: Hs. 4417*, fol. 13^v.

Abb. 48

Historia-Meister: Die den Tod Kaiser Friedrichs III. verkündenden Vorzeichen. Kolorierte Federzeichnung um 1514/15. In: Joseph Grünpeck: Historia Friderici et Maximiliani, 1514/16. Wien, Österreichisches Staatsarchiv: Hs. Böhm Nr. 24, fol. 30^r.

Abb. 49

Jörg Pentz (?)/Hans Sachs: Ein yeder trag sein joch dise zeit/Vn vberwinde sein vbel mit gedult. Einblattdruck, Augsburg: Anthony, Formschneider, [1531]. Nürnberg, Germanisches Nationalmuseum.

Abb. 50

Nicolaus Copernicus: De revolutionibus orbium coelestium, Libri VI. Nürnberg: Johannes Petrejus 1543. Titelseite. München, Bayerische Staatsbibliothek.

Abb. 51

„Danke, Herr Röntgen". Anzeige aus einer Serie, die 1982/83 in überregionalen deutschen Tages- und Wochenzeitungen erschien.

Abb. 52

Erhart Ratdolt: Schriftmusterblatt. Einblattdruck Augsburg 1486. München, Bayerische Staatsbibliothek.

Abb. 53

Albrecht Dürer: Selbstporträt vom Jahre 1500. Öl auf Lindenholz. München, Alte Pinakothek. Vgl. Farbtafel I.

Abb. 54

H.E. Köhler: Albrecht Dürers Selbstporträt vom Jahre 1500 karikiert. In: H.E. Köhler: Der unbekannte Dürer. 12 Entdeckungen. Nürnberg 1971.

Abb. 69

Anonym: Dise bildung ist gemacht nach der menscheit Jhesu Christi. Holzschnitt 1473. Washington D.C., National Gallery of Art.

Abb. 70

Anonym: Vera Icon. Holzschnitt 1500-1510. Washington D.C., National Gallery of Art.

Abb. 71

Hans Burgkmair d. Ä.: Vera Icon im Profil. Holzschnitt 1512, Ausschnitt aus
einem Ablaß-Flugblatt.

Abb. 72

Hans Schwarz nach Angaben Albrecht Dürers: Porträt Albrecht Dürers im
Profil. Bronze-Medaille 1520. New York, American Numismatic Society.

Abb. 73

Anonym: Christus der Erbarmer. Byzantinische Mosaik-Ikone um 1100. Berlin, Staatliche Museen der Stiftung Preußischer Kulturbesitz.

Abb. 74

Albrecht Dürer: Die Marter der zehntausend Christen, 1508. Wien, Kunsthistorisches Museum. Vgl. Farbtafel III.

Abb. 75

Albrecht Dürer: Conradus Celtis und Albrecht Dürer. Ausschnitt aus der Marter der zehntausend Christen.

Abb. 76

Anonym nach Angaben des Conradus Celtis: Grabmal des Conradus Celtis
am Stephansdom in Wien. Sandstein 1508.

Abb. 77

Francesco d'Antonio del Cherico: RERVM · PERFECTIO · EST · ORDO. Ausschnitt aus der Titelseite der *Epitoma Almagesti* des Georg Peurbach um 1480.
Wien, Österreichische Nationalbibliothek: Cod. Vind. 44.

Abb. 78

Albrecht Dürer nach Angaben von Conradus Celtis: Philosophia. Holzschnitt
aus den *Quatuor Libri Amorum* des Conradus Celtis. Nürnberg 1502, fol. avi[v].
Göttingen, Universitätsbibliothek.

Abb. 79

Signet des Warburg Instituts der Universität London.

Abb. 80

Anonym: Maiestas Domini. Lorscher Evangeliar um 810. Budapest, Nationalmuseum.

Abb. 81

Anonym: Jahresbild. Fuldaer Sakramentar, um 975. Göttingen, Universitätsbibliothek: Ms. theol. 231, fol. 250[v].

Abb. 82

Anonym: Sapientia, um 1000. Brüssel, Bibliothèque Royale: Ms. 10066-77 mit Prudentius-Texten.

Abb. 83

Albrecht Dürer zugeschrieben: Der siebente Schöpfungstag. Holzschnitt in: Hartmann Schedel: Liber chronicarum. Nürnberg 1493, fol. V^v. Bamberg, Staatsbibliothek: Inc. typ. E. I. 1a.

Abb. 84

Michel Wolgemut: Gottvater. Holzschnitt in: Hartmann Schedel: Liber Chronicarum. Nürnberg 1493, fol. I^v. Bamberg, Staatsbibliothek: Inc. typ. E. I. 1a.

Abb. 85

Albrecht Dürer: Conradus Celtis übergibt sein Werk König Maximilian I. Holzschnitt aus *Quatuor Libri Amorum* des Conradus Celtis. Nürnberg 1502, fol. aii^v. Göttingen, Universitätsbibliothek.

Abb. 86

Johannes Rosenperger: Exlibris des Conradus Celtis, Ende 15. Jahrhundert. Oxford, Bodleian Library: Ms. Arch. Seld. B. 45, vorderer Innenspiegel. Die Hs. enthält eine 1482 für Celtis gefertigte Abschrift der Geographie des Ptolemaios.

Abb. 87

Anonym: Philosophia an der sogenannten Celtis-Kiste, 1508. Wien, Universitätsarchiv.

Abb. 88

Hans Burgkmair d. Ä. nach Angaben von Conradus Celtis: Reichsadler. Einblattdruck ca. 1506/07. Berlin, Kupferstichkabinett der Museen Stiftung Preußischer Kulturbesitz.

Abb. 89

Hans von Kulmbach zugeschrieben: Conradus Celtis am Schreibpult. Holzschnitt aus: Conradus Celtis: Quatuor Libri Amorum. Nürnberg 1502, fol. aii^r. Göttingen, Universitätsbibliothek.

Abb. 90

Hans Burgkmair d. Ä.: Sterbebild des Conradus Celtis. Einblattholzschnitt 1507. Wolfenbüttel, Herzog August Bibliothek: 12. 9. poet. 2.

Abb. 91

Anonym: Reihentitel aus *rowohlts deutsche enzyklopädie*.

Abb. 92

Jürgen Weber: Das Narrenschiff. Bronze 1984-87. Nürnberg.

Abb. 93

Devise König Karls I. von Spanien an der Chorschranke der Kathedrale in Barcelona, 1519.

Abb. 94

Hans Weiditz: König Karl I. von Spanien (späterer Kaiser Karl V.). Einblattholzschnitt 1518. Wien, Albertina.

Abb. 95

Hans Burgkmair d. Ä.: Indio mit Keule und Schild. Kolorierte Federzeichnung nach 1519. London, The British Museum.

Abb. 96

Gnad-her-Meister / Text Jacobus Locher: Mathematicę superstitio. Jacobus Locher Philomusus: Stultifera Navis. Basel: Johann Bergmann von Olpe 1. März 1497, [cap. 66]. München, Bayerische Staatsbibliothek: 4 Inc. c. a. 1372.

Abb. 97

Jacobus Locher Philomusus: Stultifera Navis, zweite Seite mit Schluß des 66. Kapitels. Rückseite von Abb. 96.

Abb. 98

Titelseite von Johannes Schöner: De Nuper sub Castiliae ac Portugaliae Regibus Serenißimis repertis Insulis 〈...〉. Köln 1523. Bamberg, Staatsbibliothek: R.B. misc. o. 5/2.

Abb. 99

Martin Waldseemüller: Globussegmente, Ausschnitt. Holzschnitt 1507. München, Bayerische Staatsbibliothek.

Abb. 100

Anonym: Insula hyspana. Titelholzschnitt zu: Christophorus Kolumbus: De Insulis nuper in mari Indico repertis. In: Carolus Verardus: In laudem Serenissimi Ferdinandi Hispaniarum Bethicae et regni Granatae obsidio victoria et triumphus. Et de Insulis in mari Indico nuper inuentis. Basel: Johann Bergmann von Olpe 1494. Bamberg, Staatsbibliothek: Inc. typ. III. 33,1.

Abb. 101

Martin Waldseemüller: Cosmographiae Introductio 〈...〉, Saint-Dié 7. Mai 1507. Titelseite. München, Bayerische Staatsbibliothek: Rar. 1602. Aus der Bibliothek Hartmann Schedels.

Abb. 102

Martin Waldseemüller: Cosmographiae Introductio (wie bei Abb. 101). Textausschnitt mit dem Namensvorschlag „America".

Abb. 103

Martin Waldseemüller [Hrsg.]: Quatuor Americi Vesputii Navigationes. Titelseite. In ders.: Cosmographiae Introductio (wie bei Abb. 101).

Abb. 104

Michael Mathias Prechtl: Wegweisung. In: M. M. Prechtl und Godehard Schramm: Nürnberger Bilderbuch. Nürnberg 1970, S. 7.

Abb. 140

Lorenz Hess: Nürnberger Rathaussaal. Ölgemälde 1626. Nürnberg, Stadtmuseum Fembohaus.

Abb. 141

Albrecht Dürer nach Anweisungen von Willibald Pirckheimer: Triumphwagen, Ausschnitt. Holzschnitt 1524.

Abb. 142

Albrecht Dürer: Die Verleumdung des Apelles. Federzeichnung 1522.

Abb. 143

Hans von Kulmbach: Jüngstes Gericht. Federzeichnung.

Abb. 144

Die Stadt als Himmlisches Jerusalem. Kolorierte Federzeichnung, Böhmen um 1220. Stockholm: Königliche Bibliothek, Codex Gigas.

Abb. 145

Die Stadt als Hölle. Kolorierte Federzeichnung, Böhmen 1220. Stockholm, Königliche Bibliothek, Codex Gigas.

Abb. 146

Michael Mathias Prechtl: Kleine Welt. In: M. M. Prechtl (wie bei Abb. 104) S. 5.

Abb. 147

H. Jürgens / H.-O. Peitgen / D. Saupe: Apfelmännchen. Vgl. Farbtafel IV.

Abb. 148

Werner Kohn: Detail aus der Performance „Trägbild Hoersal" vom 20. VII. 1989 in der Universität Bamberg.

Abb. 149:

Umkreis von Lukas Cranach d. Ä.: Hans Sachs. Einblattdruck von 1546 mit Texten von Leonhard Ketner und Johann Betz.

Abb. 150:

Hans Sachs. Kupferstich aus: J.J. Boissard: Bibliotheca Chalcographica Pars N. Frankfurt/M. 1650.

Abb. 151:

Bildautor Erhard Schön / Textdichter Hans Sachs: Die eytel vergenklich Freudt vnd wollust diser welt. Einblattdruck 1534.

Abb. 152:

Michael Mathias Prechtl: Hans Sachs nimmt Frl. Knittel das Versmaß. Aquarell 1976.

Abb. 153

Erwin Panofsky, sitzend rechts, und das Hamburger Kunsthistorische Seminar auf Exkursion in Westfalen 1932. Hinter „Pan" stehend mit weißer Bluse seine Frau Dora.

Abb. 154

Lukas Cranach d. Ä.: Venus und Amor. Öl auf Holz ca. 1518-1520. Princeton, N.J., Art Museum, Princeton University.

Abb. 155

Brief-Faksimile: Erwin Panofsky reagiert auf eine Voranfrage von Prof. Dr. Ernst Pfuhl, Basel, und sagt eine mögliche Berufung auf den kunsthistorischen Lehrstuhl der Universität Basel ab. Basel, Universitätsbibliothek.

Abb. 156

Erwin Panofsky in seinem Garten im Gespräch mit Jan Białostocki, 1958.

Abb. 157

William S. Heckscher: Selbstporträt als Mnemosyne-Mann. Bleistiftzeichnung 1947.

Abb. 158

Atelier Dührkoop, Hamburg: Aby M. Warburg, stehend, 1925.

Abb. 159

Atelier Dührkoop, Hamburg: Aby M. Warburg, sitzend, 1925.

Abb. 160

Fritz Saxl, um 1945/46.

Abb. 161

Gertrud Bing, 1957.

Abb. 162

Henri Frankfort, 1952.

Abb. 163

Sir Ernst H. Gombrich, 1975.

Abb. 164

Ernst Robert Curtius, etwa 1951.

Abb. 165

Edouart Manet: Le déjeuner sur l'herbe. Öl auf Leinwand 1863.

Abb. 166

Das Urteil des Paris. Römischer Sarkophag. Rom, Villa Medici.

Abb. 167

Marcantonio Raimondi: Das Urteil des Paris. Kupferstich zwischen 1510 und 1524 nach einem verlorenen Werk Raffaels.

Abb. 168

Das Urteil des Paris. Öl auf Leinwand, 17. Jahrhundert, holländisch. Kopie nach Marcantonio Raimondi (wie Abb. 167).

Abb. 169

Atelier Gebr. Dransfeld, Hamburg: Kulturwisssenschaftliche Bibliothek Warburg 1926, Hamburg, Heilwigstr. 116.

Abb. 170

Lesesaal der Kulturwissenschaftlichen Bibliothek Warburg, 1926.

Abb. 171

R. B. Kitaj: Warburg as Maenad. Öl und Collage auf Leinwand 1926. Düsseldorf, Kunstmuseum.

Abb. 172

Ausschnitt aus Abb. 171.

Abb. 173

The Warburg Institute, Woburn Square, London W.C.1. Eingang, heutiger Zustand.

Abb. 174

Jugend Insel. Titelseite der 4. Nachricht vom 13. November 1926. Leipzig, Deutsche Bücherei.

Abb. 175

Jugend Insel (wie Abb. 174) S. 6.

Abb. 176

Jugend Insel (wie Abb. 174) S. 7.

Abb. 177

Jugend Insel (wie Abb. 174) Schlußseite mit Impressum.

Abb. 178

Sandro Botticelli: Die Geburt der Venus. Öl auf Tuch 1482/85. Florenz, Uffizien.

Abb. 179

Sandro Botticelli: Frühling. Öl auf Holz 1482/85. Florenz, Uffizien.

Abb. 180

Mary Warburg geb. Hertz: Prof. Aby M. Warburg. Bronze 1930. Kunsthalle Hamburg.

b) Bildquellen-Nachweis

Bamberg	Werner Kohn: 148
	Ingeborg Limmer: 3, 4, 41, 128, 129, 130, 135, 136, 137, 138.
	Staatsbibliothek (A. Steber): 83, 84, 98, 100.
	Archiv Wuttke: 1, 5, 7, 8, 12, 19, 21, 23, 24, 25, 26, 27, 28, 30, 31, 32, 34, 35, 36, 37, 39, 42, 43, 44, 46, 47, 51, 53, 55, 56, 57, 59, 61, 63, 64, 67, 74, 75, 78, 79, 81, 85, 86, 89, 105, 107, 153, 155, 156, 157, 164, 169, 174, 175, 176, 177, 178, 179.
	Dieter Wuttke: 14, 16, 92, 117.
Berlin	Kupferstichkabinett der Staatlichen Museen Preußischer Kulturbesitz: 20, 22, 88 (Jörg P. Anders).
Bindlach b. Bayreuth	Hans Kaiser: 114, 115, 119, 120, 121, 122, 123, 124, 126, 132.
Düsseldorf	Kunstmuseum: 171, 172.
Frankfurt/O.	Stadtarchiv: 33.
Hamburg	Kunsthalle: 180.
	Museum für Kunst und Gewerbe: 18.
London	The Warburg Institute: 158, 159, 160, 161, 162, 163, 165, 167, 170, 173.
München	Bayerische Staatsbibliothek: 29, 45, 96, 97.
Nürnberg	Germanisches Nationalmuseum: 49, 118, 125, 151.
	Hauptamt für Hochbauwesen, Bildstelle: 110, 113.
	Stadtarchiv: 111.
	Stadtbibliothek: 15.
	Stadtgeschichtliche Museen: 72, 106, 140, 142, 143, 149, 150.
Rom	Musei Vaticani: 68.
Wien	Albertina: 38.
	Helmuth Grössing: 87.
Wolfenbüttel	Herzog August Bibliothek: 90.

America. Das frühe Bild der neuen Welt. Hrsg. von Hans Wolff. München 1992, Frontispiz und S. 112: 99, 101, 102, 103.

Stanley Appelbaum: The Triumph of Maximilian I. New York 1964, Abb. 117: 141.

Otto Benesch / Erwin M. Auer: Die Historia Friderici et Maximiliani. Berlin 1957, Taf. 12: 48.

Justus Bier: Eine dritte Zeichnung Tilmann Riemenschneiders. In: Niederdeutsche Beiträge zur Kunstgeschichte 1 (1961) S. 218: 2.

Bildwerke der christlichen Epochen von der Spätantike bis zum Klassizismus. Aus den Beständen der Skulpturenabteilung der Staatlichen Museen der Stiftung Preußischer Kulturbesitz, Berlin-Dahlem. München 1966, Abb. 106, 107: 10, 17.

Johannes Cochlaeus: Brevis Germanie Descriptio. Hrsg. von Karl Langosch. Darmstadt 1960, Beilage: 116.

Dürer in der Karikatur und in der schönen Literatur. Ausstellungskatalog der Stadtbibliothek Nürnberg 76. Nürnberg 1971, Nr. 89: 54.

Victor H. Elbern: Ikonen. Aus der Frühchristlich-Byzantinischen Sammlung. Berlin 1970, Taf. I: 73.

Fifteenth Century Woodcuts and Metalcuts from the National Gallery of Art, Washington D.C., Catalogue prep. by Richard S. Field. Washington D.C. 1966, Nr. 109 und 121: 69, 70.

Robert Fritzsch: Nürnberg unterm Hakenkreuz. Im Dritten Reich 1933-1939. Düsseldorf 1983, Abb. 59 und 65: 108, 109.

Max Geisberg: The German Single-Leaf Woodcut 1500-1550. Revised and ed. by Walter L. Strauss. Vol. 2. New York 1974, S. 414: 71.

Ferdinand Geldner: Die deutschen Inkunabeldrucker. Bd. 1. Stuttgart 1968, Abb. 57: 52.

Martin Gerlach / Hans Bösch: Die Bronzeepitaphien der Friedhöfe zu Nürnberg. Wien 1896, Taf. 2,1: 6.

Ernst Gombrich: Aby Warburg. An Intellectual Biography. London 1970, Taf. 53a und d: 166, 168.

Dr. Ernst Hauswedell: Wertvolle Bücher aus fünf Jahrhunderten. Autographen. Auktion 104. Hamburg 1961, Taf. II: 40.

Karl der Große. Aachen 1965, Abb. 58: 80.

Raymond Klibansky, Erwin Panofsky und Fritz Saxl: Saturn und Melancholie. Studien zur Geschichte der Naturphilosophie und Medizin, der Religion und der Kunst. Übersetzt von Christa Buschendorf. Frankfurt/M. 1990, Abb. 2: 9.

Köpfe der Lutherzeit. Hrsg. von Werner Hofmann. München 1983, Abb. 159: 139.

Arnd Müller: Geschichte der Juden in Nürnberg 1146-1945. Nürnberg 1968, Taf. I: 112.

Die Nürnbergischen Künstler geschildert nach ihrem Leben und ihren Werken. Hrsg. von dem Vereine nürnbergischer Künstler und Kunstfreunde. IV. Heft. Peter Vischer, Erzgießer. Nürnberg 1831, Taf. V: 11.

Ornamenta Ecclesiae. Kunst und Künstler der Romanik. Hrsg. von Anton Legner. Bd. 1. Köln 1985, S. 50 und 51: 144, 145.

H.-O. Peitgen / P. H. Richter: The Beauty of Fractals. Heidelberg 1986: 147.

M.M. Prechtl / Godehard Schramm: Nürnberger Bilderbuch. Nürnberg 1970, S. 5 und 7: 104, 146.

Michael Mathias Prechtl: Denkmalerei. Die intime Sitten- und Kulturgeschichte des Abendlandes. Hrsg. von Christoph Stölzl. München 1986, Abb. 50: 152.

Record of the Art Museum, Princeton University 28 (1969) Nr. 1, S. 55: 154.

Rhein und Maas. Kunst und Kultur 800-1400. Köln 1972, S. 225: 82.

Klaus Rödel / Karl Heinz Schreyl: Dürer im Exlibris. Frederikshavn 1986: 127.

Earl Rosenthal: *Plus ultra, non plus ultra,* and the Columnar Device of Emperor Charles V. In: Journal of the Warburg and Courtauld Institutes 34 (1971) Taf. 38 b und 40 d: 93, 94.

John Rowlands: The Age of Dürer and Holbein. German Drawings 1400-1550. London 1988, Taf. XXIIIa: 95.

rowohlts deutsche enzyklopädie. Bd. 250/51. Reinbek b. Hamburg 1966, Frontispiz: 91.

Thesaurus librorum. 425 Jahre Bayerische Staatsbibliothek. Wiesbaden 1983, S. 251: 50.

Hans Tietze: Geschichte und Beschreibung des St. Stephansdoms in Wien. Wien 1931, Abb. 521: 76.

Peter Vischer. Aufnahmen von Günther und Klaus Beyer. Einführender Text von Fritz Kämpfer. Dresden 1960, Taf. 106, 108, 109: 131, 133, 134.

James Wardrop: The Script of Humanism. Oxford 1963, Taf. 2, 15, 36: 58, 60, 62.

Franz Winzinger: Albrecht Dürers Münchner Selbstbildnis. In: Zeitschrift für Kunstwissenschaft 8 (1954) Abb. 2 und 3: 65, 66.

Peter Zahn: Die Inschriften der Friedhöfe St. Johannis, St. Rochus und Wöhrd zu Nürnberg. München 1972, Abb. 14: 13.

Ernst Zinner: Leben und Wirken des Johannes Müller von Königsberg gen. Regiomontanus. München 1938, Abb. 33: 77.

Register

von

Gert Hübner und Reiner Reisinger

Was ist ein Index? –
Ein individuelles Lexikon
(Friedrich Schlegel: Philosophie der Philologie.)

Das Register erfaßt Namen und Sachen im Haupttext und in den Anmerkungen. Bezüge auf die Anmerkungen sind nicht eigens gekennzeichnet. Verweise auf römisch gezählte Seiten werden mit „S." markiert, Verweise auf die römisch gezählten Tafeln mit „Tafel". In Kursive erscheinen Werktitel; Umlaute werden wie ae, oe, ue behandelt.

Sachstichwörter, die man im Hauptalphabet vermißt, finden sich womöglich als Unterstichwörter zu umfangreicheren Einträgen (Antike; Brant; Celtis; Deutsche Philologie; Dürer; Geschichte; Humanismus; Kulturwissenschaftliche Bibliothek Warburg; Kunst; Kunstgeschichte; Mittelalter; Nürnberg; Panofsky; Renaissance; Sachs; Vischer; Warburg).

Abkürzungen

angebl.	angeblich	Jh.	Jahrhundert
AT	Altes Testament	K.	Kaiser
B.	Bischof	Kf.	Kurfürst
Eb.	Erzbischof	Kg.	König
Erzhg.	Erzherzog	NT	Neues Testament
Erzhgin.	Erzherzogin	P.	Papst
Frhr.	Freiherr	Ps.	Pseudo
Gf.	Graf	s.	siehe
Hg.	Herzog	s.a.	siehe auch
Hgin.	Herzogin	vs.	versus

814

817

Karl der Große, K. 232, 290, 347
Karl IV., K. 552, 555-8, 563
Karl V., K. (Kg. Karl I. von Spanien) 500,
    502
    Devise „Plus ultra" 498f.
Karl VIII., Kg. von Frankreich 223, 227,
    231
Karlsruhe
    Universität, Projekt Tecflam 589
Karnehm, Christl 380
karolingische Renovatio 635
Kartschoke, Dieter 486
Kasper, Hans 783
Kassel, Murhardtsche und Landesbiblio-
    thek S. XV
    s.a. Celtis/Handschriften
Kassel, Rudolf 151
Katharina, Hgin. von Österreich, Bildnis
    als Madonna 347
Katzenellenbogen, Adolf 662
Kauffmann, Georg 182, 331, 378, 454
Kauffmann, Hans 622, 701, 759
Kayser, Wolfgang 257, 272
Keele 719
Kehr, Paul 334
Kehrer, Hugo 315, 337, 345, 384
Keil, Gundolf 180, 491
Keller, Adalbert von 58f.
Keller, Harald 347, 355
Keller, Ludwig 374
Kellermann, Rudolf 187
Kemp, Martin 336
Kempf, Jörg 47
Kentauren (Darstellung) 655f.
Mc Kenzie, Valerie 540
Kępiński, Zdzisław 160
Kepler, Johannes 210, 442, 453f., 587, 783
Kerbs, Diethart 272
Kern, Bernhard 103
Kern, Peter 272
Kersken, Wolfgang 294, 301
Keßler, Eckhard 378, 384, 414f., 430, 475,
    481, 492
Ketner, Leonhard 600
Kettmann, Gerhard 172
Keussen, Hermann 457
Kibelka, Johannes 168-70
Kiehlmann, Madeleine 272

Kiepe(-Willms), Eva 192, 222
Kiepe, Hans-Jürgen 222
Killy, Walter 183, 406, 468, 602, 784
Kinderbücher 665
Kippenberg, G. 414
Kipphoff, Petra 279
Kirchenväter 471
    Darstellung 560
Kirchner, Joachim 323
Kirn, Paul 359
Kirschbaum, Engelbert 581
Kisch, Guido 173
Kisser, Maria 97
Kissingen 502
Kitaj, Ronald B. 702, 717
Klassische Altertumswissenschaft 691, 693
Klassische Philologie 158, 177, 748
    s.a. Griechisch
    s.a. Latein
Klebs, Arnold C. 119f., 125, 228
Klee, Paul 588
„Klein Erna" 628
Klein, Peter 719
Klein, Robert 175, 414
Kleinbauer, W. Eugene 707
Kleinschmidt, Erich 780
Kleyb, Ioannes Christian 135
Klemm, Friedrich 187
Kleuderlein, Friedolin 591, 593
Klibansky, Raymond 58, 71, 182, 196,
    341f., 353, 384, 404, 415f., 418, 623,
    652, 691, 706, 709, 712, 737, 786
Klinger, Max 724
Klinkenberg, Hans-Martin 273
Klöss, H. 234
Klopstock, Friedrich Gottlieb 455
Kloss, H. 234
Klowski, Joachim 521
Kluge, Friedrich 171f., 332
Klugheit (Allegorie) 570
Knaake, J.K.F. 118, 122
Knape, Joachim S. XV, 75, 140, 212, 239,
    249, 444, 454, 505, 508, 602, 783, 785,
    788
Knapp, Fritz Peter 249, 436, 440, 540, 781
Knappe, Karl Adolf 116, 120
Knauer, Elfriede R. 776, 778
Knefelkamp, Ulrich 581

843

Was unser Geist der Wirrnis abgewinnt,
kommt irgendwann Lebendigem zugute;
wenn es auch manchmal nur Gedanken sind,
sie lösen sich in jenem großen Blute,
das weiterrinnt ....

Und ists Gefühl: wer weiß, wie weit es reicht
und was es in den reinen Raum ergiebt,
in dem ein kleines Mehr von schwer und leicht
Welten bewegt und einen Stern verschiebt.

                      Rainer Maria Rilke

SAECVLA SPIRITALIA
Herausgegeben von Dieter Wuttke

Die Reihe SAECVLA SPIRITALIA *fördert die historische Forschung aller Fachrichtungen. Sie nimmt Monographien, Aufsatzsammlungen, Lehrbücher und Editionen auf. Die Bände sind entweder vom Ansatz her interdisziplinär konzipiert oder lassen durch den behandelten bzw. edierten Gegenstand Nutzen für die interdisziplinäre Forschung erwarten.*

1. **Aby M. Warburg**: Ausgewählte Schriften und Würdigungen. Herausgegeben von **Dieter Wuttke**. 3., durchgesehene und durch ein Nachwort ergänzte Auflage. 1992.

2. **Ludger Grenzmann**: Traumbuch Artemidori. Zur Tradition der ersten Übersetzung ins Deutsche durch W. H. Ryff. 1980.

3. **Klaus Arnold**: Niklashausen 1476. Quellen und Untersuchungen zur sozialreligiösen Bewegung des Hans Beham und zur Agrarstruktur eines spätmittelalterlichen Dorfes. 1980.

4. **Walter Jarecki**: Signa loquendi. Die cluniacensischen Signa-Listen eingeleitet und herausgegeben. 1981.

5. From Wolfram and Petrarch to Goethe and Grass. Studies in Literature in Honour of **Leonard Forster**. Edited by **D. H. Green, L. P. Johnson, Dieter Wuttke**. 1982.

6. **Sebastian Brant**: Das Narrenschiff. Faksimile der Erstausgabe Basel 1494 mit dem Nachwort von **Franz Schultz**, herausgegeben von **Dieter Wuttke**. 1994.

7. **Jan Białostocki**: Dürer and His Critics, 1500-1971. Chapters in the History of Ideas, including a Collection of Texts. 1986.

8. **Helmuth Grössing**: Humanistische Naturwissenschaft. Zur Geschichte der Wiener mathematischen Schulen des 15. und 16. Jahrhunderts. 1983.

9. **Gregor Müller**: Mensch und Bildung im italienischen Renaissance-Humanismus. Vittorino da Feltre und die humanistischen Erziehungsdenker. 1984.

10. **Joachim Knape**: »Historie« in Mittelalter und Früher Neuzeit. Begriffs- und gattungsgeschichtliche Untersuchungen im interdisziplinären Kontext. 1984.

11. **Mariano Taccola**: De rebus militaribus (De machinis, 1449). Mit dem vollständigen Faksimile der Pariser Handschrift herausgegeben, übersetzt und kommentiert von **Eberhard Knobloch**. 1984.

12. **Hermann Wiegand**: Hodoeporica. Studien zur neulateinischen Reisedichtung des deutschen Kulturraumes im 16. Jahrhundert. Mit einer Bio-Bibliographie der Autoren und Drucke. 1984.

13. **Martin Jesinghausen-Lauster**: Die Suche nach der symbolischen Form. Der Kreis um die Kulturwissenschaftliche Bibliothek Warburg. Mit einem Geleitwort von **Gert Mattenklott**. 1985.

14./15. Collectanea Philologica. Festschrift für **Helmut Gipper** zum 65. Geburtstag. Herausgegeben von **Günter Heintz** und **Peter Schmitter**. 1985.

16. **Stephan Füssel**: Riccardus Bartholinus Perusinus. Humanistische Panegyrik am Hofe Kaiser Maximilians I. 1987.

17. **William S. Heckscher**: Art and Literature. Studies in Relationship. Edited by **Egon Verheyen**. 2nd edition, revised and enlarged. 1994.

18. **Karl Heinz Chelius**: Die Codices minores des Plautus. Forschungen zur Geschichte und Kritik. 1989.

19. **Wolfgang Bernard**: Rezeptivität und Spontaneität der Wahrnehmung bei Aristoteles. Versuch einer Bestimmung der spontanen Erkenntnisleistung der Wahrnehmung bei Aristoteles in Abgrenzung gegen die rezeptive Auslegung der Sinnlichkeit bei Descartes und Kant. 1988.

20. **Dieter Wuttke**: Kosmopolis der Wissenschaft. E. R. Curtius und das Warburg Institute. Briefe 1928 bis 1953 und andere Dokumente. 1989.

21. **Friedrich Ohly**: Süße Nägel der Passion. Ein Beitrag zur theologischen Semantik. 1989.

22. **Silvia Pfister**: Parodien astrologisch-prophetischen Schrifttums 1470-1590. Textform – Entstehung – Vermittlung – Funktion. 1990.

23. **Joachim Knape**: Dichtung, Recht und Freiheit. Studien zu Leben und Werk Sebastian Brants 1457-1521. 1992.

24. **Michael Bath**: The Image of the Stag. Iconographic Themes in Western Art. 1992.

25./26. **Ursula Jaitner-Hahner**: Humanismus in Umbrien und Rom. Lilius Tifernas, Kanzler und Gelehrter des Quattrocento. 1993.

27. **Andreas Mielke**: Laokoon und die Hottentotten, oder Über die Grenzen von Reisebeschreibung und Satire. 1993.

28. **Ulrich Rehm**: Bebilderte Vaterunser-Erklärungen des Mittelalters. 1994.

29./30. **Dieter Wuttke**: Dazwischen. Kulturwissenschaft auf Warburgs Spuren. 1996.

31. **Susanne de Ponte**: Ereignis und Wahrnehmung. Eine interdisziplinäre Untersuchung zu den Events der Künstlergruppe Gang Art. Mit einer Einführung von **Hubert Sowa**. 1996.

32. **Armin Sieber**: Deutsche Rhetorikterminologie in Mittelalter und früher Neuzeit. 1996.

33. **Werner Müller / Norbert Quien**: Von deutscher Sondergotik. Architekturphotographie – Computergraphik – Deutung. 1997.

34./35. **Gert Hübner**: Frauenpreis. Studien zur Funktion der laudativen Rede in der mittelhochdeutschen Minnekanzone. 1996.

Poesis et Pictura. Studien zum Verhältnis von Text und Bild in Handschriften und alten Drucken. Festschrift für **Dieter Wuttke** zum 60. Geburtstag. Herausgegeben von **Stephan Füssel** und **Joachim Knape**. 1989.

VERLAG VALENTIN KOERNER

Postfach 304 · D-76482 Baden-Baden · Telefon (0 72 21) 2 24 23 · Fax (0 72 21) 3 86 97